La mujer
ESPIRITUAL

Diez principios

de la espiritualidad

y mujeres que los

manifestaron

en su vivir *La mujer*

ESPIRITUAL

Kay Arthur ⌇ Vonete Bright
Jill Briscoe ⌇ Evelyn Christenson
Martha Franks ⌇ Elisabet Elliot Gren
Anne Graham Lotz ⌇ Henrietta Mears
Jessie Penn-Lewis ⌇ Amanda Smith

LEWIS Y
BETTY DRUMMOND
Prólogo por Ruth Bell Graham

PORTAVOZ

Título del original: *The Spiritual Woman: Ten Principles of Spirituality and Women Who Have Lived Them*, © 1999 por Lewis y Betty Drummond, y publicado por Kregel Publications, Grand Rapids, Michigan 49501.

Edición en castellano: *La mujer espiritual: Diez principios de la espiritualidad y mujeres que los manifestaron en su vivir*, © 2004 por Lewis y Betty Drummond, y publicado por Editorial Portavoz, filial de Kregel Publications, Grand Rapids, Michigan 49501. Todos los derechos reservados.

Diseño de la portada: John M. Lucas

EDITORIAL PORTAVOZ
P.O. Box 2607
Grand Rapids, Michigan 49501 USA

Visítenos en: www.portavoz.com

ISBN 0-8254-1163-7

1 2 3 4 5 edición / año 08 07 06 05 04

Impreso en los Estados Unidos de América
Printed in the United States of America

A
Helen Long Fling
Alma Hunt
Marie Mathis (fallecida)

———————

Con mentes llenas de su Palabra,
corazones entregados a su voluntad y misión,
y manos dedicadas a llevar todo
al reconocimiento de Dios
a través de Cristo,
Tres mujeres conducidas por
el Espíritu han bendecido
nuestros corazones y nos
han desafiado
A amar y servir a las personas
de nuestro país y del mundo

———————

El ocuparse del Espíritu
es vida y paz.
(Ro. 8:6)

Contenido

Prólogo

*L*a gran necesidad del pueblo de Dios hoy día es la de cultivar una espiritualidad madura que hable de, y traiga honra, a nuestro Señor Jesucristo. Parecería que muchas mujeres cristianas —y hombres— "vagan por el desierto" de la mediocridad y nunca "ingresan a la tierra prometida" de la verdad. En consecuencia, se pierden el verdadero significado de la vida, la iglesia sufre y el mundo no oye el llamado de Cristo a la salvación. ¡Si solo pudiera corregirse tal escenario!

Cambiar esa escena es la meta y el propósito de este libro escrito por Lewis y Betty Drummond. Lewis y Betty han trabajado con mi esposo en diversas situaciones durante muchos años, y ellos comprenden qué debe hacerse para desarrollar una experiencia espiritual genuina de Cristo. Si los cristianos ejercen su fe en nuestro Señor siguiendo los "pasos" presentados en este libro, confío en que comenzarán a conocer una nueva profundidad y gozo en Jesús, y se convertirán en cristianos fructíferos.

La manera singular en que Lewis y Betty han presentado su obra hace su lectura fácil y emocionante. Observar las vidas de mujeres pías contemporáneas, analizar la breve biografía de cada una y luego ver los principios espirituales y los senderos que cada una de estas mujeres tomó para madurar en Cristo es bastante intrigante. No solo le resultará desafiante, sino también muy humano: estas mujeres son reales y conocen a Dios.

Por ende, debo recomendar de corazón este libro a todas las mujeres, y también a los hombres. Léanlo, sigan los pasos sugeridos, y encuentre una verdadera santidad y madurez en el Señor.

Ruth Bell Graham
Montreat, Carolina del Norte

Introducción

$\mathscr{A}$l amanecer un nuevo milenio, estamos siendo testigos de un sorprendente interés en asuntos espirituales. *Time* informa que el 54% de los estadounidenses están buscando algún tipo de espiritualidad, y este fenómeno se refleja en todas las gamas de los medios de comunicación: la radio, la televisión, Internet, los libros, los periódicos y las revistas. Principales grupos religiosos se han multiplicado en los Estados Unidos hasta un grado sorprendente. Incluso la Avenida Madison "siempre muy conciente de las modas culturales y sociales, ha buscado capitalizar esta tendencia" (*Current Thoughts and Trends*, 28 de septiembre de 1997). Las dimensiones globales son asombrosas. Un titular de una historia en el periódico diario de Durban, Sudáfrica, dice, "Movimiento masivo hacia la vida espiritual". Una noticia de la cadena NBC relata el resurgimiento de la vida espiritual en Cuba. La ex Unión Soviética está incendiada con un interés espiritual, y un informe de Nairobi, Kenia, habla de un profundo renacimiento allí. Parecería que todo el mundo estuviera en una búsqueda. Por cierto, una cantidad importante de la espiritualidad actual se aleja bastante de las normas cristianas, pero este sentido prevaleciente de anhelo podría abrir las puertas para el evangelio. De hecho alienta a los creyentes cristianos a tomar en serio la advertencia bíblica de buscar una experiencia espiritual genuina con Cristo. Después de todo, como lo enfatizó constantemente nuestro Señor, las realidades espirituales son las que más importan. Son mucho más reales que las preocupaciones materiales. Puesto, como lo ha dicho Pablo, las cosas terrenales son solo temporales, pero las espirituales son eternas (2 Co. 4:18).

Las mujeres con frecuencia han estado a la vanguardia del desarrollo de la espiritualidad cristiana. Esto no significa que Dios reserve la espiritualidad para las mujeres únicamente. Cualquier verdadero creyente en Jesucristo enfrenta la necesidad —y el privilegio— de crecer en experiencias hasta que él o ella se convierte en un hombre o en una mujer maduros en Dios. Pero es fascinante observar con cuánta frecuencia las mujeres han despertado a la realidad, responsabilidad, y recompensas de la espiritualidad cristiana. Decimos espiritualidad *cristiana* puesto que esta sola constituye la *verdadera* espiritualidad. Las personas están buscando en todas partes un significado espiritual. Están intentando Nueva Era, cientología, pensamiento oriental, astrología y parapsicología, pero todo es en vano. La vida genuina en el Espíritu viene solo a través de Jesucristo. Dicho exclusivismo puede sonar arrogante para algunos, pero permanece el hecho de que la Biblia —nuestra única Palabra autorizada de Dios— declara serlo. Debemos buscar únicamente la espiritualidad a través de Cristo.

Este libro presenta ejemplos de mujeres del Siglo XX que han tenido un impacto significativo en diversas áreas y disciplinas del desarrollo espiritual cristiano. Describe lo que han descubierto acerca de la vida en el Espíritu. Algunas de estas mujeres nacieron realmente en el siglo XIX, pero sus vidas y ministerios se han extendido al siglo XX y son enteramente pertinentes a nuestros días exigentes mientras nos dirigimos al siglo XXI. Muchas son muy conocidas al igual que su trabajo que se extiende por todo el mundo. Otras tal vez no nos son familiares, pero sus vidas ejemplifican los principios de la mujer espiritual y lo que Dios quisiera de Sus hijos. Ya sean famosas o desconocidas, la mano de Dios se ha depositado con poder sobre cada una de ellas.

Al observar las vidas de estas mujeres inspiradoras del Espíritu, debemos estudiar qué intentaron compartir, y aprender de su experiencia. Las lecciones de vida que las acercaron a Dios pueden ayudarnos a ver los principios que son esenciales para nuestra propia formación espiritual. Trataremos de descubrir los pasos que dieron, y al hacerlo, ponernos a tono con el Espíritu. Ese es el propósito de este libro.

Debe expresarse gratitud a todos los que ayudaron a que esta obra llegara a la luz. Agradecemos a Ruth Bell Graham, quien escribió el prólogo. Ninguna pareja del siglo XX ha significado más para el avance del reino de Dios que los Graham. Juntos han presentado el evangelio a millones de personas en todo el mundo. Agradecemos a Dennis Hillman, editor de Kregel Publications, quien permitió que se completara el libro en inglés. Al equipo de Editorial Portavoz que hizo posible que apareciera en castellano. Y resulta difícil imaginarse qué hubiéramos hecho sin nuestra fiel secretaria, Michelle Joiner. Ella dedicó incontables horas en la computadora y ha visto la obra a través de muchas revisiones. Gracias, Michelle. A las mujeres espirituales que hemos presentado en estas páginas, muchas de las cuales hicieron un verdadero sacrificio para proporcionarnos material biográfico, les expresamos nuestro más profundo aprecio, ustedes son una inspiración. Parte del material de este volumen ha sido tomado de dos obras previas de Lewis: "La vida del renacimiento" [*The Revived Life*] y " El amor, la cosa más grande del mundo" [*Love, the Greatest Thing in the World*]. Todo esto le es presentado a usted, el lector, para que le sirva de ayuda en su búsqueda de madurar hasta ser un creyente genuino espiritual en nuestro Señor Jesucristo.

Oramos porque todos podamos crecer "en la gracia y el conocimiento de nuestro Señor y Salvador Jesucristo" (2 P. 3:18). Si eso se logra, este trabajo de amor habrá sido bien recompensado. Que Dios nos conduzca a todos a una vida dinámica con Jesucristo mientras luchamos humildemente por crecer en su hermosa imagen, puesto que esto solo constituye la esencia de la verdadera espiritualidad.

Lewis y Betty Drummond
Birmingham, Alabama

La mujer espiritual conoce a Dios

Conozca a Jill Briscoe: Una mujer que conoce a Dios

---

*Y esta es la vida eterna: que te conozcan a ti,
el único Dios verdadero, y a Jesucristo,
a quien has enviado.*
(Jn. 17:3)

$\mathcal{L}$iverpool, Inglaterra. Una ciudad fascinante y un puerto bullicioso. Durante años, líneas marítimas desde Liverpool han surcado trabajosamente las olas del Atlántico, llevando emigrantes desde Gran Bretaña a Estados Unidos. Aquí el *Titanic* fue inscripto. Y a lo largo de los años esta ciudad histórica ha producido a muchos notables, incluyendo, en los últimos años, a un grupo de sus ciudadanos más conocidos, los Beatles. Incontables otras personalidades interesantes pueden alardear de dicha ciudad inglesa líder como su ciudad natal. El 29 de junio de 1935, nació una niña, alguien que se convertiría en una mujer de destino. Dios tenía en mente usarla en forma significativa y poderosa en su reino; sus padres la llamaron Jill.

Los primeros años

Jill vivió una niñez inglesa característica. Vivió en un buen hogar; fue a la escuela; creyó en Dios, y con frecuencia fue una niña egoísta, como más tarde confesó. Aún así, Jill no tuvo dudas acerca de las realidades de la fe cristiana en esos primeros años. Ella dijo: "Siempre creí en Dios, en que Jesucristo era su hijo y que la Biblia era cierta".[1] Algún día aprendería a amar esas cosas. Sus padres, Bill y Peggy Ryder, no asistían a la iglesia con regularidad, pero eran personas buenas, trabajadoras y morales y le enseñaron a Jill la diferencia entre el bien y el mal. De sus padres absorbió los principios de autoridad y moralidad. Siendo niña, viviendo en la pequeña casa de la familia, ella creía que si hacía las cosas correctas, era buena, y se haría a sí misma y a todos los demás felices. Hacer lo incorrecto, era ser mala. Eso haría que ella misma y los que la rodeaban estuvieran tristes. Jill lo creía, pero en su autobiografía preguntó: "¿Por qué, entonces, me encontré a mí misma queriendo ser mala en lugar de buena? ¿Por qué hacer el mal me hacía sentir gozo? ¿Por qué ser "buena" era gris y aburrido?"[2] Jill hizo muchas cosas para que la vida fuera feliz. Tenía buenos amigos, una familia leal y días de cuidado a los demás. Al igual que Eva en el huerto, Jill admitía, que disfrutaba de todas las cosas buenas del Edén, sin embargo ella quería comer "el fruto prohibido" ¿Por qué era tan tentador?

Los días de la escuela

Cuando Jill comenzó su educación en la Merchant Taylor School para niñas, muchas de sus amigas la tentaron a comer "el fruto prohibido". Decían que lo gozaban profundamente y no se morían. ¿Por qué no iba a hacerlo Jill? Comenzó a mordisquearlo, pero solo en una forma en que no hiriera a sus padres, a quienes respetaba. Se dijo a sí misma que era solo una parte del crecimiento. Simulaba ser buena cuando sus padres estaban cerca y pronto se hizo adepta a racionalizar su conducta. En su pequeño libro lleno de discernimiento, "Hay una serpiente en mi jardín" [*There's a Snake in My Garden*], reconoció:

> Sabía que no debía leer libros prohibidos, así que no lo hacía. Pero los pensamientos prohibidos eran mejores y podían ser ocultados tras la sonrisa. Se me había dicho que estaba mal copiarse en los exámenes, pero podía expiar mi culpa sosteniendo que copiarse hacía que uno tuviera mejores notas, y mejores notas hacían padres más felices, ¡siempre y cuando no fuera atrapada! Pero, ¿qué si lo era? Bueno, entonces siempre podía adormecer mi conciencia y mentir para salir de la situación. ¿Eso no sería más agradable que decir la verdad, la que podría ocasionar dolor y vergüenza a quienes amaba?[3]

Este ocultamiento, esta confusión y este conflicto continuaron en la vida de Jill desde los primeros años de su escolaridad hasta sus años de adolescente. Pero luego cumplió los dieciocho años, y se encontró en medio de una confusión. Su vida parecía vacía e insatisfecha. Había algo —o Alguien— que faltaba. Esa carencia dejó un vacío en su corazón. Había intentado por todos los medios encontrar satisfacción, sin éxito. Descubrió que las cosas materiales no llenaban su vacío. La realidad de ese hecho llegó como una tormenta en su hogar un día cuando uno de sus conocidos, una persona muy rica, se suicidó. Tenía otra amiga, enferma en el hospital, que culpaba de toda su infelicidad a su salud. Jill era una jovencita fuerte. Tenía buena salud, había sido criada en un hogar muy feliz, y conocía la seguridad. Sin embargo, la felicidad la eludía; aún, el vacío persistía.¿Dónde residían las respuestas, habría alguna respuesta? "¿Qué tuve qué hacer? ¿Dónde tuve que ir? ¿Cuán buena debía volverme, o cuán mala debía ser para encontrar…qué? En mi confusión, no sabía qué estaba buscando. Tal vez "eso" estaba esperándome en otro jardín, en otro entorno".[4] Entonces, justo en esa encrucijada crucial y en medio de su confusión, Jill fue aceptada en una universidad de capacitación en Cambridge, Inglaterra. Así que allí se dirigió. Tal vez su respuesta podría encontrarla en ese lugar.

Vida universitaria

Jill se adaptó pronto a la vida universitaria. Se graduó en teatro y en arte, aprendiendo la habilidad de sonreír y hacer el papel de una persona feliz, aunque bien adentro, su corazón atribulado la mantenía sutilmente perturbada. La vida se había convertido en una "obra de teatro" larga. Cuando ella no estaba "en el escenario", se sentía sola e insegura de sí misma, especialmente de la aceptación de la gente de su persona. Buscaba su aplauso, pero siempre se preguntaba si eran *verdaderamente* felices con ella. Cuando la luz se apagaba, se sentía agotada, deprimida y totalmente insatisfecha. Jill no conocía a Dios, pero el telón de un drama espiritual pronto iba a levantarse.

Amaneceres reales de la vida

Jill no tuvo una experiencia de corazón real que le diera la paz de Cristo. Y allí yacía, en el hospital, apoyada en su espalda, totalmente confundida y desesperada.

En medio de todos sus conflictos internos, Jill se enfermó de un dolor misterioso en el estómago y fue enviada al Hospital Adenbrooks. Por primera vez en su vida, se enfrentó con la realidad de la muerte. Ahora sabía que debía encontrar las respuestas a todos sus problemas y preguntas. Jill siempre había supuesto que era cristiana, por lo menos una cristiana de algún tipo. Creía en todas las cosas que la Biblia declaraba respecto de la vida, la muerte y la resurrección de Cristo, pero esta creencia nunca llegaba a más de un mero conocimiento intelectual. Jill no tuvo una experiencia de corazón real que le diera la paz de Cristo. Y allí yacía, en el hospital, apoyada en su espalda, totalmente confundida y desesperada.

Lo había intentado, realmente lo había intentado. No sabía cómo orar. No sabía cómo armar las palabras necesarias para la salvación. Jill había querido ser sabia, pero había terminado siendo arrogante y orgullosa. Debía admitir que ella era su propio dios. Pero, ¿cómo podría responder a sus propias oraciones? Estaba profundamente enferma del alma, más que del cuerpo. Miraba hacia arriba con todo su corazón y clamaba a Dios: "¡Ayúdame! Hazme sentir mejor. ¡Sácame de aquí! Rápido, detén el dolor. ¿Me oyes?"[5] Jill trataba de ser absolutamente sincera ante el Señor, pero ¿Él oiría sus oraciones?

La respuesta

Luego, justo en ese punto desolador, el Espíritu de Dios entró en la vida de Jill de manera poderosa. Como ella decía: "Descubrí que cuando estaba echada de espaldas, solo había una manera de mirar. ¡Hacia arriba!". Mientras Jill oraba y lloraba, Janet, una enfermera cristiana del hospital, fue hasta su lecho. La providencia de Dios lo había dispuesto todo. Janet le contó a Jill la maravillosa historia de Jesús. Le explicó: "Jesús vino y murió en la cruz por ti, Jill. Allí Él aplastó la cabeza de la serpiente y la venció, pero no antes de que la serpiente hubiera lastimado su talón y sufriera mucho. Él volvió a levantarse triunfante sobre la muerte y el pecado y está vivo. Él quiere entrar en tu vida mediante su Espíritu Santo".[6] ¿Qué quería decir todo esto?

Jill no tenía ni idea de quién era el Espíritu Santo. Las palabras de Janet solo conjuraron imágenes vagas de antiguas iglesias inglesas donde ella había oído sobre el Espíritu Santo pero nunca sobre "el" Espíritu Santo. Cuando Jill preguntó quién era el Espíritu Santo, Janet solo rió. Eso impactó a Jill. ¿Los cristianos dedicados se reían? Jill siempre los había visualizado como demasiado píos para eso. Pero la luz comenzaba a salir. Janet cuidadosamente explicó la naturaleza del Espíritu Santo. "El Espíritu Santo", dijo "hace que sea posible que poseas la misma vida de Cristo". *Eso derritió el corazón de Jill*. Se dio cuenta de la santidad infinita de Dios y de su propia necesidad desesperada de perdón. Las lágrimas comenzaron a rodar por sus mejillas mientras aceptaba la graciosa misericordia de Dios en Cristo. El gozo llenó su corazón. La salvación, el perdón y la satisfacción la abrumaron mientras la gracia de Dios fluyó en su vida. Con verdadero arrepentimiento, Jill le dio la espalda al "fruto y árbol de la desobediencia" prohibidos y comenzó a andar en una nueva vida de comunión con Cristo. Había llegado a conocer a este santo Dios a través del Señor Jesucristo, tal como Jesús había dicho:" Si me conocieseis, también a mi Padre conoceríais" (Jn. 14:7a). Ese día magnífico permanecería por siempre en su memoria.

Comienza el discipulado

Jill fue muy afortunada en esta época de su nueva vida cristiana. Jenny (el apodo con que Jill llamaba a Janet) se tomó el tiempo de discipularla, de enseñarle cómo andar a diario con Cristo. También le contó a otras enfermeras cristianas del hospital acerca de la conversión de Jill y les urgió a que le hicieran preguntas al respecto. Jenny sabía cuán importante era para Jill el hecho de compartir lo que el Señor había hecho por ella, y como dijo después Jill: "Jenny se aseguraba que obtuviera mucha práctica al dar mi testimonio".[7] Por supuesto, Jill no podía dar este testimonio utilizando muchos términos teológicos. En esos primeros días tenía muy poco conocimiento de la fe cristiana. Todo lo que podía decir era que Jesús se había convertido en su Señor, que ella ya no controlaba su propia vida y que ahora quería vivir para Él. Pero esto era suficiente, al menos en esta primera etapa de su vida espiritual. Sabía que le había pedido a Cristo que ingresara en su corazón y que Él había respondido a sus oraciones. Como ella misma dijo:

> ¿Cómo lo supe? ¿Fue un sentimiento? No, fue algo más profundo que un sentimiento, más grande que una emoción; era una convicción interna. Estaba convencida con certeza interior de que yo pertenecía a Jesús y que Él me pertenecía a mí. Como dice la Biblia en Romanos 8:16, "El Espíritu mismo da testimonio a nuestro espíritu, de que somos hijos de Dios". Era el Espíritu de Dios diciéndole a mi espíritu que había llegado.[8]

La vida de Jill se había transformado.

¿Qué sigue después?

Se dio cuenta de que en las Escrituras podía encontrar
respuestas que la ayudarían a comunicar a los demás lo que
Dios había hecho por ella.

A medida que comenzó a recobrar su salud, Jill vio que pronto tendría que abandonar el hospital y volver a enfrentar a sus amigas en la universidad. Ahora que se había convertido sólidamente, ¿qué pensarían sus antiguas amigas de la Universidad? ¿Qué dirían? ¿Cómo respondería ella? Una mañana se despertó, con estas preguntas todavía rondándole la mente, y encontró una nueva Biblia en su armario, un regalo de Jenny. Pero el regalo fue mucho más que algo ornamental. "Toma esto con seriedad", le advirtió Jenny. Y así lo hizo Jill. La Palabra de Dios se convirtió en la Palabra viviente para ella a partir de ese momento. Se dio cuenta de que en las Escrituras podía encontrar respuestas que la ayudarían a ayudarle a comunicar a los demás lo que Dios había hecho por ella.

Jill colocó su nueva Biblia en un lugar prominente donde sus amigas de la universidad, la mayoría de las cuales no eran cristianas, la verían al visitarla en el hospital. Tan pronto como lo hizo vio a un grupo de ellas acercarse por el pasillo. Su valor se amilanó. Rápidamente la cubrió con una revista. Sin embargo, mientras ellas se acercaban a la cama, una enfermera amiga cristiana caminaba por ahí, enviada por Jenny. Levantó la revista y preguntó como al pasar: "¿Puedo llevarme prestado esto para Jenny?" Y entonces las amigas vieron la Biblia de Jill. La conversación, que una vez había sido tan fluida, se volvió extraña. Sus visitas comenzaron a mirarse de reojo y al poco tiempo se fueron. Jill se sintió sacudida. Temía perder a sus amigas. Pero cuando le contó a Jenny lo que había ocurrido, Jenny no mostró preocupación. "¿Qué clase de amigas son", preguntó, "si se alejan de ti porque has encontrado a Dios? Además", agregó, "si las pierdes, Dios te dará amigas nuevas". Pero Jill no quería amigas nuevas, ella quería las que ya tenía. ¿Acaso volverse cristiana, se preguntó, significaba que debía dejar de hacer todas las cosas divertidas que solía hacer con ellas? "¿Qué deberé dejar de lado?", preguntó. Jenny respondió gentilmente: "Dios solo pedirá que dejes aquellas actividades y hábitos que te vayan a hacer daño. Y tú sabes cuáles son esas cosas. Él te lo dirá". Jill nunca olvidó esa respuesta. Y cuando preguntó cómo sabría que Dios le estaba hablando a ella y cómo le indicaría qué estaba bien y qué estaba mal, Jenny respondió con discernimiento espiritual: "Aquí estás tú en el hospital. Piensas que has sido dejada de lado con tu enfermedad, pero no es así. Has sido apartada para la quietud. Entonces, coloca tu nariz en esta Biblia y comienza. . . . El Espíritu Santo te guiará a toda la verdad. Él tomará su Palabra y hará que tenga sentido para ti. Comienza en el Nuevo Testamento con el evangelio de Juan".[9]

Las disciplinas

Jenny ayudó al desarrollo espiritual de Jill en una forma tremenda. No solo hizo que Jill comenzara a leer su Biblia, sino que también le dio libros que la guiarían en su madurez cristiana. Los pequeños clásicos de John R. W. Stott titulados "Convertirse en cristiano y ser cristiano"[*Becoming a Christian* and *Being a Christian*] ayudaron a Jill a comprender lo que había realmente sucedido en su vida. Jenny también le dijo que tendría que crecer en la oración y aprender a dejar que Cristo le hablara. Jenny, siempre sabía y práctica en su calidad de mentora, urgió a Jill a comenzar con solo unos minutos al día de lectura de la Biblia y de oración. Los bebés en Cristo deben comenzar con "leche". También retó a la nueva "bebé" a memorizar diversos versículos de la Biblia. Jill había comenzado muy bien. Con demasiada frecuencia, cuando las personas llegan a Cristo, deben arreglárselas solas. Cuán agradecida se sentía Jill por la preocupación de Jenny y por el interés mientras la ayudaba a establecer una vida de discipulado devoto con el Señor Jesucristo. Bajo la guía de Jenny, Jill comenzó a entender la advertencia de Andrew Murray: "No estemos…contentos con la esperanza de que Jesús nos salva, mientras no nos importa tener una relación personal con Él".[10]

Durante los restantes días de la estancia de Jill en el hospital, leyó todo el libro de Daniel del Antiguo Testamento. La oración adquirió un aura genuina para ella. Comenzó a desarrollar una verdadera comunión con el Espíritu Santo. Antes de que Jill se fuera, Jenny la desafió a intentar conducir a algunas de sus amigas de la universidad hacia Cristo. Eso fue un impacto para la nueva conversa. "¿Yo?", preguntó Jill. "Sí, tú", dijo Jenny.

¡Estaba preparando mi equipo de pesca! Había comenzado toda una vida nueva; ahora conocía la voluntad de Dios. Las mujeres conducidas por el Espíritu lo saben.

"Pero ¿cómo podría yo hacer algo así?", respondió Jill. Jenny le aseguró que el Espíritu de Dios la ayudaría a convertirse en un testigo eficaz. "Pero ¿cómo las conduzco a Cristo?", preguntó Jill. Y Jenny tenía una respuesta inmediata y simple: "Cuéntales lo que yo te he contado". Habiendo dicho eso, señaló versículos de las Escrituras que subrayaban el evangelio y la envió a testificar de Cristo. Como dijo Jill: "Estaba preparando mi equipo de pesca".[11] Había comenzado toda una nueva vida; ahora conocía la voluntad de Dios. Las mujeres conducidas por el Espíritu lo saben.

De vuelta a clase luego de la aventura del hospital, Jill tambaleó al descubrir que aún debía batallar con su antiguo yo, pero ahora tenía la Palabra de Dios para que la guiara. Como escribió más tarde: "No me sorprendí cuando al poco tiempo de convertirme encontré el versículo en las Escrituras que dice: He aquí, tú amas la verdad en lo íntimo, y en lo secreto me has hecho comprender sabiduría".[12] Mediante la sinceridad espiritual, descubrió que Cristo sí da victoria.

Como joven creyente, Jill dijo que "inhaló" las biografías de grandes hombres y mujeres de Dios. Leyó las historias de vida de cristianos tales como Hudson Taylor, C. T. Studd, Adoniram Judson, William Carey, William y Catherine Booth, Mary Slesser, y Amy Carmichael. Estos gigantes de la fe se convierten en mentores silenciosos. Por sobre todo, sentía una profunda gratitud por Jenny, quien había pasado incontables horas disciplinándola. Cuarenta años más tarde, Jill se volvió a encontrar con Jenny, y el brillo de Cristo todavía se veía en su rostro. Gracias a Jenny —humanamente hablando— Jill no solo llegó a conocer a Dios, sino que continuamente lo siguió conociendo cada vez mejor.

Jill pronto aprendió que muchas cosas pueden impedir nuestro desarrollo espiritual. El hecho de estar muy ocupados por lo general encabeza la lista, era muy fácil ocuparse haciendo cosas buenas y las más importantes no se lograban nunca. Comenzó a apreciar el principio de priorizar. Como ella dijo: "El arte de dejar las cosas sin hacer es un arte aprendido".[13] Y entonces, muy temprano, Jill decidió que nunca el trabajo pesado iba a evitar que anduviera con Cristo y que condujera a otros hacia Él. Su lema se convirtió, como había dicho el Señor Jesús: "Porque yo hago siempre lo que le agrada" (Jn. 8:29).

Pensando a lo grande

Jill comenzó a planificar su primer paso. Incluso hasta el día de hoy, ella declara: "Constantemente le pido al Señor que evite que tenga una mentalidad minimalista".[14] Periódicamente se antepone un proyecto y resuelve que Dios lo satisfaga. Confiesa que tiene una tendencia innata a ser perezosa y la única forma de vencerlo es siendo una persona orientada hacia la tarea. Como ella dice:

> ¿Qué cosa, al final, puede evitar que me acerque más a Dios? ¡Yo puedo!. . . ¿Que impide que Jill Briscoe esté cerca de Dios? ¡Jill Briscoe!. . . Así que ya se trate de ignorancia, ocupación, trivialidad, o mundanalidad, es nuestro egoísmo innato el que debe ser martillado en la cruz de Cristo momento a momento y día tras día. ¿Quién tomará el martillo y "me" clavará en la cruz? ¡Alguien tiene que hacerlo! Puesto que en Cristo han muerto todos, pero en Él todos hemos sido convertidos en vivos. ¡Allí está! Puedo verme muerta de hecho en el pecado pero viva ante Dios. Esta es una mentalidad que comienza en mi cabeza, luego captura mi corazón y finalmente pone mis pies a bailar con deleite.[15]

Jill había desenterrado el secreto de lo que significa verse a uno mismo muerto para el pecado, vivo ante Dios y por la fe, caminar en la Victoria. Ese mensaje de una "vida más profunda" resonó en su corazón.

Testigo

Dios había colocado a una antigua amiga en el corazón de Jill, alguien que necesitaba una palabra de testimonio cristiano. Su nombre era Audrey. Jill la llamó y le preguntó si podía ir a su casa para tomar café esa noche. Audrey respondió ansiosamente que estaría feliz de hacerlo. Jill sintió miedo, pero oró a Dios que le diera justo las palabras correctas para acercar a su amiga a Cristo. Por cierto Dios satisfaría sus necesidades. Esa noche, al estar sentadas tomando café, Audrey le preguntó a Jill: "¿Qué te ha ocurrido? ¿Vas a un convento o algo así?" Jill escribe: "Mi corazón latía fuertemente, pero sabía que tenía que dar la mejor respuesta posible". Y entonces leyó los sencillos versículos de las Escrituras que Jenny le había dado para ayudar a los demás en Jesús. Luego le preguntó a Audrey si creía o no en la Biblia. "Sí, creo", respondió Audrey con seriedad. Y luego Jill dudó. ¿Podría disponerse a hacer la gran pregunta: ¿Orarías conmigo para aceptar a Cristo?". ¿Cuál sería la reacción de Audrey? ¿Rechazaría a su amiga? Finalmente, juntó valor y preguntó: "¿Aceptarás a Jesucristo como tu Salvador y tu Señor?" Audrey respondió de inmediato: "Sí, Jill, sí". Se arrodillaron, oraron y llegó la salvación. Su primera conversa. Un escalofrío sacudió el corazón de Jill cuando resolvió compartir a Cristo cada vez más.

Se dispuso a realizar otra tarea. De visita en Liverpool, Jill decidió invitar a varias amigas para una reunión. Extrañamente, todas pensaron que Jill las había invitado para anunciar su compromiso. ¡Qué impacto cuando descubrieron su verdadero motivo! Las había reunido para compartir su testimonio. Y bien que lo compartió. Todas se fueron menos una; pero ella encontró a Cristo esa noche. Algunas de las antiguas conocidas de Jill nunca le volvieron a hablar, pero la salvación de una amiga de seguro hizo que valiera la pena. Dios continuamente profundizó la pasión de Jill por los perdidos.

Jill, estaba ahora bien encaminada en el crecimiento hacia una joven mujer cristiana madura, graduada de la Universidad y que comenzara a enseñar, en su ciudad natal de Liverpool. Tenía una clase de niños de primer grado en una escuela allí, y pronto supo que amaba su trabajo. También tenía mucho tiempo para servir al Señor y, según descubrió: "El campo de la misión está entre los dos pies de uno". Advirtió que si esto era cierto, incluso tenía un ministerio con sus propios alumnos. Continuó trabajando con los niños de la mejor manera que pudo y finalmente causó una fuerte impresión en ellos. Tenía el privilegio de ver a muchos de estos pequeños tener fe en Cristo. Y también había otros beneficios. Ese período le dio "buena práctica en cortar el Pan de la Vida en trozos lo suficientemente pequeños para que los pudieran digerir".

Jill comenzó a entregarse al servicio cristiano en la comunidad, saliendo al mundo real donde la gente necesitaba oír el evangelio de Cristo. En particular, fue muy eficaz en llegar a los "Teddy Boys", la versión inglesa de los miembros de una pandilla. Trabajaba en la Misión del Evangelio Chino en una parte baja del centro de Liverpool. Se encontró predicando desde un púlpito en un bote de remos a personas que hacían picnic en la orilla del río, y al poco tiempo estaba predicando al aire libre por la ciudad también. Aumentó su crecimiento en gracia.

Se abre un nuevo futuro

En el medio de sus labores, Jill comenzó a darse cuenta de que necesitaba un esposo para continuar con su buen ministerio. Sin embargo, como debió admitir: "un esposo cristiano parecía un sueño tan imposible para mí como un viaje a Marte".[16] Se había convencido a sí misma de que si conocía a un hombre cristiano disponible, él sería "bajo, gordo y feo". Temía sentirse presionada a casarse con ese tipo de otro cristiano por otras personas con buenas intenciones. Esto, Jill se juró a sí misma, nunca lo haría.

Durante esos días Jill recibió una invitación a asistir a una conferencia en Carpernwray Hall. Carpernwray es un hermoso centro de retiro en el Distrito de los Lagos de Inglaterra dirigido por los así llamados Torchbearer. El alcalde Ian Thomas, un gran predicador y hombre de Dios, actuaba como la chispa y la luz de la organización. Allí, para la enorme sorpresa de Jill, conoció al hombre de quien decía "era un equilibrio para mí".[17] Lo describió con estas palabras:

> Stuart Briscoe era alto, moreno y buen mozo, ¡así que evidentemente era una tentación enviada por el diablo para distraerme de seguir al Señor! Nunca en esos primeros días se me pasó por la cabeza que Dios podía darme a *mí* un hombre como este. Una noche mientras batallaba con mi susceptible corazón, ¡leí que Jesús envió a sus discípulos de dos en dos.

Jill oró para que Dios le diera a Stuart si esa era su voluntad. Parecía como que el Señor le respondió: "¡Por cierto necesitas a alguien que te guíe! Ingresa en mi plan para tu vida, Jill… Di gracias. ¡Tengamos una boda!". Y entonces, Jill dice: "Lo hicimos".[18] Una vida nueva se desarrolló para esta mujer espiritual de Dios.

Jill pronto aprendió que una boda dura solo un día,
pero que un matrimonio dura toda la vida.

Jill pronto aprendió que una boda dura solo un día, pero que un matrimonio dura toda la vida. Hubo que adaptarse mucho, pero por la bondad de Dios, Jill y

Stuart encontraron la verdadera felicidad. Seis meses después del casamiento de Jill y Stuart, resultó evidente que Dios tenía grandes cosas guardadas para la pareja consagrada. En esa época Stuart trabajaba como banquero y parecía tener un futuro brillante delante de sí en esa profesión. Pero estaba comenzando, chocando seriamente con lo que Dios lo llamaba a hacer. Invitaciones para disertar como predicador luego comenzaron a caer a montones. Debía tomarse una decisión. Jill y Stuart compartían una pesada carga para ser personas jóvenes, especialmente. ¿Podría ser que Dios los convocara a un ministerio de tiempo completo? ¿Cómo oraban?

El llamado

Mientras Jill y Stuart continuaban en oración, resultó cada vez más evidente que el servicio de tiempo completo era la voluntad de Dios para ellos. Dios les dio a la pareja la advertencia que el Señor dio a Josué: "¡Levántate! ¿Por qué te postras así sobre tu rostro?" (Jos. 7:10). En realidad, su voluntad resultó ser tan clara que Jill dijo que ellos no necesitaban siquiera orar más acerca de eso. Había solo una respuesta. Se comprometieron. Stuart dejó su actividad bancaria, su profesión, y se lanzaron a su ministerio recientemente fundado.

Jill y Stuart no tenían idea de dónde los conduciría Dios: todo lo que sabían era que el Espíritu los había convocado. Sostenían las palabras del profeta Isaías cuando escribió: "Porque con alegría saldréis, y con paz seréis resueltos; los montes y los collados levantarán canción delante de vosotros, y todos los árboles del campo darán palmadas de aplauso" (Is. 55:12).

> *Jill y Stuart no tenían idea de dónde los conduciría Dios, todo lo que sabían era que el Espíritu los había convocado. Sostenían las palabras del profeta Isaías cuando escribió: "Porque con alegría saldréis, y con paz seréis resueltos; los montes y los collados levantarán canción delante de vosotros, y todos los árboles del campo darán palmadas de aplauso" (Is. 55:12).*

El compromiso de los Briscoe se precipitó en una pelea. El padre de Stuart había fallecido recientemente, y su madre estaba muy sola. Además, dos diferentes agencias de misión habían emitido invitaciones para trabajar con ellos. No sabían cuál elegir. Se sentían seguros de que Dios abriría la puerta que Él quisiera que ellos atravesaran, e igualmente que Dios les permitiría ocuparse de la madre de Stuart. ¿Pero dónde tiene Dios puesta su mano? Finalmente, Stuart sugirió que debían poner un "vellón" como lo había hecho Gedeón (Jue. 6:36–40). Oraron para que cualquier sociedad que les ofreciera una casa fuera la opción de Dios. La noche anterior a la que tuvieron que tomar la decisión, el director de una de las agencias fue a su hogar y pasó una noche de comunión y oración. A lo largo de la noche, el tema de una casa nunca surgió. Jill y Stuart se sintieron perplejos. ¿Podría ser esta la manera de Dios de cerrar esta puerta en particular? Pero luego de que el director de la agencia se fuera, y mientras se estaban preparando para descansar, sonó el teléfono. El líder de la agencia llamó para disculparse por telefonear tan tarde y para decir que se había olvidado tontamente de mencionar un detalle bastante importante: *la oferta de una casa*. ¡Con eso estaba todo resuelto! Dios había revelado su opción. Jill dijo: "Nos reímos de gozo". Empacaron y viajaron ciento treinta kilómetros por la carretera a la hermosa zona de los lagos ingleses donde debían comenzar su tarea. Jill y Stuart tenían un ministerio de tiempo completo.

Un gran ministerio

Los Briscoe tuvieron la emoción de llevar a muchos hacia Cristo. Conducían estudios bíblicos y servían fielmente al Señor. Y Dios satisfizo cada una de sus necesidades. A medida que su trabajo se desarrolló, encontraron maneras innovadoras de hacer pertinente y eficaz la verdad de Cristo. Capacitaban a adolescentes para que compartieran su fe, llamando a su programa de enseñanza "Operación Andrés": un buen nombre porque Andrés condujo a su hermano al Señor (Jn. 140:41). Comenzaron a visitar los bares de la ciudad, testificando de Cristo en ese escenario tan poco usual. Cantaban, testificaban, hablaban brevemente, entregaban Biblias y tratados, y luego dedicaban el tiempo sencillamente a platicar con la gente. Desde luego, siempre tenían cuidado de obtener el permiso primero del gerente, pero nunca se les negó la entrada y siempre recibieron una invitación para regresar. ¡Qué impacto singular tuvieron! En todo esto, Jill y Stuart siguieron la voluntad de Dios, puesto que como Él había señalado: "Los sanos no tienen necesidad de médico, sino los enfermos" (Mt. 9:12).

El predicador

Stuart se convirtió en un gran predicador del evangelio. Cuando el ministerio creció, sirvió cada vez más como un evangelista itinerante. Sin embargo, su trabajo lleno de viajes, era difícil para Jill. Él se iba por prolongados períodos, y Jill comenzó sutilmente a resentir estas ausencias, si bien tenía dificultad para admitirlo a sí misma. Colocaba su descontento en un agujero en su vida y no dejaba que surgiera a la superficie. Pero Dios le habló al corazón de Jill. Ella lo reconoció:

> Estaba impactada acerca de cuán hipócrita podía llegar a ser,
> todo estaba bien, pero diferente a sabiendas. Observaba a mis

misioneros superiores y trataba de copiar sus maneras. Aprendí a despedir a mi esposo en un viaje de tres meses con solo la correcta sonrisa evangélica. Con una seriedad falsa que aparentemente todos creían, expresé mi sentimiento usual a los que se compadecían por nuestra separación.[19]

Finalmente, enfrentó todo el asunto y lo puso a disposición de Dios. Cristo la satisfizo al perdonarla y darle fortaleza. Una vez más se apropió de la muerte y vida del Señor. Al resolver este problema, encontró la victoria en la cruz de nuestro Señor Jesucristo.

Los días se convertían en semanas, las semanas en meses, y los meses en años. Jill y Stuart tuvieron tres hermosos hijos: David, Judy y Peter. "Diviértete y sé firme" era la filosofía de Jill para la crianza de sus hijos. Y los hijos salieron bien, hoy día sirven en el ministerio cristiano. David se ha convertido en predicador, graduado del Seminario Betel en St. Paul, Minnesota. Ahora actúa como pastor asociado a su padre, Stuart. Judy recibió su graduación de la Universidad de Nueva York y ha escrito dos libros excelentes así como también ha enseñado en un seminario. Peter, graduado de la Trinity Divinity School, es pastor principal de una buena iglesia bíblica en Dallas, Texas. Jill quería lo mejor para sus hijos, y sabía que el plan y el propósito de Dios para sus vidas serían lo mejor. Utilizando un poema de Amy Carmichael, ella oraba:

> Padre, óyenos, estamos orando,
> Oye las palabras que están diciendo nuestros corazones,
> Estamos orando por nuestros hijos.
> Aléjalos de los poderes de la maldad,
> Del peligro secreto, oculto,
> Padre, óyenos por nuestros hijos.
> Del remolino que puede absorberlos,
> De la arena movediza traicionera, sálvalos,
> Padre, óyenos por nuestros hijos.
> Desde la alegría vacua del mundo,
> Desde el aguijón de la tristeza sin fe,
> Padre, Padre, cuida a nuestros hijos
> A través de las aguas turbulentas que los sacudan,
> A través de las amargas batallas de la vida que los alegren,
> Padre, Padre, que estés cerca de ellos.
> Lee el lenguaje de nuestro anhelo,
> Lee los juramentos sin palabras que resuenan,
> Santo Padre, por nuestros hijos.
> Y donde quiera que moren,
> Condúcelos al Hogar al anochecer.[20]

Cuando Jill oyó el primer alegre anuncio de que sería abuela —y lo iba a oír ocho veces más— escribió este pequeño poema:

> Doblado sin forma por este gran título,
> ¡Quisiera patear este ciclo de vida!
> A no ser que vea más allá de los nombres
> El milagro del que vino
> A iluminar mi vida y darme un motivo
> Para darle la bienvenida a esta época de ser abuela[21]

Pero ahora, de regreso a Inglaterra a la vida de los Briscoe.

Una extensión del servicio

Cuando los niños crecieron, Jill vio que podía viajar un poco con su esposo. Luego de que se graduaron de la escuela secundaria, los niños acompañaron a sus padres ocasionalmente: una emoción para toda la familia. Fue bueno para su vida espiritual ver las necesidades acuciantes del mundo en lugares como Japón, Singapur, Sri Lanka, Hong Kong, y China. Para ese entonces, a Stuart se le habría abierto un ministerio en el ámbito mundial, y la familia disfrutaba profundamente de viajar y ministrar con él. Jill misma se había vuelto una comunicadora muy eficaz de la Palabra de Dios. Este don significaba que tenía que pensar en la antigua cuestión de la mujer en el ministerio. Se le pedía cada vez más que se dirigiera a públicos de hombres y mujeres, con frecuencia en el escenario de una iglesia local. Jill cuenta la historia en sus propias palabras:

> Comencé a leer y a estudiar con detenimiento y a hablar sobre todo con Stuart por primera vez. No era la primera vez que conversábamos sobre el tema de lo que podía o no hacer una mujer en el contexto de la iglesia, pero fue la primera vez que me vi obligada a observar todos los costados y llegar a mis propias conclusiones sobre el asunto. Me llevó tres años completos leer y escuchar, conversar y asistir clases sobre el tema antes de poder realmente sentirme libre de tomar esas oportunidades que con frecuencia eran por primera vez para una mujer.
> "No quiero ser una mujer "símbolo", Stuart" dije un día.
> "Piensa en cambio en ser una pionera" sugirió mi esposo.
> "Prométeme que me dirás que puedo hacer lo que se me pide, o si solo se me pide porque soy una mujer"
> "Te lo prometo" me aseguró Stuart.
> Habiendo luchado juntos en todo momento, finalmente llegué

a la conclusión de que era un poco como creer en la predestinación y el libre albedrío. No podía conciliar a ambos, pero en fe acepté a los dos. A veces actué como una arminiana y otras veces como una buena calvinista. Así que apliqué este enfoque al "tema de la mujer". ¡Pareció funcionar! Llegué a pensar en que el liderazgo del hombre se le había dado para asegurarlo que la mujer era un igual. Stuart por cierto había ejercido su conducción en ese aspecto. Había insistido en mi participación por igual en todos los asuntos.

Cuando se trataba del ministerio, si un cuerpo de dirigentes de una iglesia o misión me invitaba a ejercer los dones que reconocían y confirmaban en mí, yo estaba feliz de hacerlo, bajo su conducción y con una actitud de humildad y sumisión. Fui a servir y no a señorear sobre nadie. Si los hombres del público me preguntaban cómo usaba mis dones (y eso sucedió), simplemente les decía que me sometía al liderazgo y al apoyo que se me había dado, y hacía referencia a "arriba". Eso usualmente ponía en claro las cosas.

Por cierto, el Señor me ha llevado a un largo camino. . . Lo más gracioso es que fueron los hombres los que me han liberado para ejercer dones que otros hombres dicen que no debería tener. Cuando los hombres debaten "mi don" hoy día, les pido que sean gentiles conmigo y en lugar de decir "las mujeres pueden o no pueden hacer esto o lo otro", que intenten colocar mi nombre allí y decir, en cambio, "Jill puede o no puede hacer esto o aquello" ¡A los que me conocen y me quieren les resulta difícil hacerlo! Los dones, he descubierto, no tienen género. Indudablemente le debo el ministerio que ahora ejerzo en todo el mundo a un esposo que cree en ello con todo su corazón.

A veces me pregunto cuántas personas hubieran sido ayudadas en el reino, alentados por mis escritos, o desafiados al servicio si mi Stuart no hubiera cambiado sus ideas sobre el ministerio de las mujeres. Sospecho que no demasiadas. Y pienso que yo me hubiera sentido esclavizada, frustrada y enojada y eso no le sirve de nada a nadie. Por esta libertad, alabo al Señor y agradezco a Stuart, y a todos los maravillosos hombres de mi vida que con tanta constancia e insistencia me alentaron a ir en busca del oro con los dones que tengo y, lo que es más, haberme dado la oportunidad para hacerlo.[22]

El hogar era claramente feliz para los Briscoe. Pero entonces, de repente, se produjo un cambio muy significativo en sus vidas.

Estados Unidos abre sus puertas

Un día Stuart irrumpió con noticias: "¿Te gustaría ser la esposa de un pastor?", le preguntó a Jill. "Una iglesia de Estados Unidos me ha invitado a ser su pastor".[23] Por supuesto, con el transcurso del tiempo habían recibido muchas de esas invitaciones, pero nunca antes las habían considerado con seriedad. El "trabajo del evangelista" siempre había consumido a Stuart, y Jill siempre creyó que el ministerio de Stuart le pertenecía al mundo. ¿Era correcto que considerara limitarse a una única iglesia? Pero la congregación de Estados Unidos persistió con llamados telefónicos y correspondencia. La iglesia estaba profundamente convencida de que Briscoe debía ir. De algún modo esto parecía distinto. "¡Vamos a orar por esto!", dijo animadamente Stuart, mientras se preparaba para otros tres meses de gira de prédicas. A estas alturas, Stuart y Jill tenían que decir adiós por un lapso de nueve meses por año. Naturalmente, Jill estaba emocionada por la idea de servir a una iglesia, simplemente por el punto de vista de tener una vida familiar más normal. Pero tenían que conocer la voluntad de Dios al respecto. El propósito de Dios era lo que realmente importaba. Jill oró seriamente, tomó su Biblia y caminó hasta una hermosa colina inglesa cerca de un arroyo. Comenzó a leer el Evangelio de Juan y rogó: "Señor, ayúdame a continuar leyendo hasta que sienta tu dirección. Ella cuenta su encuentro con Dios con estas palabras:

> Continuando leyendo Juan 21, llegué a la pregunta formulada por el Señor: "¿Me amas?" Era algo que valía la pena pensar. Sí, yo lo amaba, aunque mi amor era débil y pobre. Como contestó Pedro, lo hice yo: "Señor, conoces mi corazón, ¡te amo!" Luego me preguntó como le preguntó a Pedro hace mucho tiempo: "¿Me amas verdaderamente más que a estos?" ¿Más que a qué? ¿Que a Stuart, a mi patria, mis hijos, y mi gente? ¿Más que a estos? Respondí: "Tú conoces todas las cosas, Señor; yo te amo un poco, y quiero amarte más. Quisiera pensar que te amo a ti más que a nadie". Creo que el Pastor sonrió. De todos modos, me dio mi respuesta: "Haz que tu amor hacia mí sea lo más importante en tu vida. 'Mas buscad primeramente el reino de Dios y su justicia, y todas estas cosas os serán añadidas'" (Mt. 6:33). Y ahora se te mostrará el sendero correcto en este caso.[24]

La decisión había sido tomada: se irían a los Estados Unidos.

En 1970, la *Elmbrook Church* de Brookfield, Wisconsin, un suburbio de Milwaukee, invitó formalmente a Stuart a ser su pastor principal. Cuando Stuart le anunció a los niños que se mudaban a Estados Unidos, uno de los más chicos dijo con valor: "Sé todo sobre Estados Unidos porque lo estudié en la escuela".

Sabían un poco, pero no todo. Jill reconoció que la mudanza a una nueva cultura estaría lejos de ser fácil, pero como Dios los había encontrado en cada encrucijada del camino cuando llegaba el momento de la decisión, Él por cierto lo haría ahora también. Así que empacaron dos maletas por persona y se fueron a Estados Unidos.

Un país nuevo: una nueva vida

Se dieron cuenta de que donde reside la voluntad de Dios, ese se convierte en el hogar.

Fue una verdadera transición. Los niños se sentían perplejos por mucho de lo que veían mientras la familia hacía su viaje a Milwaukee desde el Aeropuerto de O'Hare a Chicago. Estaban impactados de ver que los taxímetros eran de un amarillo brillante con palabras pintadas en sus lados. Estaban acostumbrados a los taxis negros tradicionales ingleses. No solo eso, advirtieron que los policías llevaban armas. Esto no ocurría en Inglaterra. Cuando uno de los niños preguntó por qué, Jill respondió jocosamente: "Para el caso de que encuentren a Al Capone". Pero había cosas menores. Cuando llegaron a su hogar, su perro, Prince, saltaba y comenzó a correr alrededor; se sentía en casa. Se dieron cuenta de que dónde reside la voluntad de Dios, ese se convierte en el hogar. Y por supuesto, los niños estaban emocionados de que su padre ahora estaría con ellos mucho más de lo que jamás había estado. La familia se asentó bien en Elmbrook. Esperaba un ministerio de bendición.

El pastor anterior de la Iglesia de Elmbrook era Bob Hobson, un vibrante tejano. Se había convertido en un buen amigo de los Briscoe. En realidad, Stuart había estado predicando una serie de reuniones en la iglesia donde Bob Hobson había tomado la decisión de renunciar a su cargo y unirse al personal de Capernwray. Stuart le había aconsejado que no lo hiciera hasta concluir las reuniones. Las personas no podrían concentrarse, sostuvo Stuart, porque la renuncia captaría su atención. Hobson estuvo de acuerdo pero solo, como dijo "Siempre y cuando me ayudes a encontrar un reemplazo".[25] Y así resultó que los Briscoe se mudaron a Estados Unidos. Cuando la iglesia en realidad llamó a Stuart y a Jill, uno de los buenos miembros de allí sostuvo que los había conocido todo el tiempo, que Stuart podría ser su nuevo pastor. El arreglo se había desenvuelto en una forma maravillosa bajo el liderazgo del Espíritu Santo.

Ser pastor de tiempo completo, para Stuart parecía extraño a la luz de su obra evangelista eficaz. Pero la iglesia no solo acordó tener a Stuart como su pastor principal, sino que también lo alentó a seguir también con su ministerio itinerante. El resto es historia, historia contemporánea. Tanto Jill como Stuart ejercen un servicio para Cristo que se ha extendido por todo el mundo. Su ministerio continúa expandiéndose. Conocer y oír a Jill Briscoe es sentir los latidos de su corazón por Dios, por las mujeres y por su familia. Mientras lucha por mantenerse cerca del mismo corazón de su Señor, Él la ha bendecido con sabiduría, inteligencia y una sinceridad sin igual. Jill tiene un ministerio activo hablado y escrito. Ella ha escrito o ha sido coautora de numerosos artículos y más de cuarenta libros, incluyendo guías para estudios bíblicos, material devocional, poesía y libros para niños. Se desempeña como editora ejecutiva de *Just Between Us,* una revista para esposas de ministros y mujeres que están en el ministerio. Es la anfitriona de un programa de televisión para mujeres llamado "Bridges", que se ve en televisión por cable en cinco estados. También actúa como consultora en muchas organizaciones sin fines de lucro, y se desempeña como directora de World Relief and Christianity Today, Inc. Es una mujer ocupada para el Señor.

Lecciones aprendidas

Jill ha aprendido el "secreto" de convertirse en una sierva de Cristo conducida por el Espíritu. Ha aprendido los principios de la victoria cristiana y del poder del Espíritu Santo en su vida. Actúa esas disciplinas mientras comparte la verdad de Dios con los demás. Las personas que han llegado a la fe en Cristo, y las vidas de los cristianos que se han profundizado y bendecido a través de ella, son innumerables. Gracias a Dios por esta mujer espiritual que conoce al Señor.

Conociendo a Dios

Jill conoce verdaderamente a Dios. Vaya profunda y sublime experiencia: conocer a Dios. Cuando intentamos aprehender quién es Dios en realidad, en toda su ultimidad y su insondable "ser otro", casi no podemos creer que realmente podamos llegar a conocerlo. El clásico Catecismo abreviado de Westminster, al tratar de describir en términos humanos limitados cómo es Dios, da esta maravillosa definición: "Dios es un Espíritu, infinito, eterno e inmutable en su ser, sabiduría, poder, santidad, justicia, poder, bondad y verdad" Y, piénselo, este es el mismo Dios que nos invita a ir y conocerlo. Esa es la base de la espiritualidad, la vida.

> *Dios nos ha hecho para que necesitemos un influjo constante de lo que nos mantiene vivos, y la fuente de esa vida es Dios mismo*

Sí, Jill sí llegó a conocer a Dios. Se convirtió en una mujer espiritual. Pero un viaje como el de ella nunca debe pensarse como el derecho exclusivo de algunos pocos selectos. La Biblia claramente nos dice que el Padre ansía que todos obtengamos el conocimiento de Él. El tema puede resumirse de esta manera: Dios nos ha hecho para que necesitemos un influjo constante de lo que nos mantiene vivos, y la fuente de esa vida es Dios mismo. Por eso es que necesitamos desesperadamente la salvación, puesto que la salvación de Cristo nos coloca en una relación personal, vital, con Dios, la fuente de la vida, una vida que perdura para siempre. Jesús dijo: "Y esta es la vida eterna: que te conozcan a ti, el único Dios verdadero, y a Jesucristo, a quien has enviado" (Jn. 17:3). Cualquiera puede llegar a Dios y experimentar la vida de la manera maravillosa y profunda que nuestro Señor Jesucristo proporciona, si es que Lo buscan. Todo comienza con la maravillosa salvación, la gracia que Jesucristo nos entrega tan libremente, tal como lo descubrió Jill.

Una advertencia: mientras nos lanzamos en una búsqueda para comprender todo lo que significa conocer a Dios, debemos aceptar que será un viaje largo y arduo. Este es un gran primer paso. Sin embargo, aramos hacia delante con una mente y un corazón disciplinados porque sabemos que sin la salvación no podemos tener espiritualidad. Entonces, comencemos.

La espiritualidad comienza con la salvación

J. I. Packer nos dice que hay cinco principios para llegar a conocer a Dios:

1. Dios le ha hablado al hombre, y en la Biblia está su Palabra, otorgada a nosotros para hacernos sabios para la salvación.
2. Dios es Señor y Rey sobre su mundo; Él rige todas las cosas para su propia Gloria, desplegando Sus perfecciones en todo lo que hace, a fin de que los hombres y los ángeles puedan adorarlo.
3. Dios es Salvador, activo en amor soberano a través del Señor Jesucristo para rescatar a los creyentes de la culpa y el poder del pecado, para adoptarlos como Sus hijos y para bendecirlos.
4. Dios es Trinidad; dentro de la deidad hay tres personas: el Padre, el Hijo y el Espíritu Santo, y la obra de la salvación es una en la que los tres actúan juntos, el Padre otorgando redención, el Hijo asegurándola y el Espíritu Santo aplicándola.
5. Santidad significa responder a la revelación de Dios en confianza y obediencia, fe y adoración, oración y alabanza, sumisión y servicio. La vida debe verse y vivirse a la luz de la Palabra de Dios. Esto, y ninguna otra cosa, es la verdadera religión.[26]

Conocer verdaderamente a Dios es mucho más importante que solo adquirir información acerca de Él. Dios se revela a sí mismo a través de las Escrituras, la experiencia, y el Espíritu Santo para que podamos conocerlo *personal e íntimamente*. Por supuesto, sí debemos conocer las verdades acerca de Dios, algo de su naturaleza, Sus características, su gracia, su amor. Pero debemos *experimentarlo* a Él si es que queremos conocerlo en realidad. Esta es la meta de toda teología. Es lo que los pensadores han buscado durante milenios. Dios desea que lleguemos a conocerlo de tal manera que su vida se vuelva nuestra vida, un nuevo comienzo total. Conocer a Dios significa caminar con Él en la cálida relación de Padre e hijo, una relación que trasciende nuestras limitadas mentes humanas. Pero primero debemos darnos cuenta de nuestra necesidad de salvación.

La necesidad de salvación

Sólo Dios es la fuente de toda verdadera espiritualidad. La espiritualidad le sigue a la salvación. Packer señala tres características de quienes conocen a Cristo en salvación. Declara que los que conocen a Dios tienen una gran energía para Él, tienen grandes *pensamientos* acerca de Él, y tienen un gran *coraje* por Él.

Energía

La energía que proviene de Dios puede verse en las vidas de mujeres significativas de la Biblia, y a lo largo de la historia de la iglesia. En las Escrituras, mujeres como Débora, poseían una energía increíble por Dios. Débora en realidad fue al campo de batalla junto a su general Barak, y se convirtió en la figura principal de la derrota de los enemigos de Israel. En la época del Nuevo Testamento, ¿dónde hubiera estado Aquila sin Priscila? Esta gran mujer de fe fue una líder importante en la iglesia de su casa. Innumerables otras mujeres maravillosas de Dios han, con el correr de los años, desplegado un compromiso energético al servicio de su Señor, mujeres tales como Amy Carmichael, la Condesa de Huntingdon, Susana Wesley, y una hueste de otras más.

Pensamientos

Los gigantes espirituales tienen pensamientos gigantes de Dios. La hermana de Moisés, Miriam, descripta en el libro de Éxodo, es un hermoso ejemplo de dicho principio. Sus pensamientos de Dios están dramáticamente expresados en su "Canción del Triunfo" (Ex. 15:21). Y cuán emocionante es leer las palabras de grandes cristianas como Jessie Penn-Lewis, a quien conoceremos más adelante en este libro. Tenía grandes pensamientos sobre Dios que en sus escritos se refleja y permanece un desafío constante.

Coraje

Y los que conocen a Dios en la intimidad de su salvación tienen gran coraje por su Señor. Piensen en Sara, en Rebeca y en Raquel. Dios no solo fue el Dios de Abraham, Isaac y Jacobo; Él fue el Dios de sus esposas también. Y se nos presentará a varias mujeres en este libro, mujeres tales como Martha Franks, Henrietta Mears, y otras, todas las cuales con mucho valor tomaron su posición por Jesucristo independientemente de las circunstancias. A lo largo de los años, las mujeres han destinado sus vidas a la causa de Cristo. Hace no demasiados años, Lottie Moon, en una negación propia llena de coraje, se murió de hambre, dándole su propia comida a las hambrientas mujeres chinas a las que servía en un fiel ministerio. Las mujeres que conocen a Dios despliegan un coraje que las coloca en un lugar destacado.

*Todo comienza con un reconocimiento de nuestra
profunda y penetrante necesidad personal de la salvación.
La salvación de Dios es la necesidad humana básica y la
base de toda grandeza espiritual.*

¿Qué hace que las personas se vuelvan así: enérgicas, pensantes y con valor por Dios? ¿Cómo podemos llegar a conocer a Dios de esa manera? Todo comienza con un reconocimiento de nuestra profunda y penetrante necesidad personal de la salvación. La salvación de Dios es la necesidad humana básica y la base de toda grandeza espiritual. ¿Por qué la salvación asume un papel tan central? Lo hace porque en el análisis final, y en la línea básica de la vida, el pecado es lo que nos separa del Dios que ansiamos conocer y de la espiritualidad que queremos experimentar. Pablo lo dejó claro: "Por cuanto *todos* pecaron, y están destituidos de la Gloria de Dios" (Ro. 3:23). Podemos intentar atribuir nuestras acciones a la herencia, el entorno y un millón de otras cosas, pero cuando se trata de una evaluación sincera de dónde estamos todos posicionados, descubrimos que es nuestro pecado contra Dios el que es la barrera final a la vida y a la felicidad y la espiritualidad. El pecado es una barrera porque Dios es santo y justo.

Dios es santo. Un teólogo lo ha descrito como el "Otro Santo". Esto significa que Él es justo, totalmente puro y sin pecado y que está en un plano en el que los seres humanos pecaminosos nunca podrán alcanzar, independientemente de cuánto podamos luchar por la bondad y la justicia. La Biblia nos recuerda: "Todas nuestras justicias como trapo de inmundicia" (Is. 64:6). Al mismo tiempo, Dios es justo. Por esto Él debe tratar con nuestro pecado y nuestra rebelión.

¿Qué es el pecado de todos modos?

*Debemos tener la justicia de Jesús mismo para ser
aceptable a los ojos de Dios.*

La justicia de Dios eleva un tema: ¿Qué constituye la naturaleza de nuestro pecado? ¿Qué hemos hecho para incurrir en el juicio de Dios? El pecado puede definirse de varias maneras. Algunos lo ven como el cumplimiento de los deseos otorgados por Dios en una manera que Dios nunca diseñó que fueran cumplidos. Otros comprenden el pecado como cualquier cosa que viole nuestras conciencias. Y otros lo ven simplemente como actos egoístas. Se puede encontrar un elemento de verdad en todas estas ideas. La misma Biblia es explícita respecto de este tema. Las Escrituras dicen que el pecado es "infracción" (1 Jn. 3:4). Dios estableció su ley en su Palabra, y en la conciencia de todo hombre, mujer, niño y niña también. Continuamente "hacemos nuestra propia cosa", rompiendo así con su ley. En nuestros corazones sabemos que esto es verdad. La Biblia también define al pecado como "perder la marca". Esta idea encuentra su raíz en la palabra griega *hamartia*, "perder una marca o un objetivo". Dios ha fijado su ideal para la moral, y la justicia, pero aunque luchemos mucho para conseguir esa meta, con mucha frecuencia "perdemos la marca". ¿Qué constituye esta "marca" de justicia que continuamente perdemos? La respuesta es Jesucristo mismo. El Padre ha revelado a su Hijo como la meta de toda justicia. Nosotros debemos tener la justicia de Jesús mismo para ser aceptables a los ojos de Dios. Y claramente, periódicamente no logramos alcanzar esa meta perfecta (Ro. 3:23). Por lo tanto, todos somos culpables ante Dios (Ro. 3:12). Él es santo y nosotros somos pecaminosos. La justicia de Dios exige nuestro juicio. Allí reside la tragedia de la vida humana.

Juicio

La Biblia nos dice puntual y gráficamente que "La paga del pecado es muerte" (Ro. 6:23), muerte en todo el sentido de la palabra, física y espiritual, temporal y eterna. Todos enfrentamos una "Paga algún día". La realidad de la muerte como el fruto del pecado arruina todo lo que hace que la vida sea significativa y satisfactoria. Esto se debe a que da un golpe mortal a nuestras relaciones esenciales.

Pensemos por un momento. La vida está compuesta de relaciones. Estamos relacionados con Dios porque Él nos creó y nos sostiene a diario. "Porque en Él vivimos, y nos movemos, y somos" (Hch. 17:28). Nuestra relación con Él comprende la propia esencia de nuestra existencia. También vivimos y nos movemos en relaciones con los demás. La Biblia claramente dice: "Y de una sangre ha hecho todo el linaje de los hombres, para que habiten sobre toda la faz de la tierra" (Hch. 17:26). La mano creativa de Dios nos ha llevado a una relación dinámica con cualquier otra persona de esta tierra, sin importar raza, color, cultura o cualquier otra barrera concebible que pudiera separarnos a unos de los otros. Todos compartimos la membresía en la única familia humana. Todos surgimos de Adán. Por lo tanto, todos estamos juntos en esta vida. Cualquier cosa que afecte a uno, incluso en un lejano rincón del mundo, nos afecta a todos. John Donne tenía razón: "Ningún hombre es una isla, solo por su cuenta". Y finalmente, estamos relacionados con nosotros mismos. "Yo" puedo hablar "conmigo". Tenemos el don otorgado por Dios de la conciencia propia. Un profesor de seminario dijo una vez: "Si un perro se mirara alguna vez al espejo y dijera: 'Guau-guau, soy un perro', ya no sería un perro". El antropoide más avanzado no posee esta característica singular de la conciencia propia. Solo los seres humanos han sido bendecidos con ella. Estas tres relaciones básicas —con Dios, con los demás y con nosotros mismos— conforman la vida humana.

El aguijón del pecado

Es aquí, justo en estos puntos esenciales, que el pecado ejerce su maldito poder para destruir y traer la muerte. El pecado golpea justo en el centro de nuestras relaciones de la vida, urdiendo, torciendo y forzando casi toda nuestra existencia.

En nuestra relación con Dios, la consecuencia del pecado es una conciencia constante y perseverante de la vergüenza. Permanecemos culpables ante Dios. Nuestra relación con Él ha sido puesta a prueba. Estamos muertos "en delitos y pecados" (Ef. 2:1). Nada de paz, nada de un camino tranquilo con nuestro Señor. El pecado ha hecho su obra. Y, finalmente, el pecado ocasiona una ruptura final con Dios en la forma de un lugar en que Jesús mismo se refirió a *gehenna*, traducido en nuestra Biblia en español como "infierno". Así como es poco popular la idea del infierno hoy día, sigue siendo y seguirá siendo real; nuestro Señor Jesucristo mismo habló de él. El hecho debe enfrentarse. El pecado ha destruido la hermosa relación que teníamos con Dios en el Edén, y ahora estamos frente al santo Dios en muerte, desesperadamente separados de su vida divina.

Además, el pecado ha obstaculizado nuestra relación con nuestros prójimos. Podemos ver esto de mil maneras diferentes cada día. Encendemos la televisión o leemos el periódico y ¿qué vemos? Asesinato, violación, robo y violencia entre nosotros. Y no estamos mencionando las atrocidades de la guerra, de la explotación, de la pobreza, de la discriminación y de la supresión de los derechos humanos en una escala global. El pecado puede enredarnos en sus feos tentáculos en nuestros propios hogares. La animosidad, la envidia, la mala voluntad, la rebeldía, el enojo, el egoísmo y una hueste de otros pecados personales pueden acarrear la muerte a las relaciones interpersonales más importantes de la vida El pecado crea falta de amor.

Esto lleva a la última manifestación del pecado: la imposibilidad de una relación plena con nosotros mismos. Luchamos por metas de orientación propia tales como el poder, el prestigio y ganancias materiales. Esas son las cosas que el mundo aplaude, y somos engañados. Las metas mundanas hieren la personalidad humana. Precipitan un espíritu "rígido", frustración, tensión y estrés. Y todo el tiempo no podemos ver que nuestra pecaminosidad es el dilema subyacente. Si bien muchos quisieran negarlo, *el pecado es un problema real*. Con tanta frecuencia dejamos que nuestros corazones nos engañen. Como dice la Biblia: "Engañoso es el corazón más que todas las cosas, y perverso, ¿quién lo conocerá?" (Jer. 17:9). Pero debemos enfrentar la realidad.

La paga del pecado en realidad es la muerte, muerte hacia todo lo que Dios quiere que sea la vida.

¿Alguna esperanza?

𝒟ios nos da una hermosa palabra en las Escrituras,
una palabra que brilla con la gloria, la gracia y el amor del
Señor. Esa palabra es salvación.

Qué terrible dilema enfrentamos. Dios exige una justicia absoluta y aquí estamos, inmersos en el pecado. ¿Puede hallarse alguna esperanza? Nuestro Señor grita un resonante "sí". Dios mismo ha proporcionado una solución a nuestro problema mortal. Dios nos da una palabra hermosa en las Escrituras, una palabra que brilla con la gloria, la gracia y el amor del Señor. Esa palabra es *salvación*. Podemos ser salvos de nuestros pecados y su castigo. Podemos ser llevados a un conocimiento y una experiencia de Dios que rectifique por completo y revolucione todo. Podemos "renacer". A través de esta maravillosa salvación se reestablece nuestra relación con Dios. El perdón y la aceptación inundan nuestra vida. Dios establece la justicia de Cristo en contra de nuestro registro en el cielo y al hacerlo nos perdona por todos nuestros malos actos injustos, convirtiéndonos en puros a Sus santos ojos. Qué pensamiento sublime. Podemos recobrar una nueva relación con Él y experimentar "la paz de Dios, que sobrepasa todo entendimiento" (Fil. 4:7). Además, podemos ser llevados a una relación de amor con nuestros congéneres. La Biblia dice: "El amor de Dios ha sido derramado en nuestros corazones por el Espíritu Santo que nos fue dado" (Ro. 5:5). Dios en realidad nos permite amar a nuestro prójimo como a nosotros mismos. Qué maravillosa promesa y experiencia. Finalmente, podemos alcanzar la satisfacción dentro de nosotros mismos. Sabiendo que somos aceptados por Dios, y que estamos en una relación de amor con los demás que nos aceptan, estamos en posición de aceptarnos a nosotros mismos. "Yo" puedo vivir "conmigo". Nuestro sueño de la realización propia se cumple. La salvación a través de la gracia y el amor de Dios es prodigiosa, y está disponible para todos nosotros. Podemos *conocer* a Dios y experimentarlo todo. Su amor ha sido diseñado para nosotros.

Ni siquiera puede dar comienzo la verdadera espiritualidad lejos de la salvación graciosa de Dios, porque sin ella no podemos conocer a Dios. Todo comienza con la salvación. Debemos ser perdonados y salvados de nuestros pecados y sus consecuencias. Nada de irnos del camino, nada de racionalización, nada de explicar, simplemente debemos experimentar la salvación de Dios si es que queremos conocerlo y, por ende, conocer la vida como nuestro Señor la diseñó. Pero, ¿cómo puede esto ser posible? ¿Cómo un Dios Santo puede llegar a perdonarnos, limpiarnos y otorgarnos su gran salvación? Es lo que Jill Briscoe descubrió en el hospital cuando Jenny le contó sobre Cristo. Jill lo averiguó. También podemos hacerlo nosotros.

La salvación a través de Jesucristo

Hemos visto y comprendido nuestra desesperada necesidad. Hay una única cosa que podemos hacer. En consecuencia de esta necesidad debemos volcarnos a Dios mismo *personalmente*, aprender de Él, y experimentar su maravillosa salvación en Cristo. ¿Lo estamos haciendo? ¿Es eso lo que constituye nuestra búsqueda? Como lo señaló una vez un erudito en la Biblia: "Conocer a Dios es sentir su trato con nosotros y señalándonos a su propio Hijo el Señor Jesucristo". Lo que esto significa puede entenderse mejor observando lo que sucedió el día de Pentecostés, —la festividad judía— según está registrada en el libro de los Hechos de los Apóstoles.

Pentecostés era un día dinámico para los primeros seguidores de Cristo. Al igual que el ruido de un millón de explosiones atómicas, DIOS VINO.

> Cuando llegó el día de Pentecostés, estaban todos unánimes juntos. Y de repente vino del cielo un estruendo como de un viento recio que soplaba, el cual llenó toda la casa donde estaban sentados; y se les aparecieron lenguas repartidas, como de fuego, asentándose sobre cada uno de ellos. Y fueron todos llenos del Espíritu Santo, y comenzaron a hablar en otras lenguas, según el Espíritu les daba que hablasen. (Hch. 2:1-4)

> *La historia estaba dividida, y el Espíritu del Dios viviente —la misma presencia del Santo Dios— vino a nosotros para conducirnos al conocimiento de Jesucristo y todo lo que Él ha hecho para comprar la salvación para nosotros.*

¡Vaya día! ¡Vaya experiencia! La historia estaba dividida, y el Espíritu del Dios viviente —la misma presencia del Santo Dios— vino a nosotros para conducirnos al conocimiento de Jesucristo y todo lo que Él ha hecho para comprar la salvación para nosotros. La ciudad de Jerusalén se convulsionó. Miles se reunieron. Tenían que tener una respuesta para el fenómeno.

El mensaje

El día llegó a su clímax cuando Pedro declaró el primer evangelio completo —las "buenas nuevas"— de Jesús y su salvación. Pedro comenzó:

> Varones israelitas, oíd estas palabras: Jesús nazareno, varón aprobado por Dios entre vosotros con las maravillas, prodigios y señales que Dios hizo entre vosotros por medio de él, como

vosotros mismos sabéis; a éste, entregado por el determinado consejo y anticipado conocimiento de Dios, prendisteis y matasteis por manos de inicuos, crucificándole; al cual Dios levantó, sueltos los dolores de la muerte, por cuanto era imposible que fuese retenido por ella. (Hch. 2:22-24)

Cada palabra en el sermón de Simón está llena de verdades acerca del gran acto de salvación de Dios a través de su Hijo Jesucristo. Realidades eternas, infinitas, se escucharon por primera vez. Mírenlas:

1. Jesús de Nazaret era un *hombre*. Es la humanidad de Jesús la que proclama la Encarnación. Aquí reside el milagro de los milagros. El infinito, final, santo Dios Todopoderoso, el Creador del cielo y la tierra, se vistió de carne humana y se convirtió en hombre. Pablo lo expresó hermosamente en Filipenses 2:5-8: "Haya, pues, en vosotros este sentir que hubo también en Cristo Jesús, el cual, siendo en forma de Dios, no estimó el ser igual a Dios como cosa a que aferrarse, sino que se despojó de sí mismo, tomando forma de siervo, hecho semejante a los hombres; y estando en la condición de hombre, se humilló a sí mismo, haciéndose obediente hasta la muerte, y muerte de cruz". La encarnación del Hijo eterno de Dios desafía toda descripción. Pensar que tal cosa podía realmente suceder va más allá de la comprensión. Pero sucedió. Dios se convirtió en hombre.

2. Jesús vivió una vida ejemplar, sin paralelo: "afirmado por Dios con milagros y maravillas y señales" como dijo Pedro. Nadie jamás vivió la vida como lo hizo Jesús. No hemos visto nunca a nadie como Él. Él realizaba milagros. Su enseñanza sobrepasaba a todas las demás. Su vida sin pecado y perfecta revelaba a Dios mismo. Tuvo éxito en donde Adán había fracasado. Debemos tenerle respeto; Jesús fue el Revelador y el Redentor.

3. Pero colgaron a este Hombre amoroso de Galilea en una cruz. Allí murió una muerte de agonía. ¿Cómo pudo la gente ser tan insensible y cruel como para tomar a un hombre como ese y clavarlo a un árbol? ¡Y que manera horrible y poco noble de morir! Primero Jesús fue azotado. Un legionario aplicó un látigo, que tenía varias lonjas de cuero a las cuales estaban atados trozos de metal o de hueso, una y otra vez, hasta que su espalda fue una masa de carne rasgada. Luego colocaron la cruz en Sus hombros, y los soldados lo empujaron fuera a la *Vía Dolorosa*, el Camino del Dolor. El calvario aparecía en el horizonte. Aunque el Señor era un hombre fuerte y joven, se cayó bajo el peso de la cruz, y un legionario obligó a un hombre llamado Simón de Cirene a llevarla por él al Gólgota, el Lugar de la Calavera. Luego los soldados posicionaron a Jesús sobre la cruz y pasaron claros a la fuerza en Sus muñecas. (En oposición al arte

medieval, la crucifixión no se realiza clavando clavos en las manos. El peso del cuerpo de un hombre no puede ser sustentado por clavos de ese modo. En el siglo I, "manos", en el lenguaje vulgar, incluían las muñecas). Y finalmente, los soldados levantaron la cruz y al Señor suspendido de ella entre el cielo y el infierno.

> *Ésta escena horripilante duró aproximadamente tres o cuatro horas cuando de repente, desde el medio de esa cruz, provino un grito que helaba la sangre: "Dios, Dios, ¿por qué me has abandonado?" ¡Vaya pronunciación! ¿Cómo pudo ser esto? El mismo Hijo de Dios estaba clamando. Había sido abandonado por Dios. ¡Misterio de misterios!*

La muerte por crucifixión se sucedió lentamente. La víctima luchó continuamente para levantarse. Si se hundía, se cerraban sus costillas y no podía respirar. Así que se mantuvo así hasta que se derrumbó; entonces la agonía en sus muñecas lo despertó repentinamente, y se levantó de nuevo. Arriba y abajo, arriba y abajo. La Biblia nos dice que el Señor fue crucificado con otros dos aproximadamente a las nueve de la mañana. Nubes oscuras, ominosas provenientes del Mar Mediterráneo taparon la luz del sol. Fue como un millón de medianoches. Casi podía sentirse que las fuerzas demoníacas estaban bailando alrededor de la cruz con alegría, penando que habían ganado la victoria sobre Dios. Esta escena horrible siguió durante tres o cuatro horas cuando repentinamente, desde el medio de esa cruz, provino un grito que helaba la sangre: "Dios, Dios, ¿por qué me has abandonado?" ¡Vaya pronunciación! ¿Cómo pudo ser esto? El mismo Hijo de Dios estaba clamando. Había sido abandonado por Dios. ¡Misterio de misterios! Pero aquí vemos el verdadero corazón y la esencia de la cruz. El sufrimiento físico, horrible como era, no revela el aspecto más profundo de la historia. A través de la *gracia* de Dios, en ese mismo momento cuando Jesús clamó, todos los pecados, la rebeldía, la vileza y la corrupción de todo ser humano recayeron sobre el precioso cuerpo quebrado de nuestro Señor. En ese momento Él cargó con el castigo y el juicio de Dios por todos nuestros pecados. Él no murió por Sus propios pecados, no tenía ninguno. Fue por nuestros pecados que sufrió y murió. Toleró el propio castigo de *gehenna* —el infierno mismo— por nosotros. Se convirtió en nuestro gran Sustituto. Y a causa de la cruz, el justo y santo Dios ahora puede perdonarnos y salvarnos. La plena justicia de Dios ha sido alcanzada. Pero con esto no termina la historia.

4. Mientras Pedro triunfante declaró: "al cual Dios levantó, sueltos los dolores de la muerte, por cuanto era imposible que fuese retenido por ella" (Hch, 2:24). ¡Qué giro de eventos tan glorioso! La muerte no dio fin

absoluto a nuestro Señor. Dios lo levantó para nuestra justificación (Ro. 4:25). Jesús vive. Salió de la tumba y ahora reina como el Rey de Reyes y el Señor de los Señores. Uno no puede hacer otra cosa que gritar como lo hicieron los ángeles en gloria: "Aleluya, Él ha resucitado". Él ha conquistado la muerte. Es el Señor viviente que puede llevarnos a un conocimiento íntimo de Dios y otorgarnos nuestras necesidades más grandes: el perdón de nuestros pecados y la gloriosa salvación de Dios. Toda la exigencia de la justicia de Dios ha sido cumplida para todos nosotros. El precio ha sido pagado. En Cristo nos volvemos justos ante Dios. Dios realmente imputa, coloca en nuestra cuenta, la justicia de Jesucristo. Como lo dice la Biblia: "Al que no conoció pecado, por nosotros lo hizo pecado, para que nosotros fuésemos hechos justicia de Dios en él" (2 Co. 5:21). Esto constituye el glorioso "secreto" de conocerlo a Él.

Es todo gracia

¡Qué mensaje de gracia! La gracia insondable, infinita, inmerecida y el favor de Dios ha procurado nuestra salvación a través de la vida, la muerte y la resurrección de nuestro Señor Jesucristo. No se equivoque, el mensaje es en verdad un evangelio de favor inmerecido. La salvación no viene con el esfuerzo humano. Dios en su infinita sabiduría nos alcanza y en su gran amor nos lleva a Cristo. Con razón John Newton escribió en su gran himno:

> Sublime gracia del Señor
> Que a mí, pecador salvó
> Fui ciego mas hoy veo yo
> Perdido y Él me halló

La gracia responde a los temas esenciales de la vida: John Knox, el gran reformista de Escocia, tuvo una experiencia espectacular en las últimas horas de su vida. Mientras yacía en su lecho de muerte, Satanás lo tentó a creer que él se había merecido el cielo y la bendición eterna por su fiel ministerio. Pero Knox dijo: "Bendito sea Dios que me ha permitido vencer y aplastar al feroz dardo, sugiriéndome pasajes como este: '¿Qué tienes que no has recibido?' Por la gracia de Dios soy quien soy. . . no yo, sino la gracia de Dios que estaba conmigo". El gran John Knox continuó con su recompensa, no por su vida de dedicado servicio, sino únicamente por la gracia de Dios a través de la cual Jesús hizo lo que hizo por él, y por todos nosotros. Esto dice la Biblia: "Porque por gracia sois salvos por medio de la fe; y esto no de vosotros, pues es don de Dios; no por obras, para que nadie se gloríe" (Ef. 2:8-9). Se ha dicho, correctamente, que "Cristo es el Todo de Dios".[27] La salvación, conociendo a Dios, viene por la gracia de nuestro Señor Jesucristo a través de la fe en Él y en su sacrificio por nosotros.

Las riquezas de la gracia

¿Qué quiere decir en realidad la Biblia por "gracia"? E. Y. Mullins define la gracia con estas palabras punzantes:

> La misericordia sola...no expresa la plenitud del amor de Dios por los pecaminosos. En el Nuevo Testamento a este amor se lo llama gracia. Misericordia es frenar el castigo, el perdón del transgresor. La gracia va más allá e inviste todo el bien positivo. La misericordia y la gracia son los aspectos negativos y positivos del amor hacia los pecaminosos. La misericordia toma la copa amarga del castigo y del dolor de la mano de los culpables y la vacía. La gracia la llena hasta el tope con bendiciones. La misericordia aparta al objeto; la gracia lo reclama para sí. La misericordia rescata del peligro; la gracia imparte una nueva naturaleza e inviste una nueva posición. La misericordia es el amor de Dios buscando una forma de escape. La gracia es el mismo amor buscando formas de transformar su objeto en la imagen divina y permitiéndole compartir la bendición divina.[28]

Eso golpea directamente en el corazón del asunto. La gracia escudriña las profundidades del amor de Dios para nosotros según se manifiesta en el Señor Jesucristo. A. H. Strong elucida otro hermoso aspecto de la gracia cuando dice:

> La gracia debe considerarse... no como una ley de anulación, sino como volviéndola a publicar y haciéndola cumplir (Ro. 3:31: "confirmamos la ley"). Al eliminar los obstáculos para perdonar en la mente de Dios y al permitirle al hombre obedecer, la gracia asegura el cumplimiento perfecto de la ley (Ro. 8:4: "para que la justicia de la ley se cumpliese en nosotros").[29]

La gracia es nuestra única esperanza. Viene como un gran don de Dios para nosotros, totalmente inmerecida. Él simplemente nos ama.

Comprendiendo la gracia podemos conocer a Dios mientras confiamos en Jesucristo. La Biblia dice tan simplemente: "Y en ningún otro hay salvación; porque no hay otro nombre bajo el cielo, dado a los hombres, en que podamos ser salvos". (Hch. 4:12). La gracia es nuestra única esperanza. Viene como un gran don de Dios para nosotros, totalmente inmerecida. Él simplemente nos ama.

La respuesta

Esto no significa que no debe haber una respuesta humana a la persona y la obra de Jesucristo en la salvación. Por el contrario, una respuesta humana se torna obligatoria. En Hechos 2:37, Lucas dice: "Al oír esto [los que oyeron el sermón de Pedro en el día de Pentecostés] se compungieron de corazón". ¿Qué los compungió de corazón? Fue la verdad respecto de la vida, la muerte y la resurrección del Señor Jesucristo o, como lo dice Pablo, el "poder de Dios para la salvación" (Ro. 1:16). Entonces los que oyeron este mensaje, gritaron: "Varones hermanos ¿qué haremos?"(Hch. 2:37). Pedro respondió de inmediato: "Arrepentíos". De la misma manera en que más tarde Pablo declaró a los líderes de la iglesia efesia que estaba "testificando a judíos y a gentiles acerca del arrepentimiento para con Dios, y de la fe en nuestro Señor Jesucristo" (Hch. 20:21). Para recibir la salvación y así llegar a conocer a Dios, debemos arrepentirnos y creer el mensaje del evangelio. Pero, ¿esto qué significa?

Arrepentimiento

Hoy día el concepto de arrepentimiento es con frecuencia minimizado cuando se habla de gracia. Sin embargo no puede haber cuestión alguna respecto a su necesidad. Nadie llega a Jesucristo a no ser que se arrepienta. Recuerden las palabras de Juan el Bautista mientras estaba en las orillas del río Jordán "Arrepentíos, porque el reino de los cielos se ha acercado" (Mt. 3:2). El mismo Señor Jesucristo dijo: "Antes sí, no os arrepentís, todos pereceréis igualmente" (Lc. 13:3). Él explicó que el Espíritu Santo nos quitaría el pecado (Jn.16:7-11). Pero, ¿qué significa arrepentirse? Significa cambiar y alejarse, cambiar nuestra actitud y alejarse del pecado volcándose a Dios. Nuestra mente y voluntad en asuntos eternos deben ser transformadas. En lugar de alejarnos de Dios, debemos acercarnos a Él con profundo lamento por nuestra rebelión. Esto comprende un cambio total de rumbo. Si bien una vez marchábamos en cualquier dirección que quisiéramos, sirviendo y satisfaciendo, solo a nosotros mismo —que es la esencia del pecado— ahora debemos "marchar hacia atrás" y enfrentar a Dios. Nos dirigimos a Dios, resueltos a hacer su voluntad, a caminar, hablar y vivir de acuerdo a su propósito para nosotros. Dicho de forma sencilla: Nos rendimos a Él. Hacemos que el Señor Jesucristo sea el Señor verdadero de nuestras vidas. Vivimos para complacerlo antes que nada. Pablo le dijo a la iglesia romana: "Que si confesares con tu boca que *Jesús es el Señor*" (Ro. 10:9, la cursiva es mía), entonces llegará la salvación. No hay forma de escapar a esta verdad: debemos arrepentirnos y entregarnos por completo y totalmente a Jesucristo. Una decisión como esa no nos hace menos como personas, nos convierte en personas reales.

Fe

El otro lado de la moneda de la salvación es vivir en fe. La fe es la fundación del favor con el Padre. Andrew Murray señala:

> Una cosa Él [Dios] pide, y la única cosa que lo complace, la única cosa que asegura su bendición es la fe…vemos eso en la mayor variedad de circunstancias y deberes, de los cuales el primero de todos los deberes es la fe en el Invisible. Ah, que podamos aprender por completo la lección: así como hay un Dios, y una redención, así hay un solo camino hacia Él y a eso: la fe en Él. Así como es absoluta y universal e indisputable es la única supremacía de Dios, debe ser la supremacía de la fe en nuestro corazón.[30]

La fe verdadera significa que colocamos toda nuestra confianza en Jesús. Cristo se vuelve nuestro Salvador, invade nuestras vidas, perdona nuestros pecados y nos hace nuevos en Él.

La fe significa que podemos dejar de confiar en nosotros mismos y en nuestras buenas obras para obtener el favor de Dios. Significa que confiamos en Dios y solo en su gracia. Y seamos claros nuevamente, la fe es mucho más que creer intelectualmente determinadas verdades *sobre* Jesús. La fe verdadera significa que colocamos toda nuestra confianza *en* Jesús. Cristo se vuelve nuestro Salvador, invade nuestras vidas, perdona nuestros pecados y nos hace nuevos en Él. La fe se convierte en un encuentro personal con Dios en Cristo. En este encuentro nos sometemos a su voluntad por nuestras vidas y nos entregamos por completo a su amor y misericordia. Después de todo. Él es el que murió y resucitó. En realidad, el arrepentimiento y la fe son inseparables. No podemos arrepentirnos sin ejercer una fe real, ni podemos ejercer una fe real sin arrepentirnos. En ese encuentro divino-humano, la salvación se recibe maravillosamente. Pablo unió todo esto cuando compartió con la iglesia romana: "Porque todo aquel que invocare el nombre del Señor será salvo (Ro. 10:13). En arrepentimiento y confianza, simplemente invitamos a Jesucristo en nuestras vidas para que nos perdone y nos controle. Nos separamos para Él, entregándole todo lo que somos o podemos ser, y confiamos en que Él satisfaga cada una de nuestras necesidades. Eso constituye la fe bíblica.

Una experiencia de vida total

No podemos ir hacia la fe y cambiar nuestras vidas por nuestra propia capacidad. Dios nos habla y nos atrae a

Jesús a través del Espíritu Santo. Si le abrimos todo
nuestro corazón a Él, Él nos permitirá ejercer el verdadero
arrepentimiento, y vivir una vida de fe y victoria.

La fe fluye por toda la experiencia cristiana. Es central para la santificación y también para la salvación, para la consagración así como para la conversión, para seguir a Cristo así como también para encontrar perdón a través de Él. La fe sola complace a Dios y nos conduce a la plenitud de la vida.

No podemos ir hacia la fe y cambiar nuestras vidas por nuestra propia capacidad. Dios nos habla y nos atrae a Jesús a través del Espíritu Santo. Si le abrimos todo nuestro corazón a Él, Él nos permitirá ejercer el verdadero arrepentimiento, y vivir una vida de fe y victoria. Y la maravilla de esto es que en la experiencia de salvación, Jesús nos entrega su propio yo. Un gran cristiano chino dijo: "El cristianismo es Cristo. El cristianismo no es una recompensa, ni tampoco es lo que Cristo me da. El cristianismo no es otra cosa que Cristo mismo. . . El cristianismo no es ninguna otra cosa que lo que Cristo me entrega; el cristianismo es Cristo entregándose a mí".[31] Como lo dice el autor del libro de Hebreos: "Y habiendo sido perfeccionado, vino a ser autor de eterna salvación para todos los que le obedecen" (He. 5:9). Dios nos ve a través de Jesús. Jesús es nuestra justicia, nuestra santidad y nuestra vida. Puesto que nuestra propia bondad pierde por completo la marca, el Padre celestial adscribe la justicia de Cristo a nosotros. Eso se convierte en nuestra esperanza eterna. La Biblia dice: "Mas el que no obra, sino cree en aquel que justifica al impío, su fe le es contada por justicia. Como también David habla de la bienaventuranza del hombre a quién Dios atribuye justicia sin obras (Ro. 4:5-6). ¡Vaya salvación! ¡Vaya vida! Si nunca ha tomado la decisión del arrepentimiento y la fe, o si no está absolutamente seguro de haberlo hecho, ¿por qué no hacerlo ahora mismo? ¿Recuerda cómo Jill Briscoe encontró la salvación? Usted también puede hacerlo. Dios ha prometido: "porque todo aquel que invocare el nombre del Señor, será salvo"(Ro. 10:13).

Los resultados espirituales de conocer a Dios

Una cantidad infinita de bendiciones celestiales e incontables satisfacciones terrenales surgen de la salvación graciosa de Dios. Nuestra antigua vida es la derrota, la depresión y la muerte que se reemplazan por una nueva vida de luz y libertad como hijos de Dios. El bendito Espíritu Santo nos une hermosamente con Jesucristo. ¡Maravilloso!

Una nueva vida *ahora*

Una noche en la cafetería del club de jóvenes de una iglesia local, un estudiante de seminario estaba hablando con un grupo de jóvenes. Permitió que el "predicador" que había en él saliera un poco fuerte y tronara como un mensaje de "fuego y azufre". Si bien su mensaje era verdadero y muy persuasivo, cuando la sesión terminó, una joven habló: "Bueno, no sé mucho acerca del cielo y el infierno", dijo despacio, "pero debo admitir que el deseo por uno y el temor por el otro no me movilizó para convertirme en cristiana. Lo que causó una gran impresión en mí y lo que me llevó a Cristo, fue cuando alguien me dijo que Cristo podía darme una *vida totalmente nueva* si confiaba en Él como mi Salvador". Debemos comprender, como lo hizo ella, que Jesucristo no solo trata solamente con la paga eterna del pecado, vital como lo es, sino que Él también nos da una entera vida nueva. Él restaura nuestras relaciones y llena nuestra vida con significado. Jesús dijo: "Yo he venido para que tengan vida [todos nosotros], y para que la tengan en abundancia" (Jn. 10:10) y la Biblia declara: "De modo que si alguno está en Cristo, nueva criatura es; las cosas viejas pasaron; he aquí todas son hechas nuevas" (2 Co. 5:17). La vida está tan radicalmente alterada que se hace nueva, en el brillo mismo de Dios. Se convierte en vida *en Cristo* "vida en el plano más elevado". Eso es conocer a Dios.

El cielo es nuestro

Por supuesto, la salvación de Dios no ofrece la dimensión de bendición eterna; algún día estaremos en el cielo, ante la presencia de Dios. Y eso es lo más importante. El cielo es real. El libro de Apocalipsis (caps. 21–22) lo dice muy claramente. En esos hermosos capítulos tenemos una descripción vívida y dramática del lugar en el que viviremos para siempre. Juan comparte cinco verdades de su visión del cielo.

Para comenzar, nos dice que la "nueva Jerusalén" (Ap. 21:2), como lo indica el nombre, es un lugar nuevo. "Vi un cielo nuevo y una tierra nueva, porque el primer cielo y la primera tierra pasaron, y el mar ya no existía más" (Ap. 21:1). Esto significa que no habrá guerra, sino solo paz; no habrá pecado, sino solo justicia; no habrá muerte, sino solo vida.

Luego, habrá un lugar increíblemente bello. Juan lo describe:

> Y me llevó en el Espíritu a un monte grande y alto, y me mostró la gran ciudad santa de Jerusalén, que descendía del cielo, de Dios. teniendo la gloria de Dios. Y su fulgor era semejante al de una piedra preciosísima, como piedra de jaspe, diáfana como el cristal. Tenía un muro grande y alto con doce puertas; y en las puertas, doce ángeles, y nombres inscritos, que son los de las doce tribus de los hijos de Israel. (Ap. 21:10-12)

Entonces, el cielo debe verse como un lugar habitado. Los santos de la antigüedad y de todos los tiempos estarán allí, eso incluye a nuestros amigos y seres queridos que conocen a Dios. Por sobre todo, nuestro Señor Jesucristo reside allí, pues Él dijo: "Voy, pues, a preparar lugar para vosotros… vendré otra vez, y os tomaré a mí mismo, para que donde yo estoy, vosotros también estéis". (Jn. 14:2-3). La "luz" de la ciudad es el Señor Jesucristo mismo y el templo de la ciudad, la presencia real de Dios.

Además, esa ciudad es un lugar de consuelo: "Enjugará Dios toda lágrima de los ojos de ellos; y ya no habrá muerte, ni habrá más llanto, ni clamor, ni dolor, porque las primeras cosas pasaron" (Ap. 21:4). Piense en ello, no más lágrimas. Jesús personalmente las enjugará todas. ¿Tiene la imagen? El temor de la muerte se desvanece y experimentamos el consuelo de la mano suave de Dios.

Finalmente, la ciudad celestial es un lugar preparado para nosotros. Cuando nos arrepentimos y creemos en Jesús, se nos promete que algún día nos encontraremos en una mansión maravillosa para toda la eternidad, una mansión que nuestro Señor ha construido solo para nosotros. Como alguien dijo: "Piensen en llegar a tierra y encontrar que es el cielo, de sostener una mano y descubrir que es la mano de Dios, de respirar un aire nuevo y descubrir que es aire celestial, de sentirse con fuerzas y encontrar que es la vida eterna, de pasar de la tormenta y la tempestad a una calma inquebrantable, de mirar hacia arriba y encontrar el hogar". Eso describe el cielo: nuestro hogar.

> *¿Podemos tener plena seguridad de que Cristo nos ha salvado? Sí. Dios no nos deja en la oscuridad acerca de este tema vital.*

La vida es corta. Como lo dicen las Escrituras: "Ciertamente es neblina que se aparece por un poco de tiempo, y luego se desvanece" (Stg. 4:14). *Debemos estar preparados.* La eternidad está en equilibrio. Pero ¿cómo podemos *saber* que hemos recibido esta salvación maravillosa y así *conocer* a Dios? ¿Podemos tener plena seguridad de que Cristo nos ha salvado? Sí. Dios no nos deja en la oscuridad acerca de este tema vital. La Biblia expresa pruebas que nos darán una respuesta definitiva.

Las pruebas espirituales de conocer a Dios

Primera Juan en el Nuevo Testamento abunda en verdades que intentan darnos una seguridad total de que hemos recibido la salvación de Dios. Un erudito bíblico ha titulado esta carta "Las pruebas de la vida". En esta corta epístola, Juan da cinco diferentes pruebas para ayudarnos a ver si en realidad conocemos a Dios. Como escribe Juan: "Estas cosas os he escrito a vosotros que creéis en el nombre del Hijo de Dios, para que *sepáis* que tenéis vida eterna, y para que creáis en el nombre del Hijo de Dios". (1 Jn. 5:13, la cursiva es mía). Si podemos tener una afirmación positiva a esa prueba, tenemos garantía bíblica, la misma promesa de Dios, de que hemos recibido su graciosa salvación. No es presuntuoso decir que podemos saber que hemos sido salvados. Dios quiere que lo sepamos. Él quiere quitar toda duda. Por lo tanto, estas pruebas, requieren un cuidadoso análisis.

Obediencia

Juan analiza primero nuestra obediencia a Dios. Declara:

> Y en esto sabremos que nosotros le conocemos, si guardamos sus mandamientos. El que dice: Yo le conozco, y no guarda sus mandamientos, el tal es mentiroso y la verdad no está en él; pero el que guarda su palabra, en este verdaderamente el amor de Dios se ha perfeccionado; por esto sabemos que estamos en él. (1 Jn. 2:3-5)

En Cristo nos hemos vuelto una nueva persona, y seguimos a un nuevo Maestro. La obediencia hacia Él se vuelve nuestro enfoque básico respecto de la vida. Es una prueba significativa de nuestro conocimiento de Dios y de nuestra experiencia de salvación.

Juan no quiere decir que nunca fracasamos en nuestra obediencia a Dios. Pecaremos algunas veces; todavía no hemos alcanzado la perfección. Pero la victoria sobre el pecado sí se torna nuestra meta, y un día esta meta será completamente concretada cuando Cristo nos lleve ante su presencia. Mientras tanto, Dios tiene la intención de que nuestras vidas exhiban una entrega hacia Él. Después de todo, el arrepentimiento significa hacer que Jesucristo sea nuestro Señor. Señorío significa obediencia. Debemos hacer las cosas que Él dice que hagamos y refrenarnos de aquellas cosas que Él prohíbe. El apóstol Pablo escribió: "¿Perseveraremos en el pecado para que la gracia abunde? *En ninguna manera!*" (Ro. 6:1-2). En Cristo nos hemos convertido en una nueva persona y seguimos a un nuevo Maestro. La obediencia a Él se torna nuestro enfoque básico para la vida. Es una prueba significativa de nuestro conocimiento de Dios y de nuestra experiencia de salvación.

Amor

La segunda prueba es la del amor. El apóstol Pablo nos dice: "Y ahora permanecen en la fe, la esperanza y el amor, estos tres; pero el mayor de ellos es el amor" (1 Co. 13:13). Juan toma el mismo tema en el capítulo 3, cuando declara:

> Hijitos míos, no amemos de palabra ni de lengua, sino de hecho y en verdad. Y en esto conocemos que somos de la verdad, y aseguraremos nuestros corazones delante de él... Amados, amémonos unos a otros; porque el amor es de Dios. Todo aquel que ama, es nacido de Dios, y conoce a Dios. El que no ama, no

> ha conocido a Dios, porque Dios es amor… Y nosotros hemos
> conocido y creído el amor que Dios tiene para con nosotros. Dios
> es amor; y el que permanece en amor, permanece en Dios, y
> Dios en él. (1 Jn. 3:18; 4:7-8, 16)

Juan enfatizó este principio más que cualquier otra prueba de la vida. Él lo vio, como lo hizo el apóstol Pablo, como el *summum bonum*, "el don supremo", de la experiencia cristiana. Si amamos unos a los otros de seguro hemos nacido de Dios. La palabra que Juan utiliza en griego es *agape*. Esta palabra describe una calidad de amor que excede en mucho el amor humano. Las "palabras de amor" humanas en el griego del Nuevo Testamento son *philia*, amor fraternal y *eros*, amor orientado hacia uno mismo. Pero *agape* es único para Dios y para los que lo conocen. Pablo nos dice en Romanos 5:5: "El amor [*agape*] de Dios ha sido derramado en nuestros corazones por el Espíritu Santo que nos fue dado". Únicamente el creyente regenerado en Cristo puede conocer este tipo de amor. *Agape* es totalmente una entrega propia, siempre buscando, no lo de uno, sino el bienestar de los demás. Y puede solo experimentarse a través de la obra del Espíritu Santo como el fruto del amor interior. (Gá. 5:22). El amor es una prueba ácida para la espiritualidad. Debemos preguntarnos: "¿Es la calidad de mi amor por los demás de la profundidad y la calidad del amor de Dios? ¿Amo de esa manera?". Estas preguntas constituyen un sondeo, una medida de la vida en Cristo. Los verdaderos creyentes ejemplifican dicho amor.

Hay una segunda mitad de esta prueba de amor. Juan nos dice que no amemos al mundo:

> No améis al mundo, ni las cosas que están en el mundo. Si alguno
> ama al mundo, el amor del Padre no está en él. Porque todo lo
> que hay en el mundo, los deseos de la carne, los deseos de los
> ojos, y la vanagloria de la vida, no proviene del Padre, sino del
> mundo. Y el mundo pasa, y sus deseos; pero el que hace la
> voluntad de Dios permanece para siempre. (1 Jn. 2:15-17)

Nuestro amor no debe estar dirigido hacia valores y prioridades temporales, materiales, seculares ni humanísticos. Nuestro Señor dijo que "No podéis servir a Dios y a las riquezas" (Mt. 6:24). Nuestro amor debe estar fijado solo en Dios y en las demás personas. Si somos genuinos en nuestra profesión, adquirimos un nuevo sistema de valores y aprendemos a dedicar nuestro tiempo, energía y recursos al nivel de amor *agape*, a Dios y a nuestros hermanos.

Justicia

*La mujer despierta, la mujer espiritual, la mujer que
conoce a Dios, puede vivir en justicia.*

La tercera prueba está relacionada con este abandono del amor de las cosas mundanas. Juan dijo: "Si sabéis que él [Dios] es justo, sabed también que todo el que hace justicia es nacido de él" (1 Jn. 2:29). Nuestro Señor quiere que su pueblo viva una vida justa. Es cierto, estamos en una posición de justicia, y sacrificados a la vista de Dios a través de nuestra fe en el Señor Jesucristo. Por eso Pablo pudo llamar a los santos carnales de Corintio "santos". Pero Dios tiene una intención pragmática de esa realidad en nuestra vida cotidiana también. Hay aspectos negativos y positivos en esto. Del lado negativo, debemos abstenernos de lo que es injusto. Simplemente no hacer aquellas cosas que no complacen a Dios. Esto no significa que podamos vivir en perfección sin pecado. Sabemos que esto es algo inalcanzable en la vida. Pero una persona nacida del Espíritu de Dios no debe vivir una vida falta de divinidad habitual, de practicar el pecado. Del lado positivo, nuestra justicia posicional en Cristo genera una vida divina práctica. Ahora odiamos el mal y amamos el bien. Nos aferramos a nuestro Salvador, queriendo vivir como vivió Él. Así, Juan continúa diciendo: "Todo aquel que permanece en él, no peca; todo aquel que peca, no le ha visto, ni le ha conocido… Todo aquel que es nacido de Dios, no practica el pecado, porque la simiente de Dios permanece en él, y no puede pecar, porque es nacido de Dios" (1 John 3:6, 9). La mujer despierta, la mujer espiritual, la mujer que conoce a Dios, puede vivir en justicia.

El Espíritu

Luego Juan establece otra prueba crucial respecto de la validez de nuestra experiencia de salvación: "Sabemos… que él permanece en nosotros, por el Espíritu que nos ha dado" (1 Jn. 3:24). El Espíritu Santo vive y obra en y a través de las vidas de todos los verdaderos creyentes. Pablo dice, poniendo énfasis en la obviedad de este enunciado: "El Espíritu mismo da testimonio a nuestro espíritu, de que somos hijos de Dios" (Ro. 8:16). Un sentido interno, existencial del Espíritu Santo crea en nosotros una seguridad profunda y rica. No podemos descansar en la mera emoción para estar seguros, pero el Espíritu Santo da testimonio con nuestro espíritu de que hemos llegado a la verdadera fe en el Señor Jesucristo. Y cuanto más objetivas son estas pruebas de obediencia, amor y andar en justicia, son reforzadas por el Espíritu Santo, trayendo estas realidades a nuestra atención y cumpliendo las promesas de la Biblia vivas en nuestra vida. Debemos ser conscientes de la presencia del Espíritu, escuchar su voz, y experimentar su paz y seguridad.

Jesús

Finalmente, en lo que creemos. Jesús es una prueba. Juan dice: "Todo aquel que confiese que Jesús es el Hijo de Dios, Dios permanece en él, y él en Dios". (1 Jn. 4:15). En este pasaje, Juan ataca a los agnósticos de su época que negaban que Jesús, el Hijo de Dios, vino en la carne como un hombre real. Este es un tema teológico, y la buena teología es tan importante como la buena vida. Juan refuerza este principio al declarar: "Nosotros somos de Dios; el que conoce a Dios, nos oye; el que no es de Dios, no nos oye. En esto conocemos el espíritu de verdad y el espíritu de error" (1 Jn. 4:6). Entonces, la pregunta es: ¿Creemos que Jesús vino del cielo como el Hijo de Dios encarnado que vivió, sufrió en la cruz, murió y resucitó para nuestra salvación? ¿Creemos que la salvación puede encontrarse únicamente en Jesucristo? ¿Comprendemos y aceptamos el hecho de que debemos arrepentirnos de nuestros pecados y confiar en el Señor Jesús únicamente si aspiramos a conocer a Dios? ¿Estas grandes y eternas verdades resuenan en nuestras mentes y en nuestros corazones? ¿Creemos en estas verdades y las hemos asimilado en nuestras vidas? Negar estos preceptos básicos es deletrear la muerte. Abrazarlos, Juan nos dice, significa que somos de Dios.

Un gran orden

Ahora bien, estas pruebas pueden parecen una gran orden. Por cierto lleva tiempo analizarnos a nosotros mismos por medio de ellas. La búsqueda en el corazón, la sinceridad y la objetividad son difíciles. Sin embargo, nuestro bienestar eterno se mantiene en equilibrio. Damos tiempo, esfuerzo y compromiso a aquellas cosas que consideramos importantes. No hay nada en toda la vida más importante que tener una relación correcta con Dios y conocer al Señor Jesucristo. Estas pruebas deberían ser prioridad número uno. Ningún esfuerzo es demasiado grande para adquirir la seguridad rica de que Cristo es nuestro y que nosotros somos de Él. No se equivoque, Dios desea darnos una seguridad plena de la salvación y por una razón básica: nunca daremos un paso hacia delante en la madurez espiritual hasta que no tengamos la seguridad de ser verdaderamente salvos. Andrew Murray lo expresó muy bien cuando dijo:

> La gran obra de Dios en el cielo, el pensamiento principal y el ansia de su corazón es, en su Hijo, alcanzar su corazón y hablarle. Ah, deje que sea la gran obra de su vida, y la gran ansia de su corazón, conocer a este Jesús, como un discípulo humilde y débil postrarse a Sus pies, y dejar que Él le enseñe sobre Dios y la vida eterna. Sin embargo, aún ahora, postrémonos ante Él en la… gloria… la Palabra (la Biblia) que Él ha colocado ante nosotros. Él es el Heredero de todo lo que tiene Dios. Él es el creador. Él es quien sostiene también. Él brilla la Gloria de Dios, y la imagen perfecta de su sustancia. Ah, mi Salvador! Cualquier cosa para conocerte mejor, y que a través de ti Dios me hable.[32]

Conclusión

Hemos aprendido tres cosas. Primero, la espiritualidad no es espiritual a no ser que esté anclada en Jesucristo. Nunca creceremos espiritualmente hasta no conocer a Dios, y solo podemos conocer a Dios a través de nuestro Señor Jesucristo. En segundo lugar, la espiritualidad tiene sus recompensas, no solo en esta vida sino con mayor seguridad en la vida venidera. En tercer lugar, el crecimiento en la espiritualidad descansa alrededor de las disciplinas espirituales que pueden crear tal seguridad. Los que conocen a Dios viven una vida cristiana disciplinada. En pocas palabras, conocer a Dios tiende los cimientos para la vida en su sentido más pleno y más significativo.

¿Podemos decir junto a Jill Briscoe: "Yo conozco a Dios"? Todo tiene que ver con nuestra respuesta. Recuerden nuevamente, Jesús dijo: "Y esta es la vida eterna; que te conozcan a ti, el único Dios verdadero, y a Jesucristo, a quien has enviado" (Jn. 17:3). Si podemos decir con sinceridad "Yo conozco a Dios", entonces podremos comenzar el viaje a una espiritualidad creciente y de madurez. Un poeta lo dice hermosamente:

> He viajado por el camino de la vida con paso tranquilo,
> He seguido a dónde me condujeron las comodidades y los placeres.
> Hasta que un día en un lugar tranquilo,
> Conocí al Maestro cara a cara,
> Con postura, y rango y riqueza por mi meta,
> Puse mucho pensamiento en mi cuerpo pero ninguno en mi alma,
> Había ingresado para ganar en la loca carrera del hombre,
> Cuando conocí al Maestro cara a cara,
> Lo encontré y lo conocí y ruborizado de ver,
> Que Sus ojos llenos de lástima se fijaban en mí,
> Tambaleé y caí a Sus pies ese día,
> Mientras mis castillos se derretían y se desvanecían.
> Derretidos y desvanecidos están en sus lugares,
> No vi otra cosa que el rostro del Maestro.
> Grité fuerte "Ah, hazme encontrar,
> Para seguir los pasos de Tus pies lastimados".
> Mis pensamientos están ahora en las almas de los hombres.
> He perdido mi vida para encontrarla de nuevo.
> Desde que un día en un lugar tranquilo,
> Conocí al Maestro cara a cara.

¿Lo ha conocido? ¿Sí? Entonces unamos las manos y comencemos el viaje.

Oración

Amado Dios, de verdad quiero partir en el hermoso viaje a la espiritualidad. Sé que todo comienza conociéndote a Ti. Por medio de Tu fuerza permíteme entablar esa relación dulce contigo a través de Cristo, que pueda experimentar la plena seguridad de que verdaderamente conozco a Dios. A través de Jesús nuestro Señor es que oro.

10 preguntas para estudio y debate

1. ¿Cuán importante fue el testimonio de Jenny para la conversión de Jill? ¿Qué significa esto para nosotros?
2. ¿Cuán importante fue el liderazgo de Dios en las vidas de Jill y Stuart? ¿Cómo encontramos el liderazgo de Dios?
3. ¿Cómo es Dios? ¿Cuáles son Sus atributos y características?
4. ¿De qué manera los atributos de Dios se relacionan con conocerlo a Él?
5. ¿Dónde comienza la espiritualidad y por qué?
6. ¿Qué constituye el contenido de la historia de Jesús?
7. ¿Cómo llegamos a conocer a Dios a través de Jesucristo?
8. ¿Cómo nos ve Dios ahora?
9. ¿Cuáles son los frutos de la salvación?
10. ¿Cuáles son las "pruebas" de una verdadera experiencia de salvación, y por qué son significativas?

La mujer espiritual se somete a Dios

Conozca a Amanda Smith:
Una mujer que se sometió a Dios

Someteos, pues, a Dios.
(Stg. 4:7)

$\mathscr{A}$manda Smith sabía qué significaba vivir en "sumisión", su madre y su padre fueron esclavos. Nacida en Long Green, Maryland, el 23 de enero de 1837, hija de Mariam y Samuel Berry, Amanda comenzó su vida en un sistema opresor en el que alguien era "dueño" de ella.

De seguro podemos suponer que Amanda se acostumbró a someterse a figuras de autoridad como consecuencia de su temprana exposición a la esclavitud. Más adelante, cuando llegó a conocer a Jesucristo, pudo volcar su conocimiento de la sumisión a la divina cualidad de sumisión justa. Su crianza también contribuyó. Sus padres habían criado bien a sus hijos, haciendo que se comportaran adecuadamente. Es más, injusto y terrible como era el sistema, Amanda les dijo que sus padres eran lo suficientemente afortunados como para tener "un amo y una ama"[1], y que fueran tratados con relativa bondad. A través de la gracia, la autoridad en sus diversas formas ejerció una temprana influencia en Amanda, preparándola para un futuro servicio. Luego de su conversión llegó a ser conocida como "la hija del Rey". Y como hija, aprendió a amar y a obedecer a su nuevo "Rey". Así, la providencia de Dios tendió un cimiento en ella para una vida de sumisión a la voluntad revelada de Jesucristo. La sumisión constituye una parte esencial de la mujer espiritual. Tenemos mucho que aprender de Amanda.

Por fin la libertad

El padre de Amanda trabajaba duro para sus amos y, al trabajar horas extra, se le permitió a su tiempo asegurar la emancipación de su familia.

Puesto que ella era bastante joven cuando su padre consiguió la libertad de su familia, Amanda nunca experimentó directamente las presiones adultas de someterse a un "amo" terrenal. Sin embargo, comprendía la disciplina a partir de su situación. También lo experimentó a partir de su padre y su madre, pero esta disciplina tenía un lazo cristiano. Los padres de Amanda eran creyentes devotos y ambos habían aprendido a leer. Todos los domingos por la mañana, después del desayuno, su padre reuniría a los niños alrededor de él y compartía la Palabra de Dios. La familia siempre le pedía al Señor bendiciones en los momentos de comer. Y antes de que los niños saltaran a sus pequeñas camas a la noche, invariablemente le dedicaban tiempo a la oración. Amanda dijo que nunca se iba a dormir sin decir antes la Oración del Señor como su madre le había enseñado. Todo esto creó una atmósfera positiva, y la pequeña niña adoraba su libertad y su hogar feliz. Este trasfondo, el legado de sus días de esclava, junto con la guía firme de sus padres, causó una impresión duradera que más tarde en la vida le ayudó a entender la sumisión total a la voluntad de Dios.

Días de escuela

Amanda comenzó la escuela a los ocho años. Su maestra, la señorita Isabel, era la hija de un ministro metodista, un hombre llamado Henry Dull, pero a Isabel nunca se la habría podido acusar de ser una maestra "aburrida". Dirigía la pequeña escuela privada donde enseñaba con gracia y bondad. Aquí fue que Amanda tuvo su primera lección de deletreo. Esto demostró ser, sin embargo, una experiencia educativa limitada. Puesto que la escuela solo abría sus puertas en época de verano, Amanda recibía solamente seis semanas de capacitación en esa época. Aún así, se emocionaba ante el proyecto de aprender y decía cuán feliz se sintió cuando leyó las primeras palabras "la casa, el árbol, el perro, la vaca".[2] Estos primeros años de escuela solo duraron aproximadamente un año en su totalidad. Y Amanda ya no pudo seguir asistiendo a la escuela hasta que tuvo trece años. Incluso entonces tenía que caminar siete kilómetros con su hermano para llegar a la escuela. Sus padres estaban ansiosos por que sus hijos recibieran educación y se ocuparon de que hicieran la caminata diaria. Amanda estudió mucho siendo una de los cinco o seis niños afroamericanos en una escuela predominantemente blanca. Estos días demostraron ser para ella días felices, productivos.

Agitación espiritual

Finalmente la familia se mudó a Strusburg, Maryland. En esa ciudad, mientras Amanda asistía a la escuela, se produjo un renacimiento de algo pasado de moda en la iglesia local de Albright, donde se convirtieron muchas personas. Estas reuniones continuaron durante cinco semanas y Amanda sintió la "ola" que las llenaba. Cuando finalmente cerraron los servicios en la iglesia Albright, comenzaron los servicios de renacimiento en la iglesia metodista. Amanda también asistió a ellos. Si bien la gente de color era siempre bienvenida, ninguno de ellos se "adelantaba" para orar. Una noche, uno de los miembros de la congregación metodista, la señorita Mary Bloser, se dirigió a la grey. Justo en medio de su discurso, caminó hacia Amanda, "una niña pobre de color", como Amanda se describía a sí misma, sentada cerca de la puerta trasera, llorando. Mary le pidió que fuera adelante y Amanda respondió. Mientras se postró en el altar con los brazos de Mary a su alrededor, oró para que Amanda confesara que, si bien oraba lo mejor que podía, todavía era una oración bastante ignorante.

Confesó con calma, y solo entonces su corazón descansó en perfecta paz. Volvió a su hogar con la resolución aniñada "de que sería del Señor y viviría para Él" su viaje espiritual había comenzado.

Después de un tiempo Amanda se volvió para regresar pero descubrió que tenía dificultades para mantenerse de pie. Una persona que estaba cerca la sostuvo y le ayudó a pararse. Lentamente su fuerza volvió, pero todavía sentía miedo de dar un paso. Confesó con calma, y solo entonces su corazón descansó en perfecta paz. Volvió a su hogar con la resolución aniñada "de que sería del Señor y viviría para Él".[3] Su viaje espiritual había comenzado.

Siguieron días felices y brillantes. Amanda cantaba y trabajaba y se regocijaba por su nueva experiencia. Se unió a la iglesia y se dedicó por completo a aprender más sobre Cristo. Aún no había llegado a tener una fe salvadora en el Señor Jesús, pero eso llegaría, estaba en peregrinación a la cruz.

Para alentar a Amanda mientras crecía su interés por lo espiritual, sus padres se unieron a la iglesia. A pesar de su apoyo, su profundo entendimiento de la vida religiosa no siempre resultó fácil. Por un tiempo, estuvo atrapada en las discusiones de los escépticos. La cegaron hasta que se sintió insegura de creer en la existencia de Dios. Estuvo en ese estado durante algunos días. Mientras su necesidad se profundizaba le pareció a Amanda que el Señor Jesús le hablaba a ella en las palabras del poeta .

> Cuando Jesús me vio desde lo alto,
> Mi alma estaba en ruinas,
> Me miró con ojos de lástima,
> Y me dijo al pasar,
> "No tienes unión con Dios".[4]

La gran movida de Dios

Entonces, justo en esa crucial encrucijada, el Espíritu de Dios ingresó espectacularmente. Al visitar a su tía un día, la joven "escéptica" tomó una oportunidad de descargar su mente y corazón atribulados. Amanda registró la historia:

> Naturalmente, mi tía era muy religiosa. Era muy parecida a mi madre en espíritu. Así que caminamos, cruzando el largo puente, que en ese momento tenía dos kilómetros y medio de largo, nos detuvimos y nos miramos en el agua. La tía me dijo: "Qué maravilloso cómo Dios ha creado todo, el cielo, y las grandes aguas, y todo lo demás".
>
> Luego saqué mi arma más grande, dije: "¿Cómo sabes que hay un Dios?" Y continué en la misma línea como una pobre, ciega e ignorante infiel es capaz de decirlo. Mi tía volteó y me miró con una mirada que me atravesó como una flecha, luego golpeando con su pie me dijo:

"No vuelvas a dirigirme la palabra. Cualquiera que haya tenido una buena madre cristiana como tú la has tenido, y que fue educada como tú, que quiera hablar conmigo, yo no quiero hablar con ella". Y Dios quebró la atadura. Sentí liberación desde ese momento. Cuántas veces he agradecido a Dios por la ayuda que me brindó mi tía. Si hubiera discutido conmigo no creo que jamás hubiera podido librarme de esa acometida del diablo.[5]

Una vez resuelta su crisis de creencia, Amanda se dispuso seriamente, como nunca antes, a conocer al Señor en verdad y en realidad. Su conversión aparecía en el horizonte inmediato.

Conversión

Poco después de este incidente Amanda se sintió repentina y gravemente enferma, tanto que los doctores la dieron por perdida. Su propio medico dijo que había desaparecido toda esperanza de recuperación y de que moriría. El padre de Amanda entró en la habitación de la enferma y le dijo: "Amanda, hija mía, sabes que los médicos dicen que vas a morir, ya no pueden hacer nada más por ti y ahora, hija mía, debes orar". Pero Amanda estaba tan cansada que solo quería dormir, y entró en lo que probablemente fuera un estado semicomatoso. En ese estado tuvo una visión de ángeles hermosos parados a los pies de su lecho hablándole. Repitieron tres veces: "Vuelve, vuelve, vuelve". Mientras estaba en este "trance", Amanda parecía verse a sí misma en una gran reunión de campamento (las reuniones de campamento se llevaban a cabo en todo el país en esa época) con miles de personas reunidas. Ella misma estaba compartiendo el glorioso evangelio de Jesucristo con la multitud, de pie con una gran Biblia, y revelando el pasaje: "Y yo, si fuera levantado de la tierra, a todos atraeré a mí mismo" (Jn. 12:32).

Amanda estuvo atrapada en esta visión durante aproximadamente dos horas. Cuando finalmente se despertó, se sintió decididamente mejor. Su padre llamó a los médicos. Luego de examinarla, el médico estaba totalmente sorprendido. Amanda iba a recuperarse. En unos pocos días pudo sentarse, y en una semana o diez días, pudo caminar. Entonces y allí Amanda resolvió que de una vez por todas iba a disponer en su corazón y su mente que su compromiso con Jesucristo era genuino y real. Debe haber sabido que realmente "nació de nuevo".

Un momento de crisis

Se arrojó al suelo y comenzó a orar con todo su corazón, "Ah, Señor, ten misericordia de mí. Ah, Dios, sálvame".

En una reunión especial en la iglesia bautista donde había comenzado un renacimiento tradicional, Dios tomó su corazón. Ella estaba sentada cerca de la puerta trasera mientras el predicador invitaba a la gente a que se acercara para orar. Amanda no tenía intención alguna de repetir lo que había sucedido cuando niña. Pero de repente, como ella misma lo expresa: "Nunca supe cómo, pero cuando me descubrí estaba en el pasillo y a medio camino del altar. De repente me sobrevino 'Ahora, tú siempre has dicho que nunca ibas a ir al altar, y aquí estás yendo'.[6] Se arrojó al suelo y comenzó a orar con todo su corazón: "Ah, Señor, ten misericordia de mí. Ah, Dios, sálvame" Gritó hasta casi perder la voz. Si bien oraba tan fervientemente como podía, reconoció que realmente no sabía como ejercer la fe y la tranquila paz no llegaba. Pero la ocasión la catapultó a un momento de oración urgente, día y noche, pidiendo luz y paz.

Amanda ayunaba y oraba, leía la Biblia y oraba más, buscando constantemente la paz de Cristo en su vida. Parecía como si Satanás la hubiera engañado a pensar que Dios nunca la recibiría. El diablo le diría: "Mejor date por vencida, Dios no te oirá, eres una gran pecadora".[7]

Por fin la paz

Luego finalmente un día, todo resultó benditamente claro. Como le expresó Amanda: "Vaya, el sol siempre ha obedecido a Dios, y mantuvo su lugar en los cielos, y la luna y las estrellas siempre han obedecido a Dios, y mantuvieron su lugar en los cielos, el viento siempre ha obedecido a Dios, todos han obedecido".[8] En medio de tal oración, sintió una verdadera comprensión de la sumisión y la obediencia necesarias para que Dios encontrara su camino a su corazón. El 17 de marzo de 1856 (ella podía acordarse de la fecha), mientras estaba sentada a la mesa de la cocina luchando por orar —y tentada por Satanás para no hacerlo— el Señor le dijo que orara una vez más. Ella gritó "Lo haré". El Diablo la volvió a tentar, urgiéndola a detenerse. Pero ella gritó una vez más: "Sí, lo haré" Y, en sus propias palabras:

> Cuando dije "Sí, lo haré", me pareció el énfasis estaba en "haré" y sentí en la coronilla de mi cabeza claramente a través de mí "LO HARÉ" y me puse de pie y dije "Oraré una vez más, y si no hay tal cosa como la salvación, estoy resuelta a tenerla esta tarde o si no morir".[9]

Luego de la lucha de Amanda por someterlo todo a Dios, salió la luz. Como ella dijo:

> Me puse de pie, todo alrededor era luz, yo era nueva, me miré las manos, parecían nuevas; dije: "Vaya, soy nueva, soy toda

nueva". Aplaudí; salí corriendo del sótano, caminé ida y vuelta por el piso de la cocina. ¡Alabado sea el Señor! Parecía haber un halo de luz en todo mi ser. El cambio era tan real y profundo que he dicho con frecuencia que si hubiera sido tan negra como la tinta o tan verde como la grama o tan blanca como la nieve, no hubiera sentido miedo.[10]

Amanda se sintió tan feliz que comenzó a cantar el gran himno antiguo:

Ah, cuán felices están, los que obedecen a su Salvador,
Y han dispuesto sus tesoros arriba,
La lengua nunca puede expresar el dulce consuelo y la paz.
De un alma en su primer amor.

*¿La clave para todo? Ella simplemente dijo "Lo haré".
Eso es lo que Dios quería oír. Ella se había vuelto una
mujer nueva en Cristo.*

Finalmente, Amanda había encontrado la paz a través de la absoluta sumisión a Dios. ¿La clave para todo? Ella simplemente dijo: "Lo haré". Eso es lo que Dios quería oía. Ella se había vuelto una mujer nueva en Cristo. Esa entrega profunda al Señor Jesús trajo salvación y paz a su corazón. Y ella era capaz de llevar ese compromiso a lo largo de su vida de servicio y devoción. Cada día presentaba una nueva oportunidad para rendirse a Dios. Si bien la vida de Amanda comenzó en la última mitad del siglo XIX, sus servicios a Jesucristo alcanzaron el siglo XX. Y vaya ejemplo que nos ha dado esta cristiana espiritual y devota sobre la vida de sumisión. Está de pie entre las mujeres divinas que saben de qué se trata la espiritualidad genuina. Y es ese espíritu el que constituye el punto: la sumisión se torna un estilo de vida para el buscador espiritual. La verdadera espiritualidad tiene sus raíces en la sumisión continua y absoluta al señorío de Jesucristo.

Una vida obediente de servicio

Después de la experiencia espectacular de Amanda de sumisión a la gracia salvadora y al absoluto señorío de Jesucristo, su vida se desenvolvió de una manera increíble. Dios cambió a la pequeña esclava para convertirla en un maravilloso ministerio de compartir el evangelio. Las puertas de servicio se abrieron en Estados Unidos y luego en otras partes del mundo. Aprendió, como ella misma lo expresó, que: "Jesús es un poderoso capitán" Descubrió que la sumisión a ese Capitán traía una realidad espiritual a su vida que solo podía ser descrito como notable y gratificante. La presencia dinámica y el liderazgo del

Espíritu Santo se habían vuelto una realidad vital. Un capítulo de su autobiografía se titula "La obediencia, el secreto de su Presencia". Esto es absolutamente correcto. La obediencia es de hecho el secreto de experimentar su presencia continua. A través de ella crece la espiritualidad.

Luchas

Esto no significa que el cristiano sometido no tenga luchas. Por el contrario, Amanda descubrió que una vida de sumisión significa una vida de conflicto y guerra espiritual. Por ejemplo, cuando Dios comenzó a expandir su ministerio y servicio, ella sintió que debía ir a Inglaterra a servir allí a Jesucristo. El relato de Amanda de la lucha por el liderazgo de Dios es una historia fascinante, una historia de obediencia. Oigámoslo con sus propias palabras.

De modo que esa noche cuando volví a casa y me prepare para ir a la cama, me vinieron pensamientos: "Sabes que esa dama te dijo que ores acerca de ir a Inglaterra". Dije: "Sí, eso es". Pensé por un momento y me dije a mí misma: "¡Ve a Inglaterra! Amanda Smith, la lavandera de color, ¡ ve a Inglaterra! No, no pienso orar nada. Tengo que pedirle a Dios tantas cosas que realmente necesito, que no voy a molestarlo con lo que no necesito. Es bueno para otras personas, pero no para mí".

Así que después de tener esta pequeña plática conmigo misma, dije mis oraciones y me fui a la cama. El martes por la tarde, estaba invitada al te con el Hermano Parker. El hermano del Dr. Parker, un hombre joven, acababa de venir del Viejo continente. El joven me contaba de su agradable viaje a través del mar. Dijo que el mar era hermoso y calmo como un lago.

Escuché atentamente a todo, puesto que no sabía que el mar era calmo. Mi idea del gran océano era que siempre estaba agitado. Había aprendido mucho desde ese momento.

La señorita Price estaba sentada enfrente en la mesa y mientras se persignó varias veces, dijo: "Allí, señorita Smith, vea qué momento agradable podríamos pasar en el vapor".

"Sí, pero cuesta dinero ir a Inglaterra, y solo las personas ricas pueden ir".

"No tiene que hacerse problema por ello", dijo. "Si dice que vendrá, yo me encargaré de ello".

Esa era una nueva versión del tema. Esa noche cuando volví a casa, me postré de rodillas y dije: "Señor, si Tú quieres que vaya a Inglaterra, házmelo ver claramente. No sé qué podría hacer allí. No conozco a nadie, pero si Tú lo quieres, Señor, yo te entrego todo a Ti". De alguna manera —no puedo explicarlo— pero Dios me lo hizo ver tan claro, y colocó en mi conciencia de manera tan real y profunda, que no tuve más dudas de que Él quería que yo fuera a Inglaterra más de lo que podía dudar de mi propia existencia. Tan altos como los cielos están por sobre la tierra, así son Sus maneras sobre nuestras maneras, y Sus pensamientos sobre nuestros pensamientos.

Cuando me encontré en la calle Sands, bajé al Grove, y me alegré tanto de estar allí y de tener un pequeño descanso calmo. Barrí y limpié mi habitación y abrí las ventanas, y fue muy agradable. Era el primero de abril y, como lo pensé, "Ah", dije, "después de todo puedo descansar más aquí que lo que puedo descansar yendo a Inglaterra".

Luego, mientras miraba a través de mi ventana y veía el enorme océano y oía el ruido de las grandes olas, temblé. Pensé: *Ahí está Mazie; no la puedes dejar sola aquí.*

"Sí", dije, "así es; supongo que no iré". Posteriormente me llegó una carta de la Srta. Price que decía: "Hágame saber por correo con aviso de retorno si vendrá conmigo a Inglaterra. Si es que va, muy bien; si no, me uniré a un grupo de damas que irá".

Me senté a responder la carta y luego me asaltó un tremendo terror al pensar que no debía decirle que no iría. Casi no pude escribir la carta.

"Ah", dije. "¿Qué es lo que me sucede?". Me sobrevino un suspiro: "No le escribas, no".

"Pero no puedo ir, debo escribir". Así que continué, y nunca escribí una carta con tanto temor en mi vida. La terminé y la llevé al correo, la arrojé dentro del buzón y me sentí feliz de ya no tenerla conmigo. "Ahora", dije, "soy libre". Me parecía que estaba aliviada durante un rato, sin sentimientos de tristeza en mi corazón, sin peso, todo se había ido.

"Ah", dije, "cuánto trabajo me ha dado esa carta; ya está".

Hice varias llamadas antes de llegar a casa ya que me había ausentado por tres meses. No llegué a mi hogar hasta las seis y media, así que sentí que toda esa tristeza se había ido. Me tomaré un rico té y voy a ir a la cama temprano. Habré estado en casa una media hora, supongo, y mi té estaba a punto de estar listo. De repente, como cuando se apaga un motor de un avión, una avalancha de oscuridad me sumió como el horror de la oscuridad que sumió a Abraham. Mi corazón se hundió y un gran temor tomó posesión de mí. Cada pedacito de mi deseo de cenar me abandonó. No quería nada.

"Ah, Señor", dije. "¿Qué pasa conmigo?" Ayúdame". Luego dije: "No pienso dormir esta noche hasta averiguar qué me acontece". Así que cerré las puertas y bajé las persianas y bajé la luz de mi lámpara. Me puse de rodillas y dije: "estoy para esto toda la noche, y debo saber de qué se trata".

Lloré amargamente y oré. Luego pensé: "puede ser que ofendí de alguna manera al Espíritu, en lo que dije cuando llamé". Luego continué, en mis pensamientos, con cada lugar; y repasé todas las conversaciones, pero no había ninguna condena allí. Después repasé todo mi trabajo, cada lugar en el que estuve, ¡no! No había condena. Me postré totalmente en el suelo y lloré y oré como nunca antes lo había hecho. Dije: "Señor, debo saber qué me está sucediendo".

Un susurro. "Levántate". Me puse de rodillas cerca de la silla y dije: "Ahora, Señor, me quedaré quieta. Dime, oro por ti, cuál es el problema". Después de unos instantes de quietud fue como si alguien estuviera a mi lado y me dijera: "Vas por el mundo diciéndole a la gente que confíe en el Señor en la oscuridad; que confíe en Él cuando no puede verlo".

"Sí, Señor, eso he hecho".

"Bien, le dices a las demás personas que hagan lo que tú no tienes la voluntad de hacer".

"Ah, Señor", dije; "eso es cruel. Por Tu gracia no le diré a nadie qué hacer que yo no esté dispuesta a hacer. Ahora, Señor, ¿de qué se trata?" Y claras y sonoras llegaron estas palabras: "Tienes miedo de confiar en el Señor e ir a Inglaterra. Le tienes miedo al océano".

¡Vaya! Me cortó el aliento, pero dije: "Señor, esa es la verdad, la real verdad".

En un momento, de manera panorámica, la bondad de Dios pareció pasar ante mí; su fidelidad en conducirme y en proveer por mí de todas maneras y la respuesta a mi oración mil veces. Ahora bien. Ah, me llenó tal sentido de la vergüenza. Me postré nuevamente en el suelo; sentí que nunca iba a volver a poder mirar su dulce rostro y orar. Clamé: "Señor, perdóname, por el amor de Jesús, y dame otra oportunidad. Iré a Inglaterra".

Luego pensé: "si le escribo a la señorita Price y le digo que voy, ella es una extraña y podría pensar que cambio de parecer a cada rato. No sabrá cómo depender de mí, pero si el Señor me da otra oportunidad, iré sola. Te prometo, Señor, que puedes confiar en mí. Obedeceré"…

Señor, iré obedientemente,
Felizmente dejándolo todo,
Sólo Tú serás mi líder,
Y Te continuaré siguiendo.

Luego vino tal inundación de luz y dulce paz que me llenó de
gozo y de felicidad. Canté y alabé al Señor puesto que sentí que
Él me había tratado en abundancia con gran misericordia.[11]

Ser obediente no es siempre sencillo, pero las recompenses son insondables.
Ser espiritual significa obedecer al Señor Jesucristo en todas las cosas.

Pruebas

La vida de sumisión de Amanda la condujo a muchas pruebas. Con frecuencia
enfrentó problemas y discriminación. El hecho de que era afroamericana y una
mujer prominente en el servicio de Cristo hizo que fuera un blanco. En una
ocasión una mujer blanca cristiana le pidió que concurriera a un estudio bíblico
dirigido por un reconocido maestro de Biblia. Una vez concluida la sesión, otra
mujer blanca se le acercó con la cáustica pregunta: "¿Quién la invitó a venir
aquí?". La tomó a Amanda tan fuera de guardia que no pudo pensar en el nombre
de la persona que la había llevado. La mujer movió la mano hacia la puerta
diciéndole a Amanda: "Pase directamente. Pase directamente". Amanda estaba,
al menos verbalmente, alejada de la comunión. Fue doloroso, pero con el
transcurso de los años se había acostumbrado a ese tipo de cosas. Siempre, su
amor por Dios y su sumisión a Jesucristo le otorgaron la gracia para enfrentar
situaciones desagradables en el espíritu de su Señor. Él había sido rechazado
con mucha frecuencia también por personas prejuiciosas.

La mano de Dios descansaba poderosamente sobre Amanda, y Él continuó
utilizándola de una manera poderosa. Ella entabló una estrecha amistad con la
Sra. Hannah Whitall Smith y su esposo, Robert Pearsal Smith. Los Smith fueron
la fuerza impulsora detrás de las reuniones reconocidas de Keswick en Inglaterra.
Robert Pearsal Smith apreciaba la dedicación de Amanda y la impulsó a abocarse
a estas reuniones. Amanda le temía al prejuicio racial y le preguntó si ella, como
mujer afroamericana, sería bienvenida. Pearsal Smith respondió: "Ah, sí, Amanda,
no habrá objeción alguna a que vayas, y creo que lo disfrutarás mucho. Dios
había bendecido maravillosamente a Hannah [su esposa] y cantidades de mujeres
de rango habían sido conducidas a consagrarse al Señor, y habían obtenido
grandes bendiciones". Amanda fue, y Dios la bendijo y la utilizó abundantemente.
Se volvió adepta a romper con los prejuicios; su sumisión a Cristo venció grandes
obstáculos.

El movimiento Keswick creció hasta tal importancia que su impacto se sintió en todo el mundo. Probablemente ningún movimiento único en los últimos cien años haya hecho más para alentar la genuina espiritualidad que lo que lo ha hecho este movimiento, el enfoque de Keswick será bosquejado más adelante en este libro. Por cierto, el uso que le dio Amanda le permitió crecer espiritualmente día a día.

Amanda la evangelista

Su larga vida y servicio figuran como un monumento
al cual una mujer de antecedentes no promisorios
y restringidos puede experimentar cuando vive
en sumisión a Dios.

Amanda se volvió ampliamente conocida como una proclamadora adepta del evangelio. Las oportunidades para compartir a Cristo continuaron abriéndose a su paso mientras maduraba en el Espíritu. Muchos llegaron a la fe en el Señor a través de su ministerio. Su larga vida y servicio figuran como un monumento al cual una mujer de antecedentes no promisorios y restringidos puede experimentar cuando vive en sumisión a Dios. Uno de sus versículos favoritos era Hebreos 10:36: "Porque os es necesaria la paciencia, para que habiendo hecho la voluntad de Dios, obtengáis la promesa". A lo largo de su vida cristiana ella hizo la voluntad de Dios, y cuando Dios visitó su hogar a una tardía edad recibió lo que se le había prometido. No puede ser diferente para nosotros.

La pregunta clave

Pero, ¿qué significa en realidad la sumisión a Dios, al señorío de Cristo? ¿Qué aprendió Amanda acerca de la disciplina espiritual? Esta es una pregunta crítica. Pablo lo expresó muy sucintamente cuando escribió a la iglesia romana:

> Así que, hermanos, os ruego por las misericordias de Dios, que presentéis vuestros cuerpos en sacrificio vivo, santo, agradable a Dios, que es vuestro culto racional. No os conforméis a este siglo, sino transformaos por medio de la renovación de vuestro entendimiento, para que comprobéis cuál sea la buena voluntad de Dios, agradable y perfecta. (Ro. 12:1-2)

Las implicancias de estas exigencias bíblicas cubren mucho terreno; hasta se las puede ver un poco abrumadoras. Pensar que Dios espera a diario una sumisión completa y no servil es algo contrario a nuestra mente carnal. Sin embargo, allí está. Dios requiere un compromiso total de su gente.

¿Tiene derecho Dios a pedirnos que entreguemos nuestra vida a su control? La respuesta es un enfático sí. Hay motivos para esto.

Motivos para la sumisión a Dios

Primero que nada, Dios puede requerir nuestra obediencia en virtud de su mano creadora. El libro de Génesis declara: "Y creó Dios al hombre a su imagen, a imagen de Dios lo creó; varón y hembra los creó" (Gn. 1:27) y "Entonces Jehová Dios formó al hombre del polvo de la tierra, y sopló en su nariz aliento de vida, y fue el hombre un ser viviente" (Gn. 2:7). Dios nos hizo lo que somos. Todo hombre, mujer, niño y niña vive como resultado de su poderoso poder creador. Dios es el dador de vida, y como Creador Él tiene prerrogativas sobre las cosas que ha hecho, y eso significa cada uno de nosotros.

Cuando leemos el relato de Génesis, tiembla nuestro corazón al darnos cuenta de que Dios en su amor insondable creó este mundo. Su poder se manifestó de una manera que desafía el entendimiento, pero su amor reinó supremo en todo ello. Dios nos creó en amor. Como el pastor alemán, Helmut Thielicke, señaló respecto de estos tempranos relatos de Génesis:

> Su propósito es el de demostrar qué significa para mí y para mi vida que Dios esté allí en el principio y en el fin, y que todo lo que sucede en el mundo —mi pequeña vida con sus preocupaciones y sus gozos, y también la historia del mundo que se extiende desde el hombre de las cavernas hasta la era atómica— que todo esto es, por decirlo de alguna manera, un discurso encerrado, sostenido y salvado por el aliento de Dios.[12]

Este hermoso cosmos en el que nos encontramos, diseñado por la sabiduría infinita de Dios, manifiesta perfectamente su majestad, su Gloria y su gran gracia y amor.

Qué maravilloso es contemplar el hecho de que, si bien Dios creó los cielos y la tierra, los océanos, las estrellas, y todo el fantástico follaje y fauna de este mundo, Él buscó algo más grande en la creación de los seres humanos.

Qué maravilloso es contemplar el hecho de que, si bien Dios creó los cielos y la tierra, los océanos, las estrellas, y todo el fantástico follaje y fauna de este mundo, Él buscó algo más grande en la creación de los seres humanos. En su ensayo *En alabanza de la mortalidad*, Thomas Mann escribió: "En las profundidades de mi alma guardo el amanecer que con estas palabras "Que sea", que convocó al cosmos de la noche, cuando la vida fue generada de un ser inorgánico, fue el hombre el que se proyectaba".[13] El reformador Martín Lutero señaló:

> "Entonces dijo Dios: Hagamos al hombre a nuestra imagen, conforme a nuestra semejanza" (Gn. 1:26). Aquí Moisés habla

de una manera nueva. No dice: "que aparezcan las aguas" o "que aparezca la tierra", sino "Hagamos al hombre". Con estas palabras, él nos habla de una consulta (divina) o deliberación, que no sucedió antes de la creación de las criaturas. Cuando Dios deseó hacer al hombre, Él, como era, pidió consejo a Sí mismo. Esto indica la gran diferencia entre el hombre y todas las demás criaturas.[14]

Los humanos son la corona de la creación. Sin embargo, con frecuencia preguntamos, especialmente cuando nos hallamos pasando un momento difícil: "¿cuál es el significado de todo esto?". Durante los momentos difíciles es demasiado fácil ver a la vida como un viaje futil hacia la nada. Un día puede parecer igual al siguiente, un reciclado de "la misma cosa antigua", sin ningún propósito. Pero en la mente de Dios, nada pudo estar más lejos de la verdad. Dios tenía una meta cuando Él "sopló su aliento en nuestras narices" y nos convertimos en "seres vivientes". Nosotros existimos como su obra poderosa, el diseño de su sabiduría y amor infinitos. Dios no crea en vano. La vida tiene un propósito, un propósito maravilloso, en el plan creador de Dios. Hay motivo suficiente para someterse a Él. Cumplir con su intención es de lo que se trata la vida.

La meta y el propósito de la creación

Si Dios nos creó con un propósito que le da sentido a la vida, evidentemente resulta sumamente importante descubrir cuál es ese propósito, y luego obedecer a Dios cumpliéndolo.

Uno podría haber pensado que Adán y Eva, de todas las personas, habrían visto claramente el propósito de Dios. Pero las cosas no fueron bien para nuestros primeros padres en el Huerto. Vivir en la presencia de Dios, gozar del fruto de su hermosa creación, ver tareas exitosamente cumplidas cada día, vivir en armonía con el cónyuge de uno y disfrutar de andar con Dios, debe haber sido maravilloso. Luego golpeó la tragedia. Todos conocemos la historia de Génesis capítulo 3 muy bien. Primero vino la tentación, luego la caída en la desobediencia y finalmente el resultado trágico: la muerte. Toda la emoción y la satisfacción del Edén se evaporaron en un instante. El propósito de Dios fue aparentemente coartado. Echados de ese lugar maravilloso, Adán y Eva comenzaron una vida de fatiga y dolor. No parece haber ningún significado ya para las cosas. La meta se había perdido. La verdad es que comprendemos tan bien el relato porque todos lo hemos vivido. Se ha duplicado miles de millones de veces desde entonces. Pecamos y morimos. Qué fin poco noble para un noble inicio.

*Porque Él nos ha traído de vuelta al "Este del Paraíso"
en el huerto de su gracia, podemos cumplir su propósito y
volver a encontrar significado a la vida.*

Pero nunca debemos olvidar, Dios creó este mundo por amor. El Señor Todopoderoso determinó que el fracaso del Edén no fuera el final de su acto con propósito, creativo. Incluso en la expulsión de Adán y Eva del Huerto, se observa la esperanza de la restauración. La Biblia nos dice: "Y Jehová Dios hizo al hombre y a su mujer túnicas de pieles, y los vistió" (Gn. 3:21). El Dios de la gracia despellejó animales, derramó su sangre y vistió a Sus equivocados hijos. Llegaría el día en que Dios en Cristo derramaría su propia sangre para revertir el evento del Edén, restaurándonos a la maravilla de su presencia y propósito, y vistiéndonos con las vestimentas de la salvación (Is. 61:10). Cuán gloriosamente cierto es que "Porque de tal manera amó Dios al mundo, que ha dado a su Hijo unigénito, para que todo aquel que en él cree, no se pierda, mas tenga vida eterna" (Jn.3:16). A través del Señor Jesucristo, como nos dicen las Escrituras, nos convertimos en "una nueva *creación*" (2 Co. 5:17, la cursiva es mía). Dios ha hecho por nosotros lo que nosotros no hemos podido hacer por nosotros mismos. Dios nos ha recreado en Jesucristo. El Edén ha sido restaurado. Ahora podemos andar con Dios en "el aire del día" (Gn. 3:8) y temblar ante su presencia. Porque él nos ha traído de vuelta al "Este del Paraíso" en el huerto de su gracia, podemos cumplir su propósito y volver a encontrar significado a la vida. ¿Y qué es ese propósito? *Nuestro propósito es traer honor y gloria al* nombre de Dios a través de una absoluta obediencia y sumisión a Él. Ese es el motivo por el que Dios nos creó, nos recreó en Cristo, y nos sostiene en su gracia día tras día. Esto es lo que Amanda Smith descubrió.

Puesto que recibimos la salvación graciosa de Dios, nuestra obediencia y sumisión absolutas hacia Él deben ser el resultado natural. Él nos ha comprado por la sangre de su Hijo (1 P.1:18-19). Y si Dios ha hecho eso —que de seguro lo ha hecho— entonces nada que no alcance una completa sumisión a Él por su gloria y alabanza debería ser la respuesta. Dios tiene la prerrogativa de nuestra obediencia porque él nos creó y nos redimió. ¿Queremos descubrir el propósito de Dios para nuestras vidas? Por supuesto que queremos. Entonces debemos someternos a Dios.

La naturaleza de Dios

Hay otro motivo por el cual Dios espera nuestra sumisión. Dios tiene derecho a ello simplemente por virtud de quién es Él, es decir, por la esencia de su naturaleza divina. El gran predicador victoriano, Carlos Haddon Spurgeon, ascendió un día al púlpito y emocionó a la gente mientras les develaba la naturaleza de Dios. Dijo:

La ciencia más elevada, la especulación más extraña, la filosofía más poderosa, que nunca debe apoderarse de la atención de un hijo de Dios, es la misma, la naturaleza, la persona, el trabajo, los hechos y la existencia del gran Dios cuando llama a su Padre.

Hay algo sumamente mejor de la mente en una contemplación de la divinidad. Es un sujeto tan vasto, que todos nuestros pensamientos se pierden en la inmensidad; tan profunda, que nuestro orgullo se ahoga en su infinidad. Otros sujetos con los que podemos unirnos y departir, en ellos sentimos un tipo de contento propio, y seguimos nuestro camino con el pensamiento "He aquí, soy sabio". Pero cuando llegamos a esta ciencia maestra, descubriendo que nuestra línea de plomo no puede resonar su profundidad y que nuestro ojo de águila no puede ver su altura, nos alejamos con el pensamiento de que el hombre vano sería sabio, pero es como potro salvaje, y con solemne exclamación: "Yo soy de ayer, y no sé nada". Ningún sujeto de contemplación tenderá más a humillar la mente, que los pensamientos de Dios. . .

Pero mientras que el sujeto *humilla* la mente, también la expande. Él que con frecuencia piensa en Dios, tendrá una mente más amplia que el hombre que simplemente anda por este angosto mundo… El estudio más excelente para expandir el alma, es la ciencia de Cristo y Él crucificado, y el conocimiento de la Deidad en la gloriosa Trinidad. Nada ampliará más el intelecto, nada magnificará tanto toda el alma del hombre, como una investigación devota, seria, del gran sujeto de la Deidad… Luego vayan y sumérjanse en el mar más profundo de la Deidad; piérdanse en su inmensidad, y vendrán desde un lugar de descanso, refrescados y con más vigor. Yo no conozco nada que pueda controlar más el alma, que pueda calmar la gran pena y el dolor; así que hablen con paz a los vientos de las pruebas, como devotos meditando sobre el sujeto de la deidad.[15]

Spurgeon dio en el blanco. Cuando comprendemos a Dios en su ser esencial, al menos en cuanto podemos hacerlo con nuestro limitado conocimiento humano, se nos da una razón gráfica para la sumisión. Es más, esta comprensión llena la vida de comodidad, gozo, fuerza, significado y realidad. Debemos sumergirnos en su inmensidad y rendirnos a Él. ¿Cómo podemos hacer otra cosa? Él viene a nosotros como el Creador todopoderoso, omnisapiente, siempre presente, y nosotros somos meras criaturas. Él lo es todo y nosotros, debido a nuestro pecado, no somos nada. Pero cuando Él nos alcanza y nos toca con su gracia, manifestando la misma esencia de su carácter, solo una reacción es legítima. Tomás, cuando vio al Señor resucitado por primera vez, se postró a los pies de Jesús y clamó: "Mi Señor y mi Dios" (Jn. 20:28). Esa es la actitud que debemos tener ante el gran y santo Dios de la creación y la redención. Él es nuestro Señor y debemos hacerlo como tal en todos los aspectos de nuestras vidas. Solo allí puede encontrarse la verdadera espiritualidad. Las recompensas de ello abundan.

Las recompensas de someterse a Dios

Cuando descansamos en la palma de la mano de Dios, y le permitimos que nos moldee y nos haga lo que debemos ser, se nos otorga una vida sin fin en su contribución a un mundo sufriente. También hay determinadas recompensas específicas que se nos otorgan cuando nos sometemos a Dios.

Una vida equilibrada

En la así llamada carrera de ratas con frecuencia olvidamos que Jesús dijo que no "podemos servir a Dios y a las riquezas" [dinero, cosas materiales] (Mt. 6:24).

Para comenzar, la sumisión a la autoridad de Dios nos da equilibrio. Las cosas empiezan a tener sentido. Hoy día se nos jala en direcciones tan diferentes que la vida fácilmente puede salirse de rumbo. Buscamos satisfacción de tantas maneras y resulta casi imposible mantener las cosas en su perspectiva correcta. Constantemente estamos bombardeados con la frase de que no podemos encontrar satisfacción o felicidad a no ser que compremos una casa más grande, tengamos un saldo bancario más abultado, tener mejor esto, mejor lo otro. Las exigencias de nuestra sociedad materialista nos desgarran. En la así llamada carrera de ratas con frecuencia olvidamos que Jesús dijo que no "podemos servir a Dios y a las riquezas" [dinero, cosas materiales] (Mt.6:24). Pero a medida que sube la presión, la tarea hercúlea de resistir parece imposible. Estamos en peligro de caer en un grave error en el apuro por la "buena vida".

Se deben abordar las exigencias del hogar. En esta época extrañamente retorcida, con los niños enfrentando serios problemas en la escuela y entre sus pares, y los padres luchando por mantener alguna semblanza de calma a lo largo de todo, la vida en el hogar a veces es muy difícil. El estrés y las tensiones pueden radicalmente arruinar las relaciones. Las tormentas de nuestro mar secular han agitado tanto el frágil barco que denominamos "vida familiar", que está chocando contra las rocas.

Nuestro trabajo es exigente. Cuando el padre trabajador promedio vuelve al hogar, todavía hay tanto para hacer. Si bien nuestros trabajos pueden no ser físicamente tan extenuantes como lo fueron alguna vez, el estrés de seguir adelante, recibir ese ascenso y luchar por el "éxito" —lo que ello signifique—

agregado a nuestras responsabilidades con el hogar, puede poner nuestros nervios de punta. Más de un hogar se ha hundido en las olas de las exigencias.

La sociedad misma trae presiones. "Ser como los Jones", ver que los niños estén cuidados y sean educados, mantener buenas relaciones con los amigos y la familia, prepararse desesperadamente para la jubilación y un millón de otros atosigamientos no solo nos pone los nervios de punta, sino que amenazan la vida familiar y nuestra propia sanidad.

Y la violencia en las escuelas. ¿Qué sigue? ¿Cómo podemos mantener las cosas en equilibrio? ¿Debemos seguir así?

> *𝒟ios y únicamente Dios proporciona el secreto de una vida equilibrada, feliz y gozosa. La sumisión al señorío de Cristo pone a la vida en su perspectiva apropiada*

Las exigencias se multiplican hasta que nos preguntamos si la vida tiene algún propósito. El problema, descrito en estos términos, puede parecer irresoluble. Sin embargo, hay una respuesta, una solución gloriosa. Aquellos que se someten a Dios —permitiéndole obrar, conducir, fortalecer y dar rumbo en la toma de decisiones— tienen la respuesta. Dios y únicamente Dios proporciona el secreto de una vida equilibrada, feliz y gozosa. La sumisión al señorío de Cristo pone la vida en su perspectiva apropiada. Esa es una de las grandes recompensas de ser una mujer obediente y espiritual de Dios. En su despertar surge una segunda bendita recompensa.

Un verdadero rumbo

Cuando vivimos en las manos de Dios, la vida sigue un rumbo con significado. La vida no sometida no tiene meta, al menos no una que importe de verdad. Pero Dios tiene un propósito grande y eterno para su pueblo. El *Catecismo abreviado de Westminster* resume el "final principal" de la vida. Es "glorificar a Dios y gozarlo para siempre". Debemos llevar gloria a Él encajando en su propósito divino.

¿Qué constituye el núcleo del gran diseño de Dios? El núcleo es su gran esquema de la redención del mundo. Él intenta establecer su reino en la tierra como lo es en el cielo, y Él usa a Sus personas redimidas en el proceso. ¡Vaya privilegio! Y vaya rumbo que le da a la vida. Todo lo que hacemos en su nombre se vuelve un gran logro porque significa un avance del reino. Dios en realidad participa en la tarea con nosotros. Pablo dijo: "Porque nosotros somos colaboradores de Dios" (1 Co. 3:9). ¡Qué maravilloso! Cuando nos sometemos a nuestro Señor Jesucristo encajamos en el plan final de Dios. Nuestra meta se convierte en la meta de Dios, nuestro rumbo y actividades se vuelven de Dios. Nuestras vidas se llenan de significado y una riqueza indescriptible, y estamos satisfechos.

Una vida de contribución

Hay una tercera recompensa. Si nos volvemos sumisos a Dios, podemos hacer una contribución al mundo en pugna. Algo profundo dentro de nosotros, algo engranado en la misma tela de nuestro ser, nos impulsa a hacer que nuestra vida sea una contribución. Una persona que está totalmente ensimismada, intentando encontrar la felicidad en un estilo de vida totalmente orientado hacia sí, finalmente se sentirá desilusionada. Pero los que se someten a Dios pueden influir de forma positiva en el mundo, y qué satisfacción trae esto! Nuestro Señor Jesucristo dijo: "Porque todo el que quiera salvar su vida, la perderá; y todo el que pierda su vida por causa de mí y del evangelio, la salvará" (Mr. 8:35). La vida centrada en sí misma es como un suicidio espiritual. La vida obediente, la que está completamente sometida a Jesucristo, se salva a sí misma y hace una contribución eterna. Saber que nuestra vida cuenta para Dios y para el bienestar de los demás también es un sentimiento de recompensa en sí .

Cualquiera, independientemente de la situación o la circunstancia, puede contribuir al gran propósito de Dios. El secreto —el secreto a voces— es la sumisión a Dios, permitirle hacer con nuestras vidas lo que Él desee.

Pero podemos decir: "Mis circunstancias son tales que no puedo realmente hacer una contribución". Eso es un engaño, tal vez incluso una ceguera demoníaca. Nada le complace más al Diablo que engañarnos para que creamos que nuestra circunstancia particular nos impide hacer contribuciones a este mundo. Cualquiera, independientemente de la situación o la circunstancia, puede contribuir al gran propósito de Dios. El secreto —el secreto a voces— es la sumisión a Dios, permitirle hacer con nuestras vidas lo que Él desee. Dios no dejará pasar ningún momento si ese momento es sometido a Él. Él utilizará el más pequeño acto para el bien y para el avance del reino. Dios ha dicho: "Porque yo sé los pensamientos que tengo acerca de vosotros, dice Jehová, pensamientos de paz, y no de mal, para daros el fin que esperáis. Entonces me invocaréis, y vendréis y oraréis a mí, y yo os oiré. . Y me buscaréis y me hallaréis, porque me buscaréis con todo vuestro corazón" (Jer. 29:11-13). ¡Que promesa maravillosa! Así que volvemos a la promesa de las grandes recompensas si vivimos en sumisión a Dios. La vida obediente hace su contribución. Y eso, a su vez, hace que la vida valga la pena de ser vivida.

Eternidad

Finalmente, la vida de sumisión cosecha recompensas eternas. Llegará el día en que estemos frente a Dios y las recompensas tendrán su valor inconmensurable por nuestra vida de sumisión. Recuerden lo que dijo Jesús: "Y cualquiera que dé a uno de esos pequeñitos un vaso de agua fría solamente, por cuanto es discípulo, de cierto os digo que no perderá su recompensa" (Mt. 10:42). Todo acto en nombre de Cristo tiene su compensación eterna, incluso los actos más pequeños. Con mucha frecuencia pensamos en recibir grandes recompensas cuando hacemos algo "grande". Las pequeñas tareas humildes, si nos sometemos, traen recompensas humildes. Eso no es cierto. Lo que son titulares religiosos en la tierra pueden no tener la misma importancia en el cielo. No somos juzgados sobre la base de cuán "importante" parece ser nuestro servicio a Cristo a los ojos de otras personas; se nos recompensa sobre la base de nuestra fidelidad. Por eso dijo Jesús: "Pero muchos primeros serán postreros y postreros, primeros" (Mt. 19:30). Vaya sorpresa cuando estemos ante el Señor y Él nos entregue estrellas para nuestra corona. No seremos recompensados de acuerdo a la naturaleza de la tarea que Dios nos ha dado para hacer, las estrellas serán recibidas simplemente porque somos obedientes a cualquier tarea. Alguien que parece importante ahora puede recibir una pequeña recompensa, mientras que un oscuro pero fiel cristiano podría recibir mucho. El "primero" provendrá de los rangos de los obedientes, de los sumisos y fieles siervos de Cristo.

Nuevamente, tiene que entenderse que la entrega perfecta a la voluntad de Dios no necesariamente significa que no habrá pruebas ni problemas. Puede que todavía haya más. Pero Dios llenará el corazón entregado con fe para que la victoria pueda lograrse en las extremidades de la vida. Como lo dijo Andrew Murray:

> La fe tiene una victoria doble. En un caso, conquista al enemigo o la dificultad asegurando su remoción o destrucción. En el otro, no hay liberación del problema, y sin embargo la fe conquista en el poder que recibe para soportar, y para demostrar que su espíritu es superior a todo lo que los hombres o los diablos puedan hacer. Los triunfos de la fe con frecuencia se ven como notables en aquellos que no obtienen liberación del mal amenazador, como en los que sí la obtienen. Luego de la mención de los héroes cuya fe fue recompensada con el éxito, debemos mencionar aquí a los que, en medio del sufrimiento que no fue eliminado, demostraron que su fe los elevó por sobre todos los dolores con los que la tierra pudo haberlos amenazado. Fueron torturados, al no aceptar su liberación cuando se las ofreció al precio de su fidelidad, para poder obtener una mejor resurrección. Las realidades espirituales y eternas fueron por fe tan claras y cercanas que no reconocieron las "aflicciones del tiempo presente no son comparables con la gloria venidera que en nosotros ha de manifestarse" (Ro. 8:18).[16]

En este pasaje, se nos recuerda la centralidad de la fe. ¡Así que miren hacia arriba! Dios sí tiene un motivo y un propósito para todo. Él los acompañará y los bendecirá profundamente en el proceso, por difícil que parezca en ese momento.

Nos sometemos a Dios en nuestra búsqueda de espiritualidad, no para sentirnos mejor, pero sino porque es su voluntad y nosotros lo amamos.

Las recompensas que Jesús da por la sumisión durante tiempos de prueba, durarán para toda la eternidad. Esa corona nunca se arruinará; esas estrellas brillarán con el brillo de la alabanza de Dios para siempre. Recuerden, Pablo dijo: "Pues tengo por cierto que las aflicciones del tiempo presente no son comparables con la gloria venidera que en nosotros ha de manifestarse" (Ro. 8:18). El corazón sumiso levanta una cosecha abundante para siempre. Sin embargo, hay una advertencia: es muy fácil caer en la trampa de lo que podría denominarse "espiritualidad egoísta". Podemos hallarnos sometiéndonos a Dios, sirviendo a Cristo y buscando las disciplinas espirituales simplemente porque nos hace "sentir bien". O podríamos encontrarnos yendo tras las cosas del Espíritu porque no queremos sentirnos culpables o inquietos. Dicho enfoque inevitablemente conduce a la esclavitud. Es un intento por cumplir con la ley, en cambio de experimentar la libertad del Espíritu donde se encuentra el verdadero gozo. Este entendimiento de la espiritualidad obviamente sigue teniendo sus raíces en la antigua "vida del yo". No, nos sometemos a Dios en nuestra búsqueda de espiritualidad, no para sentirnos mejor, sino porque es su voluntad y nosotros lo amamos. Por supuesto, si le fallamos al Señor, si pecamos y nos sentimos culpables como una consecuencia natural, debemos poner las cosas en su manera correcta y buscar el honor de Cristo, habiendo aprendido nuestra lección. El principio permanece. El yo está fuera, el Espíritu está dentro.

Las Escrituras presentan claramente todas las reglas, reglamentaciones y principios para vivir la vida en sumisión espiritual al señorío de Jesucristo. Estas requieren un análisis profundo.

Las reglas y reglamentaciones de la sumisión a Dios

Para descubrir y vivir la voluntad de Dios, debemos comprender y seguir ciertas "reglas" de sumisión. Nos pueden ayudar a adquirir una idea de la voluntad de Dios y de su plan para el diario vivir. No obstante, antes de revisarlas, debemos tener claro que el compromiso con Cristo es una *"libre elección"* de nuestra parte. Dichas reglas de sumisión no deben comprenderse en ningún sentido legal, como si no tuviéramos otra opción al respeto. Es cierto, Dios quiere sumisión, y sobre la base firme de Sus prerrogativas divinas. También es cierto que las grandes recompensas provienen de tal sumisión. Sin embargo, la decisión de darle todo a Jesucristo como Señor es libre. Dios nunca nos obligará a hacer algo contra nuestra voluntad. No estamos bajo la *ley*, sino bajo la *gracia* (Ro.6:14). Dios nos creó a su imagen, y eso significa la libertad de la gracia: Él nos honra con nuestro derecho a elegir. Pablo vio este principio y lo expresó en un hermoso pasaje autobiográfico de Romanos: "Mas os he escrito hermanos, en parte con atrevimiento, como para haceros recordar, por la gracia que de Dios me es dada para ser ministro de Jesucristo a los gentiles" (Ro. 15:15-16).

Él Señor desea profundamente que nos sometamos a su voluntad, pero quiere que lo hagamos voluntariamente. Él no nos forzará. Él ansía vernos sometidos por nuestro amor hacia Él. Eso se convierte en el motivo de honor.

Dos conceptos claros surgen de la enunciación de Pablo: *gracia y ministerio.* Dicho en términos simples, Dios otorga su gracia para permitirnos someternos a su propósito al ministrar. Ministrar significa "ser voluntario". Pablo fue voluntario por la gracia de Dios para entregar totalmente su vida a su Señor y a su servicio. El profeta Isaías mostró ese mismo espíritu cuando, luego de oír el bondadoso llamado de Dios, respondió: "Heme aquí, envíame a mí". El Señor desea profundamente que nos sometamos a su voluntad, pero quiere que lo hagamos voluntariamente. Él no nos forzará. Él ansía vernos sometidos por nuestro amor a Él. Eso se convierte en el motivo de honor. Como dice Pablo: "Porque el amor de Cristo nos constriñe" (2 Co. 5:14). Cuando nos decidimos por amor a seguir a Cristo a toda costa, su gracia se vuelve suficiente. Luego, determinadas reglas o principios pueden dar sustancia y guía a nuestra decisión. Observemos algunas de estas reglas.

El papel de la Biblia

Para comenzar, debemos someternos a las Escrituras. Tendremos mucho por decir respecto del estudio bíblico y el lugar que ocupa en la espiritualidad más adelante; digamos simplemente aquí que debemos obedecer la Palabra de Dios. La Biblia nos revela nuestros verdaderos yo. A través de ella podemos comenzar a alinear nuestras vidas con la voluntad de Dios. Hebreos 4:12 declara: "Porque la palabra de Dios es viva y eficaz, y más cortante que toda espada de dos filos; y penetra hasta partir el alma y el espíritu, las coyunturas y los tuétanos, y discierne los pensamientos y las intenciones del corazón". La Biblia es un espejo brillante, y su luz penetra en los intersticios más recónditos de nuestra persona. Como dijo el salmista: "En mi corazón he guardado tus dichos, para no pecar contra ti" (Sal. 119:11). Nada revela nuestra naturaleza interior hacia nosotros mismos con tal sinceridad penetrante como lo es la Biblia. Si aspiramos a conocernos a la luz de la voluntad de Dios, debemos buscar nuestras verdades personales allí.

Hay otro motivo para conocer la Palabra de Dios si es que aspiramos a someternos a Cristo. Como hemos visto —especialmente en la vida de Amanda Smith— una vida de sumisión se manifiesta en el servicio a nuestro Señor. El servicio es por cierto la voluntad de Dios. Nuestro Señor nos ha dado la herramienta principal para el servicio efectivo, es decir, su Palabra. Pablo se lo dijo de esta manera a Timoteo: "Que prediques la palabra; que instes a tiempo y fuera de tiempo; redarguye, reprende, exhorta con toda paciencia y doctrina" (2 Ti. 4:2). Si bien Pablo estaba hablando específicamente al ministerio de la prédica, el principio sirve igual para todo servicio. Servimos a nuestro Señor de mejor manera cuando compartimos con los demás la verdad de su preciosa Palabra. Todo ministerio cristiano gira en torno de las Escrituras.

Toda prueba y tentación que trajo el Diablo, Jesús la refutó con las Escrituras (ver Mt.4: 1-11). No podemos hacer menos.

Es más, obedecer las Escrituras se vuelve esencial para la guerra espiritual. Tal vez no siempre nos demos cuenta de ello, pero participamos de una verdadera guerra espiritual. El mundo, la carne y el Diablo libran una guerra en contra de las personas de Dios. No podemos escapar a la matanza, y podemos ser vencidos si no comprendemos la manera de Dios de ser un conquistador en Cristo. Pero Dios nos ha mostrado el camino para ser victoriosos. La Biblia ha prometido: "Antes, en todas estas cosas somos más que vencedores por medio de aquel que nos amó". (Ro. 8:37). Para ser victorioso debemos conocer las Escrituras. La Biblia nos da discernimiento. Es la "espada del Espíritu" (Ef. 6:17). Recordamos cómo Jesús venció a Satanás inmediatamente después de su bautismo. Toda prueba y tentación que trajo el Diablo, Jesús la refutó con las Escrituras (ver Mt.4:1-11). No podemos hacer menos. ¿Cómo podemos tener éxito en nuestra sumisión a Dios si no le obedecemos con conocimiento, sabiduría y discernimiento? Debemos conocer y obedecer las Escrituras.

El papel del Espíritu

Junto al testimonio objetivo de las Santas Escrituras está el testimonio subjetivo del Espíritu Santo. Siempre debemos someternos al Espíritu Santo. Él mora en todo creyente, haciendo que el cuerpo del creyente sea el templo de Dios (1 Co. 6:19). Debemos obedecer las órdenes internas del Espíritu Santo para poder obtener un mayor discernimiento sobre nuestra situación y conocer los propósitos de Dios. Recuerden la experiencia de Amanda de Él en su decisión de viajar a Inglaterra. El Espíritu también toma las verdades de las Santas Escrituras, las hace comprensibles, y las imprime en nuestros corazones y mentes. Si no actuamos de acuerdo a esto, se obstaculiza la verdadera espiritualidad. Debemos escuchar al Espíritu Santo cuando Él habla a través de las Escrituras, a través de las circunstancias, e incluso a través de otras personas. Entonces, cuando podamos discernir la voluntad de Dios, debemos obedecer. Este principio se aplica a todo aspecto de la vida. El Espíritu de Dios se vuelve la mano que nos guía en nuestro testimonio por Cristo (Hch. 1:8), en nuestra vida de oración (Ro. 8:26-27), en nuestro servicio efectivo para nuestro Señor (1 Co. 2:4) y en nuestro desarrollo en la vida santa (Jn. 17:17).

Otras "autoridades"

Debemos obedecer a las "autoridades". ¿Quiénes son estas "autoridades"? La autoridad básica es Jesucristo mismo. Pero hay otras, líderes de iglesias por ejemplo, que en sumisión a Cristo debemos obedecer. El autor de Hebreos escribió: "Obedeced a vuestros pastores, y sujetaos a ellos; porque ellos velan por nuestras almas, como quienes han de dar cuenta; para que lo hagan con alegría, y no quejándose, porque esto no os es provechoso" (He. 13:17). Esto no significa que estos líderes sean "pequeños Césares". No, también son siervos. Pero Dios mismo ha instituido sus cargos en la vida de la iglesia local. Por lo tanto, se los debe seguir mientras dirigen a los cristianos a un camino más profundo con Cristo. Obedecer a los que el Espíritu Santo le ha dado dones y nos ha dado como líderes es fundamental para ser sumisos al plan de Dios para la iglesia local.

El hogar

Debemos aprender a someternos en el hogar. Pablo establece muy claramente la estructura de autoridad de la familia divina. En lo que los eruditos del Nuevo Testamento denominan el *Haustafel*, según se registra en Efesios 5:21-6:9 y en Colosenses 3:18-25, encontramos los principios de cómo el hogar centrado en Cristo debe estar ordenado. Y todo comienza con la sumisión. Pablo dice en Efesios 5:21: "Someteos unos a otros en temor a Dios". Ese principio es la fundación, el resto del pasaje bosqueja el papel y la posición exactos de "autoridad" para cada miembro de la familia. Seguir el diseño de Dios para el hogar trae aparejado armonía y paz.

Los dirigentes gubernamentales

La Biblia dice claramente que debemos someternos a las autoridades gubernamentales. Nuevamente buscamos la guía de Pablo en esta área tan importante. Al instruir a Timoteo, el apóstol dijo:

> Exhorto ante todo, a que se hagan rogativas, oraciones, peticiones y acciones de gracias, por todos los hombres; por los reyes y por todos los que están en eminencia, para que vivamos quieta y reposadamente en toda piedad y honestidad. Porque esto es bueno y agradable delante de Dios nuestro Salvador. (1 Ti. 2:1-3)

Podemos responder: "Sí, pero nuestras autoridades gubernamentales no hacen las cosas correctamente. No son líderes divinos". Debemos recordar que Pablo escribió estas palabras a Timoteo en el Siglo I bajo el imperio romano. Los césares de esa época no solo eran tiranos divinos, sino que perseguían a los cristianos hasta la muerte. La tradición nos dice que Pablo mismo fue perseguido por el emperador romano Nerón. Sin embargo, Pablo dijo que deberíamos no solo orar por nuestros dirigentes, sino que debíamos someternos a ellos. Escribió:

> Sométase toda persona a las autoridades superiores; porque no hay autoridad sino de parte de Dios, y las que hay, por Dios han sido establecidas. De modo que quien se opone a la autoridad, a lo establecido por Dios resiste; y los que resisten acarrean condenación para sí mismos. Porque los magistrados no están para infundir temor al que hace el bien, sino al malo. ¿Quieres, pues, no temer la autoridad? Haz lo bueno, y tendrás alabanza de ella; porque es servidor de Dios para tu bien. Pero si haces lo malo, teme; porque no en vano lleva la espada, pues es servidor de Dios, vengador para castigar al que hace lo malo. Por lo cual es necesario estarle sujetos, no solamente por razón del castigo, sino también por cuestión de la conciencia. Pues por esto también pagáis los tributos, porque son servidores de Dios que atienden continuamente a esto mismo. Pagad a todos los que debéis: al que tributo, tributo; al que impuesto, impuesto; al que respeto, respeto, al que honra, honra. (Ro. 13:1-7)

Una palabra de profecía

Finalmente, hay veces en que debemos someternos a la "palabra" de los demás. La Biblia habla del don de la profecía. En algunas ocasiones y en algunas circunstancias podemos oír una palabra profética de autoridad del Señor a través de otras personas. Esta puede ser una palabra personal de aliento y dirección de un amigo cristiano, o un reproche necesario. Y por cierto siempre debemos escuchar bien a los predicadores que exponen la verdad de Dios. La prédica es la principal fuente de profecía de Dios. Cuando alguien habla o predica en el Espíritu, y de la Palabra de Dios, haríamos bien en tomar nota de ello. Tenemos mucho que aprender de los demás cuando, para nuestro bien, hablan con palabras de autoridad hacia nosotros.

El motivo

El fin principal de la humanidad es "glorificarlo y disfrutarlo para gozarlo para siempre". Obedecemos a Dios por su alabanza y honor.

La regla básica final y el principio de sumisión es que debemos obedecer a Dios porque lo glorifica. Dijimos anteriormente que el fin principal de la humanidad es "glorificarlo y disfrutarlo para gozarlo para siempre". Obedecemos a Dios por su alabanza y honor. Pablo dijo correctamente: "Si, pues, coméis o bebéis, o hacéis otra cosa, hacedlo todo para la Gloria de Dios" (1 Co. 10:31). Todo aspecto de la vida, todo esfuerzo conciente y decisión, la totalidad de nuestro ser, debe ser dirigido a la gloria de Dios: *soli deo gloria*. Cuando nos damos cuenta de quién es Él, de lo que ha hecho al crear este maravilloso universo y darnos vida, la increíble manifestación de su gracia en la vida, la muerte y la resurrección de Jesús, y su propósito para el avance del reino, ¿cómo podemos hacer otra cosa que darle toda la gloria, el honor y la alabanza? Cuando lo vemos, no tendremos dificultad en hacer eso. Pero debemos ser diligentes en esta disciplina ahora, hasta que llegue la gran hora.

Gloria para nosotros

No solo debemos darle gloria a Dios, sino que un día realmente compartiremos esa gloria. Se les dijo a los corintios: "Porque esta leve tribulación momentánea produce en nosotros un cada vez más excelente y eterno peso de *gloria*" (2 Co. 4:17, la cursiva es mía). La sola idea de que compartiremos la gloria eterna de Dios mismo es un pensamiento gozoso pero sobrio. Pablo oró por la iglesia efesia: "alumbrando los ojos de vuestro entendimiento, para que sepáis cuál es la esperanza a que él os ha llamado, y cuáles las riquezas de la Gloria de su herencia en los santos" (Ef. 1:18). Tenemos una herencia de su gloria esperándonos. Esto sirve para seguir las palabras de Simón Pedro cuando dijo: ·"Antes bien, creced en la gracia y el conocimiento de nuestro Señor y Salvador Jesucristo. A él sea gloria ahora y hasta el día de la eternidad. Amén" (2 P. 3:18). Al crecer en la gracia y el entendimiento de nuestro Señor Jesucristo, sometiéndonos a Él día tras día, nos volvemos cada vez más capaces de entregarle a Dios la debida gloria, la gloria que algún día experimentaremos.

No es fácil

Por supuesto, nunca es fácil vivir en completa sumisión en la forma que nuestro Señor espera que sea pero,

> La entrega se vuelve…posible cuando el alma ve cuán verdadera y enteramente Jesús, el Mediador del nuevo pacto, ha tomado todo por todos, y se encarga de colocar su propio deleite en la ley de Dios en el corazón, dar la voluntad y la fuerza para vivir en toda la voluntad de Dios. Esa fe da el valor para ubicarse frente a Cristo y decir: Señor, aquí estoy, preparado para ser guiado por ti

en la nueva y viviente forma de dar muerte a mi voluntad, y una vida solo en la voluntad de Dios. Te daré todo a ti.[17]

La fe y la gracia traen victoria.

Conclusión

Obedecemos a nuestro Señor depositando toda nuestra confianza en Él y en su gracia por el poder de someternos a su voluntad. Lo obedecemos a través de las Escrituras, por el testimonio interno del Espíritu Santo y por las autoridades con las que nos encontramos. Lo hacemos porque trae alabanza y honor a Él. Estas son las "reglas". No son leyes rígidas que debemos obedecer a toda costa, son simplemente los principios a través de los cuales nuestro Señor Jesucristo recibe gloria para Sí por medio de nuestra sumisión a su voluntad. Y es esta sumisión la que genera espiritualidad.

Un acercamiento a este paso es el testimonio de un africano negro y fiel que dio su vida como mártir por Jesucristo. Antes de su muerte escribió:

Formo parte de la comunidad de los que no tienen vergüenza. Tengo el poder del Espíritu Santo. La suerte ha sido echada. He traspasado la línea. La decisión ha sido tomada….Soy un discípulo de Él. No voy a mirar atrás, cejar, endentecerme, alejarme, ni quedarme quieto. Mi pasado es redimido, mi presente tiene sentido, mi futuro es seguro. He terminado con la vida baja, caminar con los ojos, las rodillas blandas, los sueños sin color, las palabras domadas, las charlas mundanas, la entrega barata y las metas pequeñas.

Ya no necesito preeminencia, prosperidad, posición, promociones, aplausos o popularidad. No tengo que tener razón, ser el primero, el mejor, ser reconocido, alabado, respetado ni recompensado. Ahora vivo por la fe, me apoyo en su presencia, camino con paciencia, me elevo en la oración y trabajo con poder.

Mi rostro está fijado, mi marcha es rápida, mi meta es el cielo, mi camino es angosto, mi manera es brusca, mis compañeros son pocos, mi Guía es confiable, mi misión es clara. No puedo ser comprado, cedido, desviado, tentado, desanimado, engañado ni retrasado. No me atemorizaré ante la faz del sacrificio, ni dudaré en la presencia del enemigo, no me complaceré ante la popularidad, ni me satisfará la mediocridad.

No cejaré, ni me callaré, ni abandonaré, hasta que haya permanecido de pie, esté apartado, haya orado, predicado por la causa de Jesucristo. Soy un discípulo de Jesús. Debo continuar hasta que Él venga, dar hasta que me caiga, predicar hasta que sepa todo, y trabajar hasta que Él me detenga. Y, cuando Él venga por sus propios medios, no tendrá problemas en reconocerme... ¡mi bastión será claro!

¡Eso es sumisión, eso es espiritualidad!

Oración

Amado Señor, tú verdaderamente eres el Señor. Me doy cuenta de que tú deseas profundamente ser el Señor de mi vida. Ojalá yo pueda, por lo tanto, tener tu fuerza y gracia para someterme sincera y profundamente a tu voluntad divina cada día, en cada decisión. Yo deseo —lo deseo de verdad— ser sumisa a tu señorío. En nombre de Jesús. Amén.

10 preguntas para estudio y debate

1. ¿Cuán importante fue el trasfondo social de Amanda Smith en su capacidad para someterse a Dios? ¿Los mismos principios se aplican a nosotros hoy día? ¿Cómo?
2. ¿De qué manera el espíritu de Amanda afectó su vida de servicio con sumisión? ¿Qué podemos aprender de ello?
3. ¿Por qué debemos someternos a Dios? ¿Es correcto hacerlo?
4. ¿De qué manera la meta y el propósito de Dios en la creación impactan nuestras vidas?
5. ¿Cuáles son las recompensas por someterse a Dios? ¿Cuáles son las más importantes?
6. ¿Cuáles son los atributos esenciales de Dios y cómo se relacionan con la sumisión?
7. ¿De qué manera la sumisión a nuestro Señor puede dar rumbo a la vida?
8. ¿Qué papel juegan la Biblia y el Espíritu Santo en ayudarnos a vivir la vida de sumisión?
9. ¿Qué "reglas" nos guían para discernir la voluntad de Dios, y cómo las aplicamos?
10. ¿Cuál es el "secreto" para encontrar la capacidad de someterse a Dios?

La mujer espiritual rebosa de Dios

Conozca a Anne Graham Lotz: Una mujer que rebosa de Dios

llenos de toda la plenitud de Dios.
(Ef. 3:19)

*A*msterdam en 1983 fue testigo de una conferencia sobre evangelismo que hizo historia. Los evangelistas viajaron a Holanda desde todas partes del mundo, incluso desde tan lejos como Nagaland en el noreste de India, para compartir en comunión e inspiración. La Asociación Evangelista de Billy Graham tenía un alto nivel de anticipación espiritual. Llevar a Cristo a todo el mundo constituía el desafío de la conferencia. Se convirtió en una experiencia maravillosa para los varios de miles que participaron. Por cierto esto demostró ser el caso para un evangelista de África; la conferencia también le dio una nueva perspectiva. Luego de asistir a la conferencia durante varios días le señaló a un delegado:

> Quiero que Dios me hable. Seriamente he orado para que Dios me hablara y me mostrara algo, me dijera algo, me impresionara con algo, que profundamente impactara mi vida para poder ganar a otros para Jesús. He estado aquí durante días orando por ello. He estado aquí durante nueve días y todavía Dios no me ha hablado. Pero hoy, el décimo día, mientras oré seriamente y busqué la mente y corazón del Señor, Dios me habló de una manera poderosa. Y simplemente no puedo creerlo, fue a través de una hermana.

¿Una "hermana"? ¿Quién era esa mujer?

Unos años antes se había llevado a cabo una conferencia similar en Raleigh, Carolina del Norte. Unos quinientos o seiscientos hombres y mujeres se habían reunido allí. Todos disfrutaron un período de ricas bendiciones espirituales. La Biblia fue enseñada fielmente y las vidas fueron profundamente desafiadas. Muchos de los que asistieron nunca volvieron a ser los mismos. ¿Quién presentó el desafío? ¿Quién compartió tan poderosamente la Palabra de Dios? La misma "hermana". En ese momento, un hombre se cuestionaba si el Señor podía o no utilizar a una mujer para un papel de enseñanza, especialmente respecto de los hombres. Sin embargo, esa "hermana" había enseñado con la unción del Espíritu Santo sobre ella. Todos estaban profundamente conmovidos. Cuando hubo un receso en el servicio, y comenzó un período de preguntas y respuestas, el escéptico que había sido poderosamente conmovido por el Espíritu dijo con gran asombro: "Una mujer no puede hacer lo que usted acaba de hacer". Esa "hermana" por cierto tenía un don inusual.

Ahora nos mudamos a Sudáfrica. La misma mujer acababa de enseñar la Palabra de Dios durante tres densas horas y ahora estaba empezando a ser entrevistada en vivo en televisión nacional. Bien adentrada en la sesión, luego de formular las preguntas habituales, el entrevistador comentó que "Muchos creen que una mujer no puede enseñar tan bien como un hombre". La "hermana" respondió simplemente: "Una mujer o un hombre no puede hablar por sí mismo, pero Dios ciertamente puede hacerlo".

Esta mujer, utilizada con tal poder por el Espíritu de Dios a pesar de sus detractores, es alguien a quien debemos conocer.

Los comienzos

Todo comenzó el 1 de abril de 1948 en un pequeño pueblo en Carolina del Norte. Montreat tiene una pequeña universidad y una hermosa vista de las montañas *Smoky*. En ese escenario idílico, Dios emplazó a una de las familias cristianas más significativas del Siglo XX. Ese día de abril y en ese lugar nació Anne, la segunda hija del evangelista Billy Graham y de su esposa devota Ruth. Al igual que sus padres, fue destinada a convertirse en una sierva de Dios.

Anne creció en una maravillosa familia cristiana. El futuro registrará a su padre como uno de los evangelistas más ungidos que la iglesia jamás haya visto. Anne también tenía la bendición de una madre divina y sabia cuya vida se lee como una saga de poder espiritual. Este maravilloso legado y vida hogareña bendecida se convirtió en la herencia de Anne.

Se podría suponer que Anne naturalmente tendría dones y capacidades para servir a Dios. Pero ha habido muchos grandes evangelistas, predicadores y líderes cristianos cuyos hijos nunca han dejado una marca en la historia cristiana. Tristemente, algunos hasta han sido perjudiciales para el reino de Dios. El nacimiento en una familia cristiana respetada no garantiza una vida de servicio fructífero. Sin embargo, Dios tocó profundamente a esta mujer en especial de una manera significativa.

Los padres

Poco puede decirse acerca de los padres de Anne, pues su historia es bien conocida. Billy ha predicado a más de una persona en la historia de la iglesia. Y Ruth estuvo a su lado, dándole fuerzas. Millones han llegado a la fe en Jesucristo, vidas cristianas han sido revitalizadas, matrimonios han sido cambiados e instituciones han sido reestructuradas a la gloria de Cristo, todo gracias al ministerio de Billy. Billy mismo dice que cuando llegue al cielo, tiene la intención de preguntarle al Señor: "¿Por qué yo?" No parece increíble que Dios alcance a un muchacho de Carolina del Norte de una granja lechera con una figura tan mundialmente insondable. Dios también alcanzó el Lejano Oriente y eligió a la hija de un misionero médico para ser su compañera en servicio. Tal es su providencia y gracia.

Madre Ruth

La biografía de Ruth Bell Graham es fascinante. Ruth fue criada en China, cuando su padre, el Dr. L. Nelson Bell, se desempeñó como médico misionero. Desde el principio Ruth comprendió la necesidad de ganar a los perdidos para la fe en Jesucristo y de ministrar las necesidades de la gente. Cuando niña fue educada en el campo de la misión en China y Corea. Más tarde viajó a Estados Unidos para ingresar a la Universidad de Wheaton, al oeste de Chicago. Ruth intentó plenamente, luego de graduada, regresar a Asia y entregar su vida a la vida de trabajo misionero en el Tibet. Pero Dios tenía otros planes. En Wheaton, conoció a un joven predicador delgaducho que amaba al Señor —¡y al béisbol!— y se enamoraron. Su nombre era Billy. Al poco tiempo se casaron y se radicaron en Western Springs, Illinois, donde Billy pasó a ser pastor de una pequeña iglesia bautista. Luego de desempeñarse como pastor unos dos o tres años allí, estableció la gira evangelista con la organización Juventud para Cristo. Billy tenía una pequeña limitación como presidente de las Northwestern Schools en Miniápolis, Minnesota, pero continuó aún así con su ministerio evangelista itinerante. Luego llegó el año 1949, y la primera gran cruzada a Los Ángeles. El resto es historia. Ruth nunca pudo ir al Tibet, excepto que su apoyo, sus oraciones, su amor y su constante devoción por Cristo, por su esposo y por su creciente familia eran una influencia universal a escala mundial que solo la eternidad podrá registrar.

Los primeros años

Anne es una de cinco hijos. La mayor es Gigi y la hermana menor de Anna es Ruth, llamada cariñosamente "Bunny". Sus dos hermanos son Franklin y Ned. Billy y Ruth hicieron un buen trabajo al criar a sus hijos, por más que el camino parecía difícil por momentos. Los cinco ejercen ahora una profunda devoción por Jesucristo, y cada uno ha desarrollado un ministerio único propio. De los cinco, nadie pudo haber adivinado que Anne desarrollaría un ministerio mundial increíble. Como muchos hijos del medio, Anne era una pequeña muy reservada. Sin embargo, tenía un corazón dulce y sensible y a través de la fiel instrucción de su madre y de otras personas, continuamente adoptó mayor conciencia de su necesidad del Señor Jesucristo.

Llega la salvación

Ruth compartió el evangelio con su pequeña hija, y aunque, como decía Anne, ella no comprendía todas las oraciones, claramente oía la voz de Dios. En la falda de su madre, se inclinaba, con lágrimas en los ojos, y entregaba su vida totalmente a Jesucristo.

Anne confiesa que no puede recordar exactamente cuántos años tenía cuando aceptó a Cristo. Sí recuerda que el Espíritu Santo trajo el evangelio al hogar precisamente a ella de una manera inusual. Muchos años antes del nacimiento de Anne, Cecil B. DeMille había producido una película muda llamada *Rey de reyes*, la historia de la vida de Cristo. Si bien era en blanco y negro y tenía subtítulos —algo que casi no atraería a quienes asisten hoy día al cine— se había convertido en un clásico, y se mostraba alrededor de todo el mundo durante muchos años. Anne tuvo la oportunidad de verla en Navidad, mientras era todavía una jovencita. La presentación golpeó su corazón. En la película en sí nadie hacía de Jesús. El Señor estaba simplemente representado como una luz brillante. A medida que se develaba el drama de la crucifixión, la "Luz" lentamente se apagó. Cuando llegó ese momento terrible, Anne comenzó a sollozar. Joven como era, había entendido que Jesús había muerto por ella. Allí mismo, la madre, Ruth, ingresó, comprendiendo que Anne había caído en la convicción de sus pecados aniñados y se había tornado conciente de su necesidad del Salvador. Ruth compartió el evangelio con su pequeña hija, y no obstante, como dijo Anne, ella no comprendía todas las oraciones, claramente oía la voz de Dios. En la falda de su madre, se inclinaba, con lágrimas en los ojos, y entregaba su vida totalmente a Jesucristo. Pasó de los pecados al Salvador y le pidió al Señor Jesucristo que ingresara en su corazón. Ese fue el momento. Dios no solo salvó una pequeña alma preciosa para la eternidad, Él comenzó a preparar una vida de próspero ministerio para su gloria.

Cuando Anne creció, en muchos aspectos era solo una estudiante característica, a pesar de ser conocida como "la hija de Billy Graham". Desarrolló una personalidad única propia con los años, aunque todavía su espíritu tímido, tranquilo fue su característica más dominante. Durante los últimos años de su adolescencia, se encontró con otro hijo de un predicador que amaba al Señor.

Conozcan a Danny

Danny Lotz, al igual que Anne, contaba con la bendición de haber sido criado en un maravilloso hogar cristiano. A diferencia de Anne, sin embargo, era un "*yankee*", no un sureño. Su padre había sido pastor de una iglesia bautista en la zona de Nueva York por muchos años. El reverendo Lotz era un gran hombre de Dios, y había sido cuidadoso de instilar en sus hijos el amor de Jesucristo. Danny tenía una fe vital en el Señor Jesucristo.

Puesto que siempre era una persona activa en los deportes, pareció bastante natural que, en esa época, Danny fuera a conducir un capítulo de los Atletas Cristianos en Carolina del Norte. Esta organización alienta a los hombres y a las mujeres a crecer en Cristo, compartiendo su testimonio en el contexto de la vida deportiva. Danny tiene un hermano mayor, John, que actuó como director adjunto atlético en la Universidad de Carolina del Norte. Otro hermano mayor, Sam, un ejecutivo de Dow Chemical, murió a mediados de la década de 1980. El hermano menor de Danny, Denton ejerce un ministerio como Secretario General de la Alianza Mundial Bautista. Viaja por el mundo, inspirando y desafiando el liderazgo bautista con el desarrollo y la evangelización mundial. Con frecuencia aborda a funcionarios gubernamentales cuando hay persecución, pidiendo que se les dé libertad a los cristianos para expresar su fe sin temor de venganzas. Obviamente, Danny provino de una familia maravillosa con un padre y una madre devotos cuya influencia, si bien ahora ya no están en este mundo, continúa en sus hijos.

Cuando Danny conoció a Anne, fue amor a primera vista. Si bien Danny era un poco mayor que Anne, su amor tuvo bendiciones del cielo y al poco tiempo se casaron. Se radicaron en Raleigh, Carolina del Norte, cuando Danny comenzó con su práctica odontológica y Anne era ama de casa. Tres hermosos hijos llegaron con el transcurso de los años: dos hijas devotas, Rachel-Ruth y Morro, y un hijo dedicado, Jonathan. Los tres finalmente se graduaron de la Universidad de Baylor en Texas y ahora viven una efectiva vida de ministerio y servicio para el Señor Jesucristo. El legado de Graham y Lotz continúa.

Un nuevo desafío

*El Espíritu Santo reveló: "Yo conozco tus obras; he aquí,
he puesto delante de ti una puerta abierta, la cual nadie
puede cerrar; porque aunque tienes poca fuerza, has
guardado mi palabra, y no has negado mi nombre"
(Ap. 3:8). Anne tomó ese versículo de la Biblia
como la promesa de Dios.*

En 1974, Anne supo que Dios le había hablado. Desde las Escrituras, el Espíritu Santo reveló: "Yo conozco tus obras; he aquí, he puesto delante de ti una puerta abierta, la cual nadie puede cerrar; porque aunque tienes poca fuerza, has guardado mi palabra y no has negado mi nombre" (Ap. 3:8). Anne tomó ese versículo de la Biblia como la promesa de Dios. Su llamado fue compartir su verdad. En una iglesia bautista en Raleigh, donde Danny se desempeñó como diácono, Anne comenzó a enseñar a un pequeño grupo de mujeres. Y allí comenzó su llamado para compartir su verdad. Se sentía totalmente aterrada por enfrentar la tarea. Su timidez nunca la había abandonado del todo. Pero como decía ella, se sentía más aterrorizada de no enseñar, porque sabía que Dios la había convocado a ese ministerio y le había dado su maravillosa promesa. Más adelante, Anne recibió una segunda promesa que le ayudó a calmar sus temores. Leyó en Malaquías 3:10 que Dios dice "derramaré sobre vosotros bendición hasta que sobreabunde". De modo que, en una forma bíblica calmada, se lanzó al ministerio de enseñanza de la Biblia que finalmente tuvo un alcance mundial.

La comunidad de estudio bíblico

Anne armó su grupo alrededor del programa de la Comunidad de Estudio Bíblico. El programa eficaz proporciona a las mujeres la oportunidad de una búsqueda profunda de la Palabra de Dios. El programa sirve de complemento a la escuela dominical tradicional. Se reúne durante la semana y está diseñado únicamente para mujeres. Mientras Anne comenzó su ministerio de enseñanza, Dios colocó su mano sobre su obra en la iglesia de Raleigh. En un lapso increíblemente corto, doscientas mujeres se reunían todas las semanas para estudiar la Biblia. El programa de la comunidad de estudio bíblico mantiene una estricta disciplina. Si uno se pierde una cantidad determinada de sesiones sin una excusa legítima, queda afuera del estudio. Esto puede resultar algo legalista, pero debido a que el límite para cada grupo ha sido fijado en quinientos, puede haber una cantidad de mujeres esperando para inscribirse. Así lo fue en el caso de Anne. Quinientas mujeres llenaron el salón de reuniones y pronto se creó una larga lista de espera.

Y así comenzó el ministerio de Anne. Pero, ¿qué pasó con la larga lista de espera? ¿Era correcto que no se admitiera a otras mujeres que estaban tan ansiosas por aprender? Anne resolvió el problema iniciando un segundo grupo. Esa nueva clase pronto se llenó al límite de su capacidad de quinientas, y luego una tercera, y una cuarta, y una quinta, hasta que hubo seis reuniones de grupo con quinientas mujeres en cada grupo. Pero la lista de espera seguía expandiéndose. El crecimiento era absolutamente fenomenal. A medida que los grupos crecieron en número, Anne creció en su capacidad de enseñar y en su propia vida espiritual. Vio que todo se trataba del llamado de Dios. Si bien ahora se ha salido de ese programa en particular y se lo ha pasado a otros, las once clases siguen funcionando en Raleigh. El Señor ha cumplido sus promesas.

Un segundo llamado

Luego de haber trabajado durante doce años en la Comunidad de Estudio Bíblico, Anne tuvo algo así como un "segundo llamado". Leyó en Deuteronomio:

> Jehová nuestro Dios nos habló en Horeb, diciendo: "Habéis estado bastante tiempo en este monte. Volveos e id al monte del amorreo y a todas sus comarcas, en el Arabá, en el monte, en los valles, en el Neguev, y junto a la costa del mar, a la tierra del cananeo, y al Líbano, hasta el gran río, el río Eufrates. Mirad, yo os he entregado la tierra; entrad y poseed la tierra que Jehová juró a vuestros padres Abraham, Isaac y Jacob, que les daría a ellos y a su descendencia después de ellos". (Dt. 1:6-8)

A través de este pasaje Anne sintió que ahora iba a dirigirse a todo el mundo. En un sentido, el resto de su vida se había desenvuelto en ese contexto. El 1 de abril de 1988 (que Anne puede señalarnos específicamente, ya que cumplía cuarenta años), Dios confirmó su llamado por medio de un pasaje punzante de Hechos 26:

> Pero levántate, y ponte sobre tus pies; porque para esto he aparecido a ti, para ponerte por ministro y testigo de las cosas que has visto, y de aquellas en que me apareceré a ti, librándote de tu pueblo, y de los gentiles, a quienes ahora te envío, para que abras sus ojos, para que se conviertan de las tinieblas a la luz, y de la potestad de Satanás a Dios; para que reciban, por la fe que es en mí, perdón de pecados y herencia entre los santificados. (Hch. 26:16-18)

No había escapatoria a la exigencia de Dios: Anne debía responder.

El lanzamiento

Anne renunció a su cargo en la Comunidad de Estudio Bíblico y dio comienzo a otro ministerio, preparada para compartir la verdad de Dios donde y cómo el Espíritu Santo la guiara. Dios comenzó a abrir puertas. En su primera conferencia bíblica Anne habló ante un grupo de pastores, evangelistas y líderes de iglesia. Eran todos hombres, y si bien eran solo ochocientos, Anne dijo que parecían miles. Nuevamente, sentía un temor de morirse. Cuando se levantó para hablar, algo sucedió que la alentó. Los hombres estaban sentados alrededor de mesas. Algunos de ellos se pusieron de pie y giraron sus sillas de modo tal que estaban sentados dándole la espalda. Pero ella sostuvo la maravillosa promesa que Dios le había dicho a Jeremías:

> Vino, pues, palabra de Jehová a mí, diciendo: Antes que te formase en el vientre te conocí, y antes que nacieses te santifiqué, te di por profeta a las naciones. Y yo dije: ¡Ah! ¡Ah, Señor Jehová! He aquí, no sé hablar, porque soy niño. Y me dijo Jehová: No digas: soy un niño; porque a todo lo que te envíe irás tú, y dirás todo lo que te mande. No temas delante de ellos, porque contigo estoy para librarte, dice Jehová. Y extendió Jehová su mano y tocó mi boca, y me dijo Jehová: He aquí he puesto mis palabras en tu boca". (Jer. 1:4-9)

Parecía como si el Señor le hubiera dicho:
"Anne, eres responsable ante mí, no ante el público,
solo sé obediente a mí".

Así que en fe, Anne habló y Dios la bendijo de una manera maravillosa. Parecía como si el Señor le hubiera dicho: "Anne, eres responsable ante mí, no ante el público, solo sé obediente a mí". Eso daba por terminado el asunto.

¡El secreto!

La gente se sentía asombrada de que esta pequeña muchacha de Carolina del Norte pudiera comunicar las Santas Escrituras con tal fuerza. ¿Cómo se entiende esto? Hay varios motivos para la eficacia de Anne. En primer lugar, ella enseña la Palabra de Dios, y la Biblia tiene su propio poder. Las Escrituras son la verdad de Dios, inspirada por el Espíritu Santo, y tienen autoridad en todo. Anne fielmente explica la Biblia, no realiza hipótesis. Tiene plena confianza en la veracidad y autoridad de la Palabra, y comunica esta confianza. Dios honra eso.

En segundo lugar, en toda la enseñanza de Anne, hay algo supremo: el glorioso evangelio de Jesucristo. Este es un ejemplo de una de sus enseñanzas sobre la Resurrección, donde la centralidad de Cristo y de las buenas nuevas son claramente evidentes:

I.   **¿Qué confirma la resurrección?**
  A. Jesús fue literalmente enterrado. Los enemigos visibles de Jesús apostaron guardias en la tumba y la sellaron. No había forma humana de que Jesús pudiera salir de allí, salvo por la resurrección.
  B. Satanás siguió destruyendo la semilla prometida a Adán y Eva en el Huerto del Edén, pero Dios siempre reservó un resto. Él seguramente preservaría la vida de Jesús.
  C. Los soldados nunca hubieran permitido que se robara el cuerpo de Jesús porque sus propias vidas dependían de ello, sin embargo la tumba estaba vacía.
  D. Lo que los guardias realmente vieron y confesaron confirma la Resurrección. Tuvieron que ser sobornados para mantenerse callados.
  E. El espíritu de los discípulos confirma la Resurrección. Ellos no lo esperaban para nada y tuvieron un gran gozo cuando vieron al Señor resucitado.

II.   **Enfrentados con la resurrección**
      Nuestra respuesta debe ser de fe. En el análisis final, si bien muchos factores humanos confirman la Resurrección, solo se la puede aceptar

realmente por la fe. A través de la fe nos encontramos con el Cristo resucitado.

III. **El mandamiento de compartir la historia de la resurrección**
   A. Se ordena a toda la iglesia que cuente al mundo acerca del Señor resucitado.
   B. Puesto que el llamado evangelista es para toda la iglesia también es para las mujeres. Las mujeres deben compartir la maravillosa historia de la vida, muerte y resurrección de Jesucristo con otras personas.

Cristo es todo

Este bosquejo básico del mensaje de Anne sobre la Resurrección muestra la centralidad de Jesucristo en su enseñanza. Ella comparte clara y fielmente lo que los teólogos denominan el *kerygma*, el evangelio. Esa explosiva palabra griega significa "la proclamación" y, como dijo Pablo: "Pues habiendo conocido a Dios, no le glorificaron como a Dios, ni le dieron gracias, sino que se envanecieron en sus razonamientos [*kerygma*] y su necio corazón fue entenebrecido" (1 Co. 1:21). El mundo puede llamar "tontería" a la verdad de Dios, pero el mensaje de Cristo proclamado se mantiene como la sabiduría y el poder de Dios. Pablo declaró en Romanos: "Porque no me avergüenzo del evangelio, porque es poder de Dios para salvación a todo aquel que cree" (Ro. 1:16). Si ha habido una maestra de la Palabra de Dios, fiel a todo el evangelio esta ha sido Anne. El poder reside en la Palabra, y Anne comparte esa Palabra.

El poder del Espíritu

Soy una mujer bajo compulsión. Estoy encerrada por la
evidencia de dar una expresión verbal de lo que sé, de lo
que he visto, de lo que he oído, de lo que he experimentado
por la fe, de lo que Él me ha dicho a través de su Palabra

Pero debe haber más que solo la comunicación de la "letra" para ver impartida la verdadera vida espiritual. Como dijo Pablo: "porque la letra mata, mas el espíritu vivifica" (2 Co. 3:6). Anne anda en el Espíritu. Como ella misma dijo en una entrevista para la revista *Ladies Home Journal*: "Dedicar tiempo, todos los días, sola, leyendo las Escrituras, orando, hablando con Él. Ese es el núcleo de mi vida, la palpitación, de donde se origina todo lo demás".[1] Estos autores han oído a mucha gente hablar en diferentes escenarios, pero debe decirse que nunca hemos oído a nadie hablar con unción más genuina que Anne. Ella es una querida amiga, pero no es por eso que nos sentimos tan bendecidos con su ministerio. Tiene la unción genuina de Dios en su vida. Anne anda con el Señor en la sinceridad e integridad de su corazón, de ese modo el Espíritu Santo la llena y la utiliza de manera poderosa. Ella dice que su autoridad proviene de Dios y que su servicio siempre debe estar caracterizado por cuatro virtudes espirituales:

1. *Credibilidad:* Anne tiene un testimonio afirmado para todos los que la conocen. Ella es increíble por su consagración a Jesucristo.
2. *Integridad:* No puede caber alguna duda de la sinceridad e integridad de Anne en todas sus relaciones y, por sobre todo, en su relación con Dios y su Palabra.
3. *Autoridad divina:* Ella habla con autoridad porque enseña la Palabra que tiene autoridad.
4. *Obediencia absoluta a Cristo:* Anne camina en sumisión al Señor Jesucristo. Cumple con el gran mandamiento de amor llegando a los demás con la mano de la compasión cristiana.

Anne ejemplifica estas virtudes espirituales de una hermosa manera, y esto incuestionablemente da cuenta de su poderoso ministerio. Ella posee el toque del Espíritu porque se siente llamada por Dios a la obra. Como ella dice: "Soy una mujer bajo compulsión. Estoy encerrada por la evidencia de dar una expresión verbal de lo que sé, de lo que he visto, de lo que he oído, de lo que he experimentado por la fe, de lo que Él me ha dicho a través de su Palabra". Por su propia confesión siente, como lo sintió Jeremías, que el Señor le habla con estas palabras: "Porque yo sé los pensamientos que tengo acerca de vosotros, dice Jehová, pensamientos de paz, y no de mal, para daros el fin que esperáis" (Jer. 29:11). Resumiendo, ella dice: "Estoy buscando ser obediente". Eso siempre trae poder espiritual.

Oración, la clave

🅐nne ejemplifica de una manera hermosa el simple principio de que la pequeña oración significa pequeño poder, y mucha oración significa mucho poder.

Por sobre todo, Anne es una gran mujer de oración. Pocas personas saben esto, pero Anne dedicó horas ante Dios en oración ferviente e intercesión. Billy Graham compartió su profunda admiración por la vida de oración de su amada hija. Él tiene tanta confianza en ella que ella se ha convertido en una especie de consejera para él. Anne ejemplifica de una manera hermosa el simple principio de que la pequeña oración significa pequeño poder y mucha oración significa mucho poder.

Por lo tanto, no debe extrañarnos, a la luz de estas cualidades espirituales, de que esta mujer de Dios hable con autoridad. Rebosa de Dios. Anne se ha convertido en una evangelista llena del Espíritu por derecho propio. Ha llevado a tantos a la fe en el Señor Jesucristo. Sin embargo, para algunos, hay un problema.

El problema

Para algunos, la cuestión de si las mujeres deberían enseñar la Palabra de Dios a los hombres es un verdadero tema. Muchos —especialmente los hombres— han cuestionado el derecho de Anne a hablar. Anne misma es muy consciente de lo que Pablo dijo en 1 Timoteo 2:12:"Porque no permito a la mujer enseñar, ni ejercer dominio sobre el hombre, sino estar en silencio". Puesto que Anne cree en la Palabra de Dios quiere ser fiel a este versículo. Ha orado sobre el asunto y estudiado el versículo con gran profundidad. Finalmente ha llegado a la cuenta de que el versículo coloca un gran énfasis en la *autoridad*. Una mujer no debe usurpar autoridad en el ministerio de Cristo. Ella nunca aceptaría el cargo de pastor, por ejemplo. Anne habla desde una posición de no autoridad, salvo por la autoridad de la Palabra de Dios y con ella no habla *desde* la autoridad, sino *bajo* la autoridad. Vive y sirve bajo la autoridad de su marido, su pastor o quien quiera que sea el líder masculino de cualquier situación dada. El principio les llegó muy claramente a estos autores en una ocasión cuando Anne habló en el seminario donde actuaba como presidenta esposa del presidente. Se puso de pie para hablar y dijo: "Estoy aquí para hablar bajo la autoridad del presidente Drummond y también bajo la autoridad del dirigente estudiantil de este grupo". Fue una manifestación real de su don no asumido y sin embargo, poderoso. Y de qué manera nos bendijo a todos.

Es más, sabemos que el apóstol Pablo nunca se entraría en contradicción consigo mismo. Lo que dijo en el pasaje de Timoteo debe comprenderse a la luz de todo lo demás que escribió. Pablo colocó su sello de aprobación en el ministerio de mujeres en algunas circunstancias. Por ejemplo, pareció estar bastante feliz de que Priscila condujera al dotado predicador Apolo a un entendimiento más claro del evangelio. Además, Priscila sirvió en la iglesia que se encontraba en su hogar, aparentemente en un papel de liderazgo. Pablo escribió a los romanos: "Os recomiendo además vuestra hermana Febe, la cual es diaconisa de la iglesia de Cencrea" (Ro. 16:1). Pablo debe haber aprobado a las mujeres que ministraban bajo una autoridad apropiada. A lo largo de la Biblia podemos ver que Dios ha utilizado a las mujeres de maneras poderosas, mujeres tales como Miriam, Débora, Ester en el Antiguo Testamento y Priscila, Dorcas, Febe y otras que fielmente sirvieron a Cristo y a la temprana iglesia en el Nuevo Testamento. Además, en su sermón del día de Pentecostés, citando al profeta Joel, Pedro predicó:

> "Y en los postreros días, dice Dios, derramaré de mi Espíritu
> sobre toda carne, y vuestros hijos y vuestras hijas profetizarán;
> vuestros jóvenes verán visiones, y vuestros ancianos soñarán

sueños; y de cierto sobre mis siervos y sobre mis siervas en aquellos días derramaré de mi Espíritu, y profetizarán" (Hch. 2:17-18)

Advierta, Dios derrama su Espíritu en sus hijas al igual que en sus hijos. Ambos profetizarán y declararán la verdad de Dios. Y más adelante en Hechos leemos: "Este [Felipe] tenía cuatro hijas doncellas que profetizaban" (Hch, 21:9). A la luz de estas realidades bíblicas, y con el espíritu humilde de Anne, parece difícil no poder afirmar a ella y a otras mujeres en el servicio para Cristo.

Útil para la Biblia

En la autobiografía de Billy Graham, él habla de oír a Anne hablar en una ocasión: "Sentí que nuestra hija Anne Graham Lotz me estaba hablando directamente a mí cuando le dijo a la enorme asamblea: 'No son solo sus palabras, es su vida la que es el mensaje evangelista para el mundo'. Ese pensamiento me acosa"

El espíritu y enfoque de Anne puso en evidencia que ella se mantiene alineada con las Escrituras y que la mano de Dios descansa poderosamente sobre ella. Ella va de fortaleza en fortaleza. En la autobiografía de Billy Graham, él habla de Anne en una ocasión: "Sentí que nuestra hija Anne Graham Lotz me estaba hablando directamente a mí cuando le dijo a la enorme asamblea: 'No son solo sus palabras, es su vida la que es el mensaje evangelista para el mundo.' Ese pensamiento me acosa".[2] Anne es sierva de Dios. Él habla a través de ella. Así que el tema no es si una mujer puede ser usada en el ministerio, en cambio, la pregunta se torna: ¿la ha llamado Dios y es ella obediente a todo lo que Dios revela acerca del ministerio en las Escrituras? Y nuevamente con las propias palabras de Anne: "Estoy buscando ser obediente". Esa obediencia logra grandeza espiritual" Anne es una mujer que rebosa con Dios.

Un ministerio con base amplia

Anne ha enseñado en cada continente y a cada tipo de grupo concebible. Su padre la ha llamado "una excelente maestra de la Biblia y autora". Ella escribe libros, habla a multitudes y sirve fielmente a Cristo. Su primera obra, *La visión de su gloria* ganó el premio Medalla de Oro de la Asociación de Editores Evangélicos Cristianos en 1997. Su libro *La historia de Dios* ganó el premio en 1998.

Su vida rebosaba con Dios cuando ella se convirtió, como lo dijo Pablo "llena del Espíritu Santo" (Ef. 5:18).

Anne descubrió que su capacidad para vivir una vida placentera para su Señor no se producía por un mero esfuerzo humano. Ni tampoco ocurría porque ella fuera la hija de un evangelista mundialmente famoso. Su vida rebosaba de Dios cuando ella se convirtió, como lo dijo Pablo llena "del Espíritu Santo" (Ef. 5:18). El Espíritu Santo había animado la vida de nuestro Señor, y Él pudo hacer que su ministerio brillase también con vida divina.

La promesa de Jesús

Nuestro Señor Jesucristo le hizo a su gente una promesa, una promesa que se convertiría en nuestra "Magnífica obsesión". Él dijo: "El que cree en mí, como dice la Escritura, de su interior correrán ríos de agua viva" (Jn. 7:38). Luego Juan explicó: "Esto dijo [Jesús] del Espíritu que habían de recibir los que creyesen en Él" (v. 39). Jesús declaró que la vida puede ser como una fuente que rebosa con la presencia de Dios. Anne Graham Lotz por cierto ejemplifica ese tipo de espiritualidad para nosotros. Podemos examinar la experiencia de muchos grandes cristianos y descubrir un patrón similar. Pero, ¿cuál es la esencia de la vida rebosante? ¿Cómo puede concretarse? Un breve viaje a través de las Escrituras lo aclarará.

La vida rebosante

Algunos sostuvieron que el Espíritu Santo invade a los cristianos luego de la salvación en una segunda gran experiencia. Esto no coincide con las Escrituras. La Biblia declara explícitamente que todo creyente posee y es poseído por el Espíritu de Dios. Todo verdadero cristiano experimenta su obra maravillosa. Muchos pasajes de las Escrituras apuntan a esa verdad.

> Pedro les dijo: Arrepentíos, y bautícese cada uno de vosotros en el nombre de Jesucristo para perdón de los pecados; y recibiréis el don del Espíritu Santo". (Hch. 2:38)

> El cual... nos ha dado las arras del Espíritu en nuestros corazones. (2 Co. 1:22)

> Habiendo... creído en él, fuisteis sellados con el Espíritu Santo de la promesa. (Ef. 1:13)

> En quien vosotros también sois juntamente edificados para morada de Dios en el Espíritu. (Ef. 2:22)

> Dios... que también nos dio su Espíritu Santo. (1 Ts. 4:8)

Los pasajes bíblicos sobre este tema parecen ser infinitos. Uno de los hechos maravillosos de nuestra fe cristiana y de nuestro desarrollo de la espiritualidad es que, como creyentes, nosotros también podemos poseer el Espíritu de Dios dentro de nosotros.

La persona del Espíritu Santo

El Espíritu Santo siempre busca lo mejor de nosotros y nos aborda sobre una base de persona-persona. Y puesto que Él es Dios, debemos oír su voz y seguirlo.

¿Quién es este Espíritu Santo? Para comenzar, el Espíritu de Dios es una personalidad de la Divina Trinidad. Él posee los atributos y las características de Dios el Padre y Dios el Hijo. Nunca se lo debe ver como una mera influencia o principio del bien. Para hacer esto inequívocamente claro, la Biblia proporciona características especiales al Espíritu Santo. La primera es el *poder de la* voluntad, la capacidad de tomar decisiones y actuar. Las Escrituras declaran que el "…Espíritu, repartiendo a cada uno en particular como él *quiere*" (1 Co. 12:11, la cursiva es mía). En segundo lugar, la Biblia le da *conocimiento personal* al Espíritu Santo. Pablo le dijo a los corintios: "Porque, ¿quién de los hombres sabe las cosas del hombre, sino el espíritu del hombre que está en él? Así tampoco nadie conoció las cosas de Dios, sino el Espíritu de Dios" (1 Co. 2:11). Porque Él es el Espíritu Divino, no solo es conocible sino que contiene todo conocimiento. En tercer lugar, como se implica en el atributo anterior, Él posee una *mente*. Romanos 8:27 dice: "Mas el que escudriña los corazones sabe cuál es la intención del Espíritu". Finalmente, el Espíritu Santo *ama*. Nuevamente leemos en Romanos: "Pero os ruego hermanos, por nuestro Señor Jesucristo y por el amor del Espíritu, que me ayudéis orando por mí a Dios" (15:30). Porque Él ama, el Espíritu puede apenarse por nuestra desobediencia. Por lo tanto, las Escrituras nos advierten: "Y no contristéis al Espíritu Santo de Dios, con el cual fuisteis sellados para el día de la redención" (Ef.4:30). La resistencia podría no ser más que una constricción sutil del Espíritu, pero aún así lo apena. Así, Pablo dijo: "No apaguéis el Espíritu" (1 Ts. 5:19). El Espíritu Santo busca siempre lo mejor de nosotros y nos aborda sobre una base de persona a persona. Y puesto que Él es Dios, debemos oír su voz y seguirlo. Él vive dentro de nosotros para hacer su obra maravillosa, multifacética, al crear la vida rebosante.

La obra interior del Espíritu Santo

El mover del Espíritu Santo en nuestras vidas crea un panorama, y este puede convertirse en un hermoso cuadro. Su trabajo interior, como lo indica su nombre, comienza por crear santidad en el creyente. Por supuesto cuando hablamos de llegar a la fe en Jesucristo, somos inmediatamente "santificados", es decir, hechos santos a la vista de Dios. Esto constituye nuestra "posición de gracia" en Cristo. No obstante, Dios quiere crear en nuestras vidas cotidianas la santidad que ya tenemos en Cristo. Estamos santificados en Cristo, y al mismo tiempo somos santificados a diario por el Espíritu, aunque suene paradójico. El Espíritu obra dentro de nosotros para formar a Cristo allí.

Por supuesto, la "ley del pecado y la muerte" (Ro. 8:2) sigue funcionando en nosotros. En esta vida siempre debemos luchar con el antiguo yo. Sin embargo, el Espíritu de Dios, en su práctica obra de santificación, nos libera de la fuerza que nos lleva a pecar. Pablo dijo: "Porque la ley del Espíritu de vida en Cristo Jesús me ha librado de la ley del pecado y de la muerte" (Ro. 8:2). La nueva ley del Espíritu viviente nos otorga victoria, mientras nuestra vida espiritual se profundiza y nos volvemos más santos, más parecidos a Cristo día tras día.

Verdad

La sensibilidad al Espíritu Santo es la única manera de mantenernos fuera del error moral y de cambiar nuestro rumbo en la vida.

El Espíritu de Dios nos lleva a la verdad. Jesús aclaró esto cuando dijo: "Pero cuando venga el Espíritu de la verdad, él os guiará a toda la verdad; porque no hablará por su propia cuenta, sino que hablará todo lo que oyere, y os hará saber las cosas que habrán de venir" (Jn. 16:13). Pablo reiteró el principio cuando escribió: "Cosas que ojo no vio, y el oído no oyó,… Pero Dios nos las reveló a nosotros por el Espíritu, porque el Espíritu todo lo escudriña, aún lo profundo de Dios (1 Co. 2:9-10). El Espíritu Santo revela verdad en tres formas.

Primero, nos da seguridad sobre nuestra salvación: "El Espíritu mismo da testimonio a nuestro espíritu, de que somos hijos de Dios" (Ro. 8:16).

En segundo lugar, el Espíritu Santo interpreta la Palabra de Dios en nuestros corazones y mentes cuando leemos la Biblia. Él es el Autor de las Escrituras, Él solo conoce su verdadero significado. Por lo tanto, cuán importante es que nos entreguemos a su instrucción e influencia al estudiarlo. Únicamente el Espíritu Santo puede permitirnos comprender la Palabra de Dios y, por su poder, vivir de acuerdo a ella.

En tercer lugar, el Espíritu Santo nos aleja del error moral. Como ya hemos visto, vivimos en una época en que se nos jala en cualquier dirección imaginable. Si no es una hoja impresa, es la televisión; si no es la televisión, es la radio, siempre exhortándonos a creer esto, a creer esto otro, a creer aquello. ¿Cuál es la verdad? ¿Qué cuenta en la vida? ¿Dónde puede encontrarse la realidad? ¿Qué es lo correcto y lo incorrecto? La sensibilidad al Espíritu Santo es la única manera de mantenernos fuera del error moral y de cambiar nuestro rumbo en la vida. Únicamente Él es nuestra Guía segura.

Rumbo para la vida

El Espíritu Santo no solo nos conduce a la verdad, Él constantemente nos muestra el sendero que debemos seguir. Nos garantiza la sabiduría para tomar decisiones correctas en nuestras relaciones, nuestras metas vocacionales, nuestra vida familiar y en cualquier área de nuestra existencia diaria. Lo que nos interesa a nosotros le interesa a Él. Cuán bondadoso nuestro Señor al tener una preocupación tan personal en los detalles más ínfimos de nuestra vida. Uno de los mejores indicadores de que realmente pertenecemos a Dios es que "Todos los que son guiados por el Espíritu de Dios, éstos son hijos de Dios" (Ro. 8:14). El Espíritu Santo es llamado el *Paracleto*: "El Consolador no vendría a nosotros" (Jn. 16:7). Se acerca a nosotros para conducirnos a una vida de propósito. En realidad, el Espíritu Santo viene a nosotros —y vive en nosotros— para hacer incontables cosas maravillosas. Nos ayuda en nuestras dificultades; nos da su Consuelo en la angustia y la prueba; nos dirige hacia Dios para todo el que Él tiene para hacer por nosotros; nos faculta en el servicio a Cristo; se convierte en nuestro Amigo y Consejero en toda situación que enfrentamos. ¡Quién podría pedir más!

Oración

El Espíritu Santo nos ayuda en la oración. No podemos orar sin Él. Pablo enfatizó esto cuando dijo: "Y de igual manera el Espíritu nos ayuda en nuestra debilidad; pues qué hemos de pedir como conviene, no lo sabemos, pero el Espíritu mismo intercede por nosotros con gemidos indecibles. Mas el que escudriña los corazones sabe cuál es la intención del Espíritu, porque conforme a la voluntad de Dios intercede por los santos" (Ro. 8:26-27).

El bondadoso Espíritu Santo viene como el "Profesor" en la escuela de la oración. Conoce todas las cosas, incluyendo la mente y la voluntad de Dios, y así hace nuestra vida de oración placentera para el Padre. A través del Espíritu nuestras oraciones toman el aura de Cristo.

Realmente no sabemos cómo orar como debiéramos, ni sabemos qué orar para complacer la voluntad de Dios. Pero el bondadoso Espíritu Santo viene como el "Profesor" en la escuela de la oración. Conoce todas las cosas, incluyendo la mente y la voluntad de Dios, y así hace nuestra vida de oración placentera para el Padre. A través del Espíritu nuestras oraciones toman el aura de Cristo.

Servicio

El Espíritu Santo solo hace nuestro servicio y que nuestro testimonio para Cristo sea activo y eficaz. A Él se lo puede llamar adecuadamente el "Gran facultador". Si el Espíritu Santo no actúa en forma dinámica, nuestra obra será de poco efecto. El Señor dijo: "Separados de mí, nada podéis hacer" (Jn. 15:5). Seríamos sabios al recordar las palabras de nuestro Señor Jesús justo antes de su ascensión: "Pero recibiréis poder, cuando haya venido sobre vosotros el Espíritu Santo, y me seréis testigos en Jerusalén, en toda Judea, en Samaria, y hasta lo último de la tierra" (Hch. 1:8). Esta misma verdad se expresa en Hechos 4:31: "Cuando hubieron orado [los discípulos], el lugar en que estaban todos congregados tembló; y todos fueron llenos del Espíritu Santo, y hablaban con denuedo la palabra de Dios" El servicio que realmente impacta al mundo proviene del Espíritu mientras conduce, faculta, y bendice la obra de Dios a través de nosotros. Él torna nuestro servicio en un testimonio a la gloria de Cristo.

La meta final

Para resumir: el Espíritu Santo obra dentro de nosotros, efectuando salvación, santificación y servicio (Gá. 4:19). Él lo hace de tres maneras: 1) nos muestra nuestros pecados y nos conduce al arrepentimiento; 2) Él produce en nosotros el bello "fruto del Espíritu" (Gá. 5:22), 3) Él vive a través de nosotros haciendo que nuestras vidas sean santas e impulsándonos a un servicio efectivo. El Espíritu Santo es llamado "el Espíritu de Cristo", por lo tanto, mientras Él tiene un control y dominio cada vez mayor sobre nuestra vida, Él nos forma a la semejanza de Jesucristo. Y de ese modo rebosamos con la presencia del Señor Jesús a la Gloria de Dios. ¡Increíble gracia!

Pero, ¿cómo nos relacionamos con Él? ¿Qué dice la Biblia acerca de la reacción cristiana al Espíritu de Dios que mora en nosotros?

El Espíritu lleno de vida

La Biblia utiliza muchas metáforas para la relación del Espíritu Santo con el creyente. La Biblia dice:

> Somos *nacidos* del Espíritu (Jn. 3:8)
> El Espíritu *mora* en nosotros. (Ro. 8:9)
> Somos *bautizados* en el Espíritu. (1 Co. 12:13)
> Somos *llenos* por el Espíritu. (Ef. 5:18)

Pablo presenta la advertencia como una experiencia continua, y él emplea la voz imperativa. Debemos ser llenados con el Espíritu cada día.

La última descripción de la lista —"llenos del Espíritu"— es la que, en este momento, más nos interesa. La Biblia emplea esta expresión y otras similares una y otra vez. Tal vez su uso más claro pueda encontrarse en la cita de Pablo de su advertencia a la iglesia efesia, cuando exhortó: "No os embriaguéis con vino, en lo cual hay disolución; antes bien sed llenos del Espíritu" (Ef. 5:18). La gramática que utiliza Pablo es instructiva. Él presenta la advertencia como una experiencia continua, y emplea la voz imperativa. Debemos ser llenos del Espíritu cada día. Pero, ¿por qué la Biblia coloca tanto énfasis en este tipo de experiencia continua?

Semejanza a Cristo

Nunca seremos realmente semejantes a Cristo hasta que rebosemos con los "ríos de agua viviente" del Espíritu. Si hemos restringido al Espíritu Santo a una pequeña área de nuestra vida, seremos como nuestro Señor solo en esa área. Anne Lotz vio esto claramente. Ella se entregó por entero al control del Espíritu. Eso reside en la raíz de su vida rebosante. Debemos orar para poder ser "llenos con la plenitud de Dios" (Ef. 3:19). La vida llena del Espíritu, la vida semejante a Cristo, y la vida rebosante son sinónimas.

Crecimiento espiritual

Nuestro Señor también aclaró que la plenitud del Espíritu Santo se vuelve esencial para el crecimiento espiritual y la madurez. Debemos morar en Cristo, solo entonces daremos frutos (Jn. 15:1-5), y morando en Cristo y viviendo la vida plena del Espíritu es lo mismo. ¿Hemos fijado nuestra vista espiritual en volvernos cristianos maduros? ¿Nuestra meta está fijada en ser el tipo de discípulo que la Biblia dice que seamos? Entonces debemos avanzar hasta la plenitud de Dios por medio del Espíritu Santo.

Facultación

Una de las grandes tragedias de estos días es que muchas iglesias —y cristianos individuales— son ineptas para influir en la comunidad en cualquier forma significativa para Cristo.

Además, no es necesario decirlo, si nuestro servicio cristiano tiene algún impacto duradero, esa obra debe ser facultada por el Espíritu Santo. Una de las grandes tragedias de estos días es que muchas iglesias —y cristianos individuales— son ineptas para influir en la comunidad en cualquier forma significativa para Cristo. ¡Qué diferente de la primera iglesia! ¡Qué diferente a la iglesia en otras partes del mundo hoy día! ¡Qué increíblemente diferente de la época en que Dios derrama su Espíritu con *gran poder de avivamiento!* Un ejemplo de esto lo hace evidente.

Verdadero avivamiento: una imagen de poder

Las Hébridas forman un archipiélago ventoso en la costa noroeste de Escocia. Tormentas de hielo soplan por el Atlántico Norte, haciendo que las islas sean un lugar frío e inhóspito para vivir. Sin embargo, en 1949, el clima espiritual era todavía menos agradable que el clima. Las iglesias estaban vacías los domingos por la mañana. Casi ni un alma tenía pensamientos serios sobre Dios. Y entonces, dos mujeres de oración llenas con el Espíritu decidieron hacer algo al respecto. Se dispusieron a interceder por su necesitada comunidad, pidiéndole al Espíritu de Dios que se moviera de manera ponderosa. Las mujeres eran hermanas y ambas tenían aproximadamente ochenta años cuando comenzaron a clamar por Dios en cuanto al renacimiento. Oraron continuamente, con sacrificio y fervor. Probablemente, la gente del pueblo, si lo hubieran sabido —o les hubiera importado— se hubieran mofado y hubieran dicho: "¿qué pueden hacer dos viejas?" Poco sabían sobre el poder de la oración cuando el Espíritu Santo genera la carga. Las hermanas oraron y oraron hasta que finalmente recibieron la impresión de que un evangelista de Escocia, Duncan Campbell, debía ir y orar para ellos. Se lo sugirieron a su pastor, y al ser un hombre verdadero de Dios, él percibió que su idea había estado inspirada por el Espíritu Santo. Él invitó a Campbell a las Hébridas a predicar en su iglesia.

Cuando Campbell recibió la invitación estaba en medio de un programa ocupado de reuniones evangelistas en Escocia. Escribió diciendo que no iba a poder ir a no ser que tuviera una cancelación. Imaginen su asombro cuando, por un motivo o por otro, cada uno de sus compromisos se cancelaron. Comenzó a darse cuenta de que el Espíritu de Dios lo estaba exhortando a ir a las Hébridas y ministrar allí. Así que empacó sus maletas y cruzó la línea divisoria de agua, preparado para compartir las cosas de Cristo con las personas seculares de las Hébridas. Sin embargo, sabía que necesitaría a muchos otros para que lo ayudaran.

Al mismo tiempo que las hermanas oraban, un puñado de hombres de la Isla de Lewis en el grupo de las Hébridas había estado ansiando un despertar espiritual. Ellos también estaban preocupados por la condición espiritual de su pueblo y habían comenzado a reunirse varias noches por semana en un granero fuera de la aldea, orando allí fervientemente para que Dios reviviera su obra (Sal. 85:6). Esto siguió durante algunos meses hasta que, en medio de la reunión de oración, uno de los hombres más jóvenes se puso de pie y dijo: "Hombres, esto es fútil. ¿Pudiera ser que estemos muy preocupados por un verdadero despertar espiritual, seamos los mismos que están aquí en este sendero? Dios ha colocado en mi corazón un pasaje de las Escrituras". Luego leyó del Salmo 24:

> ¿Quién subirá al monte de Jehová? ¿Y quién estará en su lugar santo? El limpio de manos y puro de corazón; el que no ha elevado su alma a cosas vanas, ni jurado con engaño. El recibirá bendición de Jehová, y justicia del Dios de salvación. (vv. 3-5)

Apenas el joven pronunció estas palabras de la Biblia, el Espíritu Santo se derramó sobre el grupo con increíble poder. Estaban arrojados al piso de polvo del granero bajo una profunda convicción de sus pecados personales, si bien eran los cristianos más dedicados de la región. Derramaron sus corazones en confesión y pronto descubrieron el maravilloso perdón de Dios. Una vez que "confesaron hasta el día " todos sus pecados, como dijo Bertha Smith, la gran misionaria del *Shantung Revival*, nuevamente el Espíritu Santo vino a los hombres y los elevó en coros de alabanza a Dios. Sus voces parecían ascender al mismo cielo.

Cuando por fin los hombres estuvieron en condiciones de contenerse, descubrieron que ya era de mañana; era hora de regresar a casa. Sin embargo, al llegar a su pequeña aldea, descubrieron que las luces estaban encendidas en la mayor parte de las casas y que un gran grupo de pueblerinos se había reunido en la estación de policía local. Pensaron que había sucedido alguna tragedia. Cuando preguntaron, descubrieron, para su asombro, que en el mismo momento en que el Espíritu de Dios había recaído sobre ellos en el granero, el mismo Espíritu Santo había recaído en todo el pueblo, despertando a la gente de su sueño, y trayéndolos bajo convicción de sus pecados. Habían estado tan turbados que se habían vestido y reunido, esperando que alguien les pudiera decir cómo podrían encontrar la salvación de Jesucristo y hacer que sus pecados sean perdonados. Antes de que el amanecer brillara en esa bendita mañana, muchos habían venido a Cristo. Y fue esta gente la que finalmente unió sus manos con Duncan Campbell, brindando la ayuda que él tanto necesitaba en su ministerio. El renacimiento se difundió en todas las Islas Hébridas y todo comenzó con las oraciones de dos mujeres llenas por el Espíritu.

El camino a la plenitud

Todas estas verdades maravillosas hablan de la importancia —sí, de la necesidad— de la vida tocada por el Espíritu que demuestra la experiencia de la plenitud de Cristo. Hemos visto que para ser lleno del Espíritu debemos andar a diario en la presencia de nuestro Señor. ¿Entonces qué conforma el sendero a ese tipo de vida? Hay varias cosas que deben decirse primero.

Principios de Pentecostés

Jesús cumplió sus promesas en el día de Pentecostés. Lucas escribió: "Cuando llegó el día de Pentecostés, estaban todos unánimes juntos. Y de repente vino del cielo un estruendo como de un recio viento que soplaba… Y fueron todos llenos del Espíritu Santo" (Hch. 2:1-4). Pentecostés revela determinados principios vitales respecto de los métodos evangelistas. Es más, surgen verdades tremendas acerca de la oración y de servir a Dios. Ese día maravilloso también demuestra mucho acerca de la doctrina de la iglesia. Para los propósitos de este libro, sin embargo, nos limitaremos a dos temas.

Primero, el Día de Pentecostés surgió la "Era del Espíritu" en la escena de la historia humana. Desde esa hora, quienquiera que ponga su fe en Jesucristo como Señor y Salvador recibirá de inmediato el don del Espíritu. Por eso es que Pablo les dijo a los corintios que sus cuerpos eran el templo de Dios (1 Co. 6:19).

En Segundo lugar, los primeros creyentes no solo recibieron al Espíritu Santo por primera vez, también fueron llenados con el poder de Dios. Como señala el *American Commentary* estos primeros seguidores fieles tuvieron "una recepción del Espíritu de extraordinarios poderes, además de una gracia santificadora". En una palabra, recibieron el Espíritu y fueron llenados con el Espíritu simultáneamente. Ese siempre debe ser el patrón para nuevos conversos.

Pentecostés fue único. Ese momento divino se convirtió en la hora de la señal de Dios para derramar su Espíritu en toda la carne (Hch. 2:17).

Al mismo tiempo, este pasaje en particular no debe ser impulsado demasiado. Pentecostés fue único. Ese momento divino se convirtió en la hora de la señal de Dios para derramar su Espíritu en toda la carne (Hch. 2:17). Fue un evento singular en la vida de la iglesia y no puede repetirse al igual que la crucifixión o la resurrección. Al mismo tiempo, el pasaje por cierto implica que un cristiano debe tener una experiencia real del Espíritu Santo en lugar de meramente saber que Cristo vive en su vida. Nuestro Señor quiere que su pueblo sea conciente de la llenura del Espíritu Santo. Pentecostés proyecta con fuerza esa verdad. ¿Por qué no presentar a los nuevos conversos el mensaje completo del evangelio según se relaciona con el Espíritu Santo? Si los creyentes están siempre abiertos a todo lo que Dios tiene para su gente, el momento de la conversión es por cierto el momento. El evangelismo genuino del Nuevo Testamento exige tal enfoque. Debemos ayudar a los nuevos creyentes a recibir a Cristo como su Salvador, pero también debemos señalarles la plenitud del Espíritu. El evangelismo de tal profundidad podría resolver muchos de los problemas que tienen los nuevos cristianos en su subsiguiente crecimiento espiritual.

El ejemplo de Jesús

Nuestro Señor claramente ejemplificó la vida llena del Espíritu. Jesús vivió todo su ministerio en la unción del Espíritu Santo. Su bautismo demostró ese hecho (Lucas 3:21-22). Todo lo que Él dijo e hizo fue dirigido por la presencia y el poder del Espíritu Santo. Juan lo dice de este modo: "Porque el que Dios envió, las palabras de Dios habla; pues Dios no da el Espíritu por medida" (Jn. 3:34). Jesús siempre caminó en la plenitud del Espíritu Santo (Lc. 4:1). Si Cristo se presenta como nuestro ejemplo para todas las cosas, y por cierto que lo es, entonces debemos intentar imitarlo en su relación con el Espíritu de Dios.

El espacio no nos permite profundizar en numerosos otros pasajes del Nuevo Testamento que enseñan la misma verdad esencial. La Biblia abunda en ejemplos respecto de la importancia de la vida llena por el Espíritu (por ejemplo: Lucas 1:15, 41, 67; Hechos 6:3; 7:55; 8:17; 9:17; 10:44, 46; 11:15-16, 24). El abrumador peso de la Palabra de Dios respalda plenamente la idea de que estar lleno del Espíritu Santo es una experiencia válida, vital, para la verdadera espiritualidad. Si tomamos en serio la Biblia no podemos dejar de lado el hecho de que el camino lleno del Espíritu es la intención de Dios para su gente. Así es como nos relacionamos adecuadamente a la tercera persona de la Trinidad.

Lamentablemente, incluso una mirada informal al cristianismo contemporáneo demuestra que persiste una considerable confusión acerca del tema. Antes de continuar podría ser beneficioso abordar algunas concepciones erróneas actuales. Tantas ideas falsas han surgido que incluso los cristianos sinceros las han adoptado. Es importante no perderse la verdad porque otros han pervertido la simple enseñanza bíblica sobre el Espíritu. Así que comenzaremos por graciosa, pero sinceramente, aclarar algunas de las malezas que han surgido en el hermoso jardín de la realidad espiritual.

Algunas correcciones necesarias

Lo primero que hay que desarraigar es la idea de que cuando las personas reciben la plenitud del Espíritu ingresan en un estado de perfección sin pecado. A esta "experiencia" se la llama con frecuencia "segunda obra de gracia". Los exponentes de este enfoque describen un evento, similar a la experiencia de conversión, que lleva a los creyentes a una órbita de perfección tal que nunca pecarán nuevamente. Es evidentemente imposible encuadrar esto con la Biblia. Creer que podemos vivir sin defectos es simplemente un engaño propio (1 Jn. 1:8); decir que nunca pecaremos es llamar realmente a Dios mentiroso (1 Jn. 1:10). Debemos esperar a llegar al cielo para alcanzar ese tipo de perfección.

El "don"

En segundo lugar, algunos enseñan que la plenitud del Espíritu debe estar acompañada por cierto "don del Espíritu". Por lo general el don con que se insiste es el don de las lenguas: glosolalia. Un ejemplo puede ayudarnos aquí. Una noche un lego amigo nuestro visitó nuestro hogar. Había traído consigo a otros legos a quienes no conocíamos. Mientras conversábamos, este nuevo conocido nos preguntó si alguna vez habíamos sido llenados con el Espíritu Santo. De la mejor manera posible, compartimos nuestra visión. Luego él preguntó: "Bien, ¿alguna vez han experimentado el llenado del Espíritu Santo con lenguas?" "No", respondimos. "Dios no ha considerado adecuado otorgarnos ese don en particular". Entonces él dijo: "Pero *deben* buscar al Espíritu con lenguas".

Uno puede apreciar el celo del hombre y estar agradecido por su preocupación de que todos los cristianos se vuelvan creyentes llenos del Espíritu. Sin embargo, él no logró comprender lo que Pablo declaró poderosamente a los creyentes corintios. Pablo les dijo en términos inequívocos que Dios da dones específicos "como Él lo desea" (1 Co. 12:11). Después de todo, al dar Sus dones el Espíritu Santo crea un cuerpo, unificado y diversificado. Sería bastante extraño si todos tuviéramos el don de las lenguas. El cuerpo no sería más que una gran lengua, no un cuerpo normal. En un paso más avanzado veremos la doctrina de los dones del Espíritu con bastante detalle. Mientras tanto es suficiente con decir que hay un don legítimo de lenguas (1 Co. 14:1-5), pero no es la prueba tornasol de si uno es o no llenado por el Espíritu.

Emociones

En tercer lugar, algunos dicen que estar lleno del Espíritu Santo debe ser siempre una experiencia emocional. Ese crecimiento de malezas debe ser desarraigado. Por supuesto, estar llenado con toda la plenitud de Dios puede ser emocional en ocasiones. Las emociones religiosas no son incorrectas en sí. Pueden ser otorgadas por Dios y son una fuente de verdadera bendición. Pero insistir en el hecho de que estar lleno del Espíritu invariablemente debe manifestarse con una gran turbulencia emocional es un error. Ese enfoque puede degenerar en mero emocionalismo humano. Como individuos únicos, todos reaccionamos en forma diferente ante diferentes situaciones. Por ejemplo, algunos tienen una reacción emocional, conmovedora en la conversión. Otros no. Es equivocado insistir en determinadas respuestas emocionales al evangelio. El mismo principio se aplica a la vida llena del Espíritu. Deje que las emociones sean como deban ser. Una vida de ministerio cambiada y fructífera se convierte en la prueba de la realidad.

Llenado automático

Una cuarta idea falsa declara que cuanto más uno deja de lado el "yo", más Dios automáticamente lo llena a uno con su Espíritu. Este enfoque puede desvirtuar sutilmente el principio cristiano de la fe. La fe y el compromiso importan más que nada en el reclamo del llenado. Puede ser posible rendirse a Dios y ejercer la fe de manera inconsciente, pero una experiencia de ese tipo es rara. El compromiso consciente y la fe por lo general juegan una parte. Lo que finalmente importa es la obediencia a la voluntad de Dios y buscar de verdad la plenitud del Espíritu. La Biblia dice que Dios da el Espíritu Santo a los que lo obedecen (Hch. 5:32), y a los que lo piden (Lc. 11:13).

Egocentrismos

Nuestra búsqueda de la plenitud del Espíritu también puede ser pervertida por el egocentrismo. Recuerden nuestra advertencia en el paso 2 de este libro sobre "espiritualidad egoísta". Las bendiciones de nuestro Señor nunca deben buscarse para ningún fin orientado al yo. Por ejemplo, Dios nunca otorga la plenitud del Espíritu porque pensemos que somos "cristianos de primera clase", mientras considera a otros inferiores. No debemos buscar poder en el servicio de Dios para honrar al yo. Solo importa la Gloria de Dios. Es más, no debe desearse el Espíritu para que podamos alejarnos de la realidad, meramente sentirnos bien, y vivir en un reino espiritual etéreo y antiséptico. Necesitamos apropiarnos de la sangre, sudor y lágrimas de este mundo. Dios quiere ser real para nosotros, pero no para nuestra propia indulgencia. *La gloria y el servicio a Jesucristo es la única meta legítima al buscar la plenitud de Dios.*

Terminología bíblica

Antes de pasar a la presentación más positiva del principio de la vida llena del Espíritu, sería indicado hacer una pausa y colocar nuestra terminología sobre una base bíblica. El error en la nomenclatura puede acarrear error en el pensamiento, si no en las acciones.

El estilo de vida cristiano ha sido llamado el "llenado del Espíritu", el "bautismo en el Espíritu", la "segunda bendición", y la "segunda obra de gracia". Términos tales como *segunda bendición* y *segunda obra de gracia* son inapropiados. Ni estas palabras ni el concepto que implican pueden encontrarse en ningún lugar de la Biblia. Ser llenado con el Espíritu es mucho más que una "segunda bendición". La advertencia de Pablo a los efesios en 5:18 exhorta a ser: "*continuamente* llenos con el Espíritu". La Biblia tampoco presenta nunca el llenado como una experiencia final. La vida, dominada por el Espíritu, es una bendición diaria.

Bautismo

Sin embargo, los términos *llenado* y *bautismo* son de las Escrituras. ¿Se puede trazar una distinción entre ambos? Por momentos parecen venir juntos en la Biblia. En el total de referencias espirituales, no obstante, se puede trazar algo así como una línea. El término *bautismo por el Espíritu* habitualmente se refiere a la experiencia primaria de ser bautizado por el Espíritu en el cuerpo de Cristo en el momento de la conversión (p. ej., Mt. 3:11; Hch. 1:5; 1 Co. 12:13), si bien esto sin duda debe ser un momento de llenura del Espíritu también. La expresión *llenado con el Espíritu* normalmente describe la experiencia de quienes ya conocen a Cristo, es decir, que ya han sido "bautizados" con el Espíritu. Al llenar continuamente al creyente con el Espíritu, Dios equipa a su gente para el servicio, el ministerio y una vida divina, fructífera (por ejemplo: Hechos 4:8, 31; 6:5; 7:55). Debemos tener cuidado de no ser legalistas, pero parece mejor seguir el patrón bíblico general para evitar la confusión.

Michael Green, un excelente maestro del Nuevo Testamento, lo resumió muy bien en su notable volumen *Yo creo en el Espíritu Santo* [I Believe in the Holy Spirit]. Escribió:

Mientras que el bautismo en el Espíritu es la experiencia inicial de Cristo producida por el Espíritu en respuesta al arrepentimiento, la fe y el bautismo, la plenitud del Espíritu Santo tiene la intención de ser el estado continuo del cristiano. No es una meseta sobre la cual a uno lo llevan a algún tipo de segunda iniciación, una meseta que lo separa de otros cristianos que no han tenido la misma experiencia. El Nuevo Testamento no apoya de ningún modo esa visión. En lenguaje sencillo, se supone que somos llenados progresivamente con el Espíritu de nuestro Salvador Jesucristo.[3]

El verdadero significado

El Espíritu Santo que vive en el creyente se convierte en un pozo para saciar la sed de las vidas necesitadas. Los cristianos deben ser una fuente constante de las maravillosas bendiciones de Dios.

Ahora podemos presentar el lado positivo de la verdad. ¿Qué significa realmente ser llenado con el Espíritu Santo y cómo lo experimentamos? ¿Cómo podemos vivir una vida rebosante? La Biblia pone en claro que la forma de hacer esto es permanecer cerca de Cristo. Debemos ser continuamente dependientes de Él, ir constantemente hacia Él como a una fuente llena, teniendo sed por lo mejor de Él, confiando en Él para que nos llene hasta rebosar con su Espíritu. Esto llega al meollo de lo que Jesús quiso decir cuando dijo: "Si alguno tiene sed, venga a mí y beba" (Jn. 7:37). El Espíritu Santo que vive en el creyente se convierte en un pozo para saciar la sed de las vidas necesitadas. Los cristianos deben ser una fuente constante de las maravillosas bendiciones de Dios.

Unciones

Además, hay momentos en que Dios da toques especiales para satisfacer algún servicio o ministerio específico. Estas experiencias pueden llamarse "unciones". La unción puede verse en casos tales como Samuel ungiendo a David en su papel de rey de Israel, para que se satisfaga adecuadamente (1 S. 16:13), o la unción que Jesús recibió por su tarea mesiánica (Hch. 10:38). Unción significa un derramamiento especial para una empresa definida. Surgen situaciones en las que Dios puede elegir usarnos de una manera inusual. Esta es la hora de una unción especial. La mayoría de nosotros hemos visto este aspecto de la obra del Espíritu en acción donde, por ejemplo, alguien comparte la palabra de Dios con gran poder. También puede suceder en un simple encuentro de testimonios. Debemos orar seriamente por estas unciones especiales. Pero nuevamente, no debemos ser demasiado definitorios en nuestra terminología. La Biblia describe ocasionalmente este fenómeno como estar "lleno con el Espíritu", cuando Pedro se dirige a los líderes de Israel.

Un resumen

La experiencia de la plenitud del Espíritu Santo puede resumirse: mientras "andamos en la luz como Él está en la luz", continuamente purificado por la sangre de Cristo y entregado a la autoridad de Dios, llegamos a Él a diario para el llenado de su Espíritu Santo. A través de este llenado, descubrimos que la vida rebosa de poder y presencia divina, haciendo un servicio efectivo y honrando a Cristo. Dios usa este aspecto vital de la vida espiritual para hacer de nosotros lo que Cristo quisiera que fuéramos.

Estar llenos con el Espíritu

La pregunta final es: ¿Cómo uno se convierte —y permanece— llenado con el Espíritu Santo? Algunos pocos principios simples deberían contestar esta pregunta fundamental. Juntos forman ejercicios espirituales que podemos practicar periódicamente. Estos ejercicios no deben considerarse una fórmula rígida para la vida espiritual. Son simplemente guías, o disciplinas, para experimentar la plenitud de Dios.

Conciencia de la necesidad

Debemos empezar por volvernos conscientes de nuestra necesidad. Si estamos satisfechos con nuestro estado espiritual actual, poco avance puede lograrse. El Señor Jesucristo dijo: "Bienaventurados los que tienen hambre y sed de justicia, porque ellos serán saciados (Mt. 5:6).

Muchas cosas deben movernos a ver esta necesidad. Las situaciones trágicas del mundo claman por ayuda en el nombre de Cristo. No podemos comenzar por satisfacer esas exigencias con nuestra propia fuerza, debemos tener el poder de Dios. Nuestra sociedad desesperada clama un renacimiento, pero requerimos el llenado del Espíritu Santo para despertar a los demás. Además, ansiamos la plenitud de Dios simplemente por quién Él es y por lo que Él ha hecho por nosotros. El salmista expresa el corazón del cristiano honesto: "Como el ciervo brama por las corrientes de las aguas, así clama por ti, oh Dios, el alma mía. Mi alma tiene sed de Dios, del Dios vivo" (Sal. 42:1-2). Debemos reconocer nuestra necesidad, y si no tenemos una verdadera hambre de Dios o de lo que Él tiene para los creyentes que buscan, debemos pedirle que cree tal deseo.

Confesión de pecado

Después de que Dios ha creado algo de verdadera hambre y sed en nosotros para su bien, y después de que nos hemos vuelto concientes de nuestra necesidad, debemos confesar y abandonar todos nuestros pecados conocidos. Es absolutamente necesario alejarnos de ellos con arrepentimiento y hacer la restitución según sea necesario (Mt. 5:23-24). Luego podemos reclamar la promesa bíblica: "Si confesamos nuestros pecados, Él es fiel y justo para perdonar nuestros pecados, y limpiarnos de toda maldad" (1 Jn 1:9). Y debemos luchar para decir con Pablo: "Y por esto procuro tener siempre una conciencia sin ofensa ante Dios y ante los hombres" (Hch. 24:16).

Compromiso de vida

Debemos rendir el trono de nuestro corazón al control de Cristo. En el análisis final, siempre enfrentamos un tema básico: ¿Yo controlaré mi propia vida o haré que Jesús sea el Señor de todo? Estamos obligados a decidir. Recuerde que el Espíritu Santo viene a "quienes lo obedecen" (Hch. 5:32). Cristo debe ser el Señor. Andrew Murray lo expresa muy bien:

> Cristo es mi Líder, debo aferrarme a Él, debo seguirlo, en su conducción. Cristo es mi Sumo Sacerdote; debo dejar que me eleve a la presencia de Dios. Cristo es el Hijo de Dios viviente, nuestra vida; debo vivirlo. Yo soy su casa; solo puedo conocerlo como Hijo en su casa al rendirme a su morada.[4]

Y nuevamente:

> La marca distintiva de la vida terrenal de nuestro Sumo Sacerdote (Jesús); la fuente de su gloria celestial y de su salvación eterna; el poder de su expiación de nuestra desobediencia; la apertura del camino de la vida en el que debemos seguirlo a Él nuestro Líder, la disposición interior y el espíritu de la vida. Él lo inviste: *de todo esto el secreto es la obediencia*.[5]

Muchos cristianos no parecen dispuestos a hacer tal compromiso. ¿Por qué? Tal vez sentimos que una decisión como esa nos hará ser menos que personas reales. Entregarnos a otro —incluso a Dios— parece destruir algo de nuestra libertad y persona esencial. Sin embargo nada podría estar más lejos de la verdad. El engaño del Diablo reside detrás de ese sentimiento. El hecho es que solo podemos convertirnos en personas reales cuando nos entregamos a Jesucristo. Nos volvemos verdaderamente "libres" solo como nos libera el Hijo de Dios (Jn. 8:36).

También podemos temer que Dios nos pida algo terrible si nos entregamos a su control. Sin embargo, nunca olviden que Dios es nuestro Padre amante. La comprensión y la compasión caracterizan a nuestro Señor. Él solo quiere lo mejor para Sus hijos. Su voluntad trae satisfacción y significado a la vida.

Incluso podemos temer no ser capaces de mantener tal compromiso. Pero Jesús, nuestro Sumo Sacerdote, nos faculta por fe a vivir en obediencia. Mientras nos entregamos, Él fortalece. Mientras nos sometemos, su poder se vuelve nuestro, y es suficiente.

Raramente nos resulta fácil entregarnos a Jesucristo, incluso dándonos cuenta de estas verdades. Pero Dios nos ayudará incluso aquí. Por ejemplo, un día un hombre fue a ver a un ministro del evangelio y le dijo que quería ser llenado con el Espíritu Santo. Pero no podía entregarse por completo al señorío de Jesucristo. El ministro le preguntó: "¿Está dispuesto a que Dios haga su voluntad y orará por ello?": El hombre respondió: "Sí, estoy dispuesto a hacer eso". Entonces el hombre de Dios le indicó al hombre 1 Juan 5:14-15: "Y esta es la confianza que tenemos en él, que si pedimos alguna cosa conforme a su voluntad, él nos oye. Y si sabemos que él nos oye en cualquiera cosa que pidamos, sabemos que tenemos las peticiones que le hayamos hecho" Obviamente, Dios quiere que Sus hijos se entreguen, así que la oración de seguro será respondida. Así que oraron porque Dios hiciera que el que buscaba estuviera dispuesto a entregarse al señorío de Cristo. Al compartir la oración mutua, reclamando la promesa de Dios de que Él escucharía, el poder de Cristo entró en la vida del hombre, y descubrió que voluntariamente se presentaría sin reservas a Dios y buscaría la plenitud del Espíritu.

Tal vez la mayoría de nosotros debamos comenzar por allí. Una oración tan sincera seguramente será divinamente honrada. El Padre oirá y nos permitirá hacer un compromiso con Jesucristo como el Señor de nuestras vidas en el sentido más amplio.

Reclamar el Espíritu

Luego de llegar a tener conciencia de nuestra necesidad, de confesar nuestros pecados y comprometer el control de nuestras vidas a Cristo, reclamamos la plenitud del Espíritu. Jesús dijo: "Pues si vosotros siendo malos, sabéis dar buenas dádivas a vuestros hijos, ¿cuánto más vuestro Padre celestial dará el Espíritu Santo a los que se lo pidan?" (Lc. 11:13). En esta maravillosa promesa, el gran hombre del renacimiento, Jonathan Eduardo, dijo:

> A partir de las palabras de Cristo, también podemos observar, que no hay bendición para la cual tenemos tanto aliento de orar, como el Espíritu de Dios. Las palabras implican que nuestro Padre celestial está especialmente preparado para investir su Espíritu Santo en los que lo pidan. Cuanto más excelente sea la naturaleza de cualquier beneficio, el que necesitamos, más preparado está Dios para investirlo, en respuesta a la oración.[6]

Dios desea profundamente que sus hijos hambrientos de corazón le pidan este don de la plenitud del Espíritu. El término "pedir" que Jesús utilizó en el pasaje de Lucas citado anteriormente significa "pedir continuamente". Así, debemos pedir en momentos de crisis y en forma periódica.

Contento con Él

Finalmente, habiendo pedido, ahora por fe simplemente aceptamos el don y agradecemos a Dios por su bondad. No necesariamente debemos orar prolongada y agonizantemente. Aceptamos la salvación por fe y no pedimos ninguna señal o sentimiento particular de que Dios nos ha salvado genuinamente. Del mismo modo, reclamamos por fe el llenado del Espíritu Santo y descansamos contentos. Si hemos "pagado el precio" en fe confiamos en que Dios oirá.

¡Tan simple, y sin embargo tan profundo! Podemos caminar en la presencia de Dios y experimentar su plenitud en nuestras vidas. Entonces abundan las bendiciones.

Las bendiciones de la vida llena por el Espíritu

Hay tres puntos resumidos en la obra interna del Espíritu de Dios. En primer lugar, el Señor se convierte concientemente en algo real para nosotros. La cercanía y la intimidad de la presencia de Cristo produce paz y "gozo inefable y glorioso" (1 P. 1:8). Él siempre está a nuestro lado, nos demos cuenta de ello o no. Pero cuando andamos en la plenitud del Espíritu, Jesús se manifiesta de manera más graciosa. Pruebas, dificultades, tentaciones y problemas son los que se producirán. Podemos encontrarnos encerrados en una guerra espiritual como nunca antes nos ocurrió. Dios hasta puede parecer "oculto". Cuando llegan estos días, la fe es la respuesta. Independientemente de nuestras situaciones o sentimientos, el Señor Jesús está con nosotros e imparte su poder. Descansamos en Sus promesas *por fe*. Cuando Cristo mora en nosotros en toda su plenitud, la comunión con nuestro Señor pasa a ser el glorioso resultado.

> *Pensar que realmente descansamos en las manos de Dios y que Él vive en nosotros, para conducirnos, fortalecernos y utilizarnos, es algo abrumador. Pero es cierto.*

En segundo lugar, la realidad del liderazgo del Espíritu y del poder para vivir y servir pasa a ser nuestro. Esto ya ha sido ampliamente enfatizado, pero la bendición —la gloria— de ello garantiza una oración continua de alabanza a Dios por su gracia del Espíritu. Pensar que realmente descansamos en las manos de Dios y que Él vive en nosotros, para conducirnos, fortalecernos y utilizarnos, es algo abrumador. Pero es cierto.

Finalmente, la vida llena del Espíritu genera y santifica la vida espiritual, despierta. Pablo lo expresó de esta manera: "Si vivimos por el Espíritu, andemos también por el Espíritu" (Gá. 5:25). Esto coloca la tapa de cierre en la vida bendecida.

Conclusión

Así que allí lo tenemos; la verdadera espiritualidad significa vivir una vida rebosante, rebosante en la maravillosa obra del Espíritu. El Espíritu Santo nos llena con santidad y divinidad. Ojalá que nosotros, como Anne, seamos "llenados con toda la plenitud de Dios".

Oración

Padre celestial, tú has prometido la plenitud de tu Espíritu Santo. Ansío ser llenado con todo lo que tú eres. Me entrego a ti y reclamo tu promesa, Señor, lléname con el Espíritu. Y Padre, ahora mantenme cerca de ti y úsame para tu gloria. A través de Cristo oro y reclamo la respuesta a esta sincera oración.

10 preguntas para estudio y debate

1. ¿Cuál fue la importancia de los antecedentes de Anne Graham Lotz en su vida de servicio? ¿su hogar divino fue esencial para su utilidad? ¿Qué significa eso para nosotros?
2. ¿Cómo nos damos cuenta de la capacidad de Anne para vencer su temprana timidez? ¿Algo de esa timidez la ayuda hoy día? ¿Por qué?
3. ¿Cómo debemos buscar la "Magnífica obsesión" de la vida rebosante en Dios?
4. ¿Cuál es la fuente de la vida rebosante?
5. ¿Por qué tantos creyentes profesos parecen no tener la vida rebosante? ¿Cuál es el problema?
6. ¿Qué logra el Espíritu Santo en su obra de vivir en el creyente?
7. ¿Cuál es la relación entre el Espíritu Santo y el servicio efectivo? ¿Y la vida divina?
8. ¿Qué papel juega la fe en la plenitud del Espíritu?
9. ¿Cómo somos llenados con el Espíritu cada día? ¿Qué debemos hacer si no logramos andar un día en su plenitud?
10. ¿Qué constituye la meta final de la vida llena con el Espíritu?

La *mujer espiritual* mora en Dios

CONOZCA A JESSIE PENN-LEWIS: UNA MUJER QUE MORA EN DIOS

Permaneced en mí.
(Jn. 15:4)

$\mathcal{S}$e decía de Jessie Penn-Lewis que era una "dama cristiana, a quien el rey se deleitaba en honrar".[1] Ella vivió sesenta y seis años de pruebas, pero pocas personas vieron utilizadas su historia con tanta eficacia por Dios. Su historia es como un brillante rayo de sol para los deprimidos y los vencidos. El entendimiento de la vida de Jessie Penn-Lewis puede contarse en sus propias palabras: "Desde el momento en que el Espíritu de Dios me susurró "Crucificado", también vi claramente el principio de *la muerte con Cristo* como la base para *la obra total de Dios a través del creyente*".[2] Ese enunciado tenso resume su victoriosa posición cristiana.

Jessie Jones vino a este mundo el 28 de febrero de 1861. Si bien una parte significativa de su ministerio tuvo lugar en el Siglo XIX, tuvo el gozo de alcanzar el pináculo de su servicio a Cristo durante el Gran Renacimiento Galés de 1904 a 1906. Aún, era una joven victoriana en esencia. La mayor de ocho hijos, tuvo cinco hermanos menores y dos hermanas. Nació dentro de una familia maravillosa y, como ella lo dijo: "en alrededores religiosos, en la falda del metodismo calvinista". Su abuelo, el Reverendo Samuel Jones, era un pastor reconocido en la Iglesia Metodista Galesa. El padre de Jessie trabajaba en una empresa de ingeniería en el pequeño pueblo de Neath, en el Sur de Gales. Ir a la iglesia, trabajar duro y una familia productiva hicieron que Jessie tuviera un maravilloso antecedente al que podía recurrir en su servicio para Cristo.

Un hogar feliz

Dios hizo que Jessie tuviera un hogar feliz. Siempre estaba abierto a ministros de todas las denominaciones, y siempre, como exhortan las Escrituras: "practicando la hospitalidad" (Ro. 12:13). Los padres de Jessie no eran estrictos en su denominación, adoraban como metodistas, por cierto, pero vivían en buenos términos con el rector local anglicano también. Jessie, de niña, asistía a la escuela dominical de St. David's Anglican Church en Eath, uniéndose más tarde al coro.

> $\mathcal{J}$essie quedó físicamente frágil, luchando contra enfermedades recurrentes durante toda su vida. Como lo expresó un biógrafo: "Ningún entendimiento verdadero de Jessie Penn-Lewis puede alcanzarse sin recordar este impedimento".

Jessie era una niña precoz. Caminó a los nueve meses y a los cuatro años podía leer la Biblia. Con toda facilidad podía tomar un libro de cuentos, devorárselo y luego describir cada personaje del mismo. Lamentablemente, Jessie también era una niña enfermiza, y el medico de la familia prohibió que se la sometiera a todo tipo de presión. Debido a esto no pudo recibir ninguna educación formal hasta los ocho años. Sus padres comenzaron a mandarla a un internado por períodos de tres meses cada vez. Los meses libres los pasaba en una granja en las montañas a dónde podía reponer sus fuerzas.

Jessie quedó físicamente frágil, luchando contra enfermedades recurrentes durante toda su vida. Como lo expresó un biógrafo: "No se puede comprender verdaderamente a Jessie Penn-Lewis sin recordar estos impedimentos". En un momento, cuando Jessie tenía diez años, pareció tener más fortaleza. Ingresó a un internado en Swansea, donde los líderes de la escuela tomaron precauciones especiales respecto de su salud. Pero esto no sirvió de nada. Al poco tiempo, se vio forzada a regresar a su hogar, donde su madre podía ocuparse de ella. Allí Jessie se convirtió en una ferviente lectora. La casa estaba llena de tantos libros que parecía una biblioteca. Su padre era un gran admirador de los clásicos, y se aseguró que Jessie tuviera acceso a la mejor literatura

Comienzo del servicio, y de la tristeza

Jessie se interesó en una cruzada en la que participaba su madre, el movimiento de templanza. Sus padres eran estrictos en cuanto a la disciplina que consideraban al consumo de bebidas alcohólicas como tabú. Los defensores de la templanza de esa época se llamaban a sí mismos "Templarios" y se reunían en "logias". El compromiso de la joven Jessie con el movimiento impresionó tanto a la logia de su madre que, a los catorce años, se convirtió en secretaria honoraria y se desempeñó en ese cargo durante dos años.

Luego la tragedia golpeó a la familia. En la flor de la vida y en el pináculo de su profesión, el devoto padre de Jessie falleció. Fue un momento duro. En esa época, poca ayuda social preciada podía encontrarse cuando una familia perdía a quien ganaba el pan, y la familia Jones tenía a muchos que alimentar. Como escribió Jessie: "Mi madre quedó con ocho niños, yo era la mayor, de dieciséis, mientras que el más pequeño tenía solo tres meses de edad". Y entonces comenzó la lucha. Jessie había heredado un antecedente sólido de tenacidad y valor de sus padres. Sabía lo que significaba andar en integridad, e incluso en sus años adolescentes había desarrollado una capacidad inusual para el amor de sacrificio. Se puso a trabajar. Con su ayuda, y con la bendición de Dios, la familia sobrevivió a esos años difíciles. Nuestro Señor provee (Fil.4:19). Jessie vivió sus años de adolescente dándose cuenta de esa verdad.

⊘essie había heredado un sólido antecedente de sus padres. Sabía el significado de andar en la integridad, e incluso en sus años adolescentes había desarrollado una inusual capacidad para el amor de sacrificio.

Casamiento

Cuando solo tenía diecinueve años Jessie conoció a William Penn-Lewis y se enamoró. La pareja pronto se casó. William había sido advertido por amigos de que se estaba casando con alguien que podría quedar inválida de por vida. De todos modos, esto no lo detuvo. Jessie misma dijo que el matrimonio solo podía ser descrito como una "unión de amor genuino". Parecía que una vida de gratificaciones estaba delante de ellos, si bien difícil debido a la mala salud de Jessie. William pasó a ser el auditor del condado de Sussex en el norte de Inglaterra. Eso significó que los recién casados tenían que mudarse a Brighton, el hermoso pueblo sobre el Canal de la Mancha. Tenían esperanzas de que el clima mejor del mar pudiera aliviar algunos de los problemas de salud de Jessie.

Habiendo sido criada en la iglesia, Jessie había oído periódicamente el evangelio. Los metodistas calvinistas declaraban con mucha fe la Buena Nueva de Cristo. No solo eso, en Gales se había dado un renacimiento aproximadamente cuando ella nació, dejando en su despertar un fervor profundamente religioso en muchas de las congregaciones. En esos días dinámicos Charles Haddon Spurgeon estaba alcanzando la cima de su ministerio junto con otros grandes predicadores británicos. La bibliografía cristiana, con un énfasis en el nuevo nacimiento, abundaba en todas partes. Pero, aunque suene extraño, Jessie todavía no había llegado a conocer a Cristo en una relación verdaderamente salvadora.

Convertida al fin

Unos dieciocho meses después de casarse con William, Jessie comenzó a sentirse inquieta por su fe en Cristo. Si bien ella conocía todas las palabras correctas y había presenciado más de un sermón, algo faltaba todavía. Se sentía perturbada por la segunda venida del Señor. Sutil, pero muy claramente, se dio cuenta de que no estaba lista para encontrarse con Él. Jessie comenzó a buscar a Cristo con todo su corazón.

Dios siempre abraza al pecador honesto y que busca. La Biblia dice: "Me hallan los que temprano me buscan" (Pr. 8:17). La conversión estaba por darse:

> Mi conversión se produjo sin la ayuda de ningún otro instrumento humano, pero el día, el Día de Año Nuevo de 1882, y la hora están impresas en mi mente. Solo un profundo deseo de saber que era una hija de Dios; tomar mi poco leída Biblia del estante; dar vueltas a las páginas y mis ojos recayendo sobre las palabras *"El Señor ha puesto sobre nosotros la iniquidad de todos nosotros"*, nuevamente una vuelta a las páginas sagradas y la palabra *"Aquel que cree tiene vida eterna"*. Un rápido cuestionamiento acerca de *sí* creía que Dios puso mis pecados

en el Cordero de Dios en la cruz; una pausa para maravillarme de que decía que yo tenía una vida eterna si simplemente creía en la Palabra de Dios; un grito rápido: "Señor, *sí* creo" y un alma más había pasado de la muerte a la vida, un trofeo de la gracia de Dios y del amor de Él que murió. El Espíritu de Dios instantáneamente dio testimonio con mi espíritu de que yo era una hija de Dios, y una profunda paz llenó mi alma.[4]

La travesía espiritual de Jessie había comenzado.

La victoria buscada

A medida que Jessie comenzó a madurar en su vida espiritual, se volvió conciente del poder del pecado. Luchó para vencer la tentación, y estaba particularmente perturbada por un "pecado molesto", parece que todos tienen alguno. Mientras este esfuerzo ocupaba el corazón y la mente de Jessie, su esposo William recibió una designación para ser contador en Richmond, Surrey, en el borde Oeste de Londres. Esto pronto resultó providencial. Al radicarse en Richmond, Jessie y William hicieron su camino a la *Trinity Church* y se pusieron bajo el poderoso ministerio del Reverendo Evan H. Hopkins. Hopkins era una personalidad muy reconocida en las Convenciones de Keswick, el movimiento de conferencias de la vida espiritual, brevemente mencionado antes. En realidad había sido llamado el teólogo de las primeras Convenciones Keswick. Mientras Jessie estaba bajo su ministerio, Dios creó en su corazón un hambre más profunda de victoria en su vida.

Un día, mientras Jessie estaba sentada en la casa del pastor, la Sra. Hopkins le preguntó directamente: "¿Eres cristiana?". Jessie, por supuesto, respondió que sí lo era. Pero entonces la Sra. Hopkins hizo otra pregunta escudriñadora: "¿Conoces el camino a la victoria sobre el pecado?" Jessie tuvo que admitir que no lo conocía; ella todavía estaba viviendo una guerra espiritual. Pero, cómo ansiaba ser la vencedora.

A las 8 de la mañana, el 28 de febrero de 1884, en una hoja de un anotador, Jessie escribió:

> Señor Jesús, en este, mi cumpleaños número 23 nuevamente me rindo ante ti, con alma y espíritu, vida, tiempo, manos, pies, ojos, labios, voz, dinero, intelecto, voluntad, corazón, pensamientos y deseos. Todo lo que tengo, todo lo que soy, todo lo que pueda ser es Tuyo, por entero, absolutamente y sin reservas. Y sí creo que Tú me tomas, y que Tú obrarás en mí para *desear* y *hacer* Tus buenos placeres. Señor, úsame en cualquier cosa que a Ti te parezca buena, deja mis ojos fijados

en Ti, listos para obedecer a Tu mirada. Tú eres mi Rey, mi Salvador y mi Guía. No alejes Tu Santa Presencia de mí, sino acércame cada día más, hasta ese glorioso momento en que Te veré cara a cara, y la fe se perderá en la vista. Amén.

Jessie obtuvo su primera impresión del "secreto" de la victoria cristiana. Descubrió que comenzaba a entregarse. Una entrega total a Cristo quitaría el cerrojo a la insondable y rica casa del tesoro de Dios. Por los Hopkins, el mensaje de Keswick ejerció su influencia de la sincera búsqueda de Jessie. Ansiaba que se dijera eso de ella, como se decía del gran puritano Richard Sibbs: "El cielo estuvo en él antes de que él estuviera en el cielo"

El movimiento Keswick

*A través de la sumisión al Señor y de la identificación
con Cristo en su muerte y resurrección, se puede alcanzar
la santidad y la santificación.*

Las enseñanzas del movimiento Keswick, de tanta influencia en el ministerio de los Hopkins, ha sido utilizado por Dios poderosamente durante muchos años en todo el mundo. Estas enseñanzas defienden la victoria cristiana sobre el pecado y la tentación a través de la entrega a Cristo en *toda* la experiencia cristiana, no solamente en la conversión. Keswick enseña que a través de la sumisión al Señor y de la identificación con Cristo en su muerte y resurrección, se puede alcanzar la santidad y la santificación. El movimiento ha bendecido a innumerable cantidad de personas en los ciento y pico de años de su ministerio, y a través de sus ideas Jessie tuvo un comienzo bastante sólido.

William encuentra a Cristo

Durante esta época de iluminación para Jessie, William llegó a tener una fe genuina en el Señor Jesucristo. Él tuvo una maravillosa experiencia de conversión y de inmediato se dispuso a servir a su Señor recién encontrado. Se convirtió en un disertante efectivo, especialmente en reuniones al aire libre, y comenzó a dar testimonio para Cristo a través de una misión en Richmond. Ahora Jessie y William, codo a codo, podían avanzar y madurar hasta llegar a ser grandes siervos de Cristo.

Plenitud

Luego del pleno compromiso de Jessie al señorío de Cristo, su siguiente paso era aprender la vasta diferencia entre trabajar para Dios y permitir que Dios obre a través de ella.

Jessie se entregó en sacrificio antes de que la luz del Espíritu amaneciera sobre ella. Ella era bibliotecaria y miembro del comité de un Hogar para niñas, y daba sus clases de Biblia allí todos los domingos por la tarde. Mientras Jessie evaluaba la clase, se dio cuenta de que el fruto espiritual que se cosechaba no tenía la medida de toda la energía que ella le dedicaba. Aún así, a pesar de los ataques de pleuresía y de infección de los pulmones, apretaba los dientes y continuaba adelante. Más tarde debió confesar que gran parte de su servicio realmente no era más que un "yo consagrado", como ella misma lo expresó. Ella escribió: "No pude hacer otra cosa más que apropiarme de la idea de que no conocía al Espíritu Santo en la *plenitud* de su poder". Le llevó bastante tiempo a Jessie —y mucha lucha— comprender la necesidad de la fortaleza del Espíritu Santo, y de que, como dijo Jesús: "Separados de mí nada podéis hacer" (Jn. 15:5).

Mientras Jessie luchaba con la enfermedad y con sus sinceros intentos de servir a Cristo, un libro escrito por Andrew Murray, *The Spirit of Christ*, (El Espíritu de Cristo), llegó a sus manos. Se lo devoró. Murray escribía sobre el tema de permitir que Dios obre *en y a través* del creyente entregado en el poder del Espíritu Santo. Con el énfasis de Murray en la obra interior del Espíritu, Jessie comenzó a darse cuenta de que no era lo que ella hiciera, sino lo que hiciera Dios en y a través de ella era lo que importaba. Mientras Jessie leía, decía: "Parece tan profundo, y casi más allá de toda comprensión, pero ansío tanto conocer más de esto. Parece que sé tan poco, ¡ojalá Él me enseñe!". Dios creó una pasión en el corazón de Jessie para experimentar la efusión, la unción, y la plenitud del Espíritu Santo en su vida. El siguiente salto en el Espíritu debía ser tomado. Ella comenzó a clamar a Dios por su plenitud. Dios siempre satisface las necesidades y los clamores del corazón abierto, entregado, y Jessie por cierto tenía ese tipo de corazón. Diez días más tarde, el diario de Jessie registra estas bellas palabras:

> Llegué a las palabras "Para otros viene como un discernimiento profundo, tranquilo pero más claro de la plenitud del Espíritu de Cristo como que es de ellos, y una fe que se siente confiada en que su suficiencia es equivalente a cualquier emergencia". Estas palabras finalmente me "iluminaron" y vi que esta había sido mi experiencia últimamente. Nunca había visto su poder como lo veo ahora… ¿Jesús no me ha estado enseñando conocimiento, amor y obediencia estos últimos años, y no he ingresado en la comunión de su muerte este invierno como nunca antes? ¿No he estado viendo la desesperanza de la carne y sintiendo su completa insuficiencia?[5]

Se había dado un gran paso hacia adelante, pero Dios todavía tenía más para dar. Si bien Jessie había experimentado este cambio del Espíritu Santo en su vida, todavía tenía que conquistar su molesto pecado: su espíritu atolondrado. Esta debilidad la sumía todavía y, si bien el agotamiento físico de Jessie lo debe haber alimentado, ella sentía que no debía haber excusa para un comportamiento que no ejemplificara al Señor Jesucristo. Y había más. Jessie era cohibida entre la gente y se sentía incómoda acerca de su servicio cristiano. Estos problemas, se dio cuenta, si bien no eran pecados graves de la carne, eran pecados del espíritu humano. Jessie ansiaba la victoria sobre ellos. Había más trabajo por hacer.

Más trabajo

Para esta época, Jessie recibió una invitación para ser la secretaria honoraria de la YMCA de Richmond. Dudó en tomar el cargo debido a su salud. Cuando consultó a su medico él fue categórico y le dijo que no emprendiera tamaña tarea. Jessie estaba convencida de que viviría, en todo caso, un corto tiempo a la luz de su grave condición pulmonar. Entonces le dijo al medico que prefería "morir haciendo algo por Dios", que no haciendo nada y vivir unos días más. Aceptó el cargo y con entusiasmo fue a trabajar con toda la fuerza que podía reunir.

Una lección por aprender, y aprendida

Si bien Jessie había experimentado una entrega verdadera a Cristo y la plenitud del Espíritu, necesitaba un toque más profundo y la unción de Dios. Lo que realmente le faltaba era un "corte". Eso solo la convertiría en una mujer victoriosa espiritual. Y Dios hizo la obra. Jessie dijo: "Él comenzó a partirme y me llegó la terrible revelación de cada instancia de esta actividad, esta energía, esta perseverancia indomable, era *yo misma* después de todo, si bien estaba oculto bajo el nombre "consagración".[6] La diferencia entre la actividad consagrada y el corte ante Dios es de hecho muy grande. Antes de que Dios use a una persona poderosamente, debe haber un corte. Como dijo el salmista: "Los sacrificios de Dios son el espíritu quebrantado, al corazón contrito y humillado no despreciarás tú, oh, Dios" (Sal. 51:17). Y ese quebrantamiento es un proceso que dura toda la vida. Jessie comenzó a aprender que la "vida propia" debe ser matada e intercambiada por la "vida de Cristo". Como dijo Pablo: "Ya no vino yo, mas vive Cristo en mí" (Gá.2:20). Dicho simplemente, Jessie "murió". El paso final hacia la espiritualidad estaba delante de ella, y ella lo tomaría.

Esto no significaba que cesarían los tiempos de prueba. Jessie comenzó a preguntarse por qué estaba buscando todo lo que Dios tenía para ella. ¿Lo quería para la gloria del Señor solamente o sería considerada una gran sierva espiritual? Se preguntaba si había simplemente consagrado su "yo", o si verdaderamente había cedido, y buscaba lo mejor para Dios a diario? A través de tales pruebas, el camino a la victoria comenzó a abrirse para esta mujer de Dios.

La pista

En los cuestionamientos de Jessie una palabra le llegó que le golpeó el alma: CRUCIFICADO. De repente se dio cuenta, como lo dice: "El Calvario precede a Pentecostés. La muerte con Cristo precede a la plenitud del Espíritu Santo".[7] Esta verdad, este núcleo del mensaje de Keswick era lo que los Hopkins habían tratado de transmitirle a Jessie durante meses. Luego, una mañana de marzo de 1892, la propia gloria del Señor entró en su espíritu receptivo. Dios se manifestó a Sí mismo. El paso había sido dado, y Dios la bendijo. Luego ella describió cómo había sido esa experiencia:

1. Fue repentina, y cuando no estaba especialmente pensando en el asunto.
2. Supe en mi espíritu que Él había venido.
3. Mi Biblia se convirtió como en algo viviente y se inundó de luz.
4. Cristo de repente me pareció que era una Persona real, no podría explicar cómo lo supe, pero Él se volvió real para mí.
5. Cuando fui a mi clase de Biblia, descubrí que podía hablar con libertad, con la convicción del Espíritu detrás de mis palabras, hasta que las almas fueron convictas de pecado en cada lado.
6. Había poder en la oración, de modo que parecía que solo tenía que pedir y tener.
7. Mi espíritu tomó su camino hacia Dios, liberado de todo lo que tuviera que ver con la tierra.[8]

Jessie Penn-Lewis había aprendido a identificarse con Cristo en su muerte y resurrección, y ahora Cristo podía vivir su vida completamente a través de ella (Ro. 6:1-14). Al fin, el mensaje bíblico que Evan Hopkins había predicado entró en su alma.

El significado

¿Qué significa estar identificado con Cristo en su muerte y resurrección? Stephen Oxford lo expresó muy hermosamente en su libro *Not I, But Christ* (No yo, sino Cristo):

"Con Cristo estoy juntamente crucificado" (Gá. 2:20). Estas palabras significan que nuestro antiguo yo fue crucificado con Cristo "para que el cuerpo del pecado sea destruido, a fin de que no sirvamos más al pecado, porque el que ha muerto, ha sido justificado del pecado" (Ro. 6:6-7). Observen *que esta crucifixión con Cristo es un evento del pasado.* "Con Cristo hemos sido juntamente crucificados" (Gá. 2:20). El verbo está en pretérito perfecto indicando una acción completada. Esto nos enseña que la crucifixión judicial (o posicional) de nuestra carne pecaminosa se llevó a cabo hace unos dos mil años, lo que se comprende más fácilmente cuando recordamos que Dios juzga a la raza humana a través de uno de dos representantes: Adán o Cristo. Cuando Adán pecó, la raza humana pecó en él; cuando Jesucristo vino a redimir a las personas pecaminosas con su muerte, la raza humana murió en Él. En colosenses 3:3, Pablo escribe: "habéis muerto" (tiempo pasado), denotando que nuestra muerte data de la muerte de Cristo. El apóstol sigue diciéndonos que cuando Cristo murió: *"Al pecado murió una vez por todas"* (Ro. 6:10). Esto es algo más que su muerte *por los pecados* (plural). El castigo de nuestros pecados lo trató totalmente nuestro Señor Jesucristo, como lo fue el poder del *pecado.*

Porque estamos unidos a Cristo en su muerte, compartimos la liberación del dominio del pecado. Ya no estamos bajo la ley, sino bajo la gracia (Ro. 6:14). Para la gloria de Dios, todos los objetivos y fines de la crucifixión de Cristo fueron logrados judicialmente en nosotros. La ley de Dios no puede reclamar sobre nuestra carne pecaminosa algo que no haya sido tratado en Jesucristo, debido a nuestra unión con Él en su muerte.

Tal vez un ejemplo ayude. El Capitán. Reginald Wallis escribió muchos libros acerca de la vida victoriosa y tuvo un impacto tremendo sobre mi vida. Nos cuenta de un incidente durante la Guerra Civil Norteamericana cuando los hombres eran reclutados por lotes para unirse al ejército. Un hombre llamado Wyatt fue llamado para luchar por el Sur. Era el único que ganaba el pan en su gran familia. Al darse cuenta de la dificultad, otro joven llamado Pratt se ofreció como voluntario para ir en su lugar. Fue aceptado y enviado al frente, *llevando el nombre y el número de Wyatt.*

Finalmente Pratt fue muerto en batalla, y al haber muerto como sustituto con el nombre del otro hombre, el nombre completo de Wyatt fue registrado como muerto en acción. Posteriormente, Wyatt fue llamado nuevamente a servicio, pero en la oficina de reclutamiento afirmó con calma que *ya* había muerto. Cuando se investigó el hecho, se descubrió que aunque el verdadero Wyatt estaba sano y salvo, *estaba muerto a los ojos de las autoridades,* porque fue identificado con su sustituto. Por lo tanto, quedó libre.[9]

Del mismo modo, cuando Jesús murió, morí yo y por lo tanto, soy libre. Esa es mi posición en el Señor Jesucristo. Como resultado de ello, Dios no va a esperar mi muerte puesto que su Hijo fue mi sustituto. Esta es la verdad liberadora de la *identificación* con Cristo.[10]

Observaremos estas benditas realidades con mayor profundidad más adelante. Precipitaron la victoria para todos nosotros.

El descanso de la fe

Ahora Jessie podía descansar por la fe en Cristo, adecuadamente, apropiándose de su victoria y poder. Por fin, ella pudo decir "Dios está haciendo grandes cosas por mí".[11] El trabajo de Jessie continuó y Dios vertió su poder y victoria en él. Ella comenzó a bendecir gente en toda Gran Bretaña y su influencia explotaba en cada dirección. Empezó a participar en una misión local, y ayudó a mucha gente necesitada a través del Hogar. La YMCA fue especialmente bendecida por sus esfuerzos. Allí ella organizó la "Banda Preparada", un grupo de muchachas que se entregaban a cualquier tipo de servicio cristiano. La asistencia anual a varias clases de la YWCA se incrementó de seis mil novecientos a casi trece mil durante los tres años siguientes a su experiencia de profundidad. Al describir el trabajo en la YWCA en esos días, un biógrafo dijo: "Parecía como si cada miembro se convirtiera en un trabajador". Y Dios proveyó para todos esos ministerios extendidos. Jessie adoptó la filosofía de que si Dios no apoyaba la obra financieramente, ella lo tomaría como un indicio de que Él había terminado con ese área en particular y ella debía lanzarse a otro ministerio conducido por el Espíritu. Dios estaba logrando una obra maravillosa a través de su sierva "crucificada y resucitada".

El ministerio se expande

El ministerio de Jessie comenzó a tomar una importancia muy grande. Viajó por toda Inglaterra, y luego comenzó a ir a otras partes del mundo. Por ejemplo, la Sta. Soltau, directora de la Casa de Capacitación Misionera de la Misión China (ahora *Overseas Missionary Fellowship*), le pidió a Jessie que condujera una plática devocional durante una reunión de Viernes Santo en Mildmay. Jessie dio un bello mensaje, y la Misión imprimió el corazón de su presentación para enviarlo a los misioneros de China. Luego se publicó bajo el título "El sendero a la vida en Dios". Pronto, la primera edición se agotó y al cabo de cinco años, se habían impreso treinta y dos mil. Ese pequeño folleto ha bendecido a los trabajadores cristianos de todo el mundo y continúa inspirando a la gente. Fue el inicio de un tremendo ministerio de escritura para Jessie.

Una nueva movida: Más ministerio

*Mi vida no es mía. No puedo hacer otra cosa que ser
obediente a la visión celestial. Puesto que Dios ha elegido
las cosas tontas del mundo para confundir a los sabios,
aquí estoy, elevada de la tumba para ser su instrumento.*

Al finalizar el siglo XIX, el marido de Jessie fue designado tesorero de la Corporación de Leicester. Otro cambio les esperaba. ¿Esto significaría que el ministerio creciente de Jessie sería cercenado? Dentro del mes de su mudanza a Leicester, Jessie recibió su primer llamado de un ministerio en el extranjero. Pero, ¿su salud le permitiría viajar tan lejos de su hogar? Sería muy agotador, pero Jessie sintió que Dios la dirigía a ir y respondió con estas palabras: "Mi vida no es mía. No puedo hacer otra cosa que ser obediente a la visión celestial. Puesto que Dios ha elegido las cosas tontas del mundo para confundir a los sabios, aquí estoy, elevada de la tumba para ser su instrumento".[12]

Jessie primero visitó Suecia. Esta fue su experiencia inicial de hablar a través de un intérprete, y le resultó difícil. Tuvo que admitir: "Fue con mucho temor y temblor" (véase 1 Co. 2:3).[13] Pero Dios la había bendecido y ella estuvo a la altura de la ocasión. Al año siguiente fue a Rusia, y con el frío terrible de los meses de enero y febrero, ella ministró con gran efecto en San Petesburgo y Moscú. Un cristiano ruso respondió con estas palabras:

> ¡La esperamos durante veinte años! Dios envió un mensajero hace veinte años que nos habló de *Cristo para nosotros*, y ahora vienen uno o dos con el mismo mensaje, pero ahora Dios ha enviado otra revelación: *Cristo en ti*. Durante veinte años fuimos bebés, pero ahora ya *no será más así*. Somos tan, pero tan felices.[14]

Al regresar a Inglaterra, a Jessie le pidieron que hablara en Doncaster, Brighton, Richmond y Firsbury. Luego a fines del verano, viajó a Suiza y más tarde fue tan lejos como a Sudáfrica.

Y a todos los lugares a los que iba comunicaba el mensaje, que para la victoria y el servicio efectivos llenos del Espíritu, es esencial identificarse con la muerte y la resurrección de Jesús.

Más viajes y escritos

Al amanecer un nuevo año, Europa nuevamente le hizo señas. De Rusia a Finlandia, a Dinamarca, de nuevo en Finlandia, y luego nuevamente a Dinamarca viajó Jessie, dejando que Dios enseñara su maravilloso mensaje a través de ella. En Rusia, sin embargo, tuvo un problema. Las personas asistieron en grandes cantidades a su conferencia. Muchos de ellos eran "sectarios", es decir, no eran miembros de la iglesia ortodoxa rusa. En la Rusia de esa época, las autoridades ortodoxas perseguían a los bautistas, metodistas y otros así llamados "sectarios". Se les imponía multas, y con frecuencia eran encarcelados y exilados. Era la religión del zar o nada. Como consecuencia, las autoridades eclesiásticas no miraban con agrado a Jessie.

Luego de su experiencia rusa, Jessie Penn-Lewis escribió un libro que era una colección de mensajes que había dictado sobre la guerra espiritual. Esto se convirtió en algo así como un clásico. Tuvo varios cambios de título y finalmente culminó en su conocido volumen *Guerra en los santos*, escrito en colaboración con Evan Roberts, hombre de Dios del renacimiento galés. *Guerra en los santos* permanece como el libro más importante sobre demonología bíblica y guerra satánica escrito hasta la fecha.

La cruz siempre permaneció como su tema central. Y
por buenas razones. La cruz trae a las personas perdidas a
una conciencia de su pecado y a la necesidad de salvación.

Jessie siempre estaba preocupada de que su mensaje básico fuera la muerte expiatoria de Cristo. Escribió otro libro titulado *El mensaje de la cruz* y luego lo reescribió como *La cruz del Calvario y su mensaje*. Citó al apóstol Pablo cuando dijo: "Pero lejos esté de mí gloriarme, sino en la cruz de nuestro Señor Jesucristo" (Gá. 6:14). La cruz siempre permaneció como su tema central. Y por buenas razones. La cruz trae a las personas perdidas a una conciencia de su pecado y la necesidad de salvación. Asimismo, los verdaderos creyentes se identifican con Jesucristo al compartir su cruz y resurrección. La cruz permanece en el centro de toda la experiencia cristiana. Como alguien dijo, siempre ha habido una cruz en el corazón de Dios. Poco debe asombrarnos que Oswald Chambers, autor del famoso libro devocional cotidiano *En pos de lo supremo,* le escribiera a Jessie y le dijera: "Tu *Cruz del Calvario* es preeminentemente de Dios".[15]

El Cristo viviente se volvió en realidad la victoria de Jessie. Al identificarse con Él en la vida y en la muerte, la cruz y la tumba vacía, Jessie vivió por fe y logró la vida espiritual conquistada. Dios la honró significativamente

Pruebas de salud

Ella hablaba con genuina autoridad, no solo abriendo las
Escrituras sino aplicándolas a las relaciones en el hogar y
demostrando el camino hacia una vida que en sí era testigo
de la gracia y el poder de Dios.

A pesar de los pasos gigantes espirituales hacia delante, las cosas nunca le fueron fáciles. Su mala salud fue una carga constante. Por momentos, se quebraba por completo y se veía obligada a detener su trabajo. Durante esos días difíciles viajaba a Eastburn sobre la costa del Canal y, con el cuidado de amigos, intentaba obtener más fuerzas. La constante separación debido a la enfermedad y a las disertaciones complicaban también su vida familiar. Pero la amorosa relación entre Jessie y su esposo la libró de toda dificultad. Dios era fiel.

Como era de esperar, Jessie asistía a la Convención de Keswick año tras año para hablar en reuniones de mujeres en muchas ocasiones. Se decía de ella que "ella hablaba con genuina autoridad, no solo abriendo las Escrituras sino aplicándolas a las relaciones en el hogar y demostrando el camino hacia una vida que en sí era testigo de la gracia y el poder de Dios".[16]

Hacia América

Jessie también viajó a los Estados Unidos y a Canadá y tuvo un maravilloso ministerio allí. Habló en el Instituto Bíblico Moody de Chicago durante su Conferencia de Trabajadores anual. Luego viajó al Este por tren a Northfield, Massachusetts, el lugar donde nació el gran evangelista D. L. Moody. Habló dos veces en la capilla Moody, donde durante muchos años el evangelista había realizado conferencias sobre la Biblia. Luego siguió hacia Nueva York, donde habló en la iglesia de A. B. Simpson, uno de los grandes hombres de Dios de principios del siglo XX. También disertó en la Reformed Episcopal Church of the Atonement en la ciudad de Nueva York, así como también en la sucursal de Harlem de la YMCA. ¡Y pudo ir hasta las Cataratas del Niágara también!

El avivamiento de Gales de 1904

A comienzos del siglo se produjo un tremendo renacimiento en Gales. Las primeras agitaciones del Espíritu Santo se llevaron a cabo en la Convención Galesa de Llandrindod. Estas conferencias eran la contrapartida galesa de la Convención Keswick en Inglaterra y habían sido instigadas a través de la influencia de Jessie. Seis ministros fueron profundamente tocados en la primera Convención de Llandrindod, y, como resultado de ello, acordaron encontrarse una vez al mes para un día completo de oración. La oración fiel siempre conforma los cimientos del verdadero renacimiento. Luego, en la Convención de Llandrindod de 1904, a medida que se movía el Espíritu de Dios, la gente decidió reunirse para una oración a medianoche. Se consagraron por completo al Señor y grandes cosas comenzaron a ocurrir. Jessie lo expresó de este modo: "Hemos orado por el renacimiento. ¡Demos las gracias! La "nube del tamaño de la mano de un hombre" acerca de la cual escribió el Reverendo Seth Joshua en octubre está creciendo ahora. Dios está barriendo las colinas del Sur y los valles de Gales con un avivamiento a la antigua".[17] Bajo el liderazgo de Evans Roberts, R. B. Jones y otros, el renacimiento se difundió por la tierra.

Escritos sobre el avivamiento

Jessie misma escribió un relato de este gran Renacimiento Galés en un pequeño libro titulado *El despertar en Gales*. Contribuía semanalmente con *La vida de fe*, una publicación evangélica y también escribía para *The Christian*, un periódico que había nacido de las reuniones evangelistas de Moody en Gran Bretaña. En ambos periódicos continuó informando sobre las cosas maravillosas que Dios estaba logrando.

Durante los genuinos despertares espirituales, Satanás siempre intentará falsear las experiencias verdaderas y distraer a la gente de lo que está haciendo el Señor. En *Guerra de los santos*, que Jessie terminó alrededor de esta época, ella intentó exponer las falsedades satánicas de la obra del Espíritu. Algunos han sostenido que la enorme sensibilidad de Jessie a las desviaciones demoníacas, desviaciones que hasta cierto punto se manifestaron durante el renacimiento galés, inhibieron al movimiento. Lejos podría haber sucedido eso. Al intentar mantener puro y bíblico al renacimiento, Jessie escribió:

Gales vio días maravillosos mientras el despertar espiritual barrió la nación. En una ocasión estos autores tuvieron el privilegio de hablar con una querida señora mayor que podía recordar las maravillosas experiencias del renacimiento galés. A lo largo de los años ella había permanecido como una radiante cristiana. Los que se convertían en tales movimientos profundos de Dios, en su mayor parte, persisten en su compromiso cristiano hasta el final.

Trabajos y pérdida

A medida que aumentaron los "trabajos más abundantes", también lo hizo una nube de prueba personal oscura. La mala salud comenzó a acosar al querido esposo de Jessie, William. Su médico insistía en que se tomara tres meses de completo descanso. Esto hizo poco para aliviar el deterioro físico de William. Su enfermedad lo obligó a renunciar a su cargo como tesorero de la ciudad y a retirarse. Jessie y William se mudaron a Surrey Hills, a unos cien kilómetros al Sur de Londres, con la esperanza de que William recobrara allí su salud. Las colinas proclamaban tener el mejor clima del país. Pero no sirvió de nada. El 24 de marzo de 1925, William Penn-Lewis fue a estar con su Señor. Fue enterrado en el Friends Burial Ground en Reigate, Surrey. En un simple y corto servicio, conducido por el gran F. B. Meyer, las personas queridas y los amigos lo llevaron a descansar. Parecía apropiado que William fuera enterrado en el cementerio de una casa de reuniones cuáquera, puesto que era descendiente directo de William Penn, el colonizador cuáquero de Pennsylvania. Jessie tuvo mucho dolor pero encontró el consuelo de Cristo.

Últimos días

Se estaba acercando rápidamente el momento de la partida de Jessie también. Dos años después de la muerte de su esposo, la salud de Jessie comenzó a declinar seriamente. Siempre había sido frágil, pero ahora con la congoja y el peso de la soledad, parecía que Dios estaba listo para llamarla. Soportó bien por la gracia de Cristo. Había alcanzado los sesenta años de edad y el viaje había sido largo. Parecía lo adecuado que su último viaje fuera a Gales y a la Convención Llandrindod. Luego de esto regresó a Londres agotada. Unos pocos días después, el 15 de agosto de 1927, se deslizó tranquilamente en los brazos del Salvador a quién había conocido y amado tanto. Fue enterrada al lado de su esposo en el pequeño cementerio de Reigate. Un gigante se había ido a su casa, pero vaya legado que había dejado. Sus escritos, su testimonio y el recuerdo de su vida todavía proclaman ese mismo mensaje. Hay victoria en Cristo.

El sendero a la victoria para todos

¿Cuál es el sentido de una vida de victoria? La respuesta: vivir a diario en el Señor Jesucristo y proclamar como propio todo lo que Él es. Como lo dijo nuestro Señor Jesucristo mismo:

> Yo soy la vid verdadera, y mi Padre es el Labrador. Todo pámpano que en mí no lleva fruto, lo quitará; y todo aquel que lleva fruto, lo limpiará, para que lleve más fruto. Ya vosotros estáis limpios por la palabra que os he hablado. Permaneced en mí, y yo en vosotros. Como el pámpano no puede llevar fruto por sí mismo, si no permanece en la vid, así tampoco vosotros, si no permanecéis en mí. Yo soy la vid, vosotros los pámpanos; el que permanece en mí, y yo en él, éste lleva mucho fruto; porque separados de mí nada podéis hacer. El que en mí no permanece, será echado fuera como pámpano, y se secará; y los recogen, y los echan en el fuego, y arden. Si permanecéis en mí, y mis palabras permanecen en vosotros, pedid todo lo que queréis, y os será hecho. En esto es glorificado mi Padre, en que llevéis mucho fruto, y seáis así mis discípulos. (Jn. 15:1-8)

Este pasaje, expresado por nuestro Señor en el momento crucial justo antes de su crucifixión, da justo en el corazón del tema. La mujer espiritual mora en Cristo. Es así de directo. Pero hay mucho más implicado. Jessie Penn-Lewis aprendió el principio, y nosotros también podemos hacerlo.

El significado de morar

Morar en Cristo significa estar en "comunión" con Él. La comunión es un tipo maravilloso de intimidad. Si hubiéramos vivido en el mundo romano del siglo I y habláramos griego, el idioma original del Nuevo Testamento, veríamos de inmediato el alcance de la palabra *koinonia* que traducimos como "comunión". Joseph Henry Thayer, en *A Greek-English Lexicon*, define *koinonia* como:

> La cosa en la que uno comparte...es decir, en beneficio de la muerte de Cristo... en el Cuerpo de Cristo o la iglesia... para obtener comunión en la dignidad y las bendiciones del Hijo de Dios... (convirtiéndose) en participante en común de la misma mentalidad de Dios y de Cristo... y de las bendiciones que por lo tanto surgen.[18]

Muy claramente esta definición académica retrata una rica experiencia. A través de *koinonia* andamos en unión íntima con el Señor Jesucristo. Compartimos su vida para que todo lo que Él es en su divina persona se convierta en una preciosa realidad para nosotros.

El gozo de todo

Dios nos ama. Él no nos creó como creó a los objetos inanimados del universo. Él nos formó como objetos de su amor, con los que Él pudiera tener comunión.

La comunión nos permite el mero gozo de estar cerca de Cristo. Juan lo expresó de este modo: "Lo que hemos visto y oído, eso os anunciamos, para que también vosotros tengáis comunión con nosotros; y nuestra comunión verdaderamente es con el Padre, y con su Hijo Jesucristo. Esas cosas os escribimos, para que vuestro gozo sea cumplido" (1 Jn. 1:3-4). Piense: el Dios omnisapiente, todo poderoso en realidad nos invita a nosotros, a personas como nosotros, a su comunión íntima. ¿Cómo puede ser? La respuesta es que Dios nos ama.

Él no nos creó como creó a los objetos inanimados del universo. Él nos formó como objetos de su amor, con los que Él pudiera tener comunión. Dios dijo: "Hagamos al hombre a nuestra imagen" (Gn. 1:26). Dios desea profundamente que tengamos comunión con Él. Él nos ha creado para que podamos hacerlo. Es una posibilidad real y gloriosa.

Pero como vimos en el primer capítulo de este libro, el pecado ha invadido a la familia humana, y ya no tenemos la capacidad innata de andar con Dios "al aire del día" (Gn.3:8). Entonces Dios alcanzó en su gracia creadora y ha provisto los medios por los cuales la comunión con Él puede ser restaurada, a través de la vida, la muerte y la resurrección de nuestro Señor Jesucristo. Ahora las personas de Dios no solo tienen la posibilidad de andar en comunión con el Padre Dios creador; Él espera plenamente que lo hagan. ¿Cómo podemos experimentar esto con toda su riqueza?

Los medios para morar en Cristo

Hay dos cosas necesarias para la comunión con Cristo. Primero debemos vivir una vida de obediencia. Cuando Jesús nos advierte que moremos en Él, significa que a dónde nos envíe, ahí debemos ir; a dónde Él nos conduce, nosotros lo seguimos; lo que Él prohíbe, nosotros rechazamos, y lo que Él espera, nosotros lo hacemos. No podemos morar sin obediencia.

Segundo, debemos vivir una vida de fe. Sabemos que inicialmente experimentamos salvación por la gracia *a través de la fe*. Las obras de Dios no son suficientes. Pablo puso esto muy en claro, especialmente en las cartas a los romanos y a los gálatas. Llegó tan lejos como para decir que si alguien niega o pervierte esta verdad, el *anathema* (es decir, la maldición de Dios), descansa sobre la persona (Gá. 1:6-9). Fue el redescubrimiento de esta maravillosa verdad la que dio chispa a la gran Reforma Protestante en el siglo XVI.

Debemos aferrarnos a este gran principio bíblico.

Pero es aquí donde con frecuencia erramos. Luego de ser salvos por la fe en la persona y la obra de Jesucristo, tenemos una tendencia de volvernos nuevamente a la "ley". Jessie Penn-Lewis descubrió este error en ella misma. Es vencimiento en la búsqueda de la vida santificada. Por esto es que Pablo dijo en Gálatas 3:3: "¿Tan necios sois? ¿Habiendo comenzado por el Espíritu, ahora vais a acabar por la carne?". Debemos reconocer que morar en Cristo es un *primer andar,* no un andar, no un andar luchando por mantener la "ley" en la fortaleza humana, trabajando con nuestro propio poder para volvernos más santos. Somos salvos por la fe y somos santificados —hechos santos— por la fe. Luchar por mantener la "ley" en la energía de la "carne" a través de obras humanas siempre terminará en fracaso.

Y entonces, si aspiramos a morar en Cristo, lo hacemos por gracia a través de la obediencia y la fe. Abundan los motivos para fijar nuestra mirada en ese objetivo.

Los motivos para morar en Cristo

Nuestros motivos principales para morar en Cristo deben ser que deseemos darle gloria a Él. Pedro dijo:

> Si alguno habla, hable conforme a las palabras de Dios; si alguno
> ministra, ministre conforme al poder que Dios da, para que en

todo sea Dios glorificado por Jesucristo, a quien pertenecen la gloria y el imperio por los siglos de los siglos. Amén. (1 P. 4:11)

Claramente, el cristiano que mora, que ama, se convierte en una gloria y en una alabanza a Cristo.

El Señor Jesucristo mismo dijo: "Yo te he glorificado en la tierra; he acabado la obra que me diste que hiciese" (Jn. 17:4). Claramente, el cristiano que mora, que ama, se convierte en una gloria y en una alabanza a Cristo.

Otra motivación para morar en Cristo es el consuelo que puede darnos. Ser salvo significa que pasaremos la eternidad con Jesús, pero no tenemos que esperar a estar en su bendita presencia. Cristo transforma nuestra presencia diaria ahora mismo. En nuestra debilidad, nos da fuerzas, en nuestras pruebas, Él nos da consuelo; en nuestra incertidumbre, Él nos da liderazgo. Su gozo y paz se vuelven nuestros. El Señor lo dijo tan claramente: "Yo he venido para que tengan vida, y para que la tengan en abundancia" (Jn. 10:10). ¿Qué sería la vida sin esta seguridad?

Otro motivo para morar en Cristo es su importancia para los demás. Cuando moramos en Cristo, la vida del Señor Jesús irradia desde nosotros. Se cuenta la historia de un hombre viejo de Dios que invitó a uno de sus novicios para una caminata, diciendo: "Vamos a caminar bajando la calle y a predicar un sermón hoy. Si tenemos que hacerlo, usaremos incluso palabras". El mensaje es claro. Nuestras vidas irradian tanto a Cristo que la gente percibirá algo en nosotros del evangelio de Jesucristo. Esto solo puede suceder morando en nuestro Señor.

Este mundo necesita desesperadamente una palabra de testimonio, un gesto de amor, un toque de preocupación, algún acto o palabra simple que hable del propio amor de Cristo. Ansía ver la realidad de Cristo manifestada en las vidas de su gente. La crítica de que la iglesia está llena de hipócritas tiene algo de verdad. Puede ser una exageración, utilizada como excusa para evitar las exigencias de Cristo, sin embargo, debemos darle cierta credibilidad. Y hace que las almas que buscan tambaleen. Los cristianos deben ejemplificar al Señor Jesucristo de modo tal que dichas críticas no evaporen su presencia. Esta es una motivación suficiente para que nosotros moremos en nuestro Señor.

Habiendo descubierto los medios para morar en Cristo y los motivos para hacerlo, ahora debemos observar cómo podemos morar en nuestro Señor. Esto lleva al núcleo de este paso de este capítulo hacia la vida espiritual.

Cómo morar en Cristo

Primero debemos tratar nuestro problema del pecado. Consideramos este tema brevemente en el capítulo anterior sobre la plenitud del Espíritu Santo. Ahora debemos verlo en mayor profundidad. Comenzamos por darnos cuenta que si bien la salvación de Dios nos libera del primer juicio y descansamos seguros en Cristo (Ro. 8:38-39), aún así sufriremos tentaciones. Aún así, luchamos en contra del pecado. Cuando Jessie Penn-Lewis aprendió la manera de Dios de la victoria sobre el pecado, ella no vivió repentinamente una vida de perfección sin pecado. Todos debemos tratar con el pecado de la manera prescrita por Dios. No podemos albergarlo, negarnos a enfrentarlo, sin aspirar a morar en Cristo.

El problema del pecado

Hay una paradoja en nuestra sociedad contemporánea y permisiva. Las ideas "anticuadas" del pecado, la culpa y el remordimiento han sido dejadas de lado como una resaca de la era puritana "pasada de moda". Sin embargo, los consultorios de los psiquiatras están llenos de gente que siente culpa. Por supuesto, podemos ponerles nuevas etiquetas al problema, pero darles un nuevo nombre no los resuelve. Sigue existiendo esa montaña de vergüenza en el trasfondo. Arroja una sombra sobre toda la vida. Si solo pudiéramos tener valor y ser lo suficientemente sinceros como para enfrentar la realidad. Y si deseamos morar en Cristo, debemos hacerlo.

Ser sinceros con nosotros mismos nunca es sencillo, incluso para los cristianos. En el caso de David, se requirió de un feroz profeta que lo acusara en su cara y que tronara: "Tú eres aquel hombre" (2 S. 12:7). Nada tan cerca del trauma podía llevar al rey a ser él mismo. Sin embargo la Biblia presentó a David como a un hombre que estaba cerca del corazón de Dios. Los creyentes pecan. Las palabras más difíciles que alguna vez pronunciamos son las del hijo pródigo: "He pecado" (Lc. 15:21). Pero debemos prepararlas, porque: "Si decimos que no hemos pecado, le hacemos a él [Dios] mentiroso" (1 Jn. 1:10). Por cierto ¡no queremos hacer eso!

> *En el caso de David, se requirió de un feroz profeta que lo acusara en su cara y que tronara: "Tú eres aquel hombre" (2 S. 12:7). Nada tan cerca del trauma podía llevar al rey a ser él mismo. Sin embargo la Biblia presentó a David como a un hombre que estaba cerca del corazón de Dios. Los creyentes pecan.*

Ahora bien, ¿cómo encaja todo esto en el patrón de una vida en la que se mora en Cristo y se está en comunión con Dios? Un breve estudio del primer capítulo de 1 Juan tal vez aclare las cosas y proporcione algunas respuestas.

La advertencia de Juan

En la excelente exposición de Juan sobre la comunión en el capítulo 1 de su primera epístola, él describe la experiencia espiritual de Jesucristo. En el versículo

7, escribe: "Pero si andamos en la luz, cómo él está en la luz, tenemos comunión unos con otros". Esta comunión "en la luz" es clave. Como lo expresó un erudito de la Biblia:

> Mirar al Cristo celestial en la presencia del Padre, a quien todas las cosas están sujetas, nos transformará en cristianos celestiales, morando todo el día ante la presencia de Dios y venciendo a todo enemigo.

La idea de que podríamos tener comunión con nuestro Dios es una maravilla, considerando que: "Dios es luz, y no hay ningunas tinieblas en él" (1 Jn.1:5). La metáfora de la luz, frecuentemente utilizada en las Escrituras, retrata la esencia del carácter de Dios, y se refiere primordialmente a su santidad absoluta y consumadora. Podemos ver este atributo de Dios más gráficamente en Éxodo 33-34, en donde Moisés se encuentra con Dios en la montaña santa. La imagen que obtenemos de Moisés es increíble. Durante años él había sufrido las críticas y constantes quejas de los israelitas mientras vagaban por el desierto de Sinaí. Habían quebrado el pacto de Dios, y Moisés necesitaba mucho un toque fresco de Dios. Él oró: "Oh, Dios, te necesito. No nos envíes más adelante a no ser que yo pueda ver Tu bondad, Tu Gloria, y saber que Tú estás con nosotros. Si solo pudiera verte".

Dios, siempre bondadoso ante el llanto de su siervo le respondió a Moisés con palabras de consuelo y aliento. Dios dijo en esencia: "Moisés, yo comprendo, y honro tu solicitud de "verme". Renovaré Mi relación de pacto con la nación. Sin embargo, nadie puede mirar de frente al Santo Dios y vivir. Siempre debo permanecer en algún sentido "oculto". Satisfaré tu necesidad. Para que sepas que estoy contigo, haré que Mi gloria y Mi santidad pase ante ti. Pero mientras paso, tendré que colocarle sobre una piedra y poner Mi mano sobre tu rostro para que no mires al Señor y te consumas. Luego tú verás solo Mi espalda mientras me voy a la nube *Shekiná* de Mi gloria". Nosotros cantamos sobre esta gloriosa experiencia en el himno profundo de Fanny Crosby:

> Él ocultó mi alma en la punta de una roca
> Que da sombra sobre una tierra seca y sedienta;
> Él ocultó mi vida en las profundidades de su amor,
> Y me cubre con su mano.

Moisés bajó de su encuentro con Dios, y cuando lo vieron los israelitas, se encogieron del asombro. Si bien Moisés no tenía conciencia de ello, la propia piel de su rostro irradiaba la luz reflejada de su visión trasera de la santidad consumada de Dios. "Dios es luz, y no hay ningunas tinieblas en él" (1 Jn. 1:5). Y maravilla de maravillas, este es el Dios que nos invita a ir y vivir en comunión y morada con Él.

Un inquietante dilema

Pero hay un inquietante dilema. Dios es luz santa. Ningunas tinieblas pueden morar en su presencia. Y así como la luz física y la oscuridad no pueden ocupar el mismo lugar simultáneamente, tampoco la santidad de Dios puede hacerlo con la pecaminosidad humana. Nadie puede andar en comunión con el Dios de la luz y aún aferrarse a la oscuridad del mal.

Ignoramos nuestro pecado ya sea en rebelión, o porque no sabemos cómo tratar con él.

Este es un punto del dilema. Nuestro Señor Jesucristo dice, en efecto: "Ven, vive conmigo en la luz. Sin embargo tú no puedes hacerlo si te niegas a tratar con la oscuridad del pecado en tu vida cotidiana". Frecuentemente ignoramos nuestro pecado ya sea en rebelión o porque no sabemos cómo tratar con él. Racionalizamos el problema y negamos su misma existencia. Pero debemos enfrentar sinceramente nuestros pecados. Juan nos recuerda: "Si decimos que tenemos comunión, y andamos en tinieblas, mentimos, y no practicamos la verdad" (1 Jn. 1:8). ¿Qué debemos hacer?

La respuesta al dilema

¿Cómo tratamos el problema del pecado de la manera prescrita por Dios? La solución debe buscarse a toda costa; morar en Cristo —la posibilidad de la espiritualidad cristiana dinámica— queda en desequilibrio.

Todo este énfasis en el pecado puede parecer negativo. Pero Juan no ha producido una imagen sombría, con sus negros y grises pintados con un pincel de brocha gorda, solo para deprimirnos. Lo ha hecho para que podamos pasar de la desesperación de una comunión rota por el pecado con Cristo al gozo de morar en la luz. Esto es de hecho positivo.

Y Juan da la respuesta al dilema: "Pero si andamos en luz, cómo él está en luz, tenemos comunión unos con otros y la sangre de Jesucristo su Hijo nos limpia de todo pecado" (1 Jn. 1:7). Esta es la clave "La sangre de Jesús… nos limpia de todo pecado". Si queremos andar en la luz de la presencia de Dios, debemos estar *constantemente* limpiados por el poder del perdón de Cristo. Esto significa una limpieza diaria, de pecados por la eficacia de la preciosa sangre de Cristo. Y entonces tenemos la solución.

Con frecuencia restringimos la muerte de Cristo al pasado, al momento en que primero experimentamos la salvación y se nos perdonó el pecado. Por supuesto, esa experiencia sí nos coloca en el sendero de la vida. A través de la gran redención de Cristo recibimos una maravillosa *relación* con Dios: la del Padre con un hijo. Pero una vez salvos, debemos mantener una *comunión*. Y Juan deja claro que si nosotros los cristianos queremos andar en comunión con nuestro Señor, debemos ser constantemente limpiados por la sangre de Cristo así como también salvados por ella. Es decir, la muerte de Cristo no debe ser restringida solo a la conversión en nuestra experiencia. Dios tiene la intención de que el sacrificio de su Hijo sea efectivo *todos los días* para que podamos morar en Cristo. Esa limpieza diaria disipa la oscuridad y nos permite andar en la luz.

> *Demasiados pocos han entendido el concepto bíblico de cómo los creyentes deben tratar con sus pecados a fin de ser continuamente limpiados y de morar en comunión con Dios.*

La mayor parte de lo que se ha dicho hasta ahora parece razonable. Sin embargo se instila un pensamiento nebuloso. Podemos acordar en que debemos ser limpiados periódicamente. No obstante, demasiados pocos han entendido el concepto bíblico de cómo los creyentes deben tratar con sus pecados a fin de ser continuamente limpiados y de morar en comunión con Dios. Obtener una comprensión firme, bíblica de estas cuestiones prácticas ayuda a nuestro espíritu a crecer tremendamente.

Manifestaciones del pecado en las relaciones

El pecado se manifiesta en las relaciones. Tiene un impacto sobre nosotros de tres maneras. Primero, el pecado siempre involucra nuestra relación con Dios puesto que cada pecado es una afrenta hacia Él. Segundo, el pecado también afecta nuestras relaciones con los demás, ya que los demás son inevitablemente afectados. Y tercero, el pecado involucra a la iglesia. El pecado siempre es *personal* y *específico*. Solo al ver nuestros pecados en forma individual y a través de estas tres categorías, se los puede tratar directamente. Y la manera bíblica de tratarlos es la *confesión*.

Confesión de pecados

La Biblia nos dice que debemos *confesar* nuestros pecados. ¿Qué quiere significar Juan cuando nos insta a llevar nuestros pecados a Dios en confesión?

La palabra griega para "confesión" es intrigante. En el idioma del Nuevo Testamento. Es una palabra compuesta, que comprende el verbo *permanecer* y un prefijo que quiere decir *igual*. La palabra que traducimos como "confesar" en nuestras Biblias en español literalmente significa "permanecer igual" o "asentir a" o "acordar con". La confesión significa que "acordamos con" lo que respecta a nuestros pecados.

¿Con quiénes, sin embargo, acordamos respecto de nuestros pecados? La respuesta es obvia: el Espíritu Santo (Jn. 16:7-11). El Espíritu de Dios coloca su dedo acusador sobre pecados específicos, individuales que han evitado que moremos en Jesucristo. Para los cristianos, confesar los pecados significa "conceder" o "acordar con" el acusador Espíritu de Dios acerca de que un acto en *particular* es un pecado. Significa salirnos de nuestros propios yo y estar de pie por obra del Espíritu Santo, ser objetivo respecto del tema y acordar con Él.

Confesión específica

Requiere una voluntad meditar ante Dios, permitiendo que el Espíritu Santo nos busque. David oró: Examíname, Oh Dios, y conoce mi corazón; pruébame y conoce mis pensamientos (Sal. 139:23).

La confesión no es una admisión general, no específica de los pecados. Cuán frecuentemente simplemente oramos: "Señor, perdona mis pecados", ¡y eso es todo! La Biblia nunca aborda el tema de la confesión cristiana de un modo general. Juan dice: "Si confesamos nuestros pecados, él es fiel y justo para perdonar nuestros pecados, y limpiarnos de toda maldad (1 Jn. 1:9). Debemos confesar cada *pecado*, específicamente, no nuestros pecados como una entidad. Cuando generalizamos nuestra confesión, no puede experimentarse ninguna seguridad de perdón específico. Dicho enfoque a la confesión de los pecados puede ser apropiado para un servicio de adoración, pero en una oración privada individual, nunca servirá. Confesar los pecados, de acuerdo a Juan, significa nombrarlos individualmente, acordando con el Espíritu de Dios esos actos particulares de los cuales nos acusa y que verdaderamente han apenado a nuestro Señor. Esto exige una sinceridad y objetividad buscada en el corazón. Requiere una voluntad meditar ante Dios, permitiendo que el Espíritu Santo nos busque. David oró: "Examíname, Oh Dios, y conoce mi corazón, pruébame y conoce mis pensamientos" (Sal. 139:23). Por sobre todo, requiere un *corazón dolido,* darse cuenta de que nuestros pecados ponen a Jesús en la cruz y han interrumpido nuestra comunión con Dios.

Por supuesto, no hace falta decir que cuando confesamos nuestros pecados voluntariamente los abandonamos con arrepentimiento. Esto está presupuesto en el concepto bíblico de confesión. La verdadera quebradura ante nuestro Señor nos hará expulsar el mal que tanto lo desilusiona. Y cuando hemos reconocido cada pecado conocido individual ante Dios, podemos vivir con la seguridad de que hemos sido completa y totalmente limpiados por la sangre de Jesucristo (1 Jn. 1:9).

Un relato de pecado

Una dama misionera profundamente espiritual conocida nuestra se confiesa mediante un "relato de pecado". Ella enumera los renglones de una página en forma de serie. Luego en la calma de un lugar secreto ante Dios, ora para que el Espíritu Santo le revele todo acto que a Él le displace, todo lo que ella ha hecho que arruinó su relación con Jesucristo. Escribe estos pecados individuales. Finalmente toma la promesa de 1 Juan 1:9 para cada uno. A través de este ejercicio, ella experimenta un sentido de perdón real, permitiéndole una comunión más profunda con Jesús. Luego el "relato de pecado" simplemente puede destruirse. Deberíamos hacer algo como eso como parte de nuestro hábito periódico espiritual, incluso si no escribimos nuestros pecados.

Por supuesto, todos tenemos pecados "desconocidos" o "secretos", esos males que están en los intersticios ocultos de nuestros corazones que en nuestra etapa presente de madurez espiritual no los reconocemos. También deben ser confesados. Aunque no podamos "nombrarlos" específicamente, podemos orar como lo hizo David: "Líbrame de los que me son ocultos" (Sal. 19:12). Dios oirá esa oración de confesión también. Al crecer en Cristo, el Espíritu Santo progresivamente nos señalará estos pecados y nos permitirá tratar con ellos específicamente.

Perdón

El perdón de Dios es de hecho una experiencia maravillosa. "Perdonar", en la terminología de Juan significa saldar una deuda. "Ser limpiado" implica sacar una mancha. No solo Dios erradica todas las deudas, Él también quita la mancha de su memoria para que no nos arrastre a la depresión espiritual. La Biblia dice: "Porque seré propicio a las injusticias, y nunca más me acordaré de sus pecados y de sus iniquidades" (He.8:12). Dios olvida, también podemos hacerlo nosotros. Nos liberamos.

Otras implicaciones

¿Y si algunos pecados involucran relaciones con otras personas así como también nuestra relación con Dios? En tales casos, confesar estos pecados a Dios únicamente no nos permitirá experimentar una total libertad. Debemos confesárselos a Dios, todos los pecados deben ser llevados a nuestro Señor para su limpieza. Pero en el Sermón de la Montaña Jesús instó: "Por tanto si traes tu ofrenda al altar, y allí te acuerdas de que tu hermano tiene algo contra ti, deja allí tu ofrenda delante del altar, y anda, reconcíliate primero con tu hermano, y entonces ven y presenta tu ofrenda" (Mt. 5:23–24).

La simple verdad expresada por nuestro Señor Jesucristo no puede evitarse:

si pecamos contra otra persona y entonces se arruina nuestra comunión, debe hacerse una restitución a la persona ofendida. Debemos reconocer nuestro pecado y buscar perdón de contra quienes pecamos, tanto como sea posible y como Dios indica. Si no lo hacemos no podemos esperar una verdadera comunión y morar en Cristo, o entre nosotros (1 Jn. 1:3).

La confesión humilde a otra persona es difícil pero necesaria. Si no podemos hablar cara a cara con la persona ofendida podemos llamarla por teléfono, o escribirle, o enviarle un correo electrónico. Es importante que estemos en forma correcta ante Dios *y los demás*. Después de todo, la Biblia presenta esto como la única cosa sincera y ética por hacer. Sin embargo, es arduo; el Espíritu Santo tiene que llevarnos a un lugar de quebranto ante Dios (Sal.51:17) antes de que estemos dispuestos a humillarnos ante otros (Stg. 4:10). Pero Dios puede moldear y formar el corazón de modo que nuestras vidas ejemplifiquen a Jesucristo; Él también fue un hombre de espíritu contrito y humilde. Tal espíritu entre nosotros revolucionaría nuestros hogares, nuestras iglesias, nuestra nación y nuestro mundo.

Un paso final, uno difícil

Puede haber momentos cuando el pecado se manifiesta no simplemente en contra de Dios, no simplemente en contra de otro individuo. Puede ser injuriante y abierta, reprochando también a la iglesia. Con suerte, esta situación no ocurre frecuentemente, pero ¿qué oímos decir a la Biblia si sí sucede? Santiago nos dice: "Confesaos vuestras ofensas unos a otros, y orad unos por otros, para que seáis sanados" (Stg. 5:16). ¿Santiago quiere decir que hay determinados pecados que debemos confesar a un grupo de una iglesia o incluso a toda la congregación? Ese parece ser el significado. Esto es *realmente* difícil. Sin embargo, sería maravilloso si existiera tal comunión entre los creyentes para que siempre fuéramos abiertos, sinceros y honestos sobre nosotros mismos. La iglesia debería ser así, un lugar donde el amor y la aceptación puede sanar relaciones rotas. Tenemos una necesidad de ser sinceros sobre nosotros mismos con nuestros hermanos y hermanas en Cristo, sin sentirnos amenazados. Si nuestras iglesias solo pudieran ser comunidades de genuino cuidado, dejaríamos caer nuestras mascaras y seríamos nosotros mismos. Nuestra reticencia se desvanecería.

Una advertencia

En este área de la confesión, se debe ser muy cauteloso en que la apertura no degenere en una simple aireación de nuestros "trapos sucios". Esta es una trampa satánica, y puede ser muy prejudicial a la salud espiritual y a la comunión. Hay cosas en nuestra vida que solo Dios debe conocer. El mandato bíblico es el de confesar los pecados en el área de la ofensa. Todos los pecados deben confesarse a Dios, y luego confesarse a las personas contra quienes se ha pecado. Ir más allá de estas pautas bíblicas puede crear serios problemas. Debemos ser sinceros, debemos ser abiertos, pero debemos estar conducidos por el Espíritu. Una sensibilidad al Espíritu Santo, mientras moramos en Cristo, Le permitirá dirigir y conducir en el asunto de qué pecados deben confesarse y a quiénes. Por supuesto si los pecados son tan graves y abiertos y ese reproche se lleva a toda la iglesia y se daña la comunión allí, entonces se debe buscar el perdón para toda la congregación. Y ocasionalmente las congregaciones deben ejercer la disciplina de la iglesia. Esto constituye el significado real y bíblico de una "rededicación" pública.

La Biblia declara que el pecado debe ser confesado. Debemos confesarnos con quienes hemos pecado: Dios, los demás o la iglesia. Solo entonces podemos participar de la verdadera comunión espiritual.

Más

❦No podemos ser perfectos, pero podemos ser "vencedores". Morar en Cristo nos convierte en conquistadores.

Morar en Cristo es más que una ronda continua de tentación, pecado, confesión y restitución. En sí, eso constituiría un estilo de vida derrotado. Que sea entendido y plenamente reconocido: *Se puede encontrar victoria en nuestro Señor Jesucristo.* No podemos ser perfectos, pero podemos ser "vencedores". Morar en Cristo nos convierte en conquistadores. Pablo dijo: "Antes, en todas estas cosas somos más que vencedores por medio de aquel que nos amó" (Ro. 8:37). Esa verdad debe proclamarse junto con la promesa de perdón y de limpieza. ¿Cómo podemos ingresar en ese camino a la victoria?

El camino a la victoria en Cristo

Podemos experimentar *victoria* sobre la tentación y el pecado porque estamos en Cristo. Esta verdad significó tanto para Jessie Penn-Lewis, como lo hemos visto. Esa expresión clave, sin embargo, necesita una mayor investigación Pablo solo utilizó la frase, o su equivalente, más de 160 veces en sus cartas. Debe ser de hecho muy importante.

❦Ser un conquistador proviene solo de la fe. La fe, no la lucha humana, es la llave que abre toda la casa del tesoro de Dios.

La centralidad de la fe

Juan formuló los cimientos de la victoria espiritual cuando escribió: "Esta es la victoria que ha vencido al mundo: nuestra fe" (1 Jn. 5:4). El camino a la victoria es el camino de la fe. Cuando luchamos con nuestra energía para ser vencedores, inevitablemente terminamos diciendo con Pablo: "Porque no hago el bien que quiero, sino el mal que no quiero, eso hago" (Ro. 7:19). Eso no es victoria, ¡sino derrota! La falta de las fuerzas de la fe nos fuerza a la guerra del "desierto". Se nos previene de no ingresar a la "Tierra Prometida" (He. 4:6). Ser un conquistador proviene solo de la fe. La fe, no la lucha humana, es la llave que abre toda la casa del tesoro de Dios: Pablo presenta el mismo plan espiritual cuando dice: "Sobre todo, tomad el escudo de la fe, con que podáis apagar todos los dardos con fuego del maligno" (Ef. 6:16). John Yates, el autor de himnos, tenía razón: "La fe es la victoria, lo sabemos, que vence al mundo".

El objeto de fe

Sin embargo, la fe debe tener un objeto. No servirá decir simplemente: "¡Tengan fe!". Eso puede sonar espiritual y alentador, pero es demasiado indefinido para poseer algún poder. La fe genuina siempre tiene su base en una realidad objetiva: la verdad de Dios. La verdad de Dios como el objeto o el terreno de la fe, debe ser entendido de dos formas:

Primero, los creyentes poseen la verdad de Dios en las Santas Escrituras. La Biblia tiene un papel vital para jugar como un objeto de creencia vibrante. Segundo, los cristianos tienen la Verdad viviente en Jesucristo Mismo. Él es la meta de nuestra fe. ¿De qué manera, entonces, podemos experimentar la victoria a través de nuestra fe en Jesucristo? Pablo escribe:

> ¿Qué, pues, diremos? ¿Perseveraremos en el pecado para que la gracia abunde? En ninguna manera. Porque los que hemos muerto al pecado, ¿cómo viviremos aún en él? ¿O no sabéis que todos los que hemos sido bautizados en Cristo Jesús, hemos sido bautizados en su muerte? Porque somos sepultados juntamente con él para muerte por el bautismo, a fin de que como Cristo resucitó de los muertos por la Gloria del Padre, así también nosotros andemos en vida nueva. Porque si fuimos plantados juntamente con él en la semejanza de su muerte, así también lo seremos en la de su resurrección; sabiendo esto, que nuestro viejo hombre fue crucificado juntamente con él, para que el cuerpo del pecado sea destruido, a fin de que no sirvamos más al pecado. Porque el que ha muerto, ha sido justificado del pecado. Y si morimos con Cristo, creemos que también viviremos con él; sabiendo que Cristo, habiendo resucitado de los muertos, ya no muere; la muerte no se enseñorea más de él. Porque en

cuanto murió, al pecado murió una vez por todas, más en cuanto vive, para Dios vive. Así también vosotros consideraos muertos al pecado, pero vivos para Dios en Cristo Jesús (Ro. 6:1-11).

Surge una verdad muy significativa de lo que Pablo está diciendo.

Una gran verdad

Pablo inicia su disertación expresando que cuando morimos, el poder y el dominio de los pecados sobre nosotros se rompen ¡Bastante razonables! Cuando morimos, estaremos con nuestro Padre Celestial y nuestros días de tentación habrán terminado. Pero ¿qué sucede con nuestro problema ahora, en esta vida? Todavía estamos vivos, y propensos a pecar. ¿No sería maravilloso si pudiéramos estar muertos y aún vivos al mismo tiempo? Pero tal pensamiento parece ridículo, al menos desde cualquier perspectiva humana. Seríamos lo que los autores de historias de horror llaman "zombis". ¡Imposible! Pero luego Pablo nos asombra con una enunciación aparentemente increíble. Él les dice a los romanos —y a nosotros— que debido a *la identificación con Jesucristo,* nosotros los creyentes somos uno con nuestro Señor. Estamos "fundidos", como si lo fuera, *en unión con Él,* y en realidad hemos compartido en su muerte y resurrección. En Cristo hemos muerto para el pecado en la cruz y hemos resucitado a una nueva vida porque estamos *en Él.* Realmente somos "muertos vivos" en Cristo. Por supuesto, estar en unión con Cristo no significa que perdamos nuestra humanidad y nuestra distinción de la Deidad como lo enseñan algunas religiones orientales. No somos "absorbidos" por Dios. Seguimos siendo seres creados, limitados. Dios solo es finito y final. Aún, nos encontramos, por la guarda de Dios en la gracia de Cristo, tan unidos a nuestro Señor que compartimos en Él un sentido de ser uno solo. Es un misterio, pero las Escrituras declaran que es verdad. Así que confiamos en su Palabra. Y todo esto tiene maravillosas implicaciones.

Nuestro "ser uno" con Cristo es algo multifacético. En la epístola a los efesios solamente, Pablo subraya siete aspectos de nuestra posición "en Cristo".

- Efesios 1:3:   Recibimos todas las bendiciones en Cristo.
- Efesios 1:4:   Dios nos eligió en Cristo.
- Efesios 1:6:   Alabamos su gracia en Cristo.
- Efesios 1:7:   Hemos recibido redención en Cristo.
- Efesios 1:9:   Dios muestra su amable intención en Cristo.
- Efesios 1:10:   Todas las cosas se resumen en Cristo.
- Efesios 1:13:   Somos sellados por el Espíritu en Cristo.

El principio incluso se relaciona con nuestra vida de oración. Oramos en y a través de nuestro Señor Jesús y su justicia. Estamos literalmente en Cristo. Veamos ahora este hecho espiritual increíble puesto que se relaciona con la victoria sobre el pecado.

*Debemos comprender que la salvación de Dios, que
todo lo incluye, así como también el perdón de los pecados
también nos hace uno con Cristo Esto significa que cuando
Jesús colgaba de la rugosa y vieja cruz, nosotros
colgábamos de allí también. Nuestro "hombre viejo"
murió con Él.*

● Estamos muertos al pecado

Debemos entender que la salvación completa de Dios, así como proporciona perdón a los pecados, también nos hace uno con Cristo. Esto significa que Jesús estuvo colgado de la vieja y rugosa cruz y nosotros estamos colgados allí con él. Nuestro "hombre viejo" murió con Él. Todo esto sucedió en un sentido espiritual, pero lo espiritual es tan real —en realidad más real— que lo material. Sin embargo, preguntamos "¿Cómo puede ser? Jesús se murió hace dos mil años". Hay que darse cuenta de que Dios trasciende el tiempo y el espacio y, en su infinidad y finalidad en realidad nos identificó en la cruz con Jesús antes de la "fundación del mundo" (Ef.1:4). Y no hay que equivocarse, Él es muy capaz de hacerlo. Nada es demasiado difícil para el Señor (Gn. 18:14), incluyendo trascender nuestro marco temporal. Estamos "encajonados" en nuestro mundo limitado de cuatro dimensiones, pero Dios no lo está. El tiempo y la distancia no es ningún problema para nuestro Señor trascendente. Einsten ha demostrado que el tiempo y el espacio son relativos incluso para nosotros; cuánto más es Dios capaz de ir más allá de nuestras dimensiones limitadas. Esto significa que cuando Jesús murió por el pecado y obtuvo la victoria por su sangre derramada en el Calvario, nosotros estábamos también allí y compartimos esa victoria por muerte. En consecuencia, nuestra antigua cultura está muerta, crucificada con Cristo. Somos personas nuevas. Esto es exactamente lo que Pablo, bajo la inspiración del Espíritu Santo, declaró.

De hecho, esta verdad apela únicamente a la fe. Nuestros limitados poderes de razonamiento nos fallan aquí. Pero puesto que las Escrituras declaran nuestra unidad con Cristo en la muerte, por fe lo aceptamos, sabiendo que Dios puede hacer lo que Él desee. Recuerde, "la fe es la victoria". Como creyentes, no tenemos una naturaleza vieja y una nueva, cada una de igual fuerza, batallando una con otra. La vieja ha sido crucificada con Cristo. Créanlo. Proclámenlo. Nuestro viejo yo está muerto. Lo que parece viejo acerca de nosotros reside en el todavía no renovado o aspecto carnal de nuestra mente. Pero hablaremos más de eso dentro de poco. Seamos claros, el "hombre viejo", como lo dice la Biblia, está crucificado, y enterrado *en Cristo*.

Estamos vivos para Dios

*Él liderazgo del primer Adán, bajo el cual nacimos
naturalmente, ha terminado; el pecado y la muerte han sido
derrotados. Ahora vivimos como una raza nueva, bajo el
liderazgo del último Adán, Jesucristo. ¿Puede el pecado
regir sobre nosotros? ¿Debemos estar destinados a
permanecer como víctimas constantes de la tentación?
¡No!*

Asimismo, no solo hemos muerto y hemos sido crucificados con Cristo, también hemos resucitado espiritualmente en Él. Él vive, y estando en Él, nosotros también hemos roto el lazo de la muerte. Hemos surgido de la tumba. Ahora vivimos la vida resucitada de nuestro Señor en la persona del Espíritu Santo. Hemos nacido de nuevo (Jn. 3:3). El liderazgo del primer Adán, bajo el cual nacimos naturalmente, ha terminado; el pecado y la muerte han sido derrotados. Ahora vivimos como una raza nueva, bajo el liderazgo del último Adán, Jesucristo (1 Co. 15:45). Recuerden cómo lo expresó Pablo: hemos sido elevados para andar en la "vida nueva" (Ro. 6:4). ¿Puede el pecado regir sobre nosotros? ¿Debemos estar destinados a permanecer como víctimas constantes de la tentación? ¡No! Estamos muertos al pecado en Cristo, nuestra nueva Cabeza, y vivimos la vida resucitada de la nueva raza de nuestro Señor. Este es nuestro derecho de nacimiento en Jesucristo. Como lo expresó un autor, somos personas que han "nacido crucificadas" en Cristo. Así, Pablo escribió: "Con Cristo estoy juntamente crucificado; y ya no vivo yo, mas vive Cristo en mí; y lo que ahora vivo en la carne, lo vivo en la fe del Hijo de Dios, el cual me amó y se entregó a sí mismo por mí" (Gá.2:20).

No es fácil de entender

Por supuesto, no es fácil asimilar estas verdades, especialmente cuando vemos que por momentos fracasamos y caemos en el pecado. El problema es que todavía tenemos nuestras viejas mentes con las cuales luchar. Antes de llegar a la regeneración en Cristo, nuestras mentes infieles nos hicieron actuar egoístamente, no de acuerdo a la voluntad de Dios. Pensamos y actuamos como rebeldes. Fue un modelo. Pero ahora estamos en Cristo. Por fe nos vemos a nosotros mismos "crucificados y elevados con Cristo". Y puesto que estamos en Cristo, el Espíritu Santo puede obrar para crear una nueva mente en cada uno de nosotros, quebrando el viejo modelo.

Hay dos leyes que claman la ascendencia en la vida del cristiano. Pablo llama a una "la ley del pecado y de la muerte" (Ro. 8:2). La ley funciona a través de la mente no renovada cuando no nos entregamos a Jesucristo y a su señorío diario en nuestras vidas, o cuando no reconocemos que nuestro "hombre viejo" está muerto en Cristo. La otra es la "ley del Espíritu de la vida en Cristo Jesús" (Ro. 8:2). Esta ley obra a través de nuestra naturaleza redimida como la nueva mente que es mejorada constantemente por el Espíritu Santo. En esta última ley reside la victoria. Pablo dice: "Porque la ley del Espíritu de vida en Cristo Jesús me ha librado de la ley del pecado y de la muerte" (Ro. 8:2). Ilustremos esto.

Un ejemplo

Podemos asemejar la interacción de estos dos principios a ascender al cielo en un globo. La ley del pecado es como la ley de gravedad. No se puede escapar a su fuerza. Sin embargo, el globo se eleva. ¿Cómo? Otra ley contrarresta la ley de gravedad. El gas del globo ejerce una fuerza mayor que la fuerza hacia debajo de la gravedad, entonces el globo sube. Del mismo modo, "La ley del Espíritu de la vida en Cristo Jesús" opera como una ley más elevada y por lo tanto vence a la ley pecaminosa que obra en la mente no renovada. Entonces es mejor que nos quedemos en la góndola de la fe, puesto que solo allí podremos ascender a las alturas espirituales. Cuando la nueva naturaleza asciende, el Espíritu Santo constantemente renueva nuestras mentes para parecernos a Cristo. Y el viento del Espíritu nos lleva hasta la voluntad de Dios.

La nueva mente

Cuando entregamos nuestro todo —presentamos
nuestros cuerpos— que el compromiso le da al Espíritu
reino libre para renovar nuestras mentes, podemos saber y
comprender la voluntad de Dios y hacerla.

Por la gracia de Dios y en fe, ascendemos por encima del pensamiento carnal de la "vieja mente". Permitimos que el Espíritu Santo nos transforme según la voluntad de Dios. Pablo dijo: "Así que, hermanos, os ruego por las misericordias de Dios que presentéis vuestros cuerpos… agradable a Dios… no os conforméis por medio de la *renovación de vuestro entendimiento,* para que comprobéis cuál sea la buena voluntad de Dios, agradable y perfecta" (Ro. 12:1-2, la cursiva es nuestra). El objetivo es transformarse, como lo expresó nuevamente Pablo "renovaos en el espíritu de vuestra mente, y vestíos del nuevo hombre, creado según Dios en la justicia y santidad de la verdad (Ef. 4:23-24). Siguió instando: "Todo lo que es verdadero… puro… amable… en esto pensad" (Fil. 4:8) y como lo dijo el autor del Antiguo Testamento: "Porque cual es su pensamiento en su corazón, tal es él" (Pr. 23:7). La mente, el núcleo de la voluntad conciente, debe ser transformada por el poder renovador del Espíritu Santo. A este proceso que lleva toda la vida la Biblia lo llama *santificación,* y viene esencialmente a través de la confianza en nuestro Señor. Enfaticemos una vez más; la santificación no viene con la lucha, sino con la entrega y la fe al apropiar nuestra posición en Cristo (Gá.3:3). Cuando entregamos nuestro todo —"Presentamos nuestros cuerpos"— ese compromiso le da al Espíritu reino libre para renovar nuestras mentes, podemos saber y comprender la voluntad de Dios y hacerla. En nuestra vida terrenal nunca alcanzaremos la perfección, pero por la fe crecemos hacia ella. Es más, cuando fallamos y nos entregamos al pecado, tenemos la promesa del perdón de Dios (1 Jn. 1:9). En esos momentos debemos confesar nuestro pecado, ponernos de pie, y seguir hacia la meta de la mente renovada, al igual que el corazón y la vida en Cristo.

Creer en la Biblia

Ahora es obvio que solo tomando a Dios por su Palabra podemos comprender qué significa estar "en Cristo". Pero *allí reside la victoria.* Y allí encontramos la libertad. Como un autor lo expresó correctamente:

> . . . Cuando Cristo murió en la cruz al pecado, nosotros nos identificamos con Él en esa muerte al pecado. Es decir, morimos *con Él.* Por nuestra unión con Él en su muerte, fuimos liberados del pecado y del castigo del pecado y fuimos emancipados del poder del pecado. Toda nuestra santificación, por lo tanto, debe rastrearse y descansar en el sacrificio expiatorio de nuestro Señor Jesucristo. La cruz de Cristo es la causa eficiente de la liberación del poder del pecado. La libertad del dominio del pecado es una bendición, podemos proclamar por fe, así como aceptamos el perdón.[19]

Stephen Olford también habla de este tema en forma poética en su libro, *No yo, sino Cristo:*

> Estoy muerto al pecado a través de Cristo mi Señor,
> Porque en su muerte también morí;
> Está escrito claramente en la propia Palabra de Dios
> Y, alabado sea su nombre, ¡estoy justificado!
> Estoy muerto al pecado, entonces debo vivir,
> Para Cristo solamente quien lo dio todo;
> Y por su amor no puedo más que dar
> Mi vida y dones, tanto los grandes como los pequeños.
> Estoy muerto al pecado, entonces debo servir
> A mi Dios y Rey cada día y cada hora;
> Lo que Él ordene yo debo respetar,
> Y buscar hacerlo con poder celestial.

Estoy muerto al pecado, ¡Ah, que pensamiento bendito!
Ahora puedo descansar del cuidado y la lucha
Mi lucha Él ha peleado para siempre,
Y ahora vivo su vida elevada.
Estoy muerto al pecado, Ah, pensamiento bendito!
Ahora puedo descansar del cuidado y la lucha;
Él ha luchado para siempre mi lucha,
Y ahora vivo su vida elevada.[20]

La Biblia llega tan lejos como para decir que estamos "Juntamente con Él nos resucitó y asimismo nos hizo sentar en los lugares celestiales con Cristo Jesús" (Ef. 2:6). En un sentido muy real, ya estamos en el cielo. ¡Vaya posición la nuestra! Descansamos EN CRISTO. Tenemos VIDA.

Los sentidos prácticos

No nos atrevemos a luchar con Satanás en su propio terreno. Libramos la guerra al permanecer en el campo de la fe . . . Luego la batalla es del Señor.

El principio "en Cristo" obra de por sí en una manera muy pragmática. ¡Obtenga la dinámica de ello! Digamos que nos encontramos enfrentados con una de nuestras antiguas debilidades. Las tentaciones nos golpean. Nuestra mente no renovada, acostumbrada a rendirse a las cosas de la carne, cede (véase Ro. 7:18). La batalla ha sido librada y perdida con tanta frecuencia, parecería ser. Pero ahora tenemos una nueva verdad. Reconocemos, como Pablo les escribió a los romanos: "Pero ahora estamos libres de la ley, por haber muerto para aquella en que estábamos sujetos, de modo que sirvamos bajo el mismo régimen nuevo del Espíritu y no bajo el régimen viejo de la letra" (Ro. 7:6). Darnos cuenta de nuestra identificación por la fe con Cristo en su muerte y resurrección, nos enfrentamos a la tentación y decimos: *Este pecado no tiene más poder sobre mí. Estoy muerto a él. Soy una nueva persona. La vieja naturaleza es crucificada con Cristo. Estoy vivo para Dios, y la vida resucitada de Jesucristo es mía.* Descansando en la promesa de Cristo, miramos en fe a Dios y a su poder para la victoria.

La batalla de la fe

Por supuesto, se libra una batalla. Pero durante la guerra, no luchamos "directamente" con el pecado, puesto que esto significaría por cierto la derrota. El pecado es más fuerte que nosotros. En fe tomamos nuestra posición, pero nunca descansando en nuestra propia fuerza y determinación. ¡Cómo el pecado, Satanás, y el mundo aman engañarnos aquí! Cuando renunciamos al refugio de la fe, somos susceptibles al poder de Satanás. No nos atrevemos a luchar con Satanás en su propio terreno. Libramos la guerra luchando por permanecer en el campo de *batalla de la fe*. La lucha no es meramente "la buena lucha". Es la buena lucha "de la fe" (1 Ti. 6:12). Luego la batalla es del Señor (véase 2 Cr. 20:15).

Tomamos nuestra posición en Cristo por fe. Esa es la maravillosa verdad que descubrió finalmente Jessie Penn-Lewis. Es la manera de Dios de vencer "las acechanzas del diablo" (Ef. 6:11) y ser victoriosos.

En esa "lucha de la fe", pueden presentarse ante nosotros severas pruebas. Durante los momentos de prueba, momentos en que necesitamos desesperadamente a Dios, con frecuencia Él parece estar alejado. El profeta Elías se sintió de ese modo, incluso hasta el punto de orar para que el Señor tomara su vida (1 R. 19:4-12). Se había hundido en la desesperación, todo parecía perdido. Pero fue justo en ese momento que Dios *respondió* (vv.11-14). Un ruidoso viento corrió por el cielo, pero "Dios no estaba en el viento"; un terrible terremoto abrió el suelo bajo los pies de Elías, pero "Dios no estaba en el terremoto", un rugiente fuego se encendió, pero "Dios no estaba en el fuego". ¿Cuando entonces fue el poderoso Dios el que dio por tierra con todas las preocupaciones, dividió las montañas de problemas, y con su fuego consumió todos los problemas? ¿Por qué se mantuvo en silencio? Después de todos los prodigiosos fenómenos, el profeta oyó "una pequeña voz". Dios puede no intervenir en nuestras pruebas de una manera poderosa; por lo general lo hace suavemente. Pero estén asegurados. *Él intervendrá*, aunque sea como la "pequeña, silenciosa voz". Él conoce nuestra lucha y por cierto se manifestará. Hará lo que sea, ya sea que entendamos sus maneras o no. Siempre confíen en sus corazones, dejen que Él obre como quiera, y confíen en Él. Dios honra la fe.

Nosotros tomamos nuestra posición en Cristo por fe. Esa es la maravillosa verdad que Jessie Penn-Lewis descubrió finalmente. Es la manera de Dios para vencer "las acechanzas del mal" (Ef.6:11), y ser victoriosos. No "trabajamos" hacia la Victoria, por fe trabajamos desde ella.

Así vivimos y batallamos en un nuevo escenario, un escenario de libertad a través de la fe. Allí encontramos el poder para morar en Cristo. La liberación del dominio del pecado es una parte de la salvación como lo es la liberación de su castigo. Todo esto se vuelve disponible a través de la muerte y la resurrección del Señor. Y se vuelve nuestro en la maravillosa experiencia de conversión. Esto se aplica a todos los creyentes. Toda persona nacida de nuevo está en Cristo. Somos aceptados por Dios en Cristo al heredar toda la nueva naturaleza del Señor. En consecuencia, en compromiso total, permitimos que el Espíritu Santo renueve constantemente nuestras mentes, y luego sigue la santificación.

Una importante advertencia

Todo este énfasis en la fe de ningún modo implica pasividad, solo por decir "yo creo", sin ninguna decisión definida para entregar nuestra voluntad a la voluntad de Dios. Por el contrario, luego de que Pablo presenta exhaustivamente nuestra posición en Cristo en Romanos 6:1-11, de inmediato pasa al énfasis: "No reine pues el pecado en vuestro cuerpo mortal, de modo que lo obedezcáis en sus concupiscencias" (Ro. 6:12).Tenemos la voluntad otorgada por Dios para emplearla en todos los asuntos espirituales. Dios nunca pasa por alto nuestra toma de decisiones tanto como no ignora nuestra fe y nuestra confianza. Ser un vencedor demanda disciplina. Recuerden que Pablo dijo: "Sino que golpeo mi cuerpo" (1 Co. 9:27). Al buscar la victoria, debemos ejercer nuestra voluntad, rendirnos a Dios y estar firmes en nuestras decisiones para hacer las cosas de Dios, resistiendo el pecado como nunca antes. Como un gran líder del Ejército de Salvación lo expresó:

> ¿Dejarán que Jesús los tenga por completo? Han intentado luchar contra el diablo con sus propias fuerzas, y han fracasado. Si ahora dejan que el Espíritu Santo eleve el estandarte de la santidad en sus corazones, tendrán victoria donde han sido derrotados. Serán puros en una era sucia; orarán en una época sin oraciones; tendrán gozo en una era sin gozo; tendrán fe en una era sin fe; y otros verán a Cristo en ustedes.[21]

Para repetir: cuando doblegamos nuestra voluntad a la voluntad y los propósitos de Dios, y moramos en el terreno de la fe; "Esta es la victoria que ha vencido al mundo" (1 Jn. 5:4).

Dios lo dijo

Por supuesto, nuestra posición en Cristo no se basa en una comprensión puramente racional de los hechos. Es paradójico decirlo. Pero después de todo, gran parte de la fe cristiana desafía el razonamiento limitado humano. La naturaleza de la Trinidad y la encarnación del Hijo de Dios no son racionales. Esto no significa que *la verdad de Dios es irracional,* en cambio, *es suprarracional,* porque el es el Señor Dios suprarracional Todopoderoso. Y lo alabamos porque Él es ese tipo de Dios que trasciende. Creemos firmemente en todo lo que declara la Biblia y fijamos nuestras mentes allí hasta que se vuelva natural para nosotros tomar a Dios en su Palabra. Recuerde, de eso se trata la fe. Y recuerde al autor del libro de Hebreos que declaró: "Pero sin fe es imposible agradar a Dios" (He. 11:6).

¿Por qué todas estas palabras?

Le llevó algún tiempo a Jessie Penn-Lewis asimilarlo todo, pero cuando lo hizo, se convirtió en una mujer liberada en el Espíritu. También puede tomarnos tiempo a nosotros, pero debemos seguir. Entonces "andaremos por la fe, no por la vista" (2 Co. 5:7).

Estas realidades, si bien son difíciles de comprender, son vitales para morar en Cristo y experimentar la victoria a través de Él. Le llevó algún tiempo a Jessie Penn-Lewis asimilarlo todo, pero cuando lo hizo, se convirtió en una mujer liberada en el Espíritu. También puede tomarnos tiempo a nosotros, pero debemos seguir. Entonces, "andaremos por la fe, no por la vista" (2 Co. 5:7).

Y hay otras disciplinas tales como el estudio bíblico, la oración, dar testimonio, ponerse "toda la armadura de Dios" (Ef. 6:10-17), que son vitales para morar en Cristo; el resto de este libro tratará con estos temas. Pero todo comienza y termina con la fe. El Espíritu obra en todos los creyentes de acuerdo a su fe y orquestará una comunión centrada en Cristo. Tal fe morando en Él significa victoria y una experiencia profunda, rica, duradera cristiana. Andrew Murray lo expresó bien cuando dijo:

Cuando ellos (los cristianos) primero encontraron la paz aprendieron que eran salvos por la fe. Comprendieron que el perdón y la aceptación y la vida todos vienen únicamente por la fe… siempre debemos caminar en la fe, cada vez más debemos vivir por fe, y cada día y cada hora nada puede ayudarnos más que una fe clara, definida, habitual en el poder de Dios y en su obra, como la única posibilidad de crecimiento y progreso.[22]

Conclusión

Podemos morar en Cristo y convertirnos en creyentes espirituales, victoriosos, maduros en nuestro maravilloso Señor.

Oración

Oh, Señor, tú has hecho tanto por todos nosotros en Cristo. Tú haces posible la victoria y las bendiciones a través de nuestra unión con Él. Ayúdame a entender estas maravillosas verdades, a ejercer la fe y a convertirme un cristiano conquistador. En el nombre de Jesús y por su gloria es que oro. Amén.

10 preguntas para estudio y debate

1. Jessie Penn-Lewis luchó con sus problemas de salud toda su vida. ¿Le ayudó esto o le obstaculizó su desarrollo espiritual?
2. ¿Cuáles fueron los "pasos" para la formación espiritual que Jessie llegó a entender y a tomar? ¿Qué significan para nosotros?
3. ¿Qué es la *gloria* y la *meta* de morar en Cristo?
4. ¿Dónde empieza el hecho de "morar en Cristo"?
5. ¿Cómo tratamos el problema del pecado?
6. ¿Cuáles son los resultados de negarnos a tratar nuestros pecados?
7. ¿Es posible la victoria sobre el pecado? De ser así, ¿eso significa que podemos ser perfectos?
8. ¿Qué significa estar "en Cristo"?
9. ¿Cuál es la relación entre estar "en Cristo" y la victoria cristiana? ¿Qué significa "morar"?
10. ¿Por qué el "camino de la fe" es el núcleo de todo?

ℒa mujer espiritual es un ejemplo de 𝒟ios

Conozca a Martha Franks:
Una mujer que fue un ejemplo de Dios

*Porque ejemplo os he dado, para que como yo
os he hecho, vosotros también hagáis.
(Jn. 13:15)*

$\mathcal{E}$sa querida mujer ejemplifica a Dios más que nadie que haya conocido" Tales expresiones rodean la vida a la imagen de Cristo y el dedicado ministerio de Martha Franks. Misionera, profesora de seminario, fundadora de instituciones y humilde sierva de Cristo, Martha Franks ejemplificó el amor de Dios en una vida de servicio. De verdad personificó a una mujer espiritual. Su vida se lee como una letanía a la gloria de Dios.

Una niñita vivaz

Ese no había sido siempre el caso de Martha, especialmente siendo niña. Los amigos la veían como una niñita vivaz, adorable, pero ella albergaba una fuerte personalidad. Tenía voluntad propia y una mente firme. Martha fue hija de John y Sallie Franks y nació en la pequeña comunidad de Laurens, Carolina del Sur, siendo la menor de seis hermanos. Sus paredes eran personas devotas, que iban a la iglesia y que veían que Martha nunca estaba en su casa jugando, cuando la iglesia bautista local conducía sus servicios. Y, si bien tenía voluntad propia, nunca se rebeló ante el hecho de ir a adorar. Sin embargo, tenía su propio modo de evaluar a la iglesia. La institución no alcanzaba su ideal. Puesto que era una niñita firme, inquisidora y resuelta les ocasionó a sus padres cierta consternación. Pocos dirían que fue la niña más fácil de criar. Pero fue amada, y el hogar siempre era un lugar feliz y seguro para ella.

Los padres

John Franks creció con el legado de la post-Guerra Civil en el Sur. Su padre fue muerto en la Guerra Civil cuando John tenía dos años. En consecuencia, su madre tuvo que criarlo durante la época de la Reconstrucción. Las familias del Sur —especialmente si no había un padre en el hogar— pasaban momentos difíciles. Pero John surgió de esos momentos difíciles como un joven firme. En los primeros años del siglo XX fue a lo que la gente entonces llamaba el negocio de semillas y alimentos. En su encabezamiento de las cartas, él no solo publicitaba semillas y alimentos, sino también productos de almacén, insumos para plantación, carretas y arneses, un negocio típico que tenía todo.

La madre de Martha, Sallie, había tenido un pasado más normal que John. Su segura vida familiar le había dado una disposición agradable y alegre. Sabía cómo manejar a la pequeña Martha, y tenía una profunda fe en el Señor Jesucristo. Cuando terminaba la labor del día, caminaba por la larga galería de su casa cantando "Te guiaré con mis ojos". La pequeña Martha trotaba alrededor de ella, preguntándose qué significado tenían las palabras. Algún día lo descubriría por su propia cuenta.

Martha: un deleite

Los Franks eran muy respetados en el pequeño pueblo. Martha, con sus monerías de pequeña niña con voluntad propia, era el deleite de la comunidad. Tenía interés en todo y siempre podía contarse con ella para cualquier aventura nueva. Los otros niños de la familia se deleitaban con la naturaliza inquisitiva de Martha. Cuando la familia pudo comprar su primer automóvil, la Martha de diez años rogó que le permitieran conducirlo. Por supuesto, sus hermanos mayores se negaron a dejarla estar detrás del volante. Pero ella observaba atentamente cada movimiento que ellos hacían mientras conducían, hasta que se sintió totalmente segura de que podía hacerlo tan bien como ellos. Incluso consiguió el manual de operaciones y digirió cada palabra. Un día todos sus hermanos mayores estaban fuera de casa, y la madre de Martha había ido a una reunión del círculo de la iglesia. Martha vio su gran oportunidad. Se le había ordenado que llevara un mensaje a su madre en el caballo. Sin embargo, ¡Martha tomó el automóvil! Nunca había conducido antes, pero sabía cómo hacerlo de todos modos, y lo hizo bien. En aquellos días no se requerían licencias de conductor, y como John Franks nunca había aprendido a conducir, convirtió a Martha en su conductora oficial. A partir de ese momento lo conducía a dónde fuera que él tuviera que ir. Eso hablaba del espíritu aventurero de la pequeña Martha.

Días de escuela

Los días de escuela fueron un momento divertido y una aventura excitante para nuestra futura sierva de Cristo. En el camino de regreso de la escuela Martha frecuentemente se balanceaba en la parte trasera de una carreta, andaba así dos cuadras, y luego saltaba y seguía caminando con sus amigas. Era una atleta y tenía algo de gusto por los deportes. Esto la mantenía en buen estado en más de una ocasión cuando ella y sus amigas iban a nadar. Si uno de los otros niños se metía en problemas, ella iba en su rescate. Era una excelente salvavidas, y en ocasiones, en realidad salvó vidas.

Martha oyó el mensaje de Jesucristo y de la necesidad de enviar misioneros por el mundo. Para ella la obra más fascinante de la misión se llevaba a cabo en China. Ella se sentaba embelezada mientras escuchaba la historia de Lottie Moon, que había dado su vida a los chinos necesitados.

Gran parte de la vida familiar de Martha giraba alrededor de la iglesia bautista de Laurens. Fue allí donde Martha oyó el mensaje de Jesucristo y de la necesidad de enviar misioneros por el mundo. Para ella la obra más fascinante de la misión se llevaba a cabo en China. Ella se sentaba embelezada mientras escuchaba la historia de Lottie Moon, que había dado su vida a los chinos necesitados. Durante una de las grandes hambrunas de China, Lottie Moon había compartido continuamente su propio tazón magro de arroz. Debilitada por la malnutrición, murió en Nochebuena de 1912 mientras volvía en barco a América. Tales historias tocaban a muchos niños, pero especialmente a Martha. Se estaban plantando semillas que conducirían a la joven Martha a soñar en ir a China como misionera.

Cuando creció un poco su romanticismo de niña se desvaneció. Comenzó a preguntarse qué tipo de persona quería ser. Resolvió una cosa: nunca sería una de esas personas "religiosas", como ella lo decía. ¡Por lo menos, *ella* comprendía lo que era la "religión"! Pero se mantenía muy involucrada en la vida de la pequeña iglesia bautista, sin dejar jamás de pensar en el trabajo como misionera.

Nada de "religión" para ella

La negación de Martha de ser "religiosa" probablemente fue ocasionada por algo que sucedía muy frecuentemente en el Cinturón de la Biblia. Cuando los niños alcanzaban lo que las personas comúnmente llamaban la "edad de la responsabilidad", se esperaba de ellos que hicieran una "profesión pública de la fe" a fin de convertirse en miembros de la iglesia. Esto fácilmente podía ser superficial, y en muchos casos, no había una verdadera sustancia espiritual. Algunos incluso pensaban que la así llamada edad de la responsabilidad tenía que ser a los doce años, porque Jesús tenía doce años cuando debatió en el templo con los líderes judíos. Nadie podía explicar realmente cómo se había iniciado la costumbre. Marta resolvió que ella no iba a ser ese tipo de persona "religiosa".

Al final fue la única en su clase dominical que no haría su "profesión de fe". Había llegado a la edad en que la gente de la iglesia decía que debía "unirse a la iglesia", pero ella no sintió ninguna inclinación para hacerlo.

Llega la conversión

Un día, sin embargo, durante sus servicios evangélicos anuales, John Franks tomó a su pequeña hija y la llevó a una habitación de su hogar, la sentó y le preguntó: "¿Sabes que eres una pecadora?" Eso enojó a Martha. Respondió: "¡Por cierto que no!" Ella pensaba que sabía lo que su padre quería significar por "pecadora". Un mendigo itinerante había pasado por la comunidad poco tiempo antes, robó el banco y finalmente fue asesinado por un policía. Para Martha eso era ser pecador. Se sintió herida de que su padre le hiciera tal pregunta. Sabía que nunca había pecado en toda su vida. Así, no sentía ninguna necesidad de un Salvador.

Pero la convicción se radicó sutilmente en Martha. Comenzó a ver algo de su propio pecado, incluso si no había robado un banco. Finalmente caminó hacia el frente de la iglesia al finalizar un servicio para hacer su "profesión de fe". Al hacerlo, el pastor le preguntó: "¿Amas a Jesús?". Martha dijo que por supuesto amaba al Señor. Recién acababa de hablar cuando alguien instó a la congregación a bautizarla también. ¡Por cierto una decisión bastante superficial! La iglesia, o al menos el pastor, tendría que haber tomado un enfoque más gradual y espiritual. Martha se perdió una verdadera experiencia de salvación. Pero quizás con un paso más hacia adelante Cristo hubiera sido tomado.

Cuando maduró, la necesidad de Martha de una relación personal con Dios se profundizó. Cuando llegó a los catorce años de edad, comenzó a darse cuenta a través de la obra del Espíritu Santo, que el Señor Jesucristo estaba preparado para perdonar sus pecados y salvarla. Ese verano, la Srta. Fuller, una pariente cercana, invitó a varias muchachas a su casa en el campo. La iglesia bautista de la comunidad de la Srta. Fuller estaba teniendo una reunión de renacimiento de verano, y Martha asistió a los servicios. Allí oyó el evangelio claramente proclamado. Cristo le habló a su corazón, y de una manera inusual. Como lo expresó su biógrafo:

> Martha había sido dotada de un oído musical y si bien nunca tuvo la disciplina para estudiar piano, tocaba, como a ella le gustaba decir "para su propio asombro". Un día, mientras tocaba, miró un candelabro que parecía casi hablarle. Tenía la forma de una cruz y allí estaba el Cristo mirándola. Mientras tocaba y cantaba y miraba la imagen de Jesús en ese candelabro, se dio cuenta por primera vez que era para ella, para Martha Franks, que Jesús había muerto. Ese día, mientras adoraban, lo sintió otra vez y oyó al Señor hablarle. Recibió su amor y salvación en ese mismo día, y se sintió que Él la vinculaba consigo con "cuerdas de amor".[1]

Una nueva vida inundó todo el ser de Martha. Ahora pertenecía a Jesús.

Martha siguió para terminar la escuela secundaria como una jovencita que estaba madurando, cristiana. Si bien su fe nueva encontrada en Cristo había transformado su vida, nunca concibió que su sueño de niña de volverse una misionera en China se convertiría en realidad. Poco sabía lo que Dios tenía para ella.

Durante el ultimo año de Martha en la escuela secundaria, el estado de Carolina del Sur agregó un año opcional de estudio. A ella realmente no le importaba asistir otro año, pero su padre insistió. Siguió un corto tiempo y, al final, le dijo a su madre de corazón: "No puedo soportar la escuela. Todas mis amigas se han ido. Ni siquiera quiero volver". Su madre le preguntó qué haría en cambio, y Martha rápidamente le contestó que quería ir a la universidad. "Entonces ve y habla con tu padre", fue la respuesta de su madre. La única pregunta de su padre fue: "¿A dónde quisieras ir?" Martha, sin dudarlo, expresó: "¡Coker!". Con eso fue suficiente, Martha iría a la universidad. Siempre había considerado a Coker como la opción ideal, y la universidad la admitió. Lamentablemente, cuando su hermano Clyde oyó acerca de sus planes, puso objeciones. Dijo que no tenía sentido que su hermana fuera a Coker y que debía ir a la universidad, donde había ido un amigo de él. Así que John llamó a una reunión familiar para decidir a qué Universidad iría Martha. El voto fue: Winthrop. Así que Martha empacó, y en contra de su voluntad y con mucha desilusión, se encaminó al Winthrop College en Rockhill, Carolina del Sur. La familia lo había decidido, y con eso se cerraba el tema.

Hacia la universidad

Martha no encajó bien en Winthrop durante las primeras semanas. Llamaba a su casa periódicamente para decirles a sus padres cuán infeliz era. Su madre finalmente, cansada de oír sus quejas le dijo a Martha: "Jovencita, tu padre y yo estamos haciendo un sacrificio para que vayas a la universidad. No vas a volver a casa. Ahora, sécate las lágrimas y ponte a trabajar".[2]

Al poco tiempo, Martha conoció a otra alumna llamada Olive Lawton. Olive había nacido en el campo misionero de China. Martha nunca había soñado entonces que sus propios caminos, por la providencia de Dios, se cruzarían en el futuro. Martha y Olive estudiaban y trabajan juntas y pronto se hicieron amigas. La suerte estaba echada para esta jovencita de firme voluntad. Martha y Olive habían nacido el mismo día, 15 de febrero de 1901. Martha se sentía tan feliz con su nueva amistad que dijo: "Ah, siempre quise tener una hermana gemela, y ahora tengo una".

El llamado

Durante su estancia en Winthrop Martha la involucró en la iglesia bautista local. Allí oyó un ruego urgente. En ese momento su denominación había lanzado la "Campaña de Setenta y cinco millones". El objetivo de ese programa era el de recaudar setenta y cinco millones de dólares para apoyar diversas misiones en el mundo. Durante la apelación Martha oyó las palabras: "Dios tiene un plan para cada una de sus vidas". No pudo huir del desafío. ¿Qué querría Dios que ella hiciera? ¿Podría estar el Señor Jesús realmente llamándola a su servicio de tiempo completo? Parecía un salto gigante para realizar en ese momento. ¿Cómo podría hacerlo? Pero luego la luz salió y ella se preguntó: "¿Por qué no dejar que Dios lo haga por mí?" Dio otro paso adelante.

Martha oyó las palabras: "Dios tiene un plan para cada una de sus vidas". No pudo huir al desafío. ¿Qué querría Dios que hiciera? ¿Podría estar el Señor Jesús realmente

llamándola para su servicio de tiempo completo? Parecía
un salto muy grande para dar en ese momento. Pero luego
la luz salió y ella se preguntó: "¿Por qué no dejar que Dios
lo haga por mí?"

A medida que Martha continuó pasando momentos con Olive Lawton, se seguía preguntando si Dios realmente la estaba llamando para ser una misionera. Olive misma había resuelto regresar a los campos de la misión de China; no había dudas del propósito de Dios. Pero, ¿Marta había recibido un llamado? Luchaba en su interior. Mientras Dios continuó hablándole, Martha continuó orando, y finalmente llegó a la conclusión indeclinable de que Dios quería que ella —y Olive— fuera una misionaria en China. Como escribe su biógrafo: "Dios hablaba, Martha escuchaba".[3] La decisión había sido tomada. Y ella halló que "Dios lo haría por ella". Él le daría su fuerza para rendirse a su liderazgo. Paz al fin, casi; ¿y qué pasaba con sus padres?

La familia reacciona

Martha sentía cierta aprensión por contarles a sus padres de su compromiso de ir a China. Sus temores eran bien fundados. Aunque los Franks eran una familia que asistía periódicamente a la iglesia, la familia reaccionó ante sus noticias con impacto y angustia. Sin embargo, no intentaron ponerse en su camino. Conocían desde siempre la firme determinación de Martha de vivir su vida como ella quisiera, y ahora la voluntad de Dios era lo más importante para ella. Ella viviría su vida a su manera. La decisión de Martha no surgió de su fuerte voluntad. El llamado fue genuino y su espíritu resuelto respondió en verdadera entrega a Cristo. Martha fue rumbo a China.

Pero Dios obra en las vidas de todos Sus hijos. Él obró en la familia de Martha también. Sus padres y hermanos llegaron a darse cuenta de que fue el llamado de Dios a su Martha lo que más importaba. Con el tiempo, se sintieron orgullosos de ella al desenvolverse su servicio misionero.

Cuando Martha se graduó del Winthrop College, ocho mujeres de la clase 1922 se fueron a servir como misioneras en el extranjero. Cinco fueron a China, incluyendo a Martha y a Olive.

Días de seminario

Después de Winthrop, Martha se desempeño como maestra durante un corto período en Schoolfield, Virginia, un suburbio de Danville. Esto le dio la oportunidad de obtener experiencia que demostraría ser útil en China. Dos años más tarde se inscribió en la Escuela de Capacitación Misionera de Mujeres, asociada al Seminario Teológico Bautista del Sur en Louisville, Kentucky. Allí terminó su capacitación teológica, estando a los pies de profesores sobresalientes como A. T. Robertson, uno de los eruditos más grandes del Nuevo Testamento del siglo XX. Finalmente, en 1925, Dios le abrió la puerta a Martha para que se fuera a China. La Junta Misionera de su denominación no había podido financiar su obra. No solo eso, la Primera iglesia bautista de Laurens, la iglesia de su hogar también se encontró con tropiezos financieros, y no tenían ayuda para ofrecer. Pero un grupo de mujeres de Richmond, Virginia, había recaudado suficientes fondos para enviar al extranjero a una misionera. Se contactaron con la Junta Misionera Internacional bautista y Martha fue elegida. Estaba en camino. Dios había provisto para ver su propósito logrado.

Martha había aprendido verdaderamente a confiar en Dios y a amarlo con todo su corazón, alma, fuerza y mente. Ella se había entregado a su propósito y cargaba con el bello fruto espiritual del amor.

Martha había aprendido verdaderamente a confiar en Dios y a amarlo con todo su corazón, alma, fuerza y mente. Ella se había entregado a su propósito y cargaba con el bello fruto espiritual del amor. Al poco tiempo aprendería a amar a su prójimo —el pueblo chino— como a sí misma. Como los primeros rayos de sol en el horizonte oriental, el amanecer comenzó a darse en un ministerio que impactaría a las personas por innumerables años por venir.

China en el horizonte

Cuando Martha viajó a la Costa Oeste de Estados Unidos para embarcarse con rumbo a China, experimentó el dolor de separarse de sus padres. Pero mientras se preparaba para el largo viaje, conoció a la Srta. Bertha Smith, una nativa de Carolina del Sur. Bertha se había desempeñado como misionera en China durante algunos años y estaba volviendo al campo luego de un regreso a su hogar. Al igual que Martha, ella se había graduado en el Winthrop College, y también había trabajado en la misma junta misionera. Y por lo tanto viajaron juntas a California, y Dios las unió en el amor de Cristo. Esto significó mucho para Martha ya que le alivió parte del dolor de dejar a su familia y a sus amigos.

Martha y Bertha partieron juntas en el *USS President Madison*. La pasaron muy bien dando testimonio y compartiendo el mensaje de Cristo con los compañeros de viaje y la tripulación. Mientras el buque se deslizaba silenciosamente en el puerto de Shangai, todo un nuevo mundo estaba frente a Martha, un mundo desafiante, cuya variedad nunca había imaginado. Pero su amor por Cristo por cierto la ayudaría.

Los líderes de la misión apostaron a Martha en Hwang Hsien. Allí se encontró con los padres de Olive Lawtin, y llenaron un agujero en su vida. Martha participó entusiastamente en el estudio del idioma y se encontró muy adepta al mandarín. Bertha Smith informó que "Ella podía hablar el idioma como una nativa. Si no la hubieran visto cómo hablaba, nunca hubieran dicho que era norteamericana". Martha solo se reía de esas palabras, diciendo modestamente: "Es duro, pero es divertido".

Encontró a los chinos como un pueblo fascinante. Como dijo su biógrafo: "Estaba contenta de estar en China y resuelta a aprender a contar sobre el amor de Dios que recibe las almas de los que aceptan su amor sin ataduras".[4] Luego de que Martha terminara sus estudios de idiomas, se entregó por entero a la obra del evangelismo y el ministerio.

Se asoma el avivamiento

Desmanes e inquietudes, especialmente en la provincial de Shangtung donde Martha trabajaba, fueron una constante fuente de confusión. El partido comunista chino se había organizado en 1921. La China nacional, bajo Chiang Kai-shek, se oponía al mismo en cada oportunidad. Esto precipitó una rebelión a principios del ministerio de Martha, y todos los misioneros fueron obligados a dejar sus estaciones en Shantung. Hasta que se calmó la situación, estaban acuartelados en la ciudad portuaria de Chefoo. El trabajo había avanzado razonablemente bien, pero ahora las cosas parecían interrumpirlo.

Justo antes de que Marta se mudara a Chefoo en abril de 1927, se encontró con otra misionera, Jane Lide, que acababa de regresar de los Estados Unidos. Mientras estuvo en casa, Jane había comenzado a moverse a un nuevo nivel de consagración a Cristo. Lo llamaba "estar llena con el Espíritu Santo". Otros misioneros decían que Jane se había ido a su casa leyendo filosofía, pero regresó entregando tractos del evangelio y tratando de ganar gente para Cristo. Mientras Jane compartía lo que Dios había hecho, el Espíritu Santo horadaba el corazón de Martha. La tocó a Martha de una manera nueva, y ella también se volvió una cristiana llena con el Espíritu. Alice Huey, una amiga misionera, describió el crecimiento de Martha:

> Ella [Martha] tenía hambre en el corazón. Quería un contacto más cercano, más profundo con el Señor. No recuerdo mucho lo que Jane dijo esa noche. Fuimos a un hogar cercano [y] dormimos en la casa de una amiga que se había ido. Mientras estábamos acostadas en la oscuridad, con la mano de Martha en la mía, comencé a orar. Le pedí a Dios que se revelara ante Martha de una manera que no lo había hecho antes, que satisficiera sus ansias, etc. No había orado mucho hasta que ella apretó fuerte mi mano. No se pronunció nunca una palabra, pero ella estaba diferente. Caminaba como alguien que estaba en un sueño du-

rante días y días. Fundamentalmente, era la misma muchacha, pero diferente. Vio al Señor en lo alto y elevado (Is. 6:1).

Martha sabía que había encontrado a Cristo con una profundidad que nunca había experimentado antes. Se dio cuenta de que el Espíritu Santo estaba obrando poderosamente en su vida. Siempre había pensado en el Espíritu Santo como Alguien que iría a su lado para ayudarla. Ahora, por la fe, le permitió al Espíritu del Señor Jesucristo que penetrara en todo aspecto de su vida, permitiéndole controlarla, planear cada uno de sus días y vivir la vida de Cristo a través de ella. Dios había comenzado a conducirla a una esfera nueva, creciente de ejemplificar a su Salvador. Era el comienzo de un renacimiento para ella.

El avivamiento de Chefoo, sigue Shantung

En el entorno de Chefoo, Dios comenzó a derramar su Espíritu en todos los compañeros misioneros de Martha. A través de los mensajes de una misionaria luterana noruega, la Srta. Marie Monsen, Dios hizo una rica obra, moviéndose significativamente y profundamente entre los siervos "internados" de Cristo. Lo que luego pasó a conocerse como "El renacimiento de Shantung" comenzó allí en Chefoo en la primavera y el verano de 1927. Martha escribió a casa acerca de cómo el Espíritu bendecía maravillosamente las iglesias y los creyentes chinos mientras los misioneros regresaban a sus campos. En una carta, ella relató:

> ¡Vaya reuniones de oración! ¡Vaya el amor por los no salvos! ¡Vaya amor por el Señor!. . . Creo con todo mi corazón que la avenida a la victoria es la oración. Oh, ¿no orarían con nosotros porque podamos cosechar una cosecha abundante de las preciosas almas en este . . . campo? El deseo de nuestro corazón para las personas es que puedan ser atendidas. Oren con nosotros para ese fin… Que el Dios de la paz los llene con su bendito Espíritu y los utilice abundantemente en mi tierra.[5]

El poder de Dios cayó poderosamente sobre ellos. Cuando se encontraban para adorar y alabar una quietud inundó a toda la iglesia.

Las reuniones de Chefoo demostraron ser por cierto tremendas. Luego de que los misioneros habían regresado a su servicio en la provincia de Shantung, Marie Monsen fue a la estación de Martha. Ministró allí durante varios días, y el poder de Dios cayó poderosamente sobre ellos. Cuando se encontraban para adorar y alabar una quietud inundó a toda la iglesia. Todos percibieron la increíble presencia del Espíritu Santo.

Marie Monsen habló con mucha calma y sencillez. Martha misma confesó que Marie no dijo una palabra que ella misma no hubiera podido decir. Sin embargo, Marie estaba tan llena del Espíritu que sus obras eran abrumadoras. SuSu primer deseo era la salvación de los chinos. Constantemente hablaba acerca del "nuevo nacimiento" y muchos encontraron a Cristo como Salvador. Fue un momento glorioso, por cierto.

Un nuevo ministerio

Durante el Despertar de Shantung, Martha y una colaboradora se ocuparon del cuidado de los recién nacidos. Incluso cuando era niña, Martha había orado frecuentemente que llegara el día en que algunos niños no deseados fueran dejados en su puerta. Una mañana, en medio del renacimiento, Dios respondió a sus oraciones. Martha abrió la puerta para descubrir a una pequeñita fuera de la puerta. La niña tenía un paladar hendido y como resultado de ello había sido abandonada por su familia. Martha y otra señora misionera la tomaron a su cuidado y la llamaron Mong En (Gracia recibida). Pronto se enteraron de otra niña no deseada y también la tomaron a su cuidado. ¡Y luego otra más! Eso fue el comienzo de un ministerio maravillo para tres preciosas pequeñas. Martha aprendía cada vez más o que significaba amar a los demás como a uno mismo.

A medida que el renacimiento se expandió, la propia experiencia espiritual de Martha creció al mismo ritmo. Un tema común era la necesidad de hacer restitución por el pecado. El Espíritu de Dios sondeó tan profundamente que algunos habrían pensado que fue empujado a los extremos. Pero Martha estaba totalmente abierta y receptiva, y alegremente respondió a su mano de convicción. Su biógrafo escribe acerca de un incidente notable:

> La propia experiencia de Martha fue similar a la de muchos más. Luego de su graduación del Winthrop College, ella se llevó consigo uno de los himnarios de la universidad. Pensó que lo necesitaría para la obra de Dios en China mucho más de lo que lo necesitaría la universidad. Se acordó de Satanás diciéndole a ella: "Te lo mereces". Durante esa época de renacimiento, años después, también fue recordada de su pecado. Se sentó una noche, empacó el himnario para mandarlo por correo e incluyó una carta de confesión y de disculpas. Al llegar a Carolina del Sur en uno de sus regresos, la esperaba una carta de Winthrop. Martha tenía miedo de abrirla por temor a que le retiraran su grado y le quitaran su rango. En cambio, era una invitación a la universidad para la graduación donde recibió el premio Mary Mildred Sullivan por su servicio. Es el honor más grande de Winthrop, y se lo dieron a Martha.[6]

Todos los misioneros y muchos de los creyentes chinos compartieron experiencias semejantes. En la gracia del perdón de Cristo, una nueva libertad y gozo explotó dentro de sus corazones. Las relaciones personales que se habían roto se restauraron. Muchos llegaron a nuevas alturas espirituales. El fruto del renacimiento solo puede ser descrito como algo tremendo. Antes del Renacimiento de Shantung, el seminario bautista contaba con media docena de alumnos. Luego de él, el seminario se llenó de 150 hombres y mujeres chinos que querían entregarse al ministerio de Dios.

Mientras Martha continuaba con su obra, su devoción y amor por Cristo y los demás se volvió tan evidente que fue considerada una de las misioneras más eficientes del campo. Bertha Smith dijo que nadie había llegado a China menos preparada que Martha Franks, pero que pronto se convirtió en una mujer radiante, espiritual, de Dios. La palabra del poderoso testimonio de Martha llegó a uno de los ministros líderes chinos del evangelio, el Pastor Li. Dios lo había utilizado para llevar más de diez mil chinos a la fe en Cristo. Le escribió una carta a Martha diciendo: "Quiero trabajar en el país con usted". Para Martha esto resultó ser un deleite.

Otro "espíritu"

No demasiados años luego del gran avivamiento, otro "espíritu" barrió la tierra. Los japoneses invadieron el noreste de China, y la provincia de Shantung pronto se encontró bajo el ejército invasor. El área de trabajo de Martha estaba justo en el camino de los invasores, y en un tiempo increíblemente corto los soldados llegaron a todo el campo de la misión. Martha y sus compañeras misioneras fueron confinadas en su pequeña estación de trabajo.

Muchas de ellas fueron colocadas en una o dos habitaciones en la parte superior de su hogar, mientras que varios soldados ocupaban todo el piso de abajo. Los soldados japoneses no se destacaban por su moralidad. Pillaje, violaciones y violencia estaban por todas partes. Martha, siendo una mujer muy hermosa, se mantuvo en oración constante para que Dios la protegiera. ¿Estaría segura? su biógrafo cuenta la historia:

> No tuvieron que esperar mucho. Uno de los soldados llegó al pie de las escaleras y comenzó a llamar en chino: "Envíen a las mujeres jóvenes abajo". Martha era la única mujer joven. ¿Qué irían a hacer? No había otro recurso que hacer lo que se les ordenaba y orar por la protección de Dios mientras bajaba. Mientras las otras misioneras se arrodillaban a orar por su seguridad, Martha comenzó a bajar las escaleras. Sentía como si Dios estuviera caminando a su lado. ¿Acaso Él no le había prometido estar con su propio paso en el camino? Martha sabía

que alguien debía estar a cargo. Martha oró a Dios: "Señor, alguien tiene que estar a cargo, deja que sea yo. Muéstrame qué debo hacer".

Con una gran firmeza, Martha abrió la puerta, entrando al comedor lleno de soldados japoneses. Sonrió ampliamente e hizo una reverencia tan educada como nunca la había hecho en su vida. De inmediato miró al piano y, sin haberlo planeado, caminó hacia él, se sentó y comenzó a tocar. Tocó toda marcha de jardín de infantes, coro y melodía que podía recordar. Habiendo agotado su repertorio de música para niños, tocó "Noche silenciosa". Mientras el sonido de ese hermoso villancico del nacimiento de nuestro Salvador inundó la habitación, algunos de los soldados tararearon la canción con ella. Cuando terminó de tocar "Noche silenciosa", Martha se levantó del piano, hizo otra reverencia a los soldados, todos los cuales le hicieron una reverencia a cambio. Sin pronunciar una palabra, dio la vuelta y abandonó la habitación y volvió a subir las escaleras. Las demás la rodearon, agradeciendo al Señor por su amor y misericordia.[7]

Dios cuida y protege a los suyos.

La invasión duró un tiempo hasta que un milagro lo cambió todo. Llegó la noticia de que las misioneras americanas podrían ser repatriadas si lo deseaban. Sorprendentemente, la puerta de la oportunidad se abrió directamente después de Pearl Harbor. Los estadounidenses habían pensado cuando los japoneses atacaron Hawai que su pérdida había sido grave. Pero por la gracia y la providencia de Dios, los funcionarios japoneses decidieron enviar la misión de regreso a Estados Unidos. Uno puede imaginarse el orgullo y la gratitud que le expresaron a Dios mientras abordaban el *USS Gripsholm* y partían de regreso a casa.

De regreso a casa y luego a Taiwán

De vuelta en los Estados Unidos durante los años de la guerra (1942–1945) Martha viajó a muchas ciudades, compartiendo el evangelio y desafiando a la gente de Dios. Ella enfatizaba la necesidad de las misiones alrededor del mundo. Cuando terminó la Guerra, fue una de las primeras en volver a China. No podía regresar al Norte de China a trabajar ya que esa zona había caído bajo el control de los comunistas conducidos por Mao Tse-tung. En cambio, en 1947, Martha comenzó a enseñar en el antiguo seminario chino de Shangai. Nadie sabía en realidad qué le depararía el futuro mientras se diseminaban las fuerzas comunistas.

A medida que China caía cada vez más profundamente en el caos resultó claro que los días de servicio en la tierra mediterránea estaban llegando a su fin. Chiang Kai-shek fue llevado a Formosa, luego llamada Taiwán, llevando a muchos refugiados comunistas con él. Dios condujo a Martha Franks hacia ellos, y un ministerio sobre la "bella isla" (el significado de "Formosa") comenzó a tomar forma. Bertha, la gran amiga misionera de Martha, ya se encontraba en Taiwán así que juntas unieron sus manos mientras la obra avanzaba.

Mientras estuvo en Estados Unidos Martha había asistido a una conferencia de Vida Espiritual en Ben Lippen en Carolina del Norte. Se había inspirado tanto con esta experiencia que comenzó a buscar un lugar adecuado en Taiwán para construir un centro. Luego de mucha oración y de búsqueda, encontró un lugar encantador por un pequeño monto de dinero, y se emprendió la tarea. Martha llamó al lugar "Pequeño arrecife", como un centro de retiro bautista cerca de Asheville, Carolina del Norte. Bajo el cuidado de Martha y de Bertha se convirtió en una bendición para cualquiera que asistiera a sus muchas conferencias. Martha y Bertha también enseñaron en el nuevo seminario bautista de Taiwán, fundado para capacitar a hombres y mujeres chinos para el ministerio de Cristo. Hoy día, el seminario se ha convertido en un gran complejo con muchos edificios hermosos, y la propiedad en la que están ubicados vale millones de dólares.

Y nuevamente Martha se dedicó a ayudar a los niños necesitados. Comenzó un programa para niños sordos y aprendió el lenguaje de señas para poder ayudarlos mejor. La cantidad pronto alcanzó los 150 muchachos y niñas, que incluía a algunos pocos niños ciegos. Resultó ser un trabajo maravilloso. El amor de Martha por los necesitados se profundizó cada vez más. Su biógrafo cuenta la siguiente historia:

> Un domingo por la tarde un pequeño de seis años de edad se hizo camino con los otros niños y entró directamente al corazón de Martha. Era su primer año en la escuela. La vida era muy difícil porque él no contaba con nadie que lo ayudara a bañarse y a lavarse la ropa. Acompañando a este pequeño había otro de aproximadamente la misma edad cuyos ojos estaban permanentemente rojos y con un constante dolor. Martha consiguió que una mujer anciana que vivía cerca de la escuela fuera todos los sábados a bañar a los niños. Compró dos mudas de ropa para cada uno, y la mujer se llevaba una muda a su casa cada sábado, donde lavaba y planchaba la ropa antes de devolverla a los niños el siguiente sábado. Cada pequeño tenía dos calzoncillos y camisas de algodón, y dos pares de pantalones, que eran la suma total de sus posesiones.[8]

Eso ejemplificó el amor y el corazón de Martha Franks.

Por sobre todo, Martha quería que los niños y las niñas a quiénes ella ministraba llegaran a una fe vibrante y salvadora en el Señor Jesucristo. En una carta a su hogar, ella dice:

> Mi mayor excitación vino la última noche de la conferencia para jóvenes cuando treinta o más de nuestros jóvenes "silenciosos" hicieron profesiones de fe en el Señor Jesús como su Salvador. Tres hicieron dedicación para servicios de toda la vida, y ya uno de ellos está "predicando" todos los domingos por la noche en nuestra iglesia a los sordos.[9]

Ella era una belleza dignificada, culta, del Sur, pero su amor por el Señor la conduciría a dejar de lado los convencionalismos estadounidenses y no hacer nada más que ganar chinos para Cristo. Buscó cualquier avenida para ayudar a los demás

Martha dedicó quince años a servir al pueblo taiwanés. Iría por las calles de los pueblos y aldeas, tocando su acordeón y compartiendo la antigua historia del evangelio para cualquiera que se detuviera y escuchara. Ella era una belleza dignificada, culta del Sur, pero su amor por el Señor la conduciría a dejar de lado los convencionalismos y no hacer nada más que ganar chinos para Cristo. Buscó cualquier avenida para ayudar a los demás. La gente apreciaba tanto a Martha que recibió una invitación para dar lecciones de inglés en la estación de radio más grande de Taiwán. El gobierno en realidad le otorgó un permiso para predicar el evangelio si le enseñaba a la gente a hablar inglés. Martha aprovechó la oportunidad.

Retiro

Pero tenía que llegar el momento del retiro. La política de su junta auspiciante de la misión era que, a los setenta años, las misioneras debían regresar a casa. Esto fue duro para Martha. Ella había visto que esta limitación de la edad dio fin con la carrera de su querida amiga Bertha Smith poco tiempo antes. Era difícil para las misioneras que envejecían dejar de lado su labor. Por suerte, en el caso de Martha el trabajo no terminaba, sino que simplemente cambiaba de dirección. Volvió a casa para sumergirse en el ministerio de Cristo en Estados Unidos.

De vuelta en casa: abundan las bendiciones

Martha regresó a su ciudad de nacimiento, y su hermano Clyde le construyó una casa en la antigua propiedad de la familia. El retiro de Martha fue cualquier cosa menos un retiro. Solo en un año, habló en cuarenta iglesias, participó en seis conferencias, diez retiros de oración y ciento cincuenta reuniones de fin de semana. Era una persistente sierva y verdaderamente ejemplificaba al Señor que amaba.

> *Uno no puede evitar preguntarse: "¿Qué había detrás del ministerio tremendamente efectivo de Martha? ¿Cómo se convirtió en un ejemplo tal de la vida centrada en Cristo?" La respuesta es simple: Había aprendido a entregarse por completo a Cristo, a amar a Dios con todo su corazón, alma, fuerza y mente, y a su prójimo como a ella misma.*

Durante esos ocupados días, el Director de los Hogares Bautistas de Carolina del Sur para Ancianos le ayudó a Martha a cumplir lo que había sido un sueño para ella durante años: establecer un hogar para los ancianos. En 1979, se contrataron arquitectos para comenzar la obra. Al poco tiempo una instalación totalmente equipada estaba completada. El 4 de febrero de 1985, Martha, su hermana Rosalie, su amiga Olive Lawton y muchos otros se mudaron al nuevo complejo. Allí Martha vivió hasta entrados los noventa años, ¡una rica bendición y fuente de inspiración para todos!

Uno no puede evitar preguntarse: "¿Qué había detrás del ministerio tremendamente efectivo de Martha? ¿Cómo se convirtió en un ejemplo tal de la vida centrada en Cristo. La respuesta es simple. Había aprendido a entregarse por completo a Cristo, a amar a Dios con todo su corazón, su alma, fuerza y mente, y a su prójimo como a ella misma. Irradiaba la presencia y el ejemplo del Señor Jesús. Uno nunca hubiera pensado que la pequeña de firme voluntad, juguetona y estridente de Laurens, Carolina del Sur, pudo haberse convertido jamás en esta mujer de mente espiritual, tan llena del Espíritu que podía ejemplificar la imagen de Cristo. Pero Dios puede hacer cualquier cosa en los que fijan su mente para vivir en el Espíritu y dar su fruto.

Lecciones de divinidad

> *El objeto por el cual Cristo fue el Líder de nuestra salvación, la gran obra que Él tiene para hacer por nosotros, el vínculo de unión entre el Hijo y los hijos de Dios, la prueba de llevar su imagen y su semejanza, y la marca de su verdadera unidad, es la santidad".*

La divinidad nunca es superficial. Solo ir a la iglesia, hacer algunas pocas cosas buenas y ser una buena persona está muy lejos de ejemplificar a Dios. Hay una gran diferencia entre ser una "buena persona" y una persona divina. El cristiano devoto permite que Cristo ingrese en *todo aspecto de su vida*. Como escribe Andew Murray: "El objeto por el cual Cristo fue el Líder de nuestra salvación, la gran obra que Él tiene para hacer por nosotros, el vínculo de unión entre el Hijo y los hijos de Dios, la prueba de llevar su imagen y la marca de su verdadera unidad, es la *santidad*.[10] Esa *santidad* debe generarse en nosotros por medio del Espíritu Santo. Se manifiesta de seis maneras:

Control

En primer lugar, el Espíritu de Dios desea controlar nuestras acciones diarias. Nuestro Señor nos creó como persona con voluntad, con capacidad de tomar decisiones. Eso debe ser comprometido a Él en todo acto de cada momento de la vida, sin excepciones. Esta es la fundación de la divinidad.

Nuestras palabras

En segundo lugar, si nos entregamos verdaderamente al Espíritu nuestras palabras deben ejemplificar al Señor Jesucristo. La oración de todo cristiano devoto debe ser: "Sea nuestra palabra siempre con gracia, sazonada con sal, para que sepáis cómo debéis responder a cada uno" (Col. 4:6). Jesús dijo: "Porque por tus palabras serás justificado, y por tus palabras serás condenado" (Mt. 12:37). ¡Cuán ingobernables pueden ser nuestras bocas! ¡Cuánto dolor de corazón y cuántas relaciones rotas suceden debido a una lengua suelta! Santiago nos dice: "Si alguno se cree religioso entre vosotros, y no refrena su lengua, sino que engaña su corazón, la religión del tal es vana". Santiago continúa:

> Así también la lengua es un miembro pequeño, pero se jacta de grandes cosas. He aquí, ¡cuán grande bosque enciende un pequeño fuego! Y la lengua es un fuego, un mundo de maldad. La lengua está puesta entre nuestros miembros, y contamina todo el cuerpo, e inflama la rueda de la creación, y ella misma es inflamada por el infierno. Porque toda naturaleza de bestias, y de aves, y de serpientes, y de seres del mar, se doma y ha sido domada por la naturaleza humana; pero ningún hombre puede domar la lengua, que es un mal que no puede ser refrenado, llena de veneno mortal. (Stg. 3:5–8)

Esa es una seria denuncia de la Palabra de Dios. Debemos permitir que el Espíritu Santo controle nuestras lenguas, nuestras palabras y nuestras actitudes, para que ministren la gracia y no el desasosiego.

Nuestros pensamientos

En tercer lugar, el Espíritu Santo desea llevar nuestras mentes bajo control. Aprendimos esto en el paso previo. En la segunda carta de Pablo a los corintios leemos: "derrribando argumentos y toda altivez que se levanta contra el conocimiento de Dios, y llevando cautivo todo pensamiento a la obediencia de Cristo" (2 Co. 10:5). Nuestros pensamientos provienen de nuestra actitud, y son estos pensamientos los que determinan cómo es realmente nuestra vida. Como leemos en Proverbios: "Porque cual es su pensamiento en su corazón, tal es él (Pr. 23:7). Por lo tanto, es vital que el Espíritu Santo controle esa parte de nosotros si es que queremos ejemplificar a Jesús, como lo hizo Martha. Pero ¿cómo controlamos nuestra mente? Lo hacemos con la oración, con el estudio bíblico, buscando la voluntad de Dios y dando prioridad a las cosas espirituales. Nada es más importante. Como lo dijo Pablo: "Haya, pues, en vosotros este sentir que hubo también en Cristo Jesús" (Fil. 2:5).

Motivación

Debemos constantemente buscar el poder del Espíritu Santo para mantener puros nuestros motivos y honrando a Cristo. Cuando mantenemos bien nuestros motivos, nuestros pensamientos, palabras y acciones se alinean.

Cuarto, nuestra motivación debe ser pura. Esto parece muy difícil. Fácilmente nos deslizamos en el egoísmo espiritual y en la búsqueda propia. Con frecuencia encontramos que tenemos motivos mixtos. Sabemos que debemos buscar "Primeramente el reino de Dios y su justicia" (Mt. 6:33 KJV) pero fracasamos en hacerlo. Gracias a Dios por la sangre del Señor Jesucristo que nos purifica, y por el poder del Espíritu Santo que nos libera de este dilema. Recuerde, en Cristo estamos muertos para pecar y vivos a Dios por fe. Debemos constantemente buscar el poder del Espíritu Santo para mantener puros nuestros motivos y honrando a Cristo. Cuando mantenemos bien nuestros motivos, nuestros pensamientos, palabras y acciones se alinean.

Relaciones

Quinto, debemos buscar pureza en nuestras relaciones interpersonales. La hermandad es central para la divinidad. Para una verdadera hermandad debe haber un espíritu de comprensión, aceptación, perdón y sumisión. (Ef. 5:21). Un espíritu arrogante, que no perdona, inevitablemente herirá a los demás y romperá relaciones, especialmente en el hogar. Las personas le importan a Dios, la divinidad exige que nos importe también a nosotros.

Plenitud

La sexta manifestación de la divinidad es la *plenitud* del Espíritu Santo en el corazón, la mente, el cuerpo y la vida. Dios es amor, esa es la verdad espiritual que debemos llevar. Ser espiritual significa amar. Arriesgamos todo lo que Dios obraría en nosotros si no recordamos las palabras de Pablo: "Y ahora permanecen la fe, la esperanza y el amor, estos tres; pero el mayor de ellos es al amor" (1 Co. 13:13).

Espiritualidad significa amor

Amor es una palabra intrigante. Conjura sueños, crea fantasías, y trae a la superficie todo tipo de emociones. Esto no solo es cierto en un plano humano, también lo es en un nivel espiritual. Juan nos dice que Dios es amor (1 Jn. 4:6) y la Biblia verifica y enfatiza una y otra vez esa realidad.

En el griego original del Nuevo Testamento hay tres palabras para amor: *agape, philia,* y *eros*. En español las traducimos con nuestra palabra amor, pero hay una vasta diferencia en sus significados. Solo dos de las palabras se usan en realidad en el Nuevo Testamento; eros no aparece. Es a partir de ese término que obtenemos la palabra *erótico* y por cierto Dios no es amor *eros*. El filósofo Platón vio a *eros* como básicamente egocéntrico. No necesariamente se manifiesta en un nivel erótico, pero gira alrededor de una búsqueda centrada en sí misma de felicidad y satisfacción. Y parece dirigir incontables vidas. Incluso los creyentes hacen preguntas egoístas como: "¿Qué puede hacer Jesús por mí?" o: "¿Cómo puede el Señor ayudarme aquí?" o: "¿Cómo puedo encontrar satisfacción en mi religión?". Cristo sí satisface esas necesidades. Pero la meta de la vida cristiana debe permanecer. Amar a Dios y amarnos unos a los otros. *Eros* está lejos de donde nos tendría Dios en nuestra espiritualidad.

Un amor más elevado

La segunda palabra griega para amor es *philia*. Esta forma de amor acepta al otro en una relación, y está en un nivel más elevado que *eros*. Describe una atracción natural para aquellos que pertenecen a nuestro propio "grupo" y significa "afecto filial". Dicho sea de paso, el nombre de la ciudad estadounidense de Filadelfia la tiene en su raíz. Literalmente *Filadelfia* significa "la ciudad del amor fraternal". También obtenemos de allí nuestra palabra "filantropía". Un cristiano puede ejemplificar *filis*. Ser benevolente, ser bondadoso, ser cordial, estos son todos elementos importantes para una sociedad estable, así como para una iglesia sana y una hermandad verdaderamente cristiana.

El tipo de amor de Dios

Agape es el amor más elevado, es nuestra meta final.
Agape es el tipo de amor de Dios: su único tipo. Nuestro
Señor quiere que vivamos en ese nivel de amor.

Pero cuando llegamos al amor *agape*, llegamos al verdadero corazón del tema del amor, aunque el amor *philis* es incumbente a nosotros como creyentes. *Agape* es el amor más elevado, es nuestra meta. *Agape* es el tipo de amor de Dios: su único tipo. Nuestro Señor quiere que vivamos en ese nivel de amor.

La esencia de *agape* se encuentra en 1 Corintios 13, el así llamado capítulo del amor. Un pequeño folleto devocional sobre este capítulo fue escrito por Henry Drummond, un científico escocés profundamente devoto. Se llama *La cosa más grande del mundo* y se ha convertido en un clásico, con más de diez millones de copias vendidas. En él, el autor presenta la esencia del "capítulo del amor" y el significado central del amor *ágape*.

Henry Drummond llama al amor *agape* de Dios el *summum bonum* de la vida. ¿En qué consiste? Primero Corintios 13 lo aclara, el amor *agape* refleja nueve gracias:

- Paciencia: "El amor es paciente".
- Bondad: "El amor es bueno".
- Generosidad: "Y no tiene envidia".
- Humildad: "El amor no es jactancioso, no se envanece".
- Cortesía: "No hace nada indebido".
- Altruismo: "No busca lo suyo".
- Buen carácter: "No se irrita".
- Sencillez: "No guarda rencor".
- Sinceridad: "No se goza de la injusticia, mas se goza de la verdad".

Estos son todos atributos divinos. Jesús personificó a cada uno de ellos, puesto que *ágape* es amor. Este amor que Dios tiene para nosotros se demuestra en la forma en que Él llega a nosotros, no por nuestros esfuerzos para llegar a Él. A través del *ágape* hemos recibido la gloriosa salvación de Cristo. Como lo ha dicho R. C. L. Lenski:

> Jesús hace todas las cosas nuevas. La innovación que Jesús tiene en mente no es extraña y asombrosa para los discípulos, tiene un sabor familiar y placentero. Jesús ha traído un nuevo amor al mundo, un amor que no solo no tiene falla y es perfecto como amor sino que se inclina inteligentemente sobre la salvación del amado. Solo los discípulos conocían de Jesús qué era este amor, solo ellos disfrutaron de la experiencia de su amor, de allí este precepto es solo para ellos, sería inútil darlo al mundo. Así que también este amor es para "cada uno" en el círculo de sus discípulos. No podría ser de otra forma, porque el lazo que une a los discípulos de Jesús es algo aparte y no puede incluir a otros.

Así como Jesús ama a sus "hijitos" y hay un íntimo intercambio de amor entre él y ellos, así respecto al intercambio de amor entre estos "hijitos" en sí.[11]

Y la belleza del amor *agape* es que Dios nos da esa vida mediante su Espíritu Santo. Piénselo. Dios nos permite tener su vida de amor vertida en nuestras vida. ¡De hecho glorioso!

La esencia de la espiritualidad

Debido a esto volvemos a la sección de este capítulo sobre la espiritualidad. Cuando amamos en el plano *agape*, ejemplificamos a nuestro Dios que es el Espíritu (Jn 4:24), y que es hermoso. Poco para sorprendernos, como lo expresó Lenski:

> Por lo tanto tenemos todo el derecho de decir que *agape* es el centro del cristianismo, el motivo cristiano fundamental por excelencia, la respuesta tanto a la pregunta religiosa como a la ética. *Ágape* viene a nosotros como una nueva creación del cristianismo. Fija la marca en todo el cristianismo. Sin él nada que sea cristiano sería cristiano. . *Agape* es la propia concepción básica del cristianismo.[12]

Los aspectos prácticos del agape

El amor ágape acepta a las personas como son y los ministra en su necesidad. No necesitamos buscar gente solo porque nos gusta. En amor los buscamos para ayudarlos ya sean agradables o no Jesús mismo trató con "publicanos y pecadores".

Este amor *agape* es práctico. Por ejemplo, Jesús dijo: "El que tiene mis mandamientos, y los guarda, ése es el que me ama" (Jn.14:21). Hay implicaciones éticas y morales para el *agape*, debemos cumplir con los mandamientos de Cristo. Debemos pasar de una existencia egocéntrica a una vida centrada en Cristo de sumisión a su voluntad, porque lo amamos. Además, el amor en el plano *ágape* debe ser espontáneo, sin motivos ocultos. Amamos y obedecemos simplemente porque el Señor Jesucristo amó de esa manera, incluso hasta la muerte en la cruz (Fil. 2:8). El amor *ágape* acepta a las personas como son y los ministra en su necesidad. No necesitamos buscar gente solo porque nos gusta. En amor los buscamos para ayudarlos, ya sean agradable o no. Jesús mismo trató con publicanos y pecadores. Vamos en su busca porque Cristo nos busca a nosotros y a través de nosotros. No solo eso, sino que el *agape* es indiferente a la condición humana. No es cuestión nuestra juzgar quién se mantiene justo ante Dios y quien no. Después de todo, como dijo Pablo: "No hay justo, ni aun uno". ¿Cómo podríamos tener derecho a juzgar a los demás? Esto no significa que debamos cerrar los ojos ante violaciones de las Escrituras, pero dejamos el juicio a Dios.

El amor agape es creativo. Encontramos a Dios en amor, y Dios es el Creador de todo lo bueno y significativo. Así el cristiano amante busca formas creativas de manifestarle el amor a Dios y a los demás.

Finalmente, *agape* es la base de nuestra comunión con Dios y entre nosotros. Si caminamos "en la luz", caminamos en el amor de Dios, entregándonos, buscando el bien para los demás, y glorificando al Señor Jesucristo en todas las cosas. De esta manera podemos ejemplificar a nuestro Señor, como lo descubrió Martha.

Ahora bien, si el amor *agape* es la cualidad del amor de Dios, y solo Dios posee este hermoso atributo, ¿cómo podemos amar así como Él lo exige? ¿Cómo podemos ejemplificar a nuestro Santo Dios?

Dar frutos

La Biblia nos demuestra cómo ejemplificar a Dios viviendo la vida del amor *ágape*. ¿El principio? *Tenemos el "fruto del Espíritu"* (Gá. 5:22) a través de la obra interna del Espíritu Santo.

> *El principio espiritual tan central a este tema puede encontrarse en Romanos 5:5: "El amor [agape] de Dios ha sido derramado en nuestros corazones por el Espíritu Santo que nos fue dado". Porque "Dios es amor" (1 Jn. 4:8) por el Espíritu Santo Él derrama su amor ágape en nuestros corazones. De esa única manera podemos amar a Dios con todo nuestro corazón, y a nuestro prójimo como a nosotros mismos.*

Hemos visto en un paso anterior la importancia de andar en la plenitud del Espíritu. El Espíritu nos conduce, nos dirige y nos da poder para ministrar. Él también crea amor entre nosotros. El principio espiritual tan central a este tema puede encontrarse en Romanos 5:5: "El amor [agape] de Dios ha sido derramado en nuestros corazones por el Espíritu Santo que nos fue dado" Porque "Dios es amor" (1 Jn. 4:8) por el Espíritu Santo Él derrama su amor ágape en nuestros corazones. De esa única manera podemos amar a Dios con todo nuestro corazón y a nuestro prójimo como a nosotros mismos. Aparte de esa obra del Espíritu Santo, nunca podemos cumplir el "Gran Mandamiento". Mediante nuestros débiles esfuerzos humanos simplemente no podemos amar al nivel *agape*. Es una "misión imposible". Debemos dejar de intentar y comenzar a confiar en el Espíritu santo para que cree el *ágape* con nosotros. Como dijo Pablo en Gálatas 5:22-25:

> Mas el fruto del Espíritu es *amor,* gozo, paz, paciencia, benignidad, bondad, fe, mansedumbre, templanza; contra tales cosas no hay ley. Pero los que son de Cristo han crucificado la carne con sus pasiones y deseos. Si vivimos por el Espíritu, andemos también por el Espíritu. (cursivas añadidas)

Implicaciones

Hay implicaciones importantes en este pasaje. El discípulo del Señor Jesús, morando en Él como una rama, atrae a diario sostén que da la vida de la Vid, el Señor Jesucristo mismo. Cuando moramos en Él, el Espíritu Santo nos llena y comenzamos a dar el maravilloso "fruto del Espíritu". Significativamente, en el pasaje de Gálatas Pablo utiliza el término *fruto* en singular. Hay un único fruto esencial del Espíritu: el amor. Por amor fluyen todas las demás gracias maravillosas, no solo las del pasaje de Gálatas sino también en el capítulo de amor de 1 Corintios 13. El paralelo de estos pasajes es asombroso.

1 Corintios 13: Amor	Gálatas 5:22–23: Fruto
Paciente	Paciente
Bueno	Bueno
No envidioso	Gozoso
No arrogante	Benigno
No contando con el mal	Control propio
No provocado	En paz
Santo	Bueno
Altruista	
Tolerante	Fiel
Humilde	

Debido a este paralelismo un erudito en la Biblia ha señalado que el pasaje de Pablo en Gálatas 5:22-23 debería tener dos puntos después de la palabra "amor" y no una coma como aparece en la mayoría de las traducciones. Así, se leería: "El fruto del Espíritu es amor: gozo, paz…" y no: "El fruto del Espíritu es amor, gozo, paz…" Hay un solo fruto del Espíritu del cual fluyen diferentes aspectos del mismo. Esto haría que 1 Corintios 13 y Gálatas 5:22-23 fueran virtualmente sinónimos.

La conclusión descansa en nuestro amor en el nivel *agape,* porque esa es la palabra que el apóstol usa en ambos pasajes. El Espíritu Santo permite el flujo del *agape* en nosotros mientras moramos en la Vid, y así damos su fruto.

Pero ahora observaremos más en detalle los diversos aspectos del amor, como se ve en Gálatas 5, para determinar cómo podemos ejemplificar a nuestro Señor Jesucristo y a su amor.

El fruto del amor

Gozo

El gozo es un retoño hermoso que envía su fragancia a todas las partes de la experiencia cristiana. El profeta Nehemías dijo: "El gozo de Jehová es vuestra fuerza" (Neh. 8:10). Nada parece tan contagioso o atractivo como el gozo cristiano. Pero advierta, el profeta lo llama *"el gozo de Jehová"*. Pedro lo expresa como "gozo inefable y glorioso" (1 P. 1:8). Este gozo no es una felicidad terrenal, transitoria. Los cristianos no experimentan gozo simplemente porque las circunstancias son agradables o porque saben cómo pensar positivamente. El gozo cristiano es una satisfacción profunda que surge debido al Espíritu Santo y a su obra en la tierra, independientemente de toda circunstancia de la vida. Ese gozo es *su* gozo, y por ende está "lleno de Gloria". El verdadero gozo proviene del conocimiento de que no importa lo que la vida nos ponga en el camino, Dios está con nosotros y en nosotros (Ro. 8:28). Cuando llegan las pruebas, como dijo Andrew Murray:

> La salvación que Dios proveyó para nosotros, la vida bendecida en la forma nueva y viva, a través de Jesucristo, tiene tal poder que puede permitirnos en medio de cada prueba ser más que un conquistador a través de Él que nos ama. Entréguese por completo y por entero a Dios en Cristo Jesús, como en las manos del amor infinito, creyendo firmemente esta gran e infalible verdad, que Dios no tiene voluntad hacia usted, sino la de amor infinito, y un deseo infinito de que usted comparta su naturaleza divina, y que es absolutamente imposible que el Padre de nuestro Señor Jesucristo se rehúse a todo lo que es bueno, y la vida, y la salvación que usted quiere es para que la tome con su propio poder.[13]

Cuando vivimos en el escenario de la fe el fruto del gozo —incluso en la tristeza— surge en nuestras vidas. Podemos regocijarnos en el conocimiento y la seguridad del amor de Dios. Y eso conduce a la paz.

Paz

Caminar en obediencia al Espíritu y acercarnos a su amor producirá un fruto que la Biblia denomina "paz". Pablo la describió como "La paz de Dios, que sobrepasa todo entendimiento" (Fil. 4:7). Advierta nuevamente, la paz es la *paz de Dios*. Nuestras librerías están llenas de volúmenes sobre cómo obtener la paz interior. Todo el mundo quiere saber cómo encontrar ese algo misterioso llamado "paz mental". Como dijo F. B. Meyer: "Nuestras naturalezas suspiran por el descanso, como una concha marina, cuando se la coloca en el oído, parece gritar por las profundidades tranquilas de su hogar nativo".[14] La gente se vuelca a cualquier lado salvo a la *única* fuente donde puede encontrarse tal paz: nuestro Señor Jesucristo. Sus promesas permanecen ciertas. "La paz os dejo, mi Paz os doy, yo no os la doy como el mundo la da. No se turbe vuestro corazón, ni tenga miedo" (Jn. 14:27). No debemos luchar por su paz. El trabajo arduo no la producirá. La paz es un don de Cristo para los que moran fielmente en Él.

Ahora bien, no se equivoque aquí. La vida sigue siendo difícil. Los creyentes que dan frutos no niegan eso. Pero pueden tener victoria incluso en medio de las dificultades. Por esto es que los cristianos pueden llorar y tener paz al mismo tiempo.

Paciencia

La paciencia puede definirse como: "la fuerza para diferir el enojo, y la alegría para soportar heridas". Retrata una cualidad básicamente relacionada con la gente. Crisóstomo, el gran predicador de Constantinopla decía que la paciencia es la cualidad de la gracia que Dios le da al cristiano que, en justicia, podría buscar venganza pero se niega a hacerlo. Los autores del evangelio muestran al Señor Jesucristo demostrando esta actitud con la gente que Él encontró. Si damos el tipo de fruto que fluye de Cristo, la paciencia debe caracterizar todas nuestras relaciones en todas las diversas y difíciles circunstancias de la vida.

Bondad

La bondad es otro fruto hermoso del amor que tienen las ramas cristianas. A la *bondad* a veces se la define como "bonhomía" o "semejanza a Cristo". Otra definición es "una dulzura de carácter que nos hace ser bondadosos, cordiales y fáciles de ser reconciliados cuando se nos ha hecho un mal". Solo los cristianos que dan frutos, que dan amor, pueden mostrar esta cualidad con verdadera profundidad. La bondad desafía el mundo.

Benignidad

La benignidad, como fruto, toma su justo lugar en la rama del creyente como una expresión de amor *ágape*. Un incidente durante el ministerio terrenal de nuestro Señor ilustra su significado. Se le acercó un hombre en una ocasión y le preguntó: "Maestro bueno, ¿qué bien haré para obtener la vida eterna?". Jesús respondió: "¿Por qué me llamas bueno? Ninguno hay bueno sino uno" (Mt. 19:16-17). El hombre había hecho una pregunta común. La anomalía de nuestra naturaleza parece ser que aunque seamos pecaminosos parecemos preocupados acerca de hacer el bien y ser buenos. Jesús colocó las cosas en su lugar. Solo Dios es bueno. Él solo forma la base de toda verdadera benignidad. Por lo tanto, hacer el bien y ser bueno demuestra la naturaleza de Dios.

Esta gracia de benignidad no significa ser "un hacedor del bien". Denota una "benignidad fuerte", el tipo que inspira Dios. Significa, como lo expresó un comentarista: "Vivir virtuosamente y equipado en cada momento". Un intenso divino genuino de ser útil a los demás en toda fase de la vida está en el núcleo de la benignidad. Pablo dijo: "Así que, según tengamos oportunidad, hagamos bien a todos y mayormente a los de la familia de la fe" (Gá. 6:10).

Fidelidad

La fidelidad es otro hermoso fruto del Espíritu y es una manifestación del amor de Dios. *Fidelidad* significa "confianza". Denota a una persona que es totalmente confiable, como Dios. La sinceridad, la fidelidad y la integridad están en su corazón. La fidelidad crece del amor y de la fe vibrante en Cristo.

Mansedumbre

El siguiente fruto del Espíritu es lo que la Biblia llama "mansedumbre". Demuestra la gloria de la Vid, Jesucristo, puesto que Él fue tal hombre. Jesús dijo: "Yo soy manso y humilde de corazón" (Mt. 11:29). También dijo: "Bienaventurados los mansos porque ellos recibirán la tierra por heredad" (Mt. 5:5). Esta gracia se expresa a sí misma en tres formas. Un cristiano manso se somete a la voluntad de Dios (Mt.11:29). Un cristiano manso es capaz de ser enseñado y nunca es demasiado orgulloso para aprender (Stg.1:21). Finalmente, un cristiano manso es considerado en espíritu y actitud (1 Co. 4:21). La compañera de la mansedumbre es la humildad. La forma adjetivada de la palabra se refiere a un animal que ha sido entrenado y controlado. No debe confundirse la mansedumbre con la debilidad. Jesús no fue un hombre débil, pero Él se llamó a Sí mismo manso y humilde (Mt. 11:29). La mansedumbre en realidad significa gran fortaleza.

Control de uno mismo

Los filósofos griegos usaban la palabra *control propio* para transmitir el control de uno mismo. Se aplicaba a la persona que había dominado sus deseos y el amor del placer. Pablo empleó el término en relación a la disciplina de un atleta con su cuerpo (1 Co. 9:25) y al dominio cristiano del deseo sexual (1 Co. 7:9). La fortaleza del carácter reside en el corazón de la idea. Los cristianos pueden por fe dominarse a sí mismos de tal manera que pueden ser siervos que se entregan a los demás, demostrando a Dios y a su amor.

¿Ahora bien, cuál es el resumen de todo para el pueblo redimido de Dios? El servicio con amor a los demás. Como Murray dijo:

> Todos los redimidos forman un cuerpo. Cada uno depende del otro, cada uno es para el bienestar del otro. Estemos al acecho del autoengaño que piensa que es posible ingresar al lugar

santísimo, a la relación más cercana con Dios, en el espíritu del egoísmo. No puede ser. La nueva y viviente forma que abrió Jesús es la forma del amor del sacrificio propio. El ingreso al Más Santo se nos da como sacerdotes, para ser llenados con el Espíritu y el amor de Cristo, y para salir y traer la bendición de Dios a los demás.[15]

Todas estas gracias espirituales deben crecer y madurar. Nuestro Señor lo aclaró en Juan 15. Jesús colocó dar frutos en la progresión de "fruto", "más fruto" (v. 2) y "mucho fruto" (v. 5.) Ese es el camino ascendente que debemos tomar. Advierta, habrá limpieza (v. 2) pero solo a fin de producir "mucho fruto". Crecer dando fruto significa crecer en gracia. Ojalá siempre continuemos creciendo en Cristo.

Una gran orden

¿Es realmente posible de lograr? ¡Sí! Como hemos visto proviene de morar en Cristo, de caminar por fe en la plenitud del Espíritu Santo, y viviendo la vida centrada en Cristo.

Todo esto constituye lo que significa ser un pámpano que da frutos. Por cierto una vida hermosa: amor en el sentido más elevado de la palabra y hacer su contribución al mundo. Pero parece una orden casi increíble. ¿Es realmente posible de lograr? ¡Si! Como hemos visto proviene de morar en Cristo, de caminar por fe en la plenitud del Espíritu Santo y viviendo la vida centrada en Cristo. Entonces "el amor de Dios ha sido derramado en nuestros corazones por el Espíritu Santo que nos fue dado" (Ro. 5:5). De ese modo, y únicamente de ese modo, ejemplificamos a Dios. Como lo expresó Miles Stanford:

> La vida cristiana no es vivir con la ayuda de Cristo, es Cristo viviendo su vida en nosotros. Por lo tanto, esa parte de nuestras vidas que no es su vida, no es vida cristiana y esa parte de nuestro servicio que no es hecha por Él no es servicio cristiano, porque tal vida y servicio tienen una fuente humana y natural, y la vida y el servicio cristiano tienen una fuente sobrenatural y espiritual.[16]

Y Pablo dijo: "Porque para mí el vivir es Cristo" (Fil. 1:21).

Conclusión

Así que llegamos a la conclusión de que estar vivo espiritualmente significa demostrar el amor de Cristo en todos los aspectos. Cuando amamos como el

Espíritu nos faculta a hacerlo, le damos gloria a Él, e incluso lleva al mundo a abrazarlo porque "El amor nunca falla" (1 Co. 13:8). Vivir una vida de amor, como lo descubrió Martha Franks, ejemplifica al Salvador, porque "Dios es amor" (1 Jn. 4:8).

Oración

Amado Dios, nuestro Padre, gracias por tu gran amor… Ansío ser como Jesús y amar como Él lo hizo. Dame. Tu gracia para que me permita vivir una vida llena del Espíritu, fructífera de amor mientras simplemente moro e nuestro precioso Salvador, el Señor Jesucristo, en cuyo nombre oro. Amén.

10 preguntas para estudio y debate

1. ¿La joven personalidad de Martha Franks la ayudó en el servicio de Cristo? ¿Qué tuvo que amansar Dios en su vida? ¿Por qué?

2. Martha Franks fue "llamada"; ¿cómo nos llega el "llamado" de Dios? ¿Los cristianos son todos "llamados"?

3. ¿Cuál es el significado de un verdadero renacimiento como el de Shantung? ¿Lo necesitamos hoy día? ¿Cómo sucederá?

4. ¿Qué áreas de nuestras vidas el Espíritu Santo lucha por controlar? ¿Por qué? ¿Cuáles son los resultados?

5. ¿Cuáles son los tres tipos de amor y cómo se relacionan con un cristiano que ejemplifica a Dios?

6. ¿Qué papeles juegan la plenitud, el morar y la disciplina en el logro del amor?

7. ¿Cómo podemos amar en el nivel ágape?

8. ¿De qué manera se relacionan el amor y el "fruto del Espíritu"?

9. ¿Por qué tan pocos parecen amar en el nivel de Dios?

10. ¿Cuáles son los principios simples y las disciplinas cotidianas para ejemplificar a Dios *y qué vamos a hacer para llevarlas a cabo?*

La mujer espiritual crece en Dios

CONOZCA A KAY ARTHUR:
UNA MUJER QUE CRECE EN DIOS

*desead, como niños recién nacidos,
la leche espiritual no adulterada, para que por ella
crezcáis para salvación.*
(1 P. 2:2)

*L*a Biblia declara que el crecimiento espiritual se estanca a no ser que nos saturemos con las Escrituras. La Palabra de Dios es la luz de nuestra vida. Como dijo el salmista: "Lámpara es a mis pies tu palabra, y lumbrera a mi camino" (Sal. 119:105). Espiritualmente está arraigado y afianzado en las Escrituras. Su búsqueda le quita las alas de la Palabra.

Es aquí que Kay Arthur ha hecho una magnífica contribución. Ella es una ávida y perceptiva erudita de la Biblia y, en su obra para alentar el crecimiento espiritual a través del estudio de las Santas Escrituras, ella misma epitomiza lo que significa crecer en la gracia de Dios a través de la Palabra.

Llega una nueva vida

Kay nació el undécimo día del undécimo mes de 1933 en el hermoso Jackson, Mississippi. Tuvo el maravilloso privilegio de haber sido criada en un hogar lleno de amor por padres que eran tan maduros como debían ser. Kay era el vivo testimonio de que nunca vio a su madre y a su padre pelear. Siempre expresa gratitud por el amor y la seguridad que sus padres les brindaron a su hermana, sus hermanos y a ella misma. Es fácil entonces ver por qué Kay fue una niña bien adaptada.

La familia de Kay se mudaba con bastante frecuencia debido a la carrera de su padre. En total, Kay asistió a doce escuelas elementales y cuatro escuelas secundarias en el curso de sus primeros años de educación. En ese momento para ella era una tarea tener que desarraigarse con tanta frecuencia, y poco se daba cuenta de que Dios le estaba enseñando a ser abierta ante personas nuevas, a cómo llegar a ellos. Él la estaba preparando para viajar, incluso a los confines de la tierra.

Enfermería

Luego de que Kay terminara su escuela secundaria en Jackson, se inscribió en la Escuela St. Luke de Enfermería y se convirtió en enfermera matriculada. Amaba su trabajo, y la obra que hizo al restaurar a la gente a la salud física fue un símbolo de lo que, un día, haría: restaurar cristianos dolientes a la vitalidad espiritual. Kay también asistió a la Universidad Case Western Reserve en Cleveland, Ohio, y más tarde a la Universidad Tennessee Temple en Chattanooga, Tennessee. La Universidad de Temple había sido fundada por el reconocido ministro del evangelio, Lee Robinson. Esta buena institución instiló en Kay un profundo amor, aprecio y conocimiento de las Escrituras. Ya se estaba tendiendo un cimiento para su futuro ministerio.

Un nuevo hogar

Mientras estudiaba para ser enfermera, Kay conoció a su futuro esposo. Siempre había soñado con amar a un hombre por el resto de su vida, con criar una familia feliz, con ser la esposa y la madre perfecta. Quería que su hogar tuviera todas las cualidades del hogar en que ella misma creció. Cuando conoció a Frank Thomas Goeth, Jr., todo pareció encajar. "Tom" era un hombre buen mozo de una familia prominente de la comunidad. Además, era un gran deportista. Le habían ofrecido contratos para jugar con los Yankees, los Philbes, los Indians y los Pirates. Kay casi no podía creer que un hombre así se hubiera enamorado de ella. Pronto se casaron, y parecía que un gran futuro les esperaba. Pero grietas en los cimientos de su unión comenzaron a aparecer muy pronto. Tom se sentó con Kay un día y le dijo: "Kay, ahora eres la Sra. de Frank Thomas Goeth, Jr. y hay cosas que no me gustan de ti. Quiero que las cambies". Kay estaba horrorizada. La actitud arrogante, negativa de Tom hacia ella golpeó su corazón. Solo podía pensar que esto era algún tipo de pesadilla, que se despertaría al día siguiente para encontrar a Tom amorosamente parado a su lado. Pero no era un sueño. Tom había caído en una seria depresión, y parecía que toda felicidad hubiera desaparecido.

Esperanzas rotas

Las esperanzas de Kay estaban quebradas. A lo largo de seis años y del nacimiento de dos hijos valientemente trató de mantener sus vidas en un estado de tranquilidad. Pero era imposible. Una noche Tom estaba tan mal por unas palabras de enojo que Kay había deslizado que realmente le dio un revés. Kay admite que su esposo era un caballero y que ella lo había sacado de las casillas, pero ella se sentía tan desgraciada, que realmente no le importaba. Tenía todas las cosas que constituían la felicidad. Como ella lo expresó. Tenía "dinero, leche, ejemplos", pero por todo eso, encontró que su matrimonio estaba hecho pedazos. Era inexplicable, un misterio que solo la eternidad podría discernir. A los veintisiete años, su sueño de un hogar feliz se había apagado. Tom se divorció de Kay y la dejó con sus dos hijos pequeños. Ella tenía esperanzas de criar a sus hijos en un entorno de gozo y seguridad muy parecido al que había experimentado ella. En cambio, había llegado a un callejón sin salida.

Descarriada

En la víspera de esta tragedia Kay se alejaba de su crianza cristiana. Todo lo que quería era encontrar, como ella lo expresa: "alguien que me ame aunque haya tenido un buen día o uno malo". Kay se descarrió. La vida iba de mal en peor. Ella francamente admite que se convirtió en esclava del pecado. Tomaba resolución tras resolución, pero no podía romper el lazo. Luego, justo en ese momento terrible de su vida, la gracia y la bondad de Dios intervinieron dramáticamente y la detuvieron. Una noche en una fiesta, alguien se le acercó y le dijo: "Kay, ¿por qué no dejar de decirle a Dios lo que quieres y le dices que Jesucristo es todo lo que necesitas?" Esta acotación enfureció a Kay. Respondió: "Jesucristo no es todo lo que necesito. Necesito un esposo, mis hijos necesitan un padre, necesito…" y enojada se volvió a su casa. Al día siguiente Kay se sintió descorazonada. Intentó racionalizar la situación, diciéndose a sí misma que sus problemas eran ocasionados por algo profundo dentro de ella que simplemente no podía ser tratado ni sanado.

Llega la conversión

*Ella gritó:"Dios, no me importa lo que me hagas. No me
importa lo que les hagas a mis hijos. No me importa si
nunca veo a otro hombre… si Tú solo me das paz". Y luego
un milagro. La gracia maravillosa de Dios, el perdón y la
paz inundaron su corazón.*

Los hijos de Kay estaban por ir al campamento de verano, y Kay se encontró preparándose para el viaje en un remolino de pensamientos y emociones en conflicto. Un día aproximadamente antes de que ellos se fueran, fue a la cocina a hornear un pastel. Su hijo menor, Mark, se aferraba a su delantal. De repente, Kay sintió que tenía que irse. Puso de rodillas al niño, lo abrazó y le dijo: "Querido Mark, mamá tiene que estar sola durante un momento". Él la dejó, y Kay subió las escaleras hasta su dormitorio. Allí cayó de rodillas, y de las profundidades de su corazón, con la convicción y en confusión gritó: "Dios, no me importa lo que me hagas. No me importa lo que les hagas a mis hijos. No me importa si nunca veo a otro hombre…si Tú solo me das paz". Y luego un milagro: La gracia maravillosa, el perdón y la paz inundaron su corazón. Jesús realmente era el Príncipe de la Paz para ella en ese momento, todo lo que necesitaba. Kay ni siquiera sabía qué había sucedido. No usó términos religiosos para expresarlo. Pero ella había realmente abierto su corazón a Jesucristo y había nacido de nuevo. Sí sabía que todo estaría bien.

En la Palabra

Luego de la rica experiencia de Kay de la salvación en Cristo, se sumergió en la Palabra de Dios. Kay ya no estaba sola, ahora tenía a Dios. En los días que siguieron a su conversión pensó duramente acerca de su vida y de todo lo que había sucedido. Le dijo al Señor que estaba dispuesta a volver a casarse con Tom si Dios simplemente llegaba a él como lo había hecho con ella. Luego llegaron las noticias terribles: Tom se había suicidado. Kay estaba pasmada. Estaba tan profundamente mal que casi no podía procesar lo que había sucedido. El hombre con quien ella había esperado pasar todos sus días, el padre de sus dos preciosos hijos, se había colgado y ya no estaba.

Desesperada corrió al teléfono y llamó a su pastor. Como dijo después: "Me sentí aturdida, necesitaba comprensión". Él no estaba en casa. Más tarde pudo agradecerle a Dios porque su llamado la obligó a volcarse al Señor, y a través de las Escrituras encontró el consuelo que tanto necesitaba. Kay solo había sido cristiana por un breve lapso pero había, como ella lo dice: "saturado con la Palabra y llegué a conocer a mi Dios". Fue esto lo que respondió a su angustia. En su gran momento de necesidad, Dios usó la Palabra que ella tenía "oculta en su corazón" para darle comprensión y solaz. Mientras Kay lloraba de dolor, Dios le habló. Ella cuenta:

> Ah, no oí una voz audible, pero sí oí esas pequeñas voces silenciosas en las cámaras de mi corazón que ahora he reconocido rápidamente con los años. Él dijo tres cosas y todas provenían de la Palabra que estaba oculta en mi corazón. Sin embargo no creo que siquiera me di cuenta en ese momento. Él dijo: "Kay, en todas las cosas, da gracias porque esta es la voluntad de Dios en Cristo Jesús respecto de ti. Todas las cosas obran juntas para bien para los que son llamados de acuerdo a su propósito. No te daré nada que no puedas soportar". En uno de mis momentos de más oscura necesidad como un bebé cristiano, vi la forma en que Dios usó su Palabra para conducir, para dirigir, para consolar, para hablar, para dar entendimiento acerca de qué hacer en ese momento. Con el correr de los años, he seguido saturándome en ella. Es en su Palabra que encuentro todo lo que necesito para la vida y la santidad y es en su Palabra que continúo descubriendo a mi Dios: quién es Él, cómo actúa y reacciona, cómo es, qué desea de mí, para mí. Es en mis momentos a solas en la Palabra que he desarrollado una relación íntima, personal, vital con el Dios viviente del Universo. Estoy absolutamente, irrevocablemente convencida sin ninguna sombra de duda que la búsqueda más valiosa en la que puede embarcarse el hombre es la de conocer a Dios. Yo sé que conocer la Palabra de Dios y el Dios de la Palabra me ha cambiado radicalmente, —de adentro para afuera— y ha establecido mi vida en un cimiento inamovible y seguro.

La paz era suya. La lección fue aprendida.

Vienen pruebas... y una profecía

Kay enfrento muchas dificultades y desafíos en los primeros años de su vida cristiana. Una vez trató de compartir su fe con un miembro de la familia, y fue totalmente rechazada por sus esfuerzos. Nuevamente Kay se encontró clamándole al Señor por su consuelo y fortaleza. Pero ella estaba aprendiendo.

Durante esos días, el Señor pareció revelarle a Kay que un día se casaría con un hombre maravilloso de nombre Jack Arthur. Todo lo que Kay sabía sobre Jack era lo que se había enterado de una tarjeta de solicitud de oración que había levantado. Él estaba desempeñándose como misionero en América del Sur y había estado allí por un tiempo. Nunca había sufrido persecución por su fe. En un momento fue apedreado por predicar el evangelio. Mientras Kay oraba fielmente por Jack, se preguntaba cómo sería. Así que tomó una tarjeta de oración que tenía su foto en ella. Era un hombre de muy buen aspecto.

Dios le dio las promesas de su Palabra. Ella sabía que debía estar agradecida por todas las cosas, incluso por un empleo perdido.

Luego, en junio de 1965, le dijeron a Kay que el hospital diagnóstico con once camas donde estaba trabajando iba a cerrar. Y allí estaba ella, sin trabajo y con dos niños pequeños de quiénes ocuparse. Pero nuevamente, Dios le dio la promesa de su Palabra. Ella sabía que debía estar agradecida por todas las cosas, incluso por un empleo perdido. Con una fe simple, como de niña, Kay elevó su corazón a su Señor. "Padre, no sé por qué, pero gracias de todos modos". Esa misma noche, Kay llevó a los niños a un concierto. Poco sabía que Jack, que resultó ser un graduado de la misma escuela a la que ella asistía en ese momento, había venido a la ciudad por una noche, ¡esa noche! Cuando terminó el concierto, Kay y los niños fueron a un negocio de helados en la universidad. Mientras estaban sentados comiendo helado, Kay escuchó a Mark decir: "Sr. Arthur, ¿me firmaría mi Biblia?". En ese preciso instante Kay entendió la providencia de Dios: en el cierre del hospital, en todo lo que había sucedido. Kay y Jack platicaron brevemente. Jack mencionó que volvería al campo de la misión en pocos meses. Y Kay pensó en su corazón: "Bueno, tú no lo sabes, pero yo voy a ir contigo".

Un nuevo hogar

Jack regresó al campo de la misión sin Kay, pero solo por poco tiempo. Al cabo de tres meses él estaba de nuevo en la universidad como disertante misionero. El resto es historia. En diciembre de 1965, para hacer corta una maravillosa historia de cortejo, Kay y Jack se casaron, y juntos fueron a México, como misioneros. Dios había cumplido por fin con el deseo profundo de Kay. Le había dado un esposo devoto y la oportunidad de servirlo. La vida comenzó a tener una nueva aura.

Para ese entonces los niños eran adolescentes. La situación educativa en México dejaba mucho que desear, así que Kay les enseñó ella misma a sus hijos. Esta era la manera de Dios de demostrarle a Kay que ella tenía el don espiritual de enseñar.

Mientras estaban en México, el Señor bendijo a Kay y a Jack con su primer hijo, y el tercero de Kay. Lo llamaron David, por el gran rey israelita. Tres años más tarde, Kay se enfermó gravemente con una infección del corazón. Los médicos insistieron en que los Arthur regresaran a casa. Si bien era cierto que Kay estaba físicamente enferma del corazón, se volvió espiritualmente enferma del corazón con el pensamiento de abandonar su ministerio en México. Poco se dio cuenta que su alcance misionero algún día abarcaría el mundo.

Expansión del ministerio

De vuelta en Estados Unidos, los Arthur se radicaron en Chattanooga, Tennessee. El Señor los condujo a un maravilloso ministerio con adolescentes. Los jóvenes se reunían en su hogar, y Kay y Jack les enseñaban la Biblia. De la mano de Dios, el ministerio de enseñanza fue multiplicado muchas veces. Las mujeres comenzaron a acudir a Kay, pidiéndole que compartiera la Palabra de Dios. En poco tiempo la sala de su hogar demostró ser muy pequeña. El Señor abrió una oportunidad para Kay y Jack de adquirir una granja de treinta y dos acres cerca de Chattanooga para su ministerio de enseñanza. En el momento de la compra, cuatro edificios cubrían la propiedad: una granja, un gran establo, un gallinero y una caseta ubicada en la parte superior de la ruta. Kay, Jack y los tres muchachos se mudaron a su nuevo hogar y, el mismo martes por la mañana, comenzaron los estudios bíblicos en el viejo gallinero. Durante las primeras semanas la cantidad de gente era poca. Eran tan pocos que cada uno de los presentes podía decir su nombre y sus solicitudes de oración. Pero pronto creció el número, tanto que al poco tiempo Kay y Jack tuvieron que limpiar el establo, remodelarlo y mudar el estudio bíblico de los martes por la mañana allí. De esta manera y en ese escenario, Ministerios Precepto, como se conoce ahora el programa de estudio bíblico, nació. Hacia 1970 fue incorporado plenamente. Y siguió creciendo.

Un ministerio revelador

Al final el gallinero y el establo juntos no podían contener la cantidad de personas que venían a estudiar la Palabra de Dios. Kay y Jack se pusieron a construir un edificio administrativo, luego un auditorio, un edificio de producción y finalmente el gran Centro de Capacitación Grace Kinser Memorial. (En 1971 Grace Kinser había invitado a Kay a ir a Atlanta, Georgia, para enseñar la Biblia en su hogar, y esa experiencia se convirtió en un hito significativo en el ministerio.)

Mientras el trabajo continuaba creciendo, se construían edificios de oficinas junto con dos dormitorios para albergar a los que asistían a las conferencias. En 1989 se derribaron el viejo establo y el gallinero para crear un lote de estacionamiento.

El Señor comenzó a imprimir una visión mundial sobre
Kay y Jack.

El Señor comenzó a imprimir una visión mundial sobre Kay y Jack. Todas las semanas Kay viajaba a Atlanta para enseñar. Su ministerio creció hasta que miles asistieron a sus sesiones de Biblia. Kay comenzó a sentir el peso de encontrar una manera de enseñar a la gente a estudiar más eficientemente la Palabra de Dios. Muchos asistían a las conferencias ¿pero qué pasaba con todos los demás que no podían viajar para estar con ella, que desesperadamente necesitaban aprender a estudiar las Escrituras? Creciendo de su peso estaban los principios de la técnica de estudio inductivo que ella dio en llamar "Precepto sobre Precepto". En 1976 comenzó esta nueva fase del ministerio. Kay Arthur se convirtió en una de las mujeres líderes en la enseñanza de la Biblia de fines del siglo XX.

Un testimonio personal

Dios ha hablado a muchas vidas a través del ministerio de Kay. Los autores han tenido una experiencia personal sobre esto. Nuestra cuñada asistió a una de las conferencias de estudio bíblico de Kay Arthur. Si bien ella habido sido una cristiana profesante durante muchos años, aparentemente nunca había llegado a conocer a Cristo. Al oír allí la Palabra de Dios, se conmovió tanto por el Espíritu Santo que se postró de rodillas y entregó por completo su corazón a Jesucristo. Su vida se transformó. Miles han sido tocados de esta manera. El ministerio ahora apoya a un personal de más de 120 personas, con oficinas en varios países del extranjero. En este momento se realizan cursos de estudio bíblico en todos los estados de Estados Unidos y en más de setenta otros países también. Cada curso viene acompañado por un conjunto cintas de enseñanza en audio y video. Los estudios pueden adquirirse en español, coreano, rumano, chino, japonés, portugués, ruso, checo y alemán.

En el mundo de los medios de comunicación

El ministerio del estudio bíblico se ha expandido en la radio. Kay ha sido anfitriona de un programa diario de quince minutos: "Entonces cómo puedo vivir", respondiendo preguntas sobre "Cómo vivir en la plenitud". Ella también ha trabajado en un programa de una hora de televisión que fue reenviado a cientos de estaciones de televisión. Kay ha escrito por lo menos quince libros, incluyendo el ganador de premios *Señor, necesito gracia para hacerlo*. Si bien el ministerio de Kay en sus comienzos se dirigía a las mujeres, los hombres han estado tomando sus cursos de estudio también. Sus seminarios de liderazgo ayudan a otros maestros de la Biblia a preparar programas de estudio eficaces. Kay y Jack juntos continúan haciendo todo el trabajo administrativo de Ministerios Precepto. Viajan continuamente y han visto desarrollarse ministerios en Israel, India, Rumania, Japón, Corea y partes de Europa. Las mudanzas constantes que Kay hacía cuando niña tuvieron su recompensa. Más de veinte libros además de las propias obras de Kay han salido del ministerio, y la lista continúa creciendo. Kay también ha escrito para las revistas *Decision, Moody* y *Virtue*. Se desempeña en trece juntas de ministerio, ya sea como consultora o en algún otro cargo. Trabaja con el Día Nacional de la Oración, el Instituto de Evangelismo, el Congreso sobre Exposición Bíblica, Christian Women United, y demás. Los programas nacionales de radio y televisión la han invitado repetidas veces como invitada. Su enseñanza sobre la Biblia es una exigencia constante.

El corazón de todo

¿Qué constituye el corazón, la misión de Ministerios Precepto según lo visualizan Kay y Jack? El enunciado de su misión es sencillo:

> La misión de Ministerios Precepto es establecer la gente de Dios en el hogar y en otros países y la palabra de Dios de tal forma que sea una reverencia para Él. Esta misión se logra enseñando la palabra de Dios a través de diversos medios como cursos inductivos de estudio de la Biblia, estudios devocionales, programas de capacitación, conferencias, radio y televisión. Estos están diseñados para motivar, comunicar, cultivar, instruir y capacitar de tal modo que la gente se asemeje a Cristo y esté equipada para cumplir con la misión del Señor Jesucristo para ellos.

Un tributo a la gracia

Kay Arthur llegó a conocer a Cristo a través de sus pruebas, dolores de corazón y tragedias. Ella sabe lo que significa crecer en gracia a través de la Palabra de Dios. Muchos han llegado a un entendimiento más profundo y más rico de las Escrituras por medio de su vida de servicio.

Como con Kay, nuestra vida espiritual y desarrollo realmente dependen de nuestra capacidad para entender y asimilar la Biblia. Un poeta escribió sobre buscar en el mundo para la verdad, tomándolo de todos los grandes escritos, y de los hombres y mujeres más sabios. Luego volvió cansado de su búsqueda solo para encontrar que "todos lo que dicen los sabios está en el fiel libro de Dios que uno lee". Este testimonio simple y poético de la Palabra de Dios es cierto y verdadero. Ha sido afirmado por millones de creyentes a lo largo de los siglos.

Testimonios a las Escrituras

William E. Gladstone, el "Gran hombre Viejo" del Parlamento británico dijo:

> He conocido a noventa y cinco grandes hombres del mundo de mi tiempo, y de estos, ochenta y cinco eran todos seguidores de la Biblia.
>
> Plática sobre cuestiones del día: hay una sola cuestión y esa es la Biblia. Puede y corregirá todo lo que deba ser corregido. Mi única esperanza para el mundo es poner la mente humana en contacto con la Revelación Divina.
>
> Aunque atacados por campamentos, batería y minas, las Santas Escrituras siguen siendo una casa construida sobre una roca, y esa roca es impregnable.[1]

Helen Keller dijo: "La Biblia me parece como un río de luz fluyendo a través de mi oscuridad y ha mantenido mi esperanza de logro brillante cuando las cosas parecían difíciles de vencer".

El pensador francés Jean-Jacques Rousseau odiaba al cristianismo, pero dijo: "Debo confesarles que la majestuosidad de las Escrituras me asombra... Si hubiera sido el invento de los hombres, el inventor sería más grande que los más grandes de los héroes".[2] Hellen Keller, la mujer ciega y sorda de Alabama que tanto conmovió al mundo dijo: "La Biblia me parece como un río de luz fluyendo a través de mi oscuridad y ha mantenido mi esperanza de logro brillante cuando las cosas parecían difíciles de vencer".[3] Y el autor inglés John Ruskin exhortó: "Lean sus Biblias, hagan que sea su negocio cotidiano obedecerla en todo lo que la comprendan. A mi temprano conocimiento de la Biblia le debo la mejor parte de mi gusto por la literatura".[4] La lista de los "grandes" que elogian las Escrituras parece infinita, sin mencionar las multitudes de gente común que han encontrado que la Palabra de Dios es "una lámpara para mis pies y una lumbrera para mi camino" (Sal. 119:105). La mujer que busca la verdadera espiritualidad debe beber el precioso elixir de la Palabra de Dios, porque

> A estos Dios ha casado
> Y ningún hombre partirá,
> Polvo en la Biblia
> Y sequía en el corazón.

A través de las Santas Escrituras nos acercamos más a Dios y Él a nosotros. Observemos la naturaleza de este Libro en este nuestro sexto paso hacia la espiritualidad.

Qué es la Biblia

Detrás y por debajo de la Biblia, por encima y más allá de la Biblia, está el Dios de la Biblia. La Biblia es la revelación escrita por Dios de su voluntad para los hombres. Su tema central es la salvación a través de Jesucristo.

Tanto se ha dicho, tantos libros se han escrito y tantos sermones predicados sobre la Biblia que casi no parece necesario decir nada más. Sin embargo, como dijo Simón Pedro: "Despierto con exhortación vuestro limpio entendimiento" (2 P. 3:1), analizaremos qué es lo que estamos sosteniendo cuando levantamos la Biblia para leerla.

Henrietta Mears dijo, "Detrás y por debajo de la Biblia, por encima y más allá de la Biblia, está el Dios de la Biblia. La Biblia es la revelación escrita por Dios de su voluntad para los hombres. Su tema central es la salvación a través de Jesucristo".[5] La Biblia, siendo la propia Palabra de Dios, nos conduce a la Palabra viviente: Jesucristo. Para continuar con nuestro desarrollo espiritual ahora vamos a sumergirnos en la naturaleza de las Escrituras, su propósito, y su interpretación. Prometemos no ser técnicos ni pedantes, porque después de todo, la Biblia está viva (He. 4:12) e imparte una verdad viviente para nosotros.

Inspiración divina

La Biblia está inspirada por el Espíritu Santo de Dios. Las Escrituras mismas afirman este hecho en pasajes como Salmos 19, Salmos 119, Lucas 24:25-27; Juan 10:34-35, Hebreos 1:1-3, 2 Pedro 3:16 y demás. El testimonio más citado de la Biblia en cuanto a su propia inspiración se encuentra en 2 Timoteo 3:16-17, que dice: "Toda la Escritura es inspirada por Dios, y útil para enseñar, para redargüir, para corregir, para instruir en justicia, a fin de que el hombre de Dios sea perfecto, enteramente preparado para toda buena obra". El uso secular de la palabra *inspiración* usualmente implica genio humano. La Biblia presenta un entendimiento totalmente diferente del término. La palabra que Pablo usó para inspiración, *theopneustos*, se traduce literalmente como "con aliento de Dios". El Nuevo Testamento enfatiza el hecho de que Dios sopló su aliento en los autores sagrados para que tengamos en la Biblia la propia Palabra de Dios. El astuto teólogo Carl F. H. Henry dijo, "En breve, el aliento de vida de la Biblia como depósito literario es Divino". Si bien Dios claramente permitió el factor humano en la producción de las Escrituras, un tema que abordaremos en un momento, la

Biblia provino de la inspiración, motivación y obra del Espíritu Santo. ¿Cómo inspiró Dios realmente a los autores de la Biblia? Simplemente no sabemos qué ocurrió en las psiquis de esos autores cuando escribieron sus obras. Podemos comprender en la mayoría de los casos *por qué* escribieron, pero justo cómo Dios los inspiró está más allá de nuestro alcance.

Métodos

Se han propuesto varias "teorías de inspiración" con el correr de los siglos. Una breve mirada a algunas de ellas nos ayudará a llegar a una visión sólida de inspiración que, a su vez, mejorará nuestra apreciación de la naturaleza divina de la Biblia. Una de las teorías se llama "inspiración por intuición". Dice que los autores bíblicos eran meramente personas de genio religioso que tenían un profundo discernimiento espiritual. Por supuesto, esta idea de inspiración solo podría aplicarse a una persona con talento, desde un autor dotado como Shakespeare hasta un gran científico como Steven Hawking. Por cierto la Biblia es más que una obra de mero genio humano, por más brillantes que fueran los autores. Esta no es una teoría muy satisfactoria.

Otra visión popular puede describirse como "inspiración por iluminación". Declara que cada autor bíblico tenía una profunda experiencia de Dios y estaba inspirado para registrarla. Tal enfoque no elimina la obra del Espíritu Santo, pero implica que la contribución de Dios no es más que una intensificación de la iluminación que todos los creyentes comparten. Esto tiende a simplificar demasiado la dinámica obra personal que Dios realizó cuando los autores escribieron las páginas.

A la tercera visión se la conoce como "inspiración por dictado". Este enfoque en particular es el opuesto a la inspiración humana o iluminación. Algunos incluso la llamaron la "visión mecánica" de la inspiración. Sostiene que los autores no eran más que mecanógrafos o procesadores de palabra en manos de Dios. El factor humano es eliminado. Por supuesto, pasajes tales como Éxodo 31:18, donde se escribieron los Diez Mandamientos con "el dedo de Dios" implica este enfoque, pero la Biblia en su totalidad pone en evidencia que los autores humanos fueron más que herramientas pasivas en las manos de Dios. La personalidad, cultura, antecedentes y propósito de cada autor al escribir jugó una parte. Al mismo tiempo, Dios inspiró de tal manera a los autores bíblicos que nada de lo que escribieron estaba fuera del control de Dios.

La mejor visión

La "visión plenaria" o la "visión dinámica" de inspiración es muy seguida. Sostiene que toda la Biblia es inspirada por Dios. Ninguna porción de las Escrituras surgió de la generación humana sola, ni tampoco ningún segmento puede verse como menos inspirado que otro. Toda la Biblia es el producto del Espíritu de Dios usando autores humanos. Esta visión cuidadosamente equilibra la influencia del Espíritu Santo y el papel de los autores humanos en la producción de la Palabra. Mantiene la integridad de ambos. Esta es la posición que ha sido sostenida por eruditos evangelistas y cristianos que creen en la Biblia durante el transcurso de los siglos.

Para comprender más la naturaleza de las Escrituras sería útil ahora mirar rápidamente algunas palabras claves:

Palabras clave acerca de la Biblia

El consenso general de la historia de la teología hasta los últimos doscientos o trescientos años fue que la revelación, una Palabra de Dios, podía ser proporcional así como personal... no solo podía serlo sino que realmente lo era.

La primera palabra importante es *revelación*. Se ha sostenido que la revelación solo se produce cuando Dios enfrenta a una persona y se revela a él o a ella. Esto por cierto ha sucedido innumerables veces. Miren a Moisés en el Monte Sagrado cuando Dios lo abordó cara a cara y le entregó la Ley. Miren también al apóstol Pablo en el Camino a Damasco cuando se encontró con Jesucristo. Y tales experiencias no están solo registradas en la Biblia, en toda la historia la gente se ha encontrado con Dios. Todos lo hemos encontrado personalmente alguna vez: si bien no siempre tan dramáticamente como Moisés y Pablo. Sin embargo, algunas personas sostienen, que tal experiencia es el *único* modo de revelación, que no existe cosa tal como una revelación escrita o *proposicional* de Dios. Los que sostienen esta posición dicen que la Biblia, por lo tanto, no es una verdadera revelación sino solo el *registro* de la revelación. El teólogo existencialista Friedrich Schleiermacher (1768–1839) propagó esta teoría. El arzobispo William Temple también expresó la misma creencia, diciendo: "No hay tal cosa como la verdad revelada. Hay verdades de revelación, es decir proposiciones... que en sí mismas no son directamente reveladas".[6] Pero durante milenios la gente de Dios ha propuesto que la Biblia en sí es una revelación de Dios. Como lo señaló un erudito:

> El consenso general de la historia teológica hasta los últimos doscientos o trescientos años fue... la revelación, una Palabra de Dios, podría ser proposicional así como también personal... no solo *podría* serlo sino que en realidad lo fue.[7]

¿Por qué un tipo de revelación excluye la otra? No hay motivo para que sea así. En realidad, una complementa la otra. Las personas, por ejemplo, deben aprender acerca de cada una de las dos maneras. Si una mujer que no conocemos viene a nosotros y se queda en silencio, podemos aprender algunas cosas: su altura y el color de su ropa, por ejemplo. Pero eso no es mucho. Por cierto no podemos decir si queremos conocerla mejor o si podríamos llegar a ser amigos. Tenemos algunas pistas por su presencia, pero muy poco para entablar una relación. Tenemos que oírla comunicarse, ella debe verdaderamente contarnos sobre sí misma. Solo entonces podemos conocerla. Si los encuentros humanos son así, ¿podría ser diferente con Dios? Por eso tenemos la Biblia. A través de ella llegamos a conocer a Dios.

Más allá de las palabras

Al mismo tiempo, la revelación de Dios de Sí mismo en las Escrituras es mucho más que meros enunciados teológicos. En la Biblia aprendemos acerca de Dios, pero Él también se revela a Sí mismo. Podemos encontrar a Dios *personalmente* a través de las Escrituras. Con frecuencia se vuelve su "herramienta" para encontrarse con nosotros. No podemos divorciar los aspectos personales *y* proposicionales de la plena revelación en la Biblia. Ambos son esenciales. Debemos conocer dinámicamente a Dios así como también conocer *acerca* de Él. Charles H. Spurgeon manifestó en un sermón dado el 17 de mayo de 1887: "Lo que Dios ha unido estos pensadores [existenciales]… voluntariamente lo dividen en partes, y separan al Revelador de su propia revelación… Cristo y su Palabra deben ir juntos". No tiene sentido cortar o dividir la revelación en Palabra y encuentro. J. I. Packer explicó: "Negar que la revelación es proposicional a fin de enfatizar su carácter personal es como intentar salvaguardar la verdad de que el *cricket* se juega con un bate negando que se juega con una pelota. La negación socava la afirmación".[8]

O para decirlo de otro modo: es agradable que el cónyuge de uno esté delante nuestro y sonría; también es lindo oír las palabras "Te amo". Ambos tipos de encuentro profundizan la relación. Lo mismo sucede con Dios.

Testimonios de la revelación

Cuán agradecidos debemos estar que Dios nos ha dado
una clara revelación de Sí mismo en la Santa Biblia.
Debemos atesorarla. Profundizar en sus páginas
periódicamente, buscando con el corazón abierto el mensaje
de Dios para nuestras vidas es una disciplina que no
debemos atrevernos a negar.

La iglesia históricamente ha mantenido la visión de que la Biblia es la Palabra de Dios y una revelación para nosotros. Por ejemplo, los *Treinta y nueve Artículos* de la Iglesia de Inglaterra expresa que las Santas Escrituras son "la Palabra escrita de Dios" (Artículo XX). La famosa Confesión de Westminster de 1647 declara que la Biblia "debe ser recibida, porque es la Palabra de Dios". La Confesión Bautista de Londres de 1644 expresó: "En esta Palabra escrita Dios ha sencillamente revelado lo que él ha considerado necesaria para que nosotros la conozcamos".[9] Regrese hasta los primeros padres de la iglesia y enfrente la pregunta a lo largo de los siglos de la historia de la iglesia. Se responde virtualmente de la misma manera en todos los tiempos. La revelación objetiva de Dios puede encontrarse en las Santas Escrituras. Cuán agradecidos debemos estar que Dios nos ha dado una clara revelación de Sí mismo en la Santa Biblia. Debemos atesorarla. Profundizar en sus páginas periódicamente, buscando con el corazón abierto el mensaje de Dios para nuestras vidas es una disciplina que no debemos atrevernos a negar.

Alabamos a Dios por encontrarlo personalmente en la Palabra, pues, como vimos en el paso dos, la Biblia dice respecto de sí misma:

> Porque la palabra de Dios es viva y eficaz, y más cortante que toda espada de dos filos; y penetra hasta partir el alma y el espíritu, las coyunturas y los tuétanos, y discierne los pensamientos y las intenciones del corazón. Y no hay cosa creada que no sea manifiesta en su presencia, antes bien todas las cosas están desnudas y abiertas a los ojos de aquel a quien tenemos que dar cuenta. (He. 4:12–13)

Eso es la revelación: ese es el papel de la Biblia. La inspiración bíblica como revelación de Dios ha sido sucintamente definida en una manifestación en el Congreso de Lausana sobre Evangelismo Mundial:

> Afirmamos la divina inspiración, lo verdadero y la autoridad de tanto las Escrituras del Nuevo y del Antiguo Testamento en su totalidad como la única palabra escrita de Dios, sin error en todo lo que afirma, y la única regla infalible de fe y práctica. También afirmamos el poder de la palabra de Dios para lograr su propósito de salvación. El mensaje de la Biblia se dirige a toda la humanidad. Porque la revelación de Dios en Cristo y en las Escrituras es inmutable. A través de ella el Espíritu Santo todavía habla hoy día. Él ilumina las mentes de la gente de Dios en toda cultura para percibir su verdad nuevamente a través de sus propios ojos y así revela a toda la iglesia aún más de la sabiduría multicolor de Dios (2 Ti. 3:16; 2 P. 1:21; Jn. 10:35; Is. 55:11; 1 Co. 1:21; Ro. 1:16; Mt. 5:17–18; Jud. 3; Ef. 1:17–18; 3:10, 18).[10]

Mientras creamos eso, no nos descarriaremos. Es increíble pensar que cuando tomamos la Biblia con un corazón y una mente abiertos, bien podemos encontrar a Dios. Esto nos lleva al siguiente término, *autoridad*.

Una palabra de autoridad

La autoridad de la Palabra de Dios significa que debemos sostener la Biblia en agradecida reverencia y dejar que hable por sí misma.

Puesto que la Biblia es la Palabra inspirada, verdadera de Dios, tiene absoluta *autoridad* y eso significa que debemos obedecerla. Muchos enunciados de credo hablan de la Biblia como que es la "regla de autoridad" para la fe y la práctica. Esta regla de autoridad se aplica a la iglesia, independientemente del tiempo o de la denominación. También se relaciona con el creyente individual. Como el Dr. Dewey Beegle lo expresó: "Las Escrituras se convierten en la base de apelación en todos los asuntos pertenecientes al contenido de la fe y la práctica de la vida cristiana".[11]

La autoridad de la Palabra de Dios significa que debemos sostener la Biblia en agradecida reverencia y dejar que hable por sí misma. Forzar a las Santas Escrituras en un molde preconcebido con frecuencia violenta su autoridad. Por ejemplo, las visiones así llamadas de "liberación" o "proceso", así como también las visiones "feminista" y "masculina" han sido, en diferentes momentos, impuestas en la Biblia simplemente para justificar su agenda. Esto no puede ser asegurado. Dios nos dio su Palabra para todas las personas y para satisfacer toda necesidad. Debemos dejar que diga lo que dice. Billy Graham tenía razón cuando escribió: "Millones de personas están hoy buscando una voz confiable de autoridad. La Palabra de Dios es la única autoridad real que tenemos. Su Palabra arroja luz sobre la naturaleza humana, los problemas mundiales y el sufrimiento humano. Pero más allá de ello, claramente revela el camino a Dios".[12]

La Biblia armoniza

Otro término importante respecto de las Escrituras es *armonización*. Esto simplemente significa que la Biblia no se contradice a sí misma. Por cierto, el hecho de que nuestro entendimiento humano sea limitado puede ocasionalmente dificultar reconciliar determinados versículos. Sin embargo, la Biblia finalmente armoniza. Fue escrita durante un período de mil años por autores de diversos antecedentes y sin embargo su mensaje permanece esencialmente el mismo en toda ella. Esto es nada menos que milagroso. Solo podemos llegar a la conclusión de que las Escrituras fueron inspiradas por el Espíritu Santo. Como escribió David Dockery: "El mensaje teológico, ético e histórico de las Escrituras se conoce como cierto debido a la coherencia general, total de los escritos bíblicos, aunque esta coherencia se expresa en gran variedad".[13]

Todo esto es para decir que podemos descansar en las Escrituras. Se mantienen a sí mismas como plenamente ciertas, autorizadas y efectivamente funcionales en nuestra vida espiritual. Gracias a Dios por su mano providencial al darnos la Biblia.

El elemento humano

Este factor humano se vuelve importante si no es por otra razón que la que nos salva de la "bibliolatría", es decir, adorar a la Biblia. Las Escrituras son la Palabra de Dios pero no Dios mismo.

¿Pero qué hay del hecho de que el Espíritu Santo utilice autores humanos en la producción de la Biblia? ¿Qué significa eso? Este factor humano se vuelve importante si no es por otra razón que la que nos salva de la "bibliolatría", es decir, adorar a la Biblia. Las Escrituras son la Palabra de Dios pero no Dios mismo. Nunca debemos convertir a la Biblia en un ídolo; la Palabra de Dios nos informa y nos conduce a Dios.

Este maravilloso libro puede producir gracia y crecimiento en nuestras vidas a través del Espíritu Santo. Es un instrumento.

- de convicción (He. 4:12)
- de regeneración (1 P. 1:23)
- de santificación (Jn. 17:17)
- de crecimiento cristiano (1 P. 2:2)
- de liderazgo de Dios (Sal. 119:105)
- para incrementar la fe (Ro. 10:17)
- de defensa contra la tentación (Mt. 4:1–11)
- de servicio cristiano efectivo (Ef. 6:17)

Cada uno merece unas breves palabras de comentario.

La Biblia es el instrumento de convicción

La admisión más difícil que podemos hacer es que pecamos. Nos excusamos, racionalizamos, culpamos a otros y hacemos casi cualquier cosa salvo admitir que le fallamos a Dios. Pero antes de que podamos encontrar paz genuina, debemos reconocer nuestras transgresiones malas. Si escuchamos, el Espíritu Santo nos excusará, especialmente al buscar la Palabra de Dios. Recuerde nuestro versículo muchas veces citado de Hebreos: "Porque la palabra de Dios es viva y eficaz y más cortante que toda espada de dos filos" (4:12).

La Biblia es el instrumento de regeneración

El Espíritu Santo se convierte en el agente de regeneración. Y nuevamente, su instrumento en este poderoso acto es la Biblia. Primera Pedro 1:23 dice: "Siendo renacidos, no de simiente corruptible, sino de incorruptible, por la palabra de Dios que vive y permanece para siempre". Las Escrituras pueden transformar a una persona pecaminosa en un santo.

La Biblia es el instrumento de la santificación

La santificación, una palabra bíblica frecuentemente usada. Simplemente significa "apartar". La palabra "santo" tiene la misma raíz. Esto de ser "apartado" obra de dos maneras. El Espíritu Santo nos separa *del* pecado. Al leer la Palabra de Dios el Espíritu nos libera, nos ayuda a entregarnos a Sus órdenes y erradica el pecado de nuestras vidas. El Espíritu Santo también nos aparta *para* Dios. La santificación es un proceso dinámico diario por el cual cada vez más vivimos únicamente para Dios; para adorar, para servir, para obedecer y para magnificarlo a través de una vida santa. ¿Cómo se produce esto? Jesús oró: "Santifícalos en tu verdad, tu palabra es verdad" (Jn. 17:17). Con el mismo espíritu, David dijo: "¿Con qué limpiará el joven tu camino? Con guardar tu palabra" (Sal. 119:9). La santificación se logra a través de la dedicación a la Palabra de Dios.

La Biblia es el instrumento del crecimiento cristiano.

Pedro, como hemos visto, advirtió a todos los cristianos: "Creced en la gracia y el conocimiento de nuestro Señor y Salvador Jesucristo" (2 P.3:18). Hemos enfatizado una y otra vez que dicho crecimiento es vital para nuestro bienestar espiritual. Y recuerde nuevamente, en las palabras de Pedro: "Desead, como niños recién nacidos, la leche espiritual no adulterada, para que por ella crezcáis para salvación! (1P. 2:2). La Biblia, como nuestra nutrición espiritual, nos permite crecer en gracia y fe.

La Biblia es el instrumento del liderazgo de Dios

Dios ha dicho: "Porque todos los que son guiados por el Espíritu de Dios, éstos son hijos de Dios" (Ro. 8:14). Esta es una promesa maravillosa, pero con frecuencia surge la pregunta: "Si bien sé que soy un hijo de Dios, ¿cómo puedo ser conducido a la plena voluntad y propósito de Dios?". David encontró la respuesta: "Abre mis ojos, y miraré las maravillas de tu ley" (Sal. 119:18). La Biblia, la ley de Dios, tiene la solución. Cuando estudiamos la Palabra de Dios a diario y coherentemente llegamos a un conocimiento cada vez mayor de la voluntad de Dios. Debemos "buscar las Escrituras" (Jn. 5:39).

La Biblia es el instrumento para incrementar la fe

Jesús dijo que si teníamos fe podíamos mover montañas (Mt. 17:20). A través de la fe suceden muchos milagros y muchas necesidades se ven satisfechas. Todos deberíamos clamar por más fe. D. L. Moody, el gran evangelista de la última mitad del siglo XIX, nos dijo cómo ansiaba tener más fe. Dijo que oraba y oraba, pidiendo que su fe se incrementara, aparentemente sin conseguir nada. Luego Dios trajo a su mente Romanos 10:7: "Así que la fe es por el oír, y el oír, por la palabra de Dios". Cuando vio ese versículo, la luz salió. La fe crece por el estudio de la Biblia. ¿Quiere una fe más profunda y más rica? Entonces debe estudiar la palabra de Dios regularmente.

La Biblia es el instrumento de defensa contra la tentación

> *Cristo obtuvo su victoria sobre el Diablo por su uso de las Escrituras. La Biblia sirve como una poderosa arma de defensa. Nos puede dar victoria sobre el pecado y Satanás en una guerra espiritual. Jesús fijó el modelo.*

A lo largo de su momento de tentación (Mt. 4:1-11) Cristo resistió coherentemente a Satanás con las palabras "Está escrito". Él obtuvo su victoria sobre el Diablo por su uso de las Escrituras. La Biblia sirve como poderosa arma de defensa. Nos puede dar victoria sobre el pecado y Satanás en una guerra espiritual. Jesús fijó el modelo. Poco debe sorprendernos entonces que la Biblia misma advirtió a todos los cristianos que "procura presentarte a Dios aprobado, como obrero que no tiene de qué avergonzarse, que usa bien la palabra de verdad (2 Ti. 2:15).

La Biblia es el instrumento del servicio efectivo

Un gran himno gozoso de la fe dice:

> El servicio de Jesús, da verdadero placer;
> En Él hay gozo, sin una aleación;
> Está el cielo para confiar en Él y descansar en Sus palabras;
> Paga servir a Jesús cada día.

Servir en nombre de Jesús es uno de los grandes placeres de la vida cristiana. La Biblia no es la única arma de defensa en la batalla contra Satanás, también se vuelve un arma ofensiva muy eficaz en el servicio a Cristo. Pablo nos dice en Efesios 6:17 que tomemos "la espada del Espíritu, que es la palabra de Dios". Con la Palabra de Dios en la mano, podemos hacer grandes cosas por nuestro Señor.

Cuán preciadas se vuelven las Escrituras para el creyente en crecimiento con mentalidad espiritual. Pero debemos aprender a usarlas sabiamente. Esto conduce a un tema importante. ¿Cómo interpretamos la Biblia? Si es para apuntarnos a Cristo y desarrollar nuestra vida espiritual, ¿cómo estamos seguros de obtener de ellas lo que Dios quiere? ¿Qué principios seguimos?

Una gran palabra

El estudio de cómo interpretar la Biblia adecuadamente se llama *hermenéutica*. Es posible extraer y desarrollar visiones muy extrañas de la fe cristiana de la Biblia mientras todavía se cree que es la Palabra de Dios inspirada, no errante. ¿Cómo gente con diferentes creencias apoya estas diversas posiciones de la misma Biblia? Dewey M. Beegle explica: "El problema finalmente se trata de la calidad de la interpretación… El criterio básico para determinar la verdad de Dios es el uso adecuado de la razón trabajando con todos los datos disponibles. Sin este enfoque no hay forma de romper el círculo vicioso de las deducciones teológicas".[14]

Buenos principios de interpretación

A fin de comprender qué dice realmente la Biblia, no es suficiente con creer que está plenamente inspirada y tiene autoridad. Debemos interpretarla adecuadamente. Eso implica lo que se llama crítica bíblica. La palabra "crítica" no significa ser negativo acerca de las Escrituras ni cuestionar su verdad. En cambio significa descubrir la hermenéutica apropiada. Veamos ahora algunos principios de interpretación.

Propósito y estilo

La crítica bíblica debe tomar en cuenta el propósito y el estilo del autor. Cada autor bíblico tenía un mensaje definido en mente y construyó un estilo que lo expresara mejor. Por ejemplo, el evangelio de Mateo fue escrito básicamente para convencer al pueblo judío que Jesús era su Mesías. Por otra parte, el evangelio de Juan fue escrito para apelar al lector gentil. Juan, por ende, se refiere a Jesús más frecuentemente como el Hijo de Dios que como el Mesías ya que esta designación sería mejor comprendida por el mundo romano. No hay conflicto entre el evangelio de Mateo y el evangelio de Juan, pero sí hay una diferencia.

Podemos ver nuevamente el principio en los escritos de Pablo. Cuando escribió su carta a los gálatas tenía un problema particular en mente. Las iglesias de allí estaban volviendo a creer que podían ser salvos por las obras de la ley y no por la gracia de Dios únicamente a través de la fe. Este era un asunto serio, y a ellos Pablo les escribió su carta más "fuerte". Por otra parte, el autor del libro de Hebreos escribió para advertir a sus lectores que no volvieran a sus viejas maneras, ya que Cristo había inaugurado un pacto superior con ellos. El buen comportamiento era importante. El énfasis y el estilo de estas dos epístolas son diferentes porque su propósito era diferente. Abordaban dos problemas contrastantes. Cuando leemos la Palabra de Dios, debemos tener en cuenta este tipo de cosas para una adecuada interpretación. Consultar buenos comentarios es un sabio procedimiento.

Todo tipo de literatura

Asimismo, hay muchos tipos de géneros *literarios* en la Biblia. Tomando esto en cuenta en la interpretación de las Escrituras a veces se lo ha denominado "crítica literaria" ¿Qué tipos de literatura descubrimos en la Biblia? Esto son algunos:

- Poesía (virtualmente todos los Salmos)
- Historia (Josué, Jueces y demás)
- Ley (Levítico, Deuteronomio y demás)
- Biografía (los cuatro evangelios)
- Ética y Morales (el Sermón de la Montaña)
- Narrativa (Jonás)

Y la lista continúa. La Biblia abunda en formas literarias.

Debemos estar alertas de con qué tipo de literatura estamos tratando. Leer un poema es diferente de leer historia, y por cierto diferente de leer el periódico de hoy. Están los que nos dirían que no aceptemos la Biblia como literariamente verdadera. Pero decimos que la Biblia es literariamente verdadera. No contiene una palabra que no sea literalmente cierta. Sin embargo, las Escrituras tienen diferentes tipos de literatura. Solo porque la Palabra de Dios tenga poesía no significa que parte de la Biblia no sea cierta, es una verdad expresada poéticamente. Ni tampoco la historia de la Biblia contiene errores. Es historia verdadera del pasado distante, expresado como los antiguos historiadores lo expresarían. La Biblia fue producida en el idioma y el sitio cultural de la época. Es más, habla fenomenológicamente, es decir, no intenta ser una disertación precisa sobre ciencia actual. Los autores expresaron ideas y verdades en el contexto de su experiencia cotidiana. Si no lo hubieran hecho, nadie los hubiera comprendido. Estos factores humanos deben tenerse presentes al buscar una interpretación adecuada de un libro o de un pasaje de las Escrituras. Al darnos cuenta del género literario con que tratamos, nos ayuda en nuestra interpretación y comprensión de la Palabra de Dios.

¿Un conflicto? ¡No realmente!

La Biblia no se contradice a sí misma, ni contradice ninguna verdad genuina en ningún área. Al mismo tiempo debemos darnos cuenta de que, si bien la Biblia no choca con la ciencia verdadera, no es un libro de texto científico. Nos dice que Dios creó el universo, pero no nos da detalles de cómo lo hizo. Las Escrituras nunca tuvieron la intención de darnos respuestas detalladas sobre ningún área de investigación técnica contemporánea, fueron escritas para señalarnos a Dios y "explicarlo". Por supuesto, algunos críticos de la Biblia nos dirían que existe un conflicto entre la ciencia, la historia y la verdad bíblica. Pero deben estar equivocados, la verdad es la verdad, sea científica o espiritual, y toda la verdad finalmente proviene de Dios. Por lo tanto, la ciencia real y la adecuada comprensión bíblica nunca chocan. Sir Winston Churchill, respecto de la Biblia y del conflicto imaginado de la ciencia y las Escrituras dijo:

> Cuando los profesores con resonantes títulos intentan sostener sus perniciosas negaciones de las Santas Escrituras rotulándolas: "Los hallazgos de la Ciencia" o "El consenso de los eruditos", algunas personas los toman en serio y están a punto de arrojar sus Biblias... Podemos estar seguros de que todas esas cosas (lo que dice la Biblia) sucedieron tal como están expresadas de acuerdo a las Santas Escrituras. Podemos creer que les sucedió a gente no muy diferente a nosotros y que las impresiones que esas personas recibieron fueron fielmente registradas y han sido transmitidas a lo largo de los siglos con mucha más precisión que muchos de los relatos telegrafiados que leemos hoy día. En las palabras de un libro olvidado del Sr. Gladstone, descansamos en la seguridad de "LA ROCA IMPREGNABLE DE LAS SANTAS ESCRITURAS"
>
> Dejemos que los hombres de la ciencia y el aprendizaje expandan su conocimiento y sondeen con sus investigaciones todo detalle de los registros que han sido preservados para nosotros desde estas épocas oscuras. Todo lo que harán es fortificar la gran simplicidad y la precisión esencial de las verdades registradas que han iluminado hasta ahora el peregrinaje del hombre".[15]

No es accidental que la investigación moderna de cosmología y la mecánica cuántica estén comenzando a demostrar una asombrosa afinidad entre las Escrituras y la ciencia. Por esto debemos estar agradecidos.

En otras palabras, la Biblia no trata con la cuestión de si la teoría de la gran explosión de la creación es correcta o no. Las Escrituras no nos dan las tres leyes de movimiento de Newton ni el concepto de la relatividad de Einstein. Pablo no tenía un procesador de palabras cuando escribió a los romanos. Debemos ver la Biblia por lo que es, un libro sobre Dios, y no tratar de leer cosas que no pueden encontrarse allí. Ni tampoco la mentalidad científica debería cometer el mismo error y proponer un conflicto. Nuevamente digamos que no surge ningún desacuerdo entre la *verdadera* ciencia y la *correcta* interpretación bíblica. En realidad, implican una a la otra, después de todo toda verdad es verdad. La verdad prevalece donde la hallemos, en el laboratorio o en nuestras rodillas ante una Biblia abierta. Y simplemente agradecemos a Dios que tenemos en las

Escrituras una revelación de Dios. Nuestras mentes como nuestros corazones deben ser *humildes* y someterse a Él. Esto hará mucho por eliminar problemas y las así llamadas contradicciones en la Biblia. No es accidental que la investigación moderna de cosmología y la mecánica cuántica estén comenzando a demostrar una asombrosa afinidad entre las Escrituras y la Ciencia. Por esto debemos estar agradecidos.

Preservación

El Espíritu Santo providencial y maravillosamente ha preservado la pureza del texto bíblico y ha protegido la calidad de los manuscritos a lo largo de los años. Los Rollos del Mar Muerto son un ejemplo. Tenemos copias tan increíblemente precisas que por cierto deberíamos dar gracias a Dios. El hecho de que hayamos estado tan cerca de los originales nos permite decir con confianza que esta Biblia nuestra es verdaderamente la Palabra de Dios.

Gratitud a los pensadores

Además, cuán agradecidos debemos estar a los eruditos bíblicos y a los arqueólogos que nos ayudan de tantas maneras a comprender la Palabra de Dios. Algunos dicen: "¿Quién necesita a los eruditos?" Nosotros los necesitamos con desesperación, y Dios, hombres y mujeres de gran calibre, usándolos para entregarnos las Escrituras.

También le agradecemos a Dios por los lingüistas bíblicos que, a lo largo de los años, nos han dado excelentes traducciones de la Biblia. Ha habido una cantidad de traducciones autorizadas en idioma castellano a lo largo de los siglos.

Ojalá que no fallemos en usar las investigaciones que el mundo erudito nos ha dado. Puede ayudarnos tremendamente en nuestra interpretación de la Palabra.

Exégesis

La exégesis es otro principio de interpretación bíblica. Exégesis significa el estudio cuidadoso y extensivo de lo que el autor realmente dijo y qué quiso comunicar. Esto exige una contextualización. Hay seis pasos que son útiles aquí:

1. Entender la superficie, el mensaje simple.
2. Llegar a los principios más profundos, estructurales.
3. Comprender la situación histórica-cultural.
4. Preguntar: ¿Cómo habrán comprendido el pasaje los primeros que lo oyeron?
5. Preguntar: ¿Es el pasaje relevante hoy día? ¿Qué significa para mí actualmente?
6. Preguntar: ¿Cuál es la aplicación general y la específica?

Todo esto significa que tomamos en serio el lenguaje, tratando la historia como la historia, la poesía como la poesía, y el lenguaje figurativo como tal. Nuevamente, buenos comentarios y escritos son de gran ayuda aquí.

El contexto

Comprender el *contexto* de un pasaje de la Biblia misma ayuda enormemente a una correcta interpretación. Es importante ubicar al pasaje en la totalidad coherente de toda la Biblia. Los eruditos llaman a esto el principio de la "analogía de la fe". Las Escrituras son comparadas con las Escrituras, siempre reconociendo la naturaleza coherente, no contradictoria de toda la Biblia. Los pasajes se observan a la luz del tema central de las Escrituras así como también en sus situaciones contemporáneas. Debe buscarse relevancia.

El "centro"

La centralidad en Cristo de todas las Escrituras debe ser mantenida constantemente en el frente. Jesús dijo de las Escrituras: "Ellas son las que dan testimonio de mí" (Jn. 5:39). Cristo es la Palabra final, la autoridad final: "Yo soy . . . la verdad" (Jn. 14:6).

Para una correcta interpretación la *centralidad en Cristo* de todas las Escrituras debe ser mantenida constantemente en el frente. Jesús dijo de las Escrituras: "Ellas son las que dan testimonio de mí" (Jn. 5:39). Cristo es la Palabra final, la autoridad final. "Yo soy…la verdad" (Jn. 14:6). La Biblia señala esencialmente y centralmente a Jesucristo.

Aplicación

Finalmente, la *aplicación* resulta vital. Dios tiene la intención de que descubramos cómo obra la verdad en nuestra vida diaria. La Biblia nos da algo para *hacer*. La leemos y la estudiamos para discernir la voluntad, el propósito y la dirección de Dios. Y lo que Dios dice en las Escrituras hay que hacerlo, como niños obedientes. Ojalá siempre recordemos, como nos dice Santiago: "Sed hacedores de la palabra, y no tan solamente oidores, engañándoos a vosotros mismos" (Stg.1:22). Todos los demás principios importantes de la interpretación dan por tierra si no abordamos la Palabra de Dios con una actitud de obediencia hacia lo que Él nos revela.

Estos enfoques básicos hermenéuticos deben ayudarnos a comprender mejor la Palabra de Dios para que podamos crecer espiritualmente y modelar nuestras vidas en una base divina.

Dios lo dijo

Así que allí está: En las Santas Escrituras Dios ha enviado una revelación de autoridad, confiable y verdaderamente proposicional de Si mismo que soportará todas las pruebas de los críticos y les dará a los creyentes "alimento para el alma". Como nos dijo J. I. Packer:

> La disciplina mental de someter sistemáticamente nuestros pensamientos, visión y propósitos al juicio de las Escrituras como se interpretan a sí mismas para nosotros respecto de nuestra relación con Dios, es más que una tradición cristiana entre muchos, es una disciplina intrínseca al cristianismo mismo.[16]

Tal vez el simple cliché no sea tan simplista como puede pensarse al principio.

> Dios lo dijo,
> Yo lo creo, y
> Con eso es suficiente.

Ahora bien, mucho de lo que se ha dicho sobre la Biblia hasta este punto puede parecer bastante teológico desde el punto de vista intelectual. La Biblia sí contiene alimento real para el pensamiento, por supuesto, pero el punto básico es que debemos comprender y asimilar los aspectos espirituales del estudio bíblico si queremos crecer en Cristo. A ese punto importante finalmente nos dirigimos a nosotros mismos.

Asimilar la verdad de Dios

A fin de crecer a través del estudio de las Escrituras deberíamos darnos cuenta de dos cosas. Primero, el Espíritu Santo inspiró la Biblia. Mientras meditamos sobre esto, el Espíritu Santo también se convierte en intérprete. Como lo dijo un fiel lector de la Biblia:

> Es solo el corazón que desea ser conducido por el Espíritu Santo que puede esperar sacar provecho de la enseñanza de la palabra, y conocer de verdad a Cristo en su divino poder salvador. Las verdades de que Cristo es el Hijo de Dios y de la divinidad y el sacerdocio y la redención *le fueron dadas a cargo del Espíritu Santo.* Él los reveló de vez en cuando; *Él solo puede revelárnoslo a nosotros.*[17]

Antes de empezar a leer la Biblia, debemos ir ante nuestro Señor en *sincera oración*. Debemos agradecer a Dios por las Escrituras que Él tan bondadosamente nos dio, y luego pedirle sinceramente al Padre Celestial que nos guíe, que abra nuestras mentes, nos dé un corazón receptivo y nos otorgue una revelación de Sí mismo por el poder del Espíritu Santo. Por eso Pablo le dijo a los corintios:

> Antes bien, como está escrito: Cosas que ojo no vio, ni oído oyó, ni han subido en corazón de hombre, son las que Dios ha preparado para los que aman. Pero Dios nos las reveló a nosotros por el Espíritu; porque el Espíritu todo lo escudriña, aún lo profundo de Dios... Y nosotros no hemos recibido el espíritu del mundo, sino el Espíritu que proviene de Dios, para que sepamos lo que Dios nos ha concedido (1 Co. 2:9–12)

Dependemos por completo del Espíritu de Dios para que nos enseñe desde las páginas de nuestra Biblia. Debido a esto nos entregamos humildemente en corazón y mente a su habla.

Segundo, debemos intentar leer la Biblia con un deseo de crecer. Debemos elaborar en este punto ya que de esto se trata todo este paso. Pero ahora debemos ver algunas sugerencias finales y prácticas para obtener lo máximo de nuestras Biblias.

Algunas ideas prácticas

Hay unas pocas cosas prácticas que podemos hacer para hacer que nuestro tiempo de estudio bíblico sea todo lo que Dios quisiera que fuera. Debemos trabajar hacia tener un tiempo de estudio regular usando un programa definido de estudio. La regularidad y la planificación tienen valor psicológico, si no otra cosa. Una lectura al azar de una porción aquí y una porción allí nunca será suficiente. Comemos alimentos balanceados en momentos regulares para la salud de nuestro cuerpo. ¿Por qué no tener un plan regular de tener un banquete con las Santas Escrituras? Esto no debe considerarse en un sentido legalista; por momentos las circunstancias pueden hacer que evitemos cumplir con nuestro compromiso. No debemos cargar con un peso de culpa si no podemos cumplir con nuestro programa de estudio por un motivo real. La Biblia nos libera, no nos esclaviza. Pero necesitamos dedicar un monto adecuado de tiempo en la Palabra de Dios sobre una base regular, planificada. El Espíritu Santo nos guiará, y somos sabios cuando nos entregamos a esta disciplina.

Además, hagamos uso de la ayuda disponible. Las diferentes traducciones pueden producir con frecuencia un discernimiento más claro de la verdad de Dios. Guías de estudio bíblico, libros útiles, y sobre todo, buenos comentarios son invalorables. Las grandes verdades de Dios con frecuencia pueden aclararse más mediante eruditos diligentes que conocen el lenguaje de las Escrituras y las ideas significativas que transmiten. De vez en cuando es bueno leer un comentario para obtener el sentido de todo un libro de la Biblia. Otro gran recurso es la Internet. Hay más ayudas para la vida cristiana y el estudio bíblico en ese medio de lo que uno puede imaginarse. Dios no solo nos ha dado las Escrituras, también nos ha dado ayudas excelentes. Haríamos bien en sacar provecho de ellas.

Y finalmente, debemos tener presente los temas principales de la Biblia. No debemos quedarnos inmersos en temas "secundarios". Esto no significa que las doctrinas secundarias no sean importantes, pero nunca debemos dejar que el propósito real de la Biblia se desvanezca en el trasfondo.

Un hecho básico

Si negamos la Biblia, lo hacemos con el peligro de nuestro desarrollo espiritual. La Biblia por cierto cambia vidas.

La Palabra de Dios es sumamente importante en la vida cristiana. Si negamos la Biblia, lo hacemos con el peligro de nuestro desarrollo espiritual. La Biblia por cierto cambia vidas. Para enfatizar este punto, se cuenta la historia de un caníbal convertido que un día estaba sentado leyendo su Biblia mientras pasaba un mercader. El mercader le preguntó qué estaba haciendo. "Leyendo la Biblia", le respondió. "Ese libro está pasado de moda en mi país", dijo el mercader. "Si hubiera estado pasado de moda aquí", dijo el caníbal", "a usted se lo hubieran comido hace rato".

Andrew Murray nos recuerda que un cristiano estará "lleno de la convicción de que las Escrituras son de hecho la Palabra de Dios, a través de su Espíritu, habló en los profetas, y que tiene el poder de Dios morando en ella".[18] Los cristianos del siglo I fueron llamados aquellos que "trastornan al mundo" (Hch. 17:6). Lo trastornan compartiendo la Palabra de Dios. Y la Palabra de Dios puede transformar nuestro mundo hoy día, lo puede dar vuelta, o más exactamente, ponerlo de pie. Ese es el poder de la Biblia, como aprendió Kay Arthur. Ojalá lo aprendamos nosotros también.

Conclusión

Ahora debemos apreciar mejor la Biblia que Dios tan graciosamente nos ha dado. También debemos estar más comprometidos a aprender acerca de ella, a estudiarla, a permitir que se convierta en nuestras vidas todo lo que el Señor desee. La mujer espiritual cava profundo en la Palabra y a través de ella, crece en gracia, diariamente volviéndose más como Cristo.

Oración

Te agradezco por tu maravillosa Palabra. Otórgame la capacidad de amarla, de encontrarme en ella, de comprenderla y de vivirla en mi vida diaria. Ojalá llegue al lugar donde pueda decir con David: "En mi corazón he guardado tus dichos, para no pecar contra ti" (Sal. 119:11). A través de la Palabra Viviente, nuestro Señor Jesucristo, oro. Amén.

10 preguntas para estudio y debate

1. ¿Cree que el divorcio de Kay Arthur tuvo algo que ver con su conversión? ¿Por qué y cómo?
2. ¿De qué manera las circunstancias nos fuerzan a la Palabra de Dios? ¿Cómo nos afecta?
3. ¿Por qué es tan importante que "crezcamos en gracia"?
4. ¿Qué papel juega la Biblia en nuestra madurez cristiana?
5. ¿Cuál es la naturaleza básica de las Escrituras, y qué significa nuestro estudio de ellas?
6. ¿Qué "ayudas" tenemos en el estudio bíblico hoy día y cómo podemos evaluarlas y usarlas?
7. ¿Tiene el principio de la interpretación un lugar importante en el estudio de la Biblia? ¿Por qué? ¿Qué son?
8. ¿Cómo manejamos los problemas en la Biblia, tales como los "conflictos"?
9. ¿Cuáles son las reglas de disciplina a seguir para sacar provecho del estudio bíblico?
10. ¿Qué puede significar la Biblia para mí y por qué no estoy obteniendo lo máximo de las Escrituras mientras leo?

La mujer espiritual habla con Dios

CONOZCA A EVELYN CHRISTENSON: UNA MUJER QUE HABLA CON DIOS

Orad sin cesar.
(1 Ts. 5:17)

$\mathscr{E}$l día: 31 de enero de 1922, el lugar: Muskegon, Michigan. En ese día y en ese pintoresco lugar, Edna y Edward Luhman celebraron el nacimiento de su hermosa hija Evelyn. Y Evelyn ingresó en un buen hogar y una hermosa familia.

La familia

Edward Luhman era dueño de un vivero y trabajaba como florista. Disfrutaba de su trabajo, aunque más tarde en la vida pasó a ser un contratista de carreteras estatales. Todos conocían a su esposa, Edna, como una fiel y devota ama de casa, una mujer profundamente espiritual que siempre oraba diligentemente por la salvación de su familia. Dios oyó sus oraciones y un soleado día la hermana mayor de Evelyn aceptó a Jesús como su Salvador personal. Luego la madre y su hija mayor reclamaron a Evelyn para Cristo. Nuevamente, Dios respondió y Evelyn creyó.

Conversión

La historia de la conversión de Evelyn cuando niña es una historia asombrosa. Cuando Evelyn tuvo nueve años de edad, un evangelista llamado Harry McCormick Lentz llegó a la iglesia bautista de Lakeside en Muskegon. Bajo su prédica, Evelyn cayó bajo una fuerte convicción de pecado durante un servicio de adoración de un domingo a la mañana. Ella lloró toda la tarde por sus "pecados de nueve años", como ella lo dijo. No podía esperar regresar a la iglesia. Esa noche, cuando el evangelista invitó a los que querían hacer un compromiso público con Cristo, Evelyn respondió con todo su corazón. Fue hacia el pasillo y se postró ante el altar. El superintendente de la iglesia dominical de su iglesia se postró al lado de ella y la condujo a Jesús. ¡Vaya noche para la pequeña! Cosas maravillosas provinieron de ese servicio.

Los viajes espirituales de la familia

Evelyn tenía un hermano mayor, afectivamente conocido como "Bud", que había recibido a Jesús siendo pequeño. Trágicamente, le dio la espalda a Dios durante treinta años, ya no creía en Él. Durante esta época viajó con el padre de Evelyn como contratista y vivió una vida muy dura. La familia oró sinceramente por él durante varios años hasta que la madre de Evelyn finalmente simplemente entregó a su hijo a Dios, pidiéndole que hiciera cualquier cosa que fuera necesaria para atraerlo a Cristo. Poco después, Bud sufrió un serio accidente de automóvil en Detroit. Toda la familia voló a través de Michigan para estar con él. Querían hablar con él en el hospital, pero su condición era tan seria que los doctores no lo permitieron. No se podía pensar en que volviera a estar conciente de nuevo. Se mantenía vivo solo mediante máquinas y tubos. La familia oró sinceramente a Dios para que le otorgara misericordia y la posibilidad de hablar con Bud, necesitando tan urgentemente a Cristo. La mañana siguiente, los médicos le permitieron a Evelyn y a su madre estar a solas diez minutos con él. Evelyn se inclinó sobre su hermano y dijo: "Bud, Dios te ama". De repente, se sacudió. Ella se inclinó una segunda vez y dijo: "Bud, ¿puedes confiar en Jesús hoy?". Su hermano salió del coma, y a través de todos los tubos que estaban en su garganta, dijo "Ajá". Siguió recuperándose del accidente y pudo vivir una vida dedicada a Cristo durante dos años más, antes de que el cáncer se lo llevara. Aún así, su regreso a Dios había sido la respuesta a la oración. La oración era una parte vital de la vida de Evelyn.

Tristeza, aun gozo

El padre de Evelyn también murió a una edad relativamente temprana, pero no antes de encontrar a Cristo. Durante veinticinco años Evelyn había orado por su conversión, unida en corazón y manos por su madre y su hermana mayor. Edward había vivido una vida airada en las carreteras con Bud. Un día se enfermó, tanto que sospechó que iba a morir. Se llamó al médico pero confirmó las sospechas de Edward. Profundamente conmocionado, Edward pidió que viniera el ministro a quien no había visto desde que fue bautizado cuando niño. El pastor administró los últimos ritos y se fue. Edward miró a su esposa y lo inundaron recuerdos. A lo largo de los años ella había vivido una vida santa ante su esposo. En una ocasión, Edward recordaba haber regresado a casa de un viaje y encontrar a su esposa leyendo. Le dijo que estaba seguro de que había visto ángeles alrededor de ella. Ahora, mientras yacía en su lecho de enfermo, la miró y le dijo: "Hay más que lo que el ministro hizo, ¿no?". Ella dijo: "¿Eso piensas?". Él respondió: "Sí, llama a tu pastor". El pastor de Edna, un ministro evangelista, vino y condujo a Edward a Cristo. El gozo llenó todos los corazones; el "pródigo" había regresado al hogar. El padre de Evelyn vivió inválido durante dos años más. Día tras día, se sentaba con la Biblia abierta en su falda y su máscara de oxígeno puesta. Hubo lágrimas de tristeza cuando miró, pero también lágrimas de gozo porque el padre de Evelyn había encontrado la vida eterna a través de Jesucristo.

Evelyn heredó una gran familia de oración, ¡de hecho una maravillosa herencia!

A esas Alturas Evelyn había comenzado a ver su vida de servicio y ministerio por Cristo ante sus ojos. Edna se casó con Raleigh Moss, un devoto ministro bautista. La pareja se convirtió en guerreros de la oración, dedicando dos horas por día orando por el ministerio de Evelyn que estaba en desarrollo. Luego de unos años Raleigh murió, pero la madre de Evelyn continuó orando por su hija por lo menos dos horas por día durante el resto de su vida. Evelyn describió a su madre como "una mujer absolutamente santa, un asombroso ejemplo", y si bien nunca vivieron geográficamente cerca una de la otra luego de que Evelyn creció, compartieron una hermosa relación de oración. La hermana de Evelyn, Maxine, todavía vive y, como dice Evelyn es: "su gran apoyo en la oración". Evelyn heredó una gran familia de oración, ¡de hecho una maravillosa herencia!

Los días de escuela de Evelyn

Ahora que hemos presentado a la familia y sus viajes espirituales, podemos dar vuelta la hoja del calendario y observar la niñez de Evelyn y cómo la condujo a un maravilloso ministerio de oración. Sus primeros años fueron difíciles. La depresión de la década de 1930 tenía en sus manos a todo el país. Si bien la familia tenía pocos recursos, se tenían uno al otro. Evelyn siempre supo dónde encontrar a su madre cuando la necesitaba. Estaba en su vivero, orando profundamente entre las calas. Edna dijo que casi podía sentir las hermosas flores blancas de un metro de altura "respirándole a Dios". Al tener una madre que conocía a Dios, y cómo orarle, le sirvió para las circunstancias difíciles.

Durante sus años de escuela Evelyn era una competidora. Desafiaba a una o dos amigas de la clase para ver a quién le iba mejor en una prueba. También asumía el papel de protectora y se encargaba de salvaguardar a otras niñas que le tenían miedo a los varones. Acompañaba a sus amigas a la casa, observándolas cuidadosamente y luego caminaba hasta su casa sola. ¡Nadie quería acompañar a Evelyn!

Evelyn se entregó a la iglesia mientras crecía. Comenzó su servicio cristiano real a los catorce años tocando el órgano y enseñando en el departamento de novatos de la escuela dominical. Se involucró en grupos de jóvenes, siempre como líder: ese era su don.

Conociendo a "Chris"

A los catorce años Evelyn conoció a Harold Christenson, el hombre que algún día sería su esposo. Jugaban al fútbol juntos, patinaban "en una banda" por el medio de la calle y usaban como tobogán las altas colinas nevadas de afuera de la ciudad. Luego de terminar la escuela secundaria, Evelyn sintió que tenía que seguir estudiando. "Chris", como todos llamaban a Harold, era el único muchacho con el que ella había salido, y junto en enero de 1941, Evelyn y Chris se inscribieron en el Instituto Moody Bible de Chicago. Justo después de medianoche, mientras estaban en el tren de Muskegon a Chicago, Chris deslizó un anillo de compromiso en el dedo de Evelyn. Un nuevo día —y una nueva vida— comenzó a desplegarse. Su romance tenía unas pocas restricciones. En 1941 Moody no permitía que los alumnos tuvieran citas durante el primer semestre, aún cuando estuvieran comprometidos. Pero su amor se profundizó mientras Dios los preparaba para un gran futuro juntos en su servicio.

La guerra

Ese semestre de otoño, el 7 de diciembre —"un día que vivirá en la infamia"— llegó el anuncio asombroso de que Pearl Harbor en Hawai había sido atacado. Chris de inmediato dejó la universidad y se enlistó en el programa de cadetes de la Fuerza Aérea. Evelyn terminó el semestre en Moody, y luego regresó a casa. El 14 de febrero de 1942, el Día de San Valentín, Evelyn y Chris se casaron, justo antes de que Chris comenzara su entrenamiento como piloto. Una vez terminado el entrenamiento Chris permaneció en los Estados Unidos hasta que su escuadrón recibió órdenes. Finalmente, en febrero de 1943, partió a Europa para servir como piloto de un bombardero B-17.

Evelyn pronto se enteró que estaba esperando su primer hijo. El niño nació y Evelyn casi muere en el parto. Estos momentos dolorosos se dificultaron aún más por la falta de buen cuidado médico. La convalecencia de Evelyn fue tremenda.

En una de las misiones de bombardeo de Chris, su B-17 fue atacado y se prendió fuego sobre Berlín. Chris le prometió a Dios que si volvía a territorio neutral, lo serviría por el resto de su vida. Fue un compromiso total. Dios hizo que la tripulación volviera a la base, y cuando Chris regresó al hogar de la guerra, él y Evelyn se inscribieron de inmediato en el Bethel College, preparándose para servir a Cristo con toda fidelidad. Chris fue al seminario de Bethel. Mientras estuvieron allí, Evelyn perdió otro hijo.

Los pastorados

En 1952, luego del seminario, Chris y Evelyn se mudaron a Stansfield, Minnesota, donde se hicieron cargo de su primer pastorado. En Stansfield, nació Jan, una niñita sana. Poco tiempo después, la pareja tuvo otra hija, Judy, que nació con espina bífida. Durante los tres años y medio que los Christenson dedicaron a su primer pastorado, Evelyn necesitaba dedicar gran parte de su tiempo cuidando a la pequeña Judy. La familia luego dejó Minnesota y tomó un nuevo pastorado en Rockford, Illinois. Para ese entonces, Jan tenía dos años. Evelyn y Chris finalmente tuvieron otra hija, Nancy, y un hijo, Kurt. ¡Y hoy día disfrutan de sus ocho nietos!

𝒟ios honró y bendijo a los Christensons: el número de miembros de la iglesia se duplicó durante los primeros cuatro años de su ministerio allí.

En Rockford, los Christenson se entregaron a la construcción de la Iglesia Bautista Temple, que luego fue conocida como la iglesia "Qué sucede cuando las mujeres oran". En Rockford, Evelyn enseñó en una gran clase para adultos de la escuela dominical que comprendía a muchos abogados y maestros. Escribía su propio material y preparaba cuidadosamente las clases, usando la biblioteca de su esposo. Enseñó durante catorce años y llegó a un promedio de por lo menos veinticinco horas por semana de preparación y estudio. La clase abarcaba a las principales doctrinas cristianas, muchos libros de la Biblia, la vida de Cristo y otros temas importantes. A través de este estudio e investigación intensivos, Evelyn obtuvo un conocimiento excelente de la experiencia cristiana. Dios honró y bendijo a los Christenson: la membresía de la iglesia se duplicó durante los cuatro primeros años de su ministerio allí.

Comienza el ministerio de la oración

En noviembre de 1967, algunos líderes de la campaña evangelista "Cruzada de las Américas" le pidió a Evelyn que condujera un experimento de oración. El desafío constaba en descubrir exactamente qué sucedía cuando las mujeres oraban. Ella confiesa que realmente no tenía idea de cómo manejar la tarea. La cruzada no quería más "teorías" sobre la oración, querían resultados, querían comprender cómo obraba Dios cuando las mujeres fieles oraban en forma sostenida. Lo primero que hizo Evelyn fue preguntarle a Dios cómo empezar, *si de hecho esa era su voluntad.* ¿Podía Dios realmente querer esto? Evelyn tenía que tener una respuesta. Una mañana, mientras estudiaba la Biblia, leyó: "He aquí, he puesto delante de ti una puerta abierta" (Ap. 3:8). El versículo resonó profundamente en su corazón. Evelyn había obtenido su respuesta, le dijo a Dios que iba a participar en el experimento, confiando en su liderazgo y sabiduría. Involucró a las mujeres de la iglesia en el experimento de seis meses. Para el momento en que había finalizado un tremendo espíritu de oración se había desarrollado en la congregación. Los increíbles resultados están documentados en *Qué sucede cuando las mujeres oran.*

Hacia el seminario

En este momento crucial, Chris recibió un llamado para ser profesor de seminario en la Universidad Bethel y en el seminario de St. Paul, Minnesota. Evelyn estaba devastada. Todo parecía andar tan bien en la iglesia. Chris era un pastor eficiente, y la oración llenaba la atmósfera. El maravilloso espíritu de la oración en Rockford no era lo único que Evelyn había visto desarrollarse. Ella había comenzado un estudio bíblico evangelista con sus vecinos. Una buena cantidad de gente participaba en el estudio, y solo dos de toda esa cantidad no logró aceptar a Cristo. ¿Podría Dios realmente indicarles que se mudaran?

El presidente del seminario había sido un buen amigo durante varios años. Cuando Chris y Evelyn tuvieron su entrevista con él, éste preguntó: "Evie, ¿cómo te sientes acerca de mudarte allí?". Evelyn lo miró y dijo: "Chris ha sido llamado *a* algo, yo estoy siendo llamada *desde* algo". Era difícil ser arrancados de repente de estos gratificantes ministerios. Sin embargo, era claro que Dios les estaba indicando que se mudaran, así que a Bethel fueron los Christenson. Al poco tiempo Dios abrió nuevas puertas para el servicio. Evelyn comenzó a conducir "seminarios de oración" y siguieron hasta iniciar un ministerio de grabaciones. El mundo iba a oír acerca de esta mujer de oración aunque viviera en Illinois o en Minnesota.

La conducción providencial de Dios

Le preguntaron a Evelyn: "¿Qué produce un libro de un millón de copias?" Su respuesta más que adecuada fue: "¡la oración!"

La historia de cómo Evelyn escribió en realidad su primer libro, *Qué sucede cuando las mujeres oran*, es una lección de la conducción providencial de Dios. Al visitar a los Christenson, Jim Lemmon de Victor Books, un antiguo amigo de la universidad, le había preguntado a Evelyn acerca de su ministerio. Ella le contó sobre los seminarios de oración que había desarrollado. Él preguntó si tenía alguno de ellos grabados. Levemente avergonzada, Evelyn le dijo que tenía una maleta llena de cintas. Jim tomó varias cintas y las llevó a Victor Books. Pronto, Evelyn recibió un llamado de la compañía diciéndole que querían publicar su obra. Ella admite que nunca había soñado con escribir un libro, aunque la gente lo había sugerido. Mientras los amigos la presionaban a escribir, Evelyn les exhortaba que hablaran con Dios al respecto, porque Él no le había dicho que lo hiciera. Finalmente, cuando Victor Books hizo presión sobre el tema, ella comenzó a trabajar. Cuando terminó el manuscrito y lo mandó por correo, tuvo serias dudas. Corrió al teléfono, marcó el número del editor y dijo: "¡No imprima eso! El manuscrito no contiene nada que todo cristiano ya sabe". Él se rió. Cuando *Qué sucede cuando las mujeres oran* llegó a las librerías, se convirtió de inmediato en un éxito, vendiendo más de dos millones de copias solo en Estados Unidos. Fue traducido a muchos idiomas y ahora se lo lee en todo el mundo. Evelyn testifica que Dios de verdad puso su mano en el escrito. Ella nunca hubiera tenido la confianza de producir tal obra por sí sola.

Victor Books le pidió a Evelyn que fuera a una celebración luego del primer millón de copias vendidas. En la festividad, le preguntaron a Evelyn: "¿Qué produce un libro de un millón de copias?·. Su respuesta más que adecuada fue: "¡la oración!". Evelyn tenía un equipo de apoyo de oración que oraba por ella continuamente. En sí esto demostraba claramente qué puede suceder "cuando oran las mujeres". Y estas fieles mujeres siguen orando por Evelyn y su ministerio. Una vez a la semana la líder del equipo de oración llama a Evelyn para oír sus solicitudes, necesidades y gozos. Luego todo el grupo se reúne una vez al mes para orar. También se reúnen en un retiro anual para buscar a Dios y aprender cómo conducirá a Evelyn al año siguiente. Todo el ministerio de Evelyn está empapado de oración. Ella recurre constantemente a Jeremías 33:3: "Clama a mí, y yo te responderé, y te enseñaré cosas grandes y ocultas que tú no conoces". Ella desea muy profundamente que Dios reciba la gloria a través de lo que logra su ministerio. Ese tipo de actitud solo puede alcanzarse a través de la oración victoriosa. Evelyn ha dicho: "Dios puede hacer muchas cosas si no nos importa quién obtiene el crédito". Evelyn sabe que nuestro Señor debe tener el control, puesto que, como ella dice, ella no es "una administradora, un agente publicitario ni ninguna de esas cosas". El Espíritu Santo hace la obra.

Buscando dirección

Evelyn constantemente busca la dirección de Dios en los desafíos que se le presentan. Desde el día en que leyó Apocalipsis 3:3 y fue conducida a escribir su primer libro, se ha aferrado a él como la comisión de Dios y lo ha usado como su principio guía a lo largo de los años.

El ministerio práctico

*En 1980, Evelyn sintió que Dios la estaba llamando para
llevar su ministerio al extranjero. Ella cree que cuando
Dios le pide algo, ella debe hacerlo.*

A causa de sus crecientes responsabilidades por los viajes, Evelyn se encontró incapaz de conducir estudios de toda una semana sobre la oración como lo había hecho en años anteriores. Como resultado, desarrolló un seminario de oración intensivo de un día de duración. Este enfoque ha sido de gran ayuda para mujeres ocupadas que desean una vibrante vida de oración. La inundaron invitaciones para conducir esos seminarios. En 1980, Evelyn sintió que Dios la estaba llamando para llevar su ministerio al extranjero. Ella cree que cuando Dios le pide algo, ella debe hacerlo. Ha dicho que incluso cuando estaba enferma, o si las circunstancias parecían estar en su contra, ella aún haría cualquier cosa que el Señor le pidiera. Y Él ha sido siempre fiel, dándole fuerza, y limpiando el camino para que logre cada tarea. Con la ayuda de Dios, no solo ha enseñado en todos los estados de Estados Unidos sino en todos los continentes del mundo.

Se cierra una puerta, o eso parece

En sus primeros días, Evelyn y Chris habían deseado con todo su corazón convertirse en misionarios, y de hecho recibieron un llamado de India. Luego los médicos descubrieron que Chris tenía una úlcera sangrante. El único tratamiento en ese momento para su problema era darle al paciente crema y leche, pero en India, las vacas son sagradas y la leche es difícil de conseguir. El médico misionero se negó a que fueran los Christenson. Evelyn sufrió esta desilusión durante años. Incluso le resultó difícil asistir a servicios de comisión de misioneros sin llorar, tan segura estaba de que el llamado de Dios la enviaría a India. Treinta años más tarde Dios comenzó a cumplir su sueño. Evelyn fue invitada a la India a enseñar sobre la oración. Empacó bolsas y bolsas de cintas y de material y partió. Juliet Thomas la directora internacional de oración del comité de Lausana auspiciada por la Asociación Billy Graham fue también la directora de la Operación Movilización en India. Fue ella quien ayudó a Evelyn con todos los arreglos para su ministerio allí. Con el transcurso del tiempo el trabajo ha crecido y se ha difundido.

A través de Radio Transmundial, Evelyn ha desarrollado un ministerio de oración en India. Ella transmite a esa gran nación todas las semanas, incluso en Nagaland. Con la ayuda de Juliet, Evelyn se comunica a los oyentes en indio y en inglés. El ministerio utiliza un viejo transmisor comunista fuera de Moscú, de todos los lugares. Y entonces, como sucedieron las cosas, Evelyn se convirtió en una "misionera" para esa enorme nación, después de todo. Dios es bueno.

Nuevos escritos

Evelyn ha escrito varios libros. Traducido a por lo menos cuarenta idiomas, *Una guía de estudio para la oración evangelizadora* se ha convertido en parte del programa de internacional que tiene como propósito testificar de Cristo a todo el mundo ante el nuevo milenio. Evelyn es copresidenta de este movimiento. Este libro también se ha vuelto la base para la transmisión en Radio Transmundial. Ha sido escrito de tal manera que puede tener acceso a la gente común de cualquier cultura que quiere aprender más sobre Cristo.

Las obras de Evelyn incluyen: *¡Cámbiame, Señor!*, *Qué sucede cuando las mujeres oran*, *Tiempo para orar*, *Qué sucede cuando oramos por nuestras familias*. Y muchos otros en inglés. Escribir se ha convertido en un campo de misión en sí para Evelyn.

En mayo de 1992, un grupo de sesenta y cinco mujeres líderes cristianas se reunieron trayendo también a carismáticos, evangelistas, pentecostales, denominaciones principales y muchos grupos étnicos. En el contexto del movimiento A.D. 2000, el grupo usó *Una guía de estudio para la oración evangelista*. Kay Arthur escribió: *Dios, ¿estás allí?* sobre el evangelio de Juan, que sirvió como material de seguimiento. El grupo decidió abrir sus reuniones de 1995 en el Wheaton College al público. Hacia 1997 había cuatro reuniones regionales, que se llevaron a cabo en Miami, Florida, Portland, Oregon; Grand Rapids, Michigan; y Bakersfield, California. Evelyn se siente convencida de que una gran movida de Dios se produce en estas reuniones debido a la oración que involucra su preparación.

El impacto de la obra de Evelyn y el libro sobre evangelismo

En toda reunión evangelista en la que Evelyn ha disertado, un promedio del 25 por ciento de los que asistieron han hecho una profesión de fe para recibir a Cristo. Esto es fenomenal. Detrás está la ferviente oración.

En 1980, Evelyn sintió un llamado distinto del Espíritu Santo para hacer obra evangelista junto con su ministerio de oración. Desde ese momento, en toda reunión evangelista en la que Evelyn ha disertado, un promedio del 25 por ciento de los que asistieron han hecho una profesión de fe para recibir a Cristo. Esto es fenomenal. Detrás está la ferviente oración. El libro de Evelyn sobre evangelismo abarca lo principal del ministerio vital de la oración para dar testimonio eficaz. El primer capítulo de *Una guía de estudio para la oración evangelista* es "¿Por qué el evangelismo?". Explica la provisión de Dios para nosotros en su Hijo, Jesucristo. Otros capítulos incluyen "La vida limpia", "No vaya sin poder", "Oración de intercesión" y "Orar unos por los otros". El último capítulo explica los métodos de la oración evangelista. Evelyn explica el concepto de la "oración triple", concebido por Brian Mills de Inglaterra. Tres personas se reúnen una vez a la semana, orando en concierto por tres no cristianos y buscando formas de llegar a ellos. Evelyn conoció este concepto en Inglaterra cuando estuvo involucrada en la "Misión Inglaterra 1984", un proyecto auspiciado por Billy Graham. Allí conoció a Brian Mills, el director del Programa Triple, quien le dijo que noventa mil personas oraron con el programa en toda Inglaterra. Billy Graham dijo más tarde que consideraba que esto era lo más grande que había visto en el esfuerzo de la oración concertada. Evelyn alienta a sus lectores a participar en el ministerio.

La fundación

Evelyn siempre se ha sentido llamada para la misión oculta en la congregación local. La iglesia, la gente de Dios, siempre debe ser conducida e instruida en la oración y el evangelismo. Según Evelyn, si toda la iglesia hiciera su tarea, se podría llegar a todo el mundo con el evangelio, y la Gran Comisión sería cumplida. Evelyn cree que el futuro de Estados Unidos reside en experimentar un renacimiento como ese. Y la oración, junto con la declaración del evangelio, se vuelve la llave para el despertar espiritual.

El tema de oración de todo el ministerio de Evelyn se encuentra en 1 Timoteo 2:1-4:

> Exhorto ante todo, a que se hagan rogativas, peticiones y acciones de gracias, por todos los hombres; por los reyes y por todos los que están en eminencia, para que vivamos quieta y reposadamente en toda piedad y honestidad. Porque esto es bueno y agradable delante de Dios nuestro Salvador, el cual quiere que todos los hombres sean salvos y vengan al conocimiento de la verdad.

Todos los hijos de Dios, sin importar de dónde vengan, deben adoptar un estilo de vida de oración. Y Evelyn habla desde la experiencia. Ella es una mujer de oración. Ella ejemplifica lo que Spurgeon, el gran predicador de Londres, dijo respecto a la oración: "Si la unción que tenemos no viene del Señor de las huestes, somos engañadores, puesto que solo en la oración podemos obtenerla. Continuemos constantes, fervientes en la súplica. Deje que su vellón resida en el suelo de la súplica hasta que esté húmedo por el rocío del cielo".

La oración es absolutamente esencial para el desarrollo de la divinidad. De seguro sabemos que la falta de oración significa falta de poder, no gemir ante Dios significa no crecer en Dios. Esta maestra de la oración lo ha aprendido todo y se ha convertido en una maestra sierva para demostrar qué sucede cuando las mujeres —y los hombres— oran.

La maravilla de la oración

No podemos estar sorprendidos por la maravilla de realmente hablar con Dios. Como escribió Evelyn en su libro clásico *"Qué sucede cuando las mujeres oran"*:

> También aprendí el simple proceso de visualizar a mi Dios cuando me acerco a Él en oración. El gozo que inunda todo mi ser mientras me encuentro visualizando todo lo que es Dios — todo su amor, todo su poder, toda su preocupación por mí— reta la descripción. ¿Qué gran privilegio sería para un ser humano acercarse al Dios omnipotente, omnisciente, alto y elevado en su trono en la gloria? Para mí, esta es la parte más preciosa de mi tiempo de oración.[1]

La Biblia nos invita una y otra vez a presentar nuestras solicitudes a nuestro Señor y promete que el gran Dios del universo responderá nuestro pedido. Él es nuestro Señor omnipotente. No hay nada que Él no pueda hacer. Lo que Él desea, lo logra. Y Dios posee toda la sabiduría y el conocimiento. "Pues aún los cabellos de vuestra cabeza están contados" (Lc. 12:7). Teniendo toda la sabiduría, Él sabe qué es mejor para su creación.

¡Y qué maravilloso pensamiento! Dios el Omnipresente viene a estar con nosotros, justo a nuestro lado, para ayudarnos en todos los aspectos de nuestras vidas. Como lo dijo el salmista:

> ¿A dónde me iré de tu Espíritu? ¿Y a dónde huiré de tu presencia? Si subiere a los cielos, allí estás tú; y si en el Seol hiciere mi estrado, he aquí, allí tú estás. Si tomare las alas del alba y habitare en el extremo del mar, aún allí me guiará tu mano, y me asirá tu diestra. Si dijere: ciertamente las tinieblas me encubrirán; aun la noche resplandecerá alrededor de mí. Aún las tinieblas no encubren de ti, y la noche resplandece como el día; lo mismo te son las tinieblas que la luz. (Sal. 139:7–12)

Él está allí…siempre.

A través de la vida, la muerte y la resurrección de nuestro Señor Jesucristo, su presencia se ha vuelto un "trono de gracia". Dios ha prometido que podemos en Cristo, ir a Él con confianza.

Podemos en realidad conversar con el Señor del universo. Pero también debemos ver la oración a la luz de quiénes somos. Pablo nos dijo claramente cuando reunió trozos de Salmos 14 y 30 con Eclesiastés 7:20, que: "No hay justo, ni aún uno; no hay quien entienda, no hay quien busque a Dios. Todos se desviaron, a una se hicieron inútiles, no hay quien haga lo bueno, no hay ni siquiera uno" (Ro. 3:9-12).

Esto no pinta una imagen muy bonita de cómo el Señor nos evalúa. ¿Cómo podría un Dios como nuestro Santo Señor consentir oírnos, considerar quiénes y qué somos? Sin embargo, a través de la redención en Jesucristo podemos llegar a Dios en la oración, porque Él nos *ve ahora como en Cristo*. Nuestros pecados han sido perdonados. A través de la vida, la muerte y la resurrección de nuestro Señor Jesucristo, su presencia se ha vuelto "un trono de gracia". Dios ha prometido que podemos en Cristo, ir a Él con confianza: "Acerquémonos, pues, confiadamente al trono de la gracia, para alcanzar misericordia y hallar gracia para el oportuno socorro" (He. 4:16). Este versículo debe repetirse continuamente debido a la maravillosa gracia de Dios que manifiesta. El Santo Dios acepta a personas pecaminosas como nosotros en Cristo... *y responde nuestras oraciones.* Como ve, Él nos ama, nos ama de verdad.

¿Por qué y cómo?

¿Cómo puede ser todo esto? En un paso anterior, vimos el motivo de "en Cristo" del Nuevo Testamento. En Él estamos frente a Dios, justos, santos, santificados y aceptables a su vista graciosa. Podemos descansar en el banco de Gloria en el nombre de Cristo y recibir respuestas a nuestras oraciones. De hecho es increíble que oremos tan poco a la luz de nuestra posición ante Dios. Con suerte, lo que aprendemos en este paso nos desafiará a una mayor oración.

No hace falta decir que nuestra falta de oración significativa nos hace culpables ante Dios. Un gran creyente en la oración, Andrew Murray, escribió: "Probablemente no haya un único pecado que cada uno de nosotros deba reconocer con la más profunda vergüenza: Culpable, de verdad culpable, del pecado de no orar".[2] El Dios más glorioso y Santo nos invita a ir ante su presencia y conversar con Él; rechazar esa invitación es una ofensa para Dios. Asimismo, una vida pobre de oración significa también una deficiente vida espiritual. Murray dice que la oración se vuelve el propio "pulso de la vida". No solo eso, la iglesia en su totalidad sufre cuando la gente de Dios no ora. Y advierta: es imposible compartir a Cristo efectivamente a no ser que apuntalemos nuestro testimonio con una oración sincera. Evelyn nos ha demostrado eso.

¿Por qué la falta de oración?

¿Por qué no oramos más? Hay un viejo dicho: "Satanás tiembla cuando ve a los santos más débiles postrados en sus rodillas". Satanás y los demonios atacan nuestra vida de oración más que ningún otro ministerio del que participemos. Si colocamos nuestra mano en el arado de la oración, debemos estar preparados para batallar con el Diablo. Pero sabemos que seremos victoriosos a través de nuestro Señor Jesucristo.

No solo Satanás se opone a una vida efectiva y coherente de oración, la "carne" también se rebela contra la oración. Hay muchos motivos para esto. Podemos vernos como auto-suficientes, o tal vez no creamos realmente en que Dios responde la oración. Simplemente nos falta disciplina. Algo es seguro. La "ley del pecado y la muerte" que funciona en nuestra mente vieja de la "carne" luchará contra nosotros en cada rincón del camino de la oración. La mente puesta en la carne es hostil hacia Dios, "porque no se somete a la ley de Dios, ni tampoco pueden" (Ro. 8:7). Solo cuando la "ley del Espíritu de la vida en Cristo Jesús" cobra ascendencia sobre nosotros podremos orar como Dios quiere que lo hagamos. Debemos luchar si queremos ganar, pero recuerde que batallamos en la tierra de la fe, no con nuestra propia lucha. Y qué bendita experiencia es cuando participamos de la oración ferviente. Las formas en que Dios obra a través de la oración son ilimitadas. Estas obras benditas, si bien las conocemos bien, deben recordarse como un aliento.

Seis trabajos benditos de la oración

Fuerza

En primer lugar, la oración trae fuerza. Con frecuencia pensamos que podemos tener éxito en la vida por nuestro propio poder, capacidad o dones. Es cierto, Dios nos da una mente con la que pensar, un cuerpo para movernos y una voluntad para tomar decisiones. Pero nuestras capacidades naturales han sido tan desviadas y torcidas por nuestra naturaleza caída que nos hemos convertidos en criatura muy débiles. Ya no vivimos en el Edén. Desesperadamente necesitamos la fuerza de Dios si queremos que la vida sea satisfactoria. Y esa fuerza proviene en gran medida de la oración. Mary Slesser, una misionera de Escocia, vivió su vida en África compartiendo el evangelio. La gente estaba asombrada de que ella, una mujer común, pudiera mover a tantos en esa cultura tan diferente por la voluntad de Dios. Todos los que la conocieron le preguntaban cómo adquirió tal poder sobre la gente. Un jefe africano cuya vida cambio dramáticamente con el ministerio de Mary Slesser dijo: "Evidentemente se ha olvidado de tomar en cuenta a la mujer de Dios". Dios obra en respuesta a la oración. Muchos han colado en su pared la pequeña placa que dice: "La oración cambia las cosas". ¡Muy sabio, pues lo hace!

Consuelo

En segundo lugar, la oración es una fuente de gran consuelo. El poeta lo expresó de este modo:

> Sólo una oración susurrada,
> Y la carga del cuidado
> Se eleva del corazón con peso;
> Y un rayo de luz,
> Hace brillante el camino,
> Porque las pesadas nubes son partidas.
> No viajes en la oscuridad,
> Cuando puedes viajar a la luz del sol.
> Puedes encontrar la luz,
> Y el camino brillante,
> Con la ayuda de una oración susurrada.[3]

Tómese un momento y reflexione sobre las veces cuando a través de la oración el consuelo de Cristo ha, como una lluvia agradable, refrescado su corazón perturbado, acalorado.

Poder

ℒa oración era central, por ejemplo, para el Día de Pentecostés. Hechos 1:14 dice: "Todos estos perseveraban unánimes en oración".

En tercer lugar, la oración trae un gran poder espiritual en nuestro servicio a Cristo. La oración era central, por ejemplo para el Día de Pentecostés. Hechos 1:14 dice: "Todos estos perseveraban unánimes en oración". Durante diez días la primera iglesia oró, de repente Pentecostés tronó sobre ellos como el sonido "como de un viento recio que soplaba" y "lenguas repartidas, como de fuego, asentándose sobre cada uno de ellos, y fueron todos llenos del Espíritu Santo" (Hch. 2:2-4). Luego Pedro, si bien había sido un seguidor débil, vacilante de Jesús, proclamó el evangelio con poder. ¿El resultado? Se convirtieron tres mil ese día (Hch. 2:41). El precio de la oración había sido pagado. ¿Qué hubiera pasado si esos primeros discípulos no hubieran orado? Suponga que no hayan orado más que la mayoría de la gente de Dios lo hace hoy día. ¡Pero sí oraron! Y Dios cumplió su promesa. Bertha Smith, a quien conocimos previamente, contaba la historia de lo que significaba la oración en el ministerio de misioneras en China. Ella escribió:

> Cuando los chinos observaron la semana de oración para la obra de la misión extranjera, la congregación se reunía para orar una o dos horas por día. Los viernes, cuando oraban para todo el mundo, se reunían todo el día. Se colocaba un globo terráqueo y se fijaban lugares mientras el grupo oraba. Se iban a sus casas emocionados, diciendo: "¡Hoy hemos orado alrededor del mundo!"[4]

Y cayeron las bendiciones.

Dar testimonio

Nos volvemos eficaces en nuestro testimonio personal para Cristo a través de la oración. ¿Cómo es posible que demos testimonio con algún efecto para Cristo si nuestra vida de oración es débil? La historia de un gran testigo cristiano, llamado Hermano O'Neal, se lee como el libro de Hechos. El Hermano O'Neal era un hombre sencillo con una educación de solo quinto grado si bien era un empresario exitoso. Amaba su iglesia y, si bien nunca tuvo ningún cargo de liderazgo, condujo a cantidades de personas a Cristo con el hecho sencillo de compartir el evangelio. Constantemente iba en busca de la gente. Con frecuencia visitaba a una familia, y toda la familia aceptaba a Cristo. Compartía con personas de empresas, e invariablemente con las meseras en los restaurantes. Cuando amorosamente compartía las verdades de Jesucristo con la gente, todos se derretían ante la convicción del Espíritu Santo. Un día, el Hermano O´Neal se enfermó gravemente. Era necesario operarlo, y cuando la enfermera vino a prepararlo para ir al quirófano, puso todo su empeño para ganar a esa enfermera a Cristo. Si bien vivió poco tiempo después de esto, nunca volvió a obtener su fuerza. Y si bien podía hablarle unas pocas palabras a su familia, su última conversación en la tierra había sido el esfuerzo para ganar otra alma para Jesús. ¿Qué apuntaló su vida? Era un hombre que sabía cómo acercarse a Dios, pedir bendiciones y ver a Dios hacer grandes cosas. La oración es efectiva en el ministerio de los testigos de Cristo.

Liderazgo

La oración trae el liderazgo de Dios a la vida. Con tanta frecuencia no sabemos qué hacer, dónde debemos ir o en qué debemos dedicar nuestro tiempo y energía. Pero la oración abre la puerta al liderazgo de Dios. Tenemos la Biblia para que nos guíe, por cierto. Sin embargo enfrentamos una multitud de decisiones todos los días, y la oración sincera siempre se responde con guía.

Madurez

Finalmente, la oración nos ayuda a desarrollar una espiritualidad genuina. A través de ella nos volvemos más maduros por la obra del Espíritu Santo. La oración incluso puede despertar a todo el mundo. Tiende los cimientos para la renovación personal y mundial. Dediquemos un momento a este tema.

Oración para el renacimiento personal y mundial

La "combinación divina" para el renacimiento es un
Dios dispuesto y guerreros dedicados a la oración.

El mundo espera ser avanzado por Dios —ser revivido— y esa bendición proviene a través de oraciones inusuales y de sacrificio. La "combinación divina" para el renacimiento es un Dios dispuesto y guerreros dedicados a la oración. Juntos pueden conseguir despertares espirituales.

En el hogar de Londres de John Wesley hay una habitación pequeña con un banco para postrarse donde él dedicó tempranas horas de interceder todos los días por un despertar inglés. A partir de esas oraciones vino uno de los movimientos más profundos y divinos de la historia de la iglesia. ¿Qué se necesitará para que eso ocurra en nuestra época? Samuel Chadwick lo expresó correctamente:

> No hay poder como el de la oración prevaleciente, de Abraham
> pidiendo por Sodoma, de Jacob luchando en el silencio de la

noche, de Moisés de pie en el mar, de Ana intoxicada con angustia, de David con el corazón roto por el remordimiento y la aflicción, de Jesús en un sudor de sangre. Agregue a esta lista de los registros de la iglesia sus observaciones y experiencia personal, y siempre habrá un costo de pasión en sangre. Dichas oraciones prevalecen. Convierte a mortales comunes en personas de poder. Trae poder. Trae fuego. Trae lluvia. Trae vida. Trae a Dios.[5]

Matthew Henry dijo: "Cuando Dios está listo para verter misericordias inusuales, Él primero pone a su gente a orar". El salmista clamó: "No volverás a darnos vida, para que tu pueblo se regocije en ti? Muéstranos, oh Jehová, tu misericordia, y danos tu salvación" (Sal. 85:6–7). Así que nosotros también debemos orar.

¿Cómo podemos participar del tipo y calidad de oración que nos cambiará a nosotros y al mundo? ¿Qué nos enseña el Espíritu Santo acerca de la oración correcta, prevaleciente y personal?

Orar correctamente

Hacemos bien en oír a Andrew Murray:

"Señor, enséñanos a orar". Sí, a *orar*. Eso es lo que necesitamos que se nos enseñe. Si bien en sus comienzos la oración es tan simple que un pequeño puede orar, al mismo tiempo es la obra más alta y más santa a la que un hombre puede llegar. Es una comunión con el Invisible y el Más Santo. Los poderes del mundo eterno están a su disposición. Es la propia esencia de la verdadera religión, el canal de todas las bendiciones, el secreto y el poder de la vida. No solo para nosotros mismos, para la Iglesia, para el mundo, es para la oración que Dios nos ha dado el derecho de tomarlo a Él y a su fuerza. Es en la oración que las promesas esperan su cumplimiento, el reino por venir, la gloria de Dios para su plena revelación. Y para esta bendita obra, cuán indolentes e inadecuados somos. Es solo el Espíritu Santo el que nos permite hacerlo bien… Jesús ha abierto una escuela en la que enseña a Sus redimidos, a los que especialmente lo desean, a tener poder en la oración. ¿No vamos a entrar con la petición, Señor" ¡Esto es exactamente lo que necesitamos que nos enseñes! Ah, enséñanos a orar".[6]

Si la oración puede hacer todo eso, por cierto debemos aprender las "reglas" o principios de la oración. La Biblia nos dice cuáles son estas "reglas". Y el Espíritu Santo está preparado para guiarnos, para ser nuestro "Maestro" en la "escuela de la oración".

De haber cualquier experiencia en la vida cristiana donde se puede encontrar libertad real, es la oración. En el análisis final, la oración está simplemente invitando a Jesús a nuestras vidas para satisfacer necesidades.

Cuando hablamos de "reglas" de oración, de ningún modo esto implica que la oración sea un ejercicio espiritual inflexible, legalista. Si hay alguna experiencia en la vida cristiana donde puede encontrarse libertad, es en la oración. En el análisis final, la oración simplemente está invitando a Jesús a nuestras vidas para satisfacer necesidades. Cuando comparamos al Espíritu Santo con un maestro en el arte de la oración no tratamos de imaginarlo como un serio director de escuela, preparado para suspender privilegios si no oramos de acuerdo a un plan. Recuerde "Donde está el Espíritu de Dios, hay libertad" (2 Co. 3:17). El Padre es increíblemente comprensivo, y cuando Él encuentra sinceridad y ansias genuinas, está complacido. Nunca debemos preocuparnos tanto con la forma, el modo o la rutina de la oración más que una mirada sencilla a un Padre amoroso o si no se pierde el hecho de verter los deseos más profundos del corazón. Hay un bosquejo muy simple que nos puede guiar e iniciarnos en nuestra experiencia de oración. Piense en el GOZO.

Jesús:	Agradézcale por Sus muchas bendiciones.
Otros:	Interceda por amigos, familia y diversas necesidades.
Usted mismo:	Ore por sus propias necesidades específicas.

Un enfoque tan elemental como ese traerá GOZO a la oración. Y, por supuesto, la así llamada "Oración del Señor" es un modelo y una guía básica bíblica (Mt. 6:9.13). Contiene todos los elementos vitales de la oración efectiva, sin sorprendernos porque fue Jesús quien nos la enseñó. Pero lo importante es *orar*.

Hay varios principios bíblicos que nos pueden conducir a una vida de oración con mayor significado y propósito.

Orar sin cesar

Pablo exhortó a los creyentes: "Orad sin cesar" (1 Ts. 5:17). Imaginemos un diálogo con Pablo. Nosotros preguntamos: "¿Qué quieres decir con este desafío, Pablo?". Él responde: "Primero que todo, Dios espera que nosotros tengamos una vida coherente y disciplinada de oración. Siempre surgen necesidades cotidianas. Un tiempo de oración definido debe convertirse en un hábito espiritual diario, como Dios quiere y permite". "Pero, Pablo, ¿Se nos acabarán las cosas por las cuales orar?". Pablo probablemente responda: "Puede ser útil hacer una lista de oración o calendario regular. Por ejemplo, el lunes orar por la familia, por el nombre; el martes interceder por los amigos; el miércoles orar por necesidades específicas regulares y así durante toda la semana. Dicha disciplina puede ayudarlo a mantenerse en el camino correcto. Incluso puede escribir la lista diaria. Establecer un tiempo y un lugar regular —lo más que sea posible— puede ser una ayuda real a la oración". Pablo, por supuesto, querría hacernos saber que la hora específica del día no es importante ni lo es tampoco una postura específica del cuerpo. Podemos orar en cualquier momento y en cualquier posición física. Buscar la presencia de Dios en toda sinceridad y humildad es lo esencial.

Hace un tiempo visitamos el hogar de unos amigos cristianos. Sobre la cocina colgaba un lema. "Aquí se llevan a cabo servicios divinos a diario". Eso demuestra un importante aspecto de la oración "sin cesar". Debemos orar en nuestras búsquedas diarias. Ya sea que estemos lavando los platos, trabajando o simplemente caminando por la calle, el Espíritu nos desafía constantemente a orar. El Señor Jesucristo siempre está abierto a nuestros clamores. No necesitamos atravesar alguna serie de ejercicios religiosos para llevar nuestras necesidades y deseos ante Dios. Podemos acudir a nuestro bondadoso Padre celestial en cualquier momento y estar seguros de que Él oirá.

Orar específicamente

Es posible orar en términos tan nebulosos que en realidad no estemos diciendo nada. Pedirle a Dios que satisfaga o que bendiga en una forma general no es lo suficientemente específico. Debemos evitar usar una "repetición sin sentido" como lo advirtió Jesús (Mt. 6:7). La Biblia nos exhorta a abordar *asuntos verdaderos*. Si necesita sabiduría para tomar una decisión, pídasela a Dios específicamente. Si necesita poder para dar testimonio ante un amigo, pídala. Si un miembro de la familia no conoce a Cristo, ore específicamente por su conversión. Tampoco deben excluirse las necesidades físicas. Si necesita un abrigo nuevo, pida un abrigo nuevo. Los cristianos que oran de esta manera hallan al buscar cosas definidas, que reciben muchas más respuestas a su oración. Y, por supuesto, este principio se aplica a la alabanza. Debemos alabar, bendecir y agradecer al Señor por toda su bondad, y nombrarla una a una.

Orar según la voluntad de Dios

Mientras Jesús agonizaba en el Huerto de Getsemaní, finalizó su sincera petición con la frase: "Pero no sea como yo quiero, sino como tú" (Mt. 26:39). Nosotros también debemos pedir cosas solo si coinciden con la voluntad de Dios. Juan nos dice: "Y esta es la confianza que tenemos en él, que si pedimos alguna cosa conforme a su voluntad, él nos oye" (1 Jn. 5:14). La oración se vuelve efectiva solo cuando se ofrece de acuerdo al propósito de Dios.

La pregunta es: ¿Cómo podemos conocer la voluntad de Dios en la oración? Primero, como ya hemos visto, leer la Biblia es esencial. Cuando oramos siguiendo las Escrituras, sabemos que la petición está de acuerdo con la voluntad de Dios. Es más, Pablo nos ha dicho:

> Y de igual manera el Espíritu nos ayuda en nuestra debilidad; pues qué hemos de pedir como conviene, no lo sabemos, pero el Espíritu mismo intercede por nosotros con gemidos indecibles. Mas el que escudriña los corazones sabe cuál es la intención del Espíritu, porque conforme a la voluntad de Dios intercede por los santos. (Ro. 8:26–27)

La oración nunca debe verse como un mero monólogo. Por el contrario, orar es un diálogo entre Dios y nosotros mismos.

Mientras nos aquietamos ante Dios, el Espíritu Santo hablará y nos demostrará qué orar. Recuerde, Él es el Maestro en la escuela de la oración. La oración nunca debe verse como un mero monólogo. Por el contrario, orar es un diálogo entre Dios y nosotros mismos. El Espíritu Santo mora dentro, y nos revela la mente de nuestro Padre celestial sobre todo aspecto particular de nuestras vidas diarias. Debemos usar todos los medios para buscar la voluntad de Dios, y si todavía surge alguna pregunta, concluir nuestra oración *diciendo sinceramente:* "Pero no se haga mi voluntad, sino la tuya" (Lc. 22:42).

Orar con fe

Una advertencia. Terminar nuestra oración con "no mi voluntad, sino la tuya" nunca debe ser usada como una excusa para dejar de orar lo que la Biblia llama *"la oración de fe"*. La Epístola de Santiago dice:

> Pídala a Dios, el cual da a todos abundantemente y sin reproche, y le será dada. Pero pida con fe, no dudando nada; porque el que duda es semejante a la onda del mar, que es arrastrada por el viento y echada de una parte a otra. No piense, pues, quien tal haga, que recibirá cosa alguna del Señor. (Stg. 1:5–7)

Dios da una prima sobre la fe en la oración, como en todo lo de la vida. Nuestro Señor llegó tan lejos como para decir: "Si tuviereis fe como un grano de mostaza, diréis a este monte: Pásate de aquí a allá y se pasará" (Mt.17:20). Montañas de problemas y dificultades pueden eliminarse con la oración, pero debe ser la oración de fe. Claramente, dicha fe no viene fácilmente. ¿Cómo lo logramos? La Biblia promete: "Así que la fe es por el oír, y el oír, por la palabra de Dios" (Ro.

10:17). La fe viene de meditar sobre el carácter y la palabra de Cristo, de leer las promesas bíblicas que se relacionan con la oración y de saber que las cosas que pedimos están en la voluntad de Dios. Es más, mientras el Espíritu Santo nos guía en la oración, Él generará en nosotros, por gracia, el don de la fe. Nosotros no la "creamos", la fe es el don de Dios. (Ro. 12:3).

Otra breve advertencia. Debemos tener cuidado de no depositar fe en la oración misma. Nuestro Padre celestial es el objeto de nuestra fe. Ningún poder reside en la oración en sí. "El poder pertenece a Dios" (Sal. 62:11). Pero incluso en esto, podemos descansar en el Espíritu Santo para que nos ayude. Él nos seguirá apuntando al Padre y asegurándose de que oremos adecuadamente en fe. Por nuestro pasado, debemos pedir su ayuda, guía y fe para que nuestras oraciones sean placenteras a nuestro Señor.

Orar en el nombre de Jesús

El Salvador dijo: "De cierto, de cierto os digo, que todo cuanto pidiereis al Padre en mi nombre, os lo dará. Hasta ahora nada habéis pedido en mi nombre, pedid, y recibiréis, para que vuestro gozo sea cumplido" (Jn. 16:23-24). Estos versículos, junto con varios otros, enfatizan la centralidad de orar en el nombre de Jesús. La gente por lo general termina sus oraciones con esa frase o algo parecido. Hay mucho más para solicitar a nuestro Señor, sin embargo, que solo pronunciar una frase pía al final de nuestras oraciones por hábito o por costumbre. ¿Qué significa orar *en el nombre de Jesús*?

Nadie puede venir ante Dios y ser aceptable a su vista salvo a través de la justicia de Jesucristo. La justicia humana nunca prevalece. Pero Jesucristo, hemos aprendido, ha hecho posible el acceso a Dios por medio de su vida, muerte y resurrección. A través de Él los creyentes son declarados justos ante Dios y bienvenidos a su Santa presencia. Por eso es que en realidad podemos dirigirnos al Santo Dios en la oración como *Abba* ("Papá"), Padre (Ro. 8:15). ¡Vaya privilegio, vaya invitación!

Nuestras oraciones, al igual que todo lo demás, se tornan aceptables ante el Padre solo en y a través de Jesús. Darse cuenta de esta verdad y ser conciente de ello es la esencia de la oración confiada (He. 4:16).

Por lo tanto, cuando oramos debemos ir ante Dios humildemente, no debido a nuestra propia justicia, sino en el nombre de nuestro Señor y Salvador Jesucristo. Nuestras oraciones, al igual que todo lo demás, se tornan aceptables ante el Padre solo en y a través de Jesús. El fervor, el celo o incluso la sinceridad no hace que nuestras oraciones sean aceptables ante un Dios justo, aunque tengan su lugar en la oración. En cambio, orar en el *nombre de Jesús* —en todo lo que Él es y ha hecho y hace— permite que el Padre amoroso oiga y responda. Darse cuenta de esta verdad y ser conciente de ella es la esencia de la oración con confianza.(He. 4:16).

Orar por un corazón puro

El salmista nos dice: "Si en mi corazón hubiese yo mirado a la iniquidad, el Señor no me habría escuchado" (Sal. 66:18). Tal vez el mayor obstáculo para la oración es el pecado no confesado, no abandonado. Albergar cualquier pecado concientemente destruye nuestra comunión con Dios. Por esto debemos comenzar nuestras oraciones llegando ante el Padre, escuchando la voz del Espíritu al señalarnos algún pecado en particular y luego reconociendo sinceramente ese pecado y confesándolo. En la Oración del Señor, que es siempre nuestro modelo, Jesús nos dijo que pidiéramos: "Y perdónanos nuestras deudas, como también nosotros perdonamos a nuestros deudores! (Mt. 6:12). La no confesión de las transgresiones, así como el no perdón de alguien que pudo haber pecado en nuestra contra, coloca un obstáculo en el camino a la oración efectiva. Pero cuando nos "volvemos limpios" ante Dios y los demás, el canal de comunicación se abre nuevamente entre nosotros y Dios, y tenemos la seguridad de que Él oye y responde.

Orar con sacrificio

El Espíritu Santo nos da otra condición de la oración prevaleciente: *orar con sacrificio*. Debemos aprender qué quiere decir la Biblia por "luchar en oración". El apóstol Pablo lo expresó de esta manera: "Pero os ruego, hermanos, por nuestro Señor Jesucristo y por el amor del Espíritu, que me ayudéis orando por mí a Dios, para que sea librado de los rebeldes que están en Judea, y que la ofrenda de mi servicio a los santos en Jerusalén sea aceptada" (Ro. 15:30-31). Si no reconocemos que estamos en una guerra espiritual no aprenderemos a luchar y batallar para una vida de oración efectiva. Hallesby, el profesor noruego y guerrero de la oración, dijo:

> Cuando llegan esas horas del día en la que tendríamos que tener nuestras sesiones de oración con Dios, con frecuencia parece como si todo ha entrado en una conspiración para evitarlo, seres humanos, animales y sobre todo, el teléfono. No es difícil ver que hay una mano negra en el complot.
>
> ¡Vaya el cristianos que no está familiarizado con estos enemigos!
>
> La primera y decisiva batalla en conexión con la oración es el conflicto que surge cuando hacemos arreglos para estar a solas con Dios todos los días. Si la batalla está perdida por cualquier lapso en este punto, el enemigo ya ha ganado la primera escaramuza.[7]

Cuán cierto. Debemos sacrificar otras cosas si queremos experimentar una vida victoriosa de oración.

> *El ayuno tuvo su lugar… El ayuno no solo significa abstenerse de comer. También puede significar la abstinencia de una cantidad de cosas que podrían distraernos de la oración.*

En esta lucha de la oración con sacrificio, puede ser necesario a veces ayunar y orar a la vez. Jesús dijo: "Entonces, en aquellos días ayunarán" (Lc. 5:35). El ayuno no solo significa abstenerse de comer. También puede significar la abstinencia de una cantidad de cosas que podrían distraernos de la oración. Con dura determinación debemos concentrarnos, luchar y batallar. Si bien no siempre es fácil la oración, debemos orar.

Orar en el Espíritu

Todo lo que se ha dicho respecto a los diversos elementos de la oración tal vez puede resumirse mejor en la frase "orar en el Espíritu". Pablo manifiesta que los cristianos deben estar "orando en todo tiempo con toda oración y súplica en el Espíritu" (Ef. 6:18). Nunca debemos olvidar, como escribió Pablo: "Pero el Espíritu mismo intercede por nosotros con gemidos indecibles" (Ro. 8:26). El Espíritu Santo, como el Maestro en la escuela de la oración, nos instruye tanto los rudimentos como las sofisticaciones de la oración. Él inspira nuestra fe, nos quita el pecado, nos faculta y ora a través de nosotros. Eleva nuestras almas a la presencia del Salvador. Andrew Murray lo expresó de esta manera.

> ¡Bendito Salvador! Con todo mi corazón te bendigo por la designación de la cámara interior, como la escuela en donde Tú te encuentras a solas con Tus alumnos, y le revelas a él el Padre. ¡Ah mi Señor! Fortalece mi fe para que en el tierno amor y bondad del Padre, aunque con frecuencia me sienta pecaminoso o atribulado, el primer pensamiento instintivo sea ir a dónde sé que el Padre me espera, y donde la oración nunca puede ser no bendecida. Ojalá el pensamiento de que Él conoce mi necesidad antes de que yo pida, me lleve, en gran descanso de la fe, a confiar que Él me dará lo que su hijo requiere. Ah, deja que el lugar de la oración secreta sea para mí el lugar de la tierra más amado.[8]

Esto es "orar en el Espíritu". Toda oración dinámica surge a través de la actividad del bendito Espíritu de Dios. El Dr. O. Hallesby expresó el gran poder de la oración conducida por el Espíritu en su libro titulado *Oración:*

Los poderes del cielo están a nuestra disposición.

¿Hemos hecho los contactos adecuados con esos poderes? Oremos por el Espíritu de la oración. Él nos llevará al lugar de trabajo donde residen los conductos del poder. Arriba de esta habitación está escrito: "Nada será imposible para ti".

El futuro de la obra cristiana que se está llevando a cabo con tanta intensidad no depende de la restricción o de la reorganización.

Depende de si el Espíritu de Dios puede persuadirnos a tomar la tarea de la oración.[9]

Debemos oír la voz del Espíritu y permitir que Él nos aliente y hable a través de nuestro corazón a Dios. De esta manera, la oración se vuelve una comunicación real con el Padre Todopoderoso en el cielo.

Conclusión

Así concluimos que la mujer espiritual —y la iglesia— deben nutrir, madurar y desarrollar una vida verdadera de oración. No es exagerado decir que nuestra vida de oración es un paralelo a nuestra vida espiritual. No solo la oración nos mueve y hace madurar individualmente; todo el reino de Dios avanza con las alas de la oración prevaleciente. ¡De qué manera el mundo descarriado y agotado necesita más guerreros de la oración tales como Evelyn Christenson. Un poeta desconocido lo expresó de esta manera:

> El día fue largo, el peso que tuve que cargar
> Parecía más pesado de lo que podía soportar;
> Y luego se elevó, pero yo no sabía
> Alguien se había postrado a orar.
> Me había llevado a Dios en esa misma hora,
> Y pidió que se me alivie el peso, y Él
> En compasión infinita, bajó
> Y me quitó el peso.
> No podemos decir con cuánta frecuencia oramos
> Por alguien hechizado, dolorido y desesperanzado
> La respuesta llega, y muchas veces esos corazones
> Encuentran una repentina paz y descanso.
> Alguien ha orado, en fe, y levantó la mano
> Llegó a Dios y Él bajó ese día
> Tantos, pero tantos corazones tienen necesidad de oración.
> Entonces, oremos.

Oración

Amado Señor, Abba Padre, mi oración es muy sencilla pero mi intención
es tan profunda. Señor, enséñame a orar. En el nombre de Cristo. Amén.

10 preguntas para discusión y debate

1. ¿Cómo afectó la oración a la familia de Evelyn Christenson?
2. ¿Hará lo mismo por nosotros? ¿Por qué?
3. ¿Qué tuvo que ver la oración con el día de Pentecostés? ¿Qué significa para nosotros hoy día?
4. ¿Qué hace que la oración sea tal maravilla?
5. ¿Cómo podemos ir ante Dios en oración a la luz de quién Él es y quiénes somos nosotros?
6. ¿Cómo nos salvamos de las "repeticiones vanas" en nuestra vida de oración?
7. ¿Cuáles son las "reglas" esenciales de la oración?
8. ¿Por qué no oramos más? ¿Cuáles son los resultados de la falta de oración?
9. ¿Qué es un "guerrero de la oración"? ¿Cómo podemos convertirnos en uno?
10. ¿Qué podría lograrse a través de la oración, personalmente y de otro modo?

La mujer espiritual sirve a Dios

Conozca a Henrietta Mears: Una mujer que sirvió a Dios

———————
y a él sólo servirás.
(Mt. 4:10)
———————

$\mathcal{M}$uchos consideran a la Dra. Henrietta Mears una de las grandes mujeres cristianas del siglo XX. Billy Graham dijo de ella:

> La Dra. Henrietta C. Mears . . . ha tenido una influencia notable, tanto directa como indirectamente en mi vida. De hecho, dudo que cualquier otra mujer salvo mi esposa y mi madre hayan tenido tan marcada influencia. Su bondadoso espíritu, su vida de devoción, su firmeza ante el sencillo evangelio y su conocimiento de la Biblia han sido una continua inspiración y asombro para mí. Por cierto ella es una de las más grandes cristianas que he conocido.[1]

Henrietta debe ser enumerada como una de las grandes siervas de Dios. Su vida demuestra que la mujer espiritual está involucrada con la gente, avanzando tanto la iglesia como la sociedad.

Los primeros años de la vida de Henrietta

Henrietta nació en Fargo, Dakota del Norte, el 3 de octubre de 1890, en una familia con una herencia divina. Su abuelo materno, William Wallace Everts, fue pastor de la Iglesia Bautista Walnut Street de Louisville, Kentucky, a mediados del siglo XIX. William hizo una enorme contribución a la vida espiritual de Louisville. En 1859, William y su esposa, Margaret, se mudaron a Chicago, Illinois. En agosto de ese año, comenzaron su ministerio en la Primera Iglesia Bautista de Chicago. Margaret era una maravillosa mujer de Dios y un bien para su esposo. Tenía un corazón evangelista e iría a las vecindades, golpeando las puertas, distribuyendo tractos, y compartiendo a Cristo.

Su hija, también llamada Margaret, se convirtió en la madre de Henrietta Mears. Margaret era una mujer menuda que nunca pesó más de cincuenta kilos. Aunque era pequeña de estatura, creció hasta ser un gigante del Espíritu. Margaret estudió música y arte en Europa. Al volver a Chicago se casó con Elisha Ashley Means, un hombre de Vermouth que estaba en Chicago para estudiar derecho y que se convirtió en el abogado más joven de Chicago. Luego se mudaron a Minneapolis, Minnesota, y allí se unieron a la Primera Iglesia Bautista.

Un biógrafo temprano de Henrietta Mears describió el trasfondo espiritual de la familia:

> Una cosa asombrosa. . . acerca de la vida de Henrietta Mears es la gran herencia espiritual que recibió. El alcance de su vida ha sido tremendo; incluso más tremenda es la influencia espiritual de sus antepasados, que pueden remontarse por lo menos a cinco

generaciones, y el "manto" espiritual que ha sido pasado del lado material de una generación a otra. Por cierto esto es un testimonio de la promesa bíblica.[2]

Momentos de tensión

Henrietta era la última de los siete hijos de Margaret y Elisha. Si bien Dios bendijo su hogar y su familia de tantas maneras, también hubo momentos difíciles. Su hermano mayor murió repentinamente al cumplir veinte años; Will, otro hermano, padeció de meningitis espiral y perdió el oído; la hermana Florence murió de tifoidea cuando solo tenía siete años. A pesar de sus pesares, la familia encontró fortaleza en el gozo del Señor.

La familia Mears gozó de riqueza y lujos hasta 1893 cuando el "Gran Pánico" devastó el mercado bursátil. Los ferrocarriles se derrumbaron, las minas y las granjas cerraron y los negocios se fueron a la ruina. Las dificultades financieras golpearon también a la familia Means. Henrietta diría más tarde: "Nací con una cuchara de plata en mi boca, pero me la arrancaron antes de poder saborearla". Dios usó lo que parecía una tragedia para enseñar a esta futura sierva que las cosas materiales eran solo temporales pero que las realidades espirituales duraban para siempre.

Llegando a Cristo

Henrietta había tenido una buena percepción de niña. Ella le respondió a su madre:" Me doy cuenta de que soy una pecadora. Madre, tú sabes cuán pecadora soy. Y yo sé que Jesús es mi Salvador. Siempre estás intentando que todos acepten a Cristo como Salvador, y yo estoy preparada".

Incluso de pequeña Henrietta tenía un gran celo por aprender. No solo eso, comenzó a desarrollar un profundo interés por las cosas de Cristo. Su madre la llevaba periódicamente a la iglesia, aunque con cierta cantidad de perturbación. Temía que Henrietta pudiera pensar que ella la estaba obligando a aceptar los ideales cristianos y se rebelara. Pero esto no sucedió. El apetito de Henrietta por Dios continuó ampliándose y profundizándose en su pequeño corazón. Una mañana de domingo de Pascua, cuando Henrietta estaba por cumplir siete años, le dijo a su madre que se sentía preparada para ser cristiana y unirse a la iglesia. La Sra. Mears respondió cautelosamente, con temor de que Henrietta no comprendiera qué significaba recibir a Cristo. Pero Henrietta había tenido una buena percepción de niña. Ella le respondió a su madre: "Me doy cuenta de que soy una pecadora. Madre, tú sabes cuán pecadora soy. Y yo sé que Jesús es mi Salvador. Siempre estás intentando que todos acepten a Cristo como Salvador, y yo estoy preparada. Quiero unirme a la iglesia". Con eso se terminó el tema. Unas pocas semanas más tarde, la pequeña Henrietta, con su prima Margueritte, se presentaron ante la Primera Iglesia Bautista, respondiendo muy bien a las preguntas respecto de lo genuino de su experiencia espiritual. El Dr. Riley las bautizó a las dos y se levantó un telón de un gran ministerio de iglesia para Henrietta Mears, mujer espiritual de Dios.

Crecimiento espiritual

Henrietta poseía una mente brillante. Cuando su madre leía la Biblia y trataba de explicar algunas de las palabras, Henrietta la detenía. Le informaba a su madre que ella comprendía las palabras muy bien y que su madre podía seguir leyendo. Este espíritu y la agudeza de la niña asombraban a toda la familia.

La madre de Henrietta ejerció una continua influencia sobre su joven vida. Ella disciplinaba bien a los niños y se aseguraba de que se enfrentaran cara a cara con las realidades de la vida, incluso las difíciles. Por ejemplo, los llevaba al Hogar Florence Crittenden donde se albergaba a gente necesitada. Henrietta creció reconociendo que las luchas conformaban una parte real de la vida. Y Margaret siempre tenía una cantidad de Nuevos Testamentos con versículos de salvación claramente marcados para visitantes o vendedores. La eficacia posterior de Henrietta como testigo personal de Cristo encontró su primera nutrición a través de su devota madre. Nunca se apartó de los efectos de esas influencias.

Problemas de salud

Si bien Henrietta gozaba de buena salud, desarrolló un problema serio en los ojos en sus primeros años de vida. Tenía esperanzas de asistir a la Universidad de Minnesota, pero sus médicos le recomendaron que dejara de lado cualquier pensamiento de estudiar más allá de la escuela secundaria. Le advirtieron que podía quedar ciega a los treinta años si le exigía mucho a sus ojos. Esto llevó a Henrietta a la primera de muchas decisiones significativas que debería tomar a lo largo de su vida. ¿Qué hacer? Cuando su madre la enfrentó con el tema, ella sin dudarlo contestó: "Si me voy a quedar ciega a los treinta años, ¡ciega seré! Pero quiero algo en mi mente para pensar. Voy a estudiar lo más duro que pueda y mientras pueda".[3] Ingresó a la Universidad de Minnesota y se sumergió en ese mundo. La disciplina y la tenacidad de Henrietta hicieron que tuviera excelentes resultados académicos. Tuvo las mejores calificaciones, y sus padres apuntaban con orgullo a su brillante hija.

Servicio temprano

Sin embargo, la vida en la universidad no era todo estudio. En su primer año de universidad, Henrietta también se entregó a los servicios de Cristo. Se convirtió en inspectora de la escuela dominical de su iglesia y esto pasó a ser una parte muy significativa de su vida. Ya se había tendido el cimiento para el aporte que más tarde haría en la educación cristiana.

En el segundo año de la universidad de Henrietta, su madre cayó gravemente enferma. Henrietta se fue de la universidad para cuidarla. La muerte llegó unos pocos días después de Navidad. William Bell Riley, teólogo y pastor de la Primera Iglesia Bautista de Minneapolis, colocó sus brazos alrededor de Henrietta en el funeral y dijo: "Henrietta, espero que el manto espiritual de tu madre caiga en ti". No puede haber duda alguna de que ella tomó estas palabras en su corazón.

Una experiencia profunda

Durante este período de su vida Henrietta se encontró enfrentando un profundo desafío. Paul Rader, pastor de la Moody Memorial Church en Chicago, estaba dirigiendo reuniones en Minneapolis. Convocaba a la gente a entregarse por completo a Cristo. Mientras luchaba con la aflicción por la pérdida de su madre, la joven realizó un compromiso total con Cristo. Una noche de invierno, mientras estaba totalmente sola en su habitación, Henrietta se postró ante el Señor en oración. Ella "vio al Señor" y se entregó por completo a Él. La graciosa mano de bendición de Dios se posó sobre ella y encontró una paz profunda.

> *Dios conoció su corazón doliente y ella pudo orar: "Gracias, Señor. Acepto por fe el llenado y el poder del Espíritu Santo, así como acepté a Cristo como mi Salvador".*

Esa noche, durante el encuentro de Henrietta con Cristo, le pidió seriamente a Dios poder espiritual. Dios conoció su corazón doliente y ella pudo orar: "Gracias, Señor. Acepto por fe el llenado y el poder del Espíritu Santo, así como acepté a Cristo como mi Salvador". Salió de la experiencia siendo una mujer llena del Espíritu, preparada para servir a Cristo y a su iglesia. Henrietta estaba ahora totalmente comprometida con el Señor. Expresó esta experiencia con estas palabras:

Me sentí totalmente impotente… y oré que si Dios tenía algo para que yo hiciera me diera el poder. Leí mi Biblia buscando toda referencia al Espíritu Santo y su poder. La gran conciencia

me llegó cuando vi que no había nada. Tenía que recibir su poder
pero someterme a Cristo, permitir que Él me controle.

Había estado intentando hacer todo por mí misma, ahora dejé
a Cristo que me tomara por completo. Le dije a Cristo que si Él
quería cualquier cosa de mí, lo tendría que hacer Él mismo. Mi
vida cambió desde ese momento en adelante.[4]

Y entonces Henrietta se arrojó al servicio de Cristo. De regreso en la
universidad, durante sus años finales, comenzó y enseñó una clase de Biblia
para mujeres universitarias. La obra se expandió hasta que sesenta mujeres de
su edad se reunían cada semana para estudiar y orar juntas. Cuando Henrietta
se graduó de la universidad en 1913, tenía un registro escolástico ejemplar. Si no
hubiera dejado de asistir a las clases durante la enfermedad terminal de su madre,
hubiera recibido la llave Fi Beta Kappa, el premio académico más alto en la
educación superior estadounidense. Y lo maravilloso de esto era que ¡todavía
tenía su vista!

Enseñar y servir

Henrietta comenzó a trabajar como maestra de escuela pública en Beardsely,
Minnesota, un pueblo de solo ciento cincuenta personas. Enseñaba química,
oratoria y teatro en la escuela secundaria y también se desempeñaba como
directora. La pequeña comunidad estaba estrechamente ligada, y las necesidades
espirituales eran muchas. Henrietta resolvió ser una influencia positiva para
Cristo. Hizo lo que pudo para influir sobre los alumnos y los amigos. En la iglesia
de Beardsley, como era de esperar, Henrietta enseñaba en la escuela dominical:
su primer amor.

La pequeña congregación tenía varios buenos programas. Por ejemplo, tenían
un concurso que siempre concluía con lo que la iglesia llamaba domingo
misionero. Las clases dominicales recolectaban dinero para la obra misionera
durante un período. El domingo misionero el ministro llamaba a cada clase, y
los niños informaban cuánto habían recaudado para ayudar a la causa de Cristo
en todo el mundo. Por supuesto, cada clase tenía la esperanza de que su
recaudación fuera la más elevada. Normalmente estas recaudaciones estaban
alrededor de dos o tres dólares. Pero cuando el pastor convocó a la clase de
jóvenes de Henrietta, dieron un salto y gritaron: "¡ciento veinte dólares!" Henrietta
los había conducido bien.

¿Amor?

Henrietta abandonó Beardsley para pasar un año escolar en North Branch,
Minnesota, donde se desempeñó en la escuela secundaria local como profesora

de química y directora. Fue allí que conoció a un buen mozo y joven banquero, un graduado de Dartmouth. La amistad se convirtió en amor, pero el amigo de Henrietta no compartía su fe. Cuando salían periódicamente ella no encontraba alivio del peso que sentía en su corazón. Al final supo que debía dar por terminada la relación. Si bien era un buen ciudadano y el primer hombre al que había amado realmente, Henrietta sabía que casarse con él carecería de algo esencial: una comunión profunda en Cristo. Su conflicto interior aumentó hasta que una noche, en su habitación, clamó a Dios.

> Señor. Tú me has hecho cómo soy. Amo un hogar, amo la serenidad, amo a los niños y lo amo a él. Sin embargo siento que el matrimonio bajo estas condiciones me apartaría de Ti. Entrego incluso esto y lo dejo en tus manos. Condúceme, Señor y fortaléceme. Me has prometido satisfacer todas mis necesidades. Confío solo en ti.[5]

Henrietta terminó la relación. La decisión demostró ser muy amplia, más de lo que ella pudo haber reconocido en ese momento. Nunca se casó. El Señor en su sabiduría satisfizo su corazón de otras maneras: con una cantidad enorme de amigos, un ministerio que trajo mucha gente a Cristo.

En 1915, dos años después de graduarse en la universidad de Minnesota, Henrietta regresó a Minneapolis para convertirse en maestra y consultora en la Escuela Secundaria Central. Mantuvo ese cargo durante aproximadamente trece años. Y nuevamente, Henrietta se dedicó al trabajo de la escuela dominical. Durante esa época de su enseñanza, su don de enseñar creció y su compromiso para servir a Cristo se profundizó. Dios la bendijo y la utilizó cada vez más.

La iglesia y las Escrituras

Dios la estaba preparando para la obra de su vida.
Henrietta conocía su Biblia muy bien y creía sin ninguna
duda que era la inspirada Palabra de Dios.

En cada ciudad donde Henrietta había vivido siempre había enseñado en la escuela dominical. Dios la estaba preparando para la obra de su vida. Henrietta conocía su Biblia muy bien y creía sin ninguna duda que era la inspirada Palabra de Dios. Memorizaba largos pasajes de las Escrituras. Parecía como si tuviera la Palabra de Dios en la punta de los dedos para cada situación. Aconsejaba a los demás: "Si fueras puro, te saturarías con la Palabra de Dios".[6] Kay Arthur y Henrietta compartían un pensamiento similar sobre ese tema.

Se empieza a abrir una puerta

Un domingo cuando Henrietta llegó a la iglesia, descubrió que el Pastor Riley se había ido de la ciudad por un compromiso. Un Dr. Stewart P. MacLennan, pastor de la Primera Iglesia Presbiteriana de Hollywood, California, iba a ocupar el púlpito. Hizo una prédica sobre "El amor de Cristo" y su sermón la impresionó profundamente. Henrietta estaba viviendo con su hermana Margaret en esa época y las dos invitaron al Dr. MacLennan a su casa para cenar. Resultó ser que Henrietta también le causó una profunda impresión al predicador y él la invito a visitar California. Corría el año 1927.

En esa época Henrietta estaba luchando con su futuro. No estaba segura de qué era lo que Dios quería que ella hiciera con el resto de sus días. La opción, pues que se sintió impresionada por el Espíritu Santo, era si iba a entregarse por tiempo completo a la educación cristiana o iba a seguir como entonces, haciendo todo lo que podía por su iglesia mientras mantenía su cargo como maestra de escuela pública.

En las garras de la dolorosa incertidumbre, Henrietta tomó un año sabático de su escuela secundaria. El Dr. Riley, su pastor, pensó que esta era una buena decisión y la alentó a viajar. "Tal vez te dé una visión del mundo que determine el rumbo de tu vida". Y tuvo razón. Henrietta y su hermana viajaron a Europa. También decidieron pasar el invierno en California.

En Hollywood

Durante su estancia, el Dr. MacLennan invitó a Henrietta a hablar a la congregación de la iglesia de Hollywood. Ella impresionó tanto a la gente que le ofreció el cargo de directora de educación cristiana. Había llegado el momento para que Henrietta decidiera el tema de su futuro de una vez por todas. Regresó a Minneapolis sin paz en su corazón. ¿Qué quería Dios? El Dr. MacLennan tampoco le dio paz, le escribió y le telegrafió y la llamó por teléfono. Pero, ¿era esta la verdadera opción de Dios? Por supuesto, la decisión de Henrietta es ahora bien conocida. En 1928, con su hermana Margaret a su lado, dijo adiós a su familia y amigos y se mudó a Hollywood. A los treinta y ocho años, Henrietta se había convertido en directora de educación de la Primera Iglesia Presbiteriana de Hollywood. Allí dedicaría el resto de su vida, haciendo un aporte tremendo tanto a la iglesia como a las iglesias de todo el mundo.

La nueva obra

Cuando tomó su cargo en la Iglesia Presbiteriana de Hollywood la inscripción en la escuela dominical era de cuatrocientos cincuenta. En solo dos años y medio llegó a cuatro mil doscientos.

La contribución de Henrietta a la educación cristiana fue fenomenal. Cuando tomó su cargo en la Iglesia Presbiteriana de Hollywood la inscripción en la escuela dominical era de cuatrocientos cincuenta. En solo dos años y medio llegó a cuatro mil doscientos. Henrietta se convenció de que si la escuela dominical era todo lo que debía ser, la gente respondería. "Los sueños se vuelven realidad", decía. Pero ella no era una mera soñadora. Tenía un enfoque sólido y práctico hacia la enseñanza de la Palabra de Dios que hizo que valiera la pena asistir a la escuela dominical.

Los métodos de Henrietta

Henrietta abordaba su trabajo en forma metódica. "Lo primero que hice en Hollywood", decía, "fue escribir lo que quería para mi escuela dominical. Fijé mis objetivos para los primeros cinco años. Incluían mejoras en la organización, en el personal de enseñanza, en los programas y en el espíritu". Para alcanzar esas metas Henrietta luego desarrolló un programa de enseñanza estrechamente clasificado y buscó buen material bíblico que presentara a Cristo y Sus manifestaciones en cada lección. Cuidadosamente capacitó a su personal y hasta se ocupó de la construcción de un nuevo edificio. Desarrolló coros, clubes y un programa de campamento y alentó a los jóvenes de la iglesia con celo misionario. Con su amplia experiencia en la enseñanza, estableció una buena relación con el resto del personal de la iglesia. Ejemplificaba tanto al Señor Jesucristo con su propia vida que podía encontrar talentos latentes en los demás.

Por supuesto, Henrietta sabía muy bien que las cantidades aumentadas no necesariamente significaban el éxito. Se comprometió en todo a elevar la Palabra de Dios. Por sobre todo, ella quería ver el crecimiento espiritual y la extensión del reino. Se concentró en lo que ella llamaba gestión de calidad, por lo que quería significar que se esperaba de cada persona que hiciera su mejor esfuerzo para servir al Señor. Dios honró este enfoque y a través de él muchas personas llegaron a la fe en Cristo. Toda la iglesia sintió el impacto de su ministerio.

Una filosofía de servicio

Henrietta insistía en que todo el mundo recibiera educación en su grupo de pares a cargo de una buena maestra, desde la primera edad hasta los ancianos. Es más, ella incluyó un elemento de oración en su programación educacional. Todo esto era nuevo en la década de 1920. Henrietta estaba años adelantada a su tiempo.

Ella sentía un profundo compromiso de llegar a los jóvenes para Cristo. Para que esa visión se cumpliera, necesitaba que todos sus maestros estuvieran bien preparados.

Si Henrietta tenía un interés especial, en cuanto a la edad de los grupos, era hacia los jóvenes. Ella sentía un profundo compromiso de llegar a los jóvenes para Cristo. Para que esa visión se cumpliera, necesitaba que todos sus maestros estuvieran bien preparados. Les dijo a sus maestros que se hicieran cuatro preguntas:

(1) ¿Estudio la lección profundamente para entenderla? (2) ¿Estoy haciendo todo lo que puedo para ayudar a mis alumnos a entender la lección y para que la retengan en su memoria? (3) ¿Tengo que intentar que deduzcan sus propias aplicaciones a partir de lo que han oído? (4) ¿Mi enseñanza en realidad influye en sus vidas, o parece aburrida y fuera de sus intereses inmediatos?[7]

Ella diría con frecuencia: "La clave está en una sola palabra: trabajo". El diccionario lo deletrea t-r-a-b-a-j-o. y significa justo lo que dice que hace. La expresión de deseos nunca ocupará el lugar del trabajo duro". Seguía diciendo: "¡No hay ideas que funcionen a no ser que usted funcione!". Este era el secreto de su éxito desde una perspectiva humana. Pero por sobre todo, el Espíritu y el poder de Dios descansaban en ella.

Nuevas aventuras

Un día Henrietta tomó un manual de la escuela dominical que estaba usando el departamento de los niños de primaria. Una lección tenía el título: "Amós denuncia auto-indulgencia". *"¿Cómo es posible que un niño de primaria pueda entender eso?"* Mientras ojeaba el material de la escuela dominical, vio su irrelevancia para niños pequeños. Con asombro juntó una cantidad de publicaciones de la escuela dominical y reunió a los maestros de la escuela dominical para que los miraran. Eran todos iguales. No había imágenes, nada que atrajera el interés de los niños, y las lecciones parecían saltar por toda la Biblia. Henrietta lo llamaba "el método del saltamontes". Recordaba a un joven que le había dicho: "Ya no quiero ir más a la escuela dominical. Todo lo que hacen es decirte una y otra vez la misma historia. Solo que se torna cada vez más para tontos".[8] Peor que eso, un joven le había dicho que aunque tenía la llave Fi Beta Kappa y había ido a la escuela dominical toda su vida, reprobaría un examen de la Biblia si se lo tomaran.

Henrietta se sentó a escribir ella misma lecciones para la escuela dominical. Era un emprendimiento enorme, pero estaba resuelta y persistió. Página tras página de la Biblia, aparecieron lecciones. Cuando terminaba cada nivel, hacía tipiar su manuscrito, mimeografiarlo y abrocharlos juntos como libros. Antes de mucho tiempo la tarea fue abrumadora. Henrietta reclutó ayuda. En 1933, junto con otros, lanzó lo que luego sería Gospel Light Publications. Bajo la conducción de Henrietta, por fin, material para lecciones de escuela dominical graduados e inteligibles pasaron a estar disponibles para las iglesias. Para 1936 la demanda de sus lecciones había subido tanto que toda la operación se había tenido que mudar a su propio edificio. Hacia el momento en que Henrietta había estado el la Primera Iglesia Presbiteriana por doce cortos años, Gospel Light se había convertido en una de las editoriales independientes más grandes para material de escuelas dominicales cristianas en Estados Unidos. Llegaban pedidos de cada estado del país. Multiplicó 120 veces sus ventas solo en el primer año. El compromiso de Henrietta a esta diseminación de la Biblia era firme y fuerte. Ella decía:

> Estamos parados en tierra santa. El Señor le dijo a Moisés: "Quita tu calzado de tus pies, porque el lugar en que tú estás, tierra santa es" (Éx. 3:5). Este es el lugar donde Dios se encuentra con los hombres y hoy día Él está buscando quiénes hagan su voluntad. ¿Dios no quiere acaso que nos preocupemos de la juventud de nuestra época? ¿Qué debo hacer respecto de llevarles el evangelio? Debo estar atenta ante el Señor de Israel. Puedo oírlo hablarme, como lo hizo con Moisés: Ve, libera a mi pueblo.[9]

Este ministerio tocó al mundo. Abrió el surco para la enseñanza de la Palabra de Dios en una forma sensata y comunicativa para millones. Y todo creció del amor de Henrietta por la iglesia, por la gente, por el Señor Jesucristo a quien sirvió.

Enseñar eficacia

El impacto que él y Henrietta tuvieron entre las estrellas de las películas probablemente nunca se sepa hasta que todos estemos ante Cristo y recibamos nuestras recompensas.

Todos conocían a Henrietta como una amante maestra por derecho propio. En particular, ella se concentraba en alumnos de edad universitaria y trabajaba con ellos durante décadas. Como su biógrafo dijo: "El éxito de Henrietta con alumnos en edad universitaria bordeaba lo fenomenal".[10]

La Iglesia Presbiteriana de Hollywood, en gran parte por la dirección e influencia de Henrietta, comenzó a impactar la escena del entretenimiento de Hollywood. Un así llamado Grupo Cristiano de Hollywood se fundó para el estudio bíblico, y varias estrellas famosas comenzaron a asistir. Finalmente, J.

Edwin Orr se convirtió en un contribuyente regular del grupo. Henrietta lo había conocido en una conferencia donde ambos habían disertado, y supo de inmediato que él sería el perfecto comunicador para la escena de Hollywood. El Dr. Orr tenía una mente brillante y era un erudito. Incluso más que eso, tenía un gran corazón para Dios y un deseo de ver un verdadero renacimiento.

El impacto que él y Henrietta tuvieron entre las estrellas de las películas probablemente nunca se sepa hasta que todos estemos ante Cristo y recibamos nuestras recompensas.

Ministerios de conferencia

Henrietta se involucró en muchas conferencias de vida espiritual a lo largo de los años, y desarrolló varias conferencias propias. Hacia el verano de 1937 Henrietta sintió la necesidad de una sede permanente de conferencias. Vio varios lugares para conducir tal ministerio y finalmente se radicó en un hermoso lugar en el campo llamado Forest Home. Allí Henrietta compartió la Palabra de Dios y, en los pacíficos alrededores, muchos hombres, mujeres y jóvenes pudieron pasar a tener una profunda experiencia de Cristo.

> Henrietta Mears terminaba toda conferencia en Forest Home con una gran hoguera en Victory Circle, el anfiteatro exterior del campamento. Los acampantes se acercaban a esta hoguera de cierre y colocaban palitos en el fuego para que representaran decisiones cristianas que habían tomado, comprometiéndose al fuego del Espíritu Santo. Cada persona firmaba un libro recordatorio una vez colocado su pedazo de madera en el fuego y dada su decisión públicamente. Como resultado de ello, miles de acampantes a partir de allí rastrean sus historias espirituales a las firmas que suscribieron en el Libro Recordatorio y a las hogueras que seguían a esas firmas.[11]

Henrietta administró el programa de campamento durante veinticinco años. Afuera del centro de conferencias de Forest Home había un cartel que decía "A una milla del cielo". Henrietta quería que la gente de Dios, y los no salvos también, supieran cuán cerca estaban de enfrentar a su Señor.

La iglesia

La iglesia siempre tuvo un lugar central en el ministerio de Henrietta. Ella creía que su verdadero servicio al Señor obraba en ese contexto.

Henrietta tenía un profundo deseo no solo de ver a los cristianos profundizando su fe, sino también ayudando a los incrédulos a llegar a la fe salvadora. Dios honró ese compromiso. Una cantidad incalculable de gente recibió a Cristo a través del ministerio de Gospel Light, las conferencias, la obra en la Iglesia Presbiteriana de Hollywood y el propio testimonio personal de Henrietta. Todo esto se produjo por su compromiso con el servicio a Cristo. Sin embargo, cabe advertir que la iglesia siempre tuvo un lugar central en el ministerio de Henrietta. Ella creía que su verdadero servicio al Señor obraba en ese contexto. A través de su ejemplo podemos aprender que una mujer verdaderamente espiritual se involucra en su iglesia local. La iglesia, como el cuerpo de Cristo, es el principal instrumento de Dios para traer la verdad de Jesucristo al mundo. La fe cristiana siempre debe ser vista como compartida, compartida en una comunión brillante de creyentes. Y esta comunión es la iglesia.

El trabajo sigue

Los pastores de la Primera Iglesia Presbiteriana llegaron a lugares de prominencia, en parte por la influencia de Henrietta. Richard Halvenson y Lloyd John Ogilvie pasaron a ser capellanes de los Estados Unidos. Henrietta mantuvo alto el bastión de Cristo durante muchos tiempos difíciles en la sociedad estadounidense. Durante la gran Depresión de la década de 1930, durante la Segunda Guerra Mundial, e incluso durante las prósperas décadas de 1950 y principios de 1960 (a veces los momentos prósperos parecen más difíciles desde la perspectiva espiritual que los momentos difíciles). Henrietta continuamente influyó, enseñó y alentó.

Pablo le escribió a Timoteo, el joven líder de la iglesia: "Lo que has oído de mí ante muchos testigos, esto encarga a hombres fieles que sean idóneos para enseñar también a otros" (2 Ti.2:2). Así como Jesús infundió su vida en la de los discípulos, del mismo modo Henrietta plantó su vida en las vidas de los demás y ellos, a su vez, hicieron grandes contribuciones a la causa de Cristo. En la misma forma, un ministerio puede ser multiplicado muchas veces. Servimos a los demás, comenzando una reacción en cadena de gracia, que a su vez servirá a los demás. Por eso la vida en una iglesia local tiene tanta importancia.

Otro programa

En los últimos años de Henrietta ella lanzó otro programa importante. Bajo el título organizacional de GLINT, se proporcionó material de enseñanza cristiana a misiones en el extranjero. Paul Fretz, ex misionero en Brasil, se desempeñó como el primer director ejecutivo. Se había producido un excelente material para los misioneros. Esta obra puede agregarse a las muchas contribuciones significativas que Henrietta Meras logró. Como dijo su biógrafo, ella dejó tantos "muchos monumentos perdurables".

El final se acerca

En los primeros meses de 1963, en una fiesta en un jardín auspiciada por las mujeres de la Iglesia de Hollywood, Henrietta detectó a una vieja amiga, una música virtuosa. Le pidió a su amiga que tocara algo en el piano. La mujer se disculpó, diciendo que no estaba preparada, pero que tocaría el año siguiente. Henrietta parecía extrañamente desilusionada y se la escuchó decir en un suspiro: "No estaré aquí el próximo año".

Ese mes de marzo Henrietta pasó un día con una amiga, conduciendo por los nuevos lugares de construcción en el valle de San Fernando y haciendo planes. Hablaba de llegar a mucha gente nueva con el evangelio. Esa noche pasó mucho tiempo en el teléfono, hablando sobre ideas para el ministerio de Forest Home. Luego se fue a la cama y, durante esa noche, simple y tranquilamente se fue con Dios. Alguien notó: "No era nada nuevo para ella encontrarse con el Señor a solas, puesto que ya lo había hecho con frecuencia. Esta vez solo fue con Él".

Un servicio fúnebre

Casi dos mil personas llenaron el santuario de la Primera Iglesia Presbiteriana para compartir los servicios fúnebres triunfantes de esta gran mujer de Dios. Se leyó un telegrama de Billy Graham: "Estoy seguro de que Henrietta Mears tuvo una gran recepción en el cielo. Tuvo un tremendo impacto sobre mi vida y ministerio". Varios líderes cristianos alabaron a Dios por su servicio a Cristo y su iglesia. El servicio concluyó adecuadamente con un coro cantando el "Aleluya" de Händel.

De todo lo que podía decirse sobre Henrietta Mears tal vez lo más importante sea que vivió como sierva de su Señor en y a través de la vida de su iglesia. En esto ella siguió una línea noble de grandes mujeres de Dios. Dios necesita mujeres espirituales que sirvan en su iglesia. Esto no significa que todos los servicios deban ser canalizados de este modo. Muchos ministerios obran en la sociedad en general. Sin embargo, la iglesia local tiene un *papel central* en el servicio del Salvador, y los creyentes espirituales deben demostrar compromiso con su iglesia y las congregaciones.

Motivos para responder la llamada

Henrietta era una mujer espiritual que sirvió a Dios a través de la iglesia. Nosotros, también, debemos siempre obedecer el llamado de Dios para obedecerlo. Hay muchos motivos para esto.

Nuestra condición

Escuchamos el llamado de Dios debido a nuestra condición ante Él en Cristo. Él es el Salvador, nosotros somos los salvados. Él es el Sostenedor, nosotros los sostenidos. Por esto Él exige servicio. ¿Cómo podemos hacer menos cuando conocemos el precio que le costó al Padre celestial redimirnos? El deseo de servir el cuerpo de Cristo sería un verdadero motivo. Pedro nos recordó esto cuando dijo: "Sabiendo que fuisteis rescatados de vuestra vana manera de vivir, la cual recibistéis de vuestros padres, no con cosas corruptibles, como oro o plata, sino con la sangre preciosa de Cristo, como de un cordero sin mancha y sin contaminación" (1 P. 1:18–19). El costo de nuestra salvación es tan grande que nunca lo llegaremos a comprender plenamente hasta que veamos cara a cara al Señor Jesús. Mientras tanto, Pablo nos exhorta "estad firmes y constantes, creciendo en la obra del Señor siempre, sabiendo que vuestro trabajo en el Señor no es en vano" (1 Co. 15:58). Nuestra condición de salvación no requiere menos que eso.

Recompensas

Estaremos ante Dios y recibiremos recompensas eternas por todo lo que hemos hecho en el servicio de Cristo, incluso si no se trata más que de darle a alguien un vaso de agua fría en su nombre.

Pablo nos recuerda, en su epístola a los corintios que nuestro "trabajo en el Señor no es en vano". Esto debería ser un gran incentivo para servir a Cristo. Algún día recibiremos ricas recompensas. Nunca olvide lo que dijo Jesús: "Cualquiera que dé a estos pequeñitos un vaso de agua fría solamente por cuanto es discípulo, de cierto os digo que no perderá su recompensa" (Mt.10:42). Vaya pensamiento cautivante: estaremos ante Dios y recibiremos recompensas eternas por todo lo que hemos hecho en el servicio de Cristo, incluso si no se trata más que de darle a alguien un vaso de agua fría en su nombre. Debemos ser cautelosos aquí, sin embargo; Jesús advirtió a Sus discípulos que los fariseos, cuando servían por alabanza humana, ya habían recibido su recompensa (Mt. 6:2). Seríamos sabios si almacenáramos recompensas en el cielo y no aquí en la tierra. Allí nos darían "estrellas para nuestra corona" tan gloriosas que brillarán a lo largo de los siglos sin fin. Por cierto, este es un motivo para servir a Cristo.

Las necesidades

Mientras nos observamos y vemos la increíble pobreza de este mundo, tanto física como espiritual, nos damos cuenta cuán desesperadamente la gente necesita el toque de la mano del creyente para aliviar su sufrimiento. Dios puede satisfacer esas necesidades y lo hace a través de su gente, la iglesia. Ese es su plan, siempre lo ha sido y siempre lo será. Si la iglesia del Salvador no responde al pedido de ayuda, entonces las vidas de la gente y la sociedad en general continuarán desintegrándose. Y recuerde, nosotros somos la iglesia.

El amor motiva

Nuestro amor por Dios es el principal motivo por el cual debemos servirlo, y nuestro amor por los demás se construye sobre esos cimientos. Jesús dijo: "El que tiene mis mandamientos, y los guarda, ése es el que me ama, y el que me ama será amado por mi Padre, y yo le amaré y me manifestaré a él" (Jn. 14:21). Si amamos a Dios, seguimos Sus mandamientos. Y Dios nos ordena servir a nuestro Señor Jesucristo. El amor no deja opción. .

El canal del servicio

El plan de Dios para la redención del mundo involucra a la iglesia como el cuerpo que funciona de Cristo. Permanece como el instrumento clave del Espíritu Santo para la extensión del reino. El servicio a Cristo a través de la iglesia es la esperanza del mundo.

El servicio para Jesucristo primeramente debe ser canalizado a través de su iglesia. Henrietta comprendió esto claramente, y si bien tenía un ministerio que tocaba al mundo, nunca abandonó la Primera Iglesia Presbiteriana de Holly-wood. Trabajó esencialmente a través de esa gran congregación". La Biblia dice: "Cristo amó a la iglesia, y se entregó a sí mismo por ella" (Ef.5:25). Todas las epístolas de Pablo fueron escritas para iglesias específicas, como la mayor parte del Nuevo Testamento. Por cierto, la iglesia tiene muchas debilidades y defectos. Con frecuencia está dividida, es hipócrita y débil. Sin embargo, permanece siendo el cuerpo de Cristo. Y el plan de Dios para la redención del mundo involucra a la iglesia como el cuerpo que funciona de Cristo. Permanece como el instrumento clave del Espíritu Santo para la extensión del reino. El servicio a Cristo a través de la iglesia es la esperanza del mundo.

Una breve nota

Ahora advierta, esto no significa que Dios no utilice las así llamadas organizaciones para-iglesias para avanzar su obra. El Espíritu Santo eleva a esas organizaciones para satisfacer necesidades que, por momentos, la iglesia no puede abordar. Y eso es bueno. Pero incluso entonces, cuánto más cerca estén esos ministerios de las congregaciones locales, más ricas serán las bendiciones que invisten.

La naturaleza de la iglesia

Todo lo que se ha dicho hasta ahora nos conduce a ver la naturaleza de la iglesia. Debemos comprender más profundamente su composición y examinar por qué el servicio en ese escenario es tan importante para el avance del reino. Para empezar, debemos entender que el término "iglesia" puede referirse a dos cosas diferentes pero relacionadas.

Primero, la Biblia presenta a la iglesia como el cuerpo universal de los creyentes. Todos los que han llegado al "arrepentimiento para con Dios, y de la fe en nuestro Señor Jesucristo" (Hch. 20:21) es un miembro de la iglesia en ese sentido. Aquí la iglesia abarca a todos los redimidos de todas las épocas, razas, culturas y antecedentes. Es esta iglesia gloriosa, victoriosa que las Escrituras llaman la "novia" de Cristo (Ap.21:9). ¡Qué maravilloso que a través de nuestra fe en nuestro Señor Jesús formemos parte de ese organismo grande, viviente y eterno!

Segundo, la iglesia se manifiesta a sí misma como una de las muchas comunidades tangibles, practicas y visibles de la fe. A veces pensamos en la iglesia como un edificio que está en la esquina. Realmente, el edificio no es más que el lugar donde se reúne la iglesia. Por ese motivo el edificio podría llamarse más correctamente "la casa de reunión". La iglesia en sí es el cuerpo local de creyentes, que se reúnen en la comunión de Cristo para adorar, ministrar y lograr la extensión del reino. Pueden reunirse en un edificio grande, debajo de un arbusto, o incluso en la calle. Pueden tener un rótulo de denominación como "bautista", "metodista", "presbiteriana", "católica" o "independiente". Siempre que los creyentes se reúnan de manera ordenada con cierta periodicidad y estructura, en obediencia a Cristo y a fin de adorarlo, eso constituye una iglesia local o congregación. Todos los creyentes deben afiliarse a una congregación local. El Nuevo Testamento pone en claro que una actitud negligente hacia la iglesia local es un serio error. El libro de Hebreos exhorta: "No dejando de congregarnos, como algunos tienen por costumbre, sino exhortándonos; y tanto más, cuando veáis que el día se acerca" (He. 10:25). El plan de Dios es sencillo, y nosotros debemos serle fiel. Oramos. "El Reino viene", y la iglesia local es el canal para la "venida".

El cuerpo de Cristo

Uno de los nombres significativos para la iglesia en el Nuevo Testamento, especialmente cuando se relaciona con servicios y ministerio, es el término *cuerpo de Cristo* Pablo les dijo a los efesios:

> Sino que siguiendo la verdad en amor, crezcamos en todo en aquel que es la cabeza, esto es, Cristo, de quien todo el cuerpo,

bien concertado y unido entre sí por todas las coyunturas que
se ayudan mutuamente, según la actividad propia de cada
miembro, recibe su crecimiento para ir edificándose en amor.
(Ef. 4:15–16)

Este pasaje pinta a la iglesia como un cuerpo maduro, de ministerio y
demuestra cómo Dios quiere que los creyentes sirvan a Cristo.

Servicio por los dones del Espíritu

*Sólo somos como viejas piezas de roca, pero podemos ser
esculpidos por el Espíritu Santo. Él nos moldea hasta que
nos convierte en hermosos siervos de Cristo.*

Elizabeth O'Connor, en su excelente libro *The Eigth Day of Creation*, [El octavo
día de la creación] cuenta la historia de un vecino curioso que un día vio a Miguel
Ángel llevando una enorme piedra por la calle. El vecino le preguntó por qué
estaba luchando tanto con un viejo pedazo de piedra. Miguel Ángel le contestó:
"Porque hay un ángel en esa piedra que quiere salir".[12] Solo somos como viejas
piezas de roca, pero podemos ser esculpidos por el Espíritu Santo. Él nos moldea
hasta que nos convierte en hermosos siervos de Cristo.

Pablo utiliza la metáfora del "cuerpo". Evidentemente, un cuerpo funciona,
trabaja y sirve. El Nuevo Testamento usa muchas otras figuras para describir a
la gente de Dios: "novia de Cristo", "viñedo de Dios", "rebaño de Dios", "edificio
de Dios", "un santo sacerdocio", "el nuevo Israel", "una nación santa". Pero
como el "cuerpo de Cristo", vemos a la iglesia en su papel de obra, de servicio.
Algunos principios importantes surgen de esta idea.

Diversidad

En primer lugar, así como un cuerpo tiene partes diferentes con diferentes
funciones, lo mismo pasa con una iglesia local. Los miembros de una congregación
no pueden servir todos de la misma manera. Capacidades, dones, talentos y
ministerios varían con cada miembro. Pablo preguntó:

¿Son todos apóstoles? ¿Son todos profetas? ¿Todos maestros?
¿Hacen todos milagros? ¿Tienen todos dones de sanidad?
¿Hablan todos lenguas? ¿Interpretan todos? (1 Co. 12:29-30)

El apóstol también dijo:

Porque así como el cuerpo es uno, y tiene muchos miembros,
pero todos los miembros del cuerpo, siendo muchos, son un

solo cuerpo, así también Cristo. Porque en un solo Espíritu fuimos todos bautizados en un cuerpo, sean judíos o griegos, sean esclavos o libres, y a todos se nos dio a beber de un mismo Espíritu. (1 Co. 12:12–13)

Un cuerpo de iglesia sano tiene diversos miembros que ofrecen muchas habilidades diferentes. Esta variedad de talento debe reconocerse e implementarse para que una iglesia logre su tarea dada por Dios.

Unidad

En segundo lugar, la metáfora del cuerpo sigue sugiriendo que en la diversidad de la iglesia aún se encontrará una unidad central. Después de todo, nuestro cuerpo humano siempre funciona como una única unidad; si no lo hace estamos enfermos o bien incapacitados. La implicancia de esto es que cada miembro de una iglesia es igual ante Dios. También significa que todo miembro tiene su propia responsabilidad en el ministerio de la iglesia en su totalidad. John Stott nos recuerda: "La unidad esencial de la Iglesia, que se origina en el llamado de Dios e ilustrado en las metáforas de las Escrituras, nos conduce a esta conclusión: las responsabilidades que Dios ha confiado a su iglesia las ha dado a *toda su Iglesia*".[13] La comisión para servir a Dios se aplica a todo el cuerpo y, a su vez, toda la membresía obra para mejorar la vida y la salud de toda la iglesia. Dios quiere que todo miembro del cuerpo de Cristo satisfaga una única tarea, sin excepciones. Eso lleva a una unidad sana. El Espíritu Santo no crea un cuerpo con piernas inválidas o brazos lastimados. La iglesia como un cuerpo diversificado aunque unido satisface su propósito solo cuando cada miembro contribuye. Somos todos uno en servicio.

Laicos en contraposición a clérigos

Esto hace surgir una pregunta importante: ¿Qué tipo de relación, por lo tanto, existe entre los así llamados laicos y el clérigo? Por momentos parecen divididos. Los laicos son todas las personas de Dios. Cada miembro de la iglesia es parte de lo laico independientemente de su papel en la congregación. Los clérigos se distinguen de los laicos por el hecho de que tienen el privilegio de supervisar, pastorear y equipar la iglesia para el servicio.

Pablo presenta esto claramente en Efesios 4:11-12: "Y él mismo constituyó a unos, apóstoles; a otros profetas; a otros, evangelistas; a otros pastores y mae- stros, a fin de perfeccionar a los santos para la obra del ministerio, para la edificación del cuerpo de Cristo" Los clérigos son como los entrenadores de un equipo de fútbol. El entrenador instruye, motiva y dirige el equipo. Luego el equipo cumple su papel jugando el partido. O nuevamente, el ministro es como un asistente de una gasolinera. El asistente llena el automóvil con gasolina y se ocupa del mantenimiento y la reparación mecánicas. Pero el laico en realidad es el que conduce el automóvil. No es necesario decir que, en común con todos los cristianos, el clérigo debe servir. El término *lego*, que en griego es *laos*, significa la gente de Dios. Eso incluye al clérigo. Trabajan junto a los legos como ayudantes y adiestradores. John R. W. Stott subrayó bien este punto cuando dijo que si alguien pertenece a nadie en la iglesia, no es el lego el que pertenece al clérigo, sino el clérigo que pertenece al lego.

Los pragmáticos

¿Cómo puede una iglesia convertirse en un cuerpo sano, funcionando a pleno, de Cristo, preparado para servir al mundo? Varios pasajes de Pablo dan la respuesta. En Efesios 4, Romanos 12 y 1 Corintios 12, Pablo dice que Dios equipa a la iglesia para el ministerio con capacidades especiales que el Nuevo Testamento denomina los "dones del Espíritu". Estos dones de gracia permiten a cada miembro de la iglesia servir a Cristo con poder y efecto.

Queremos exhortar a una advertencia en este punto. El hecho más importante y único para darse cuenta es que los dones del Espíritu son *capacidades* dadas a los creyentes *para el ministerio*. No son indulgencias espirituales personales de ningún tipo. El Espíritu Santo imparte graciosamente estos útiles dones para que los creyentes puedan servir mejor a su Salvador. Ahora analicemos qué dice la Biblia acerca de estos dones:

Lo que dice la Biblia

Pablo le dijo a la iglesia efesia que cuando Cristo ascendió al Padre: "Llevó cautiva la cautividad, y dio dones a los hombres" (Ef. 4:8). Los "dones" —distinguidos del "fruto" del Espíritu— son manifestaciones del Espíritu Santo a través de cada creyente para hacer efectivo el servicio. Están registrados en los tres pasajes mencionados más arriba.

Primera Corintios 12:8–10 enumera lo siguiente:
1. palabra de sabiduría
2. palabra de conocimiento
3. fe
4. sanidad
5. milagros
6. profecía
7. distinción de espíritus
8. varios tipos de lenguas
9. interpretación de lenguas

En 1 Corintios 12:28–29, se enumera lo siguiente:
1. apóstoles

2. profetas
3. maestros
4. milagros
5. dones de sanidad
6. ayudas
7. administración
8. varios tipos de lenguas

Romanos 12:6–8 presenta un agregado al pasaje de Corintios:
1. profecía
2. servicio
3. enseñanza
4. exhortación
5. dar
6. conducir
7. misericordia

Si eliminamos las evidentes duplicaciones, encontramos que Pablo registra diecinueve dones. Toda la obra del servicio cristiano puede cumplirse con estos dones espirituales. Obran de la siguiente manera:

1. Para proclamar la autorrevelación de Dios: el don de la profecía o de la prédica. Este don nos permite proclamar la verdad de Dios, alentar, consolar y llevar gente a Cristo.
2. Para aclarar la revelación divina: el don de la enseñanza. El don de la enseñanza ayuda a la gente a comprender mejor la Palabra de Dios y con mayor plenitud.
3. Para permitir que fluya la bendición de Dios: el don de la fe. Esto permite a los creyentes descansar en las promesas de Dios, confiando en su poder y planes, que están tanto más allá de nuestra propia esfera de posibilidades humanas.
4. Para revelar la voluntad de Dios: el don de la sabiduría: Esto es investido por el Espíritu para que el propósito de Dios en su Palabra pueda ser comprendido por personas que buscan.
5. Para comprender la aplicación práctica del principio eterno en la experiencia diaria: la pronunciación del conocimiento. ¡Cuánto necesita este don la iglesia!
6. Para cuidarse del mal: el don del discernimiento de los espíritus. Nos encontramos en una guerra espiritual. Somos susceptibles sin este don.
7. Para manifestar de manera práctica el amor de Cristo: tres dones, la misericordia, el don de Paracleto y dar. El mundo necesita desesperadamente ver este ejercicio de estos ministerios bendecidos expresados en la iglesia.

8. Para mantener el orden en la vida y el trabajo de la iglesia: el don del gobierno. Este don enfatiza la importancia de la administración de la iglesia. Cristo espera que su iglesia funcione bien.
9. Para ayudar en la comunidad: el don de ministerios de servicio o "ayudas". Muchas personas languidecen por un poco de ayuda. La iglesia tiene que elevarse para la ocasión.
10. Y finalmente, como señales especiales del poder y presencia de Dios, cuatro dones: milagros, sanidad, lenguas e interpretaciones de lenguas.[14] Cuán poderosa puede volverse una iglesia en su testimonio cuando se manifiestan estos dones.

Todo esto hace que sea bastante obvio que el Espíritu Santo cubre todo aspecto del ministerio cristiano con estos dones de servicio. Por eso Pablo enfatizó su importancia y dijo: "No quiero hermanos que ignoréis acerca de los dones espirituales" (1 Co. 12:1).

Algunos principios

Por cierto podemos concluir que un don aparte de un creyente no tiene sentido, y un creyente que no ejercita su don espiritual es un siervo ineficiente.

En las Escrituras, hay veces en que el acento no está tan puesto en la naturaleza del don como en las personas a las que les fueron dados, sean apóstoles, profetas o maestros. En otros casos, el acento se coloca en la función misma y no en las personas dotadas, por ejemplo, la fe y la variedad de lenguas. Cualquiera sea la forma por cierto podemos concluir que un don aparte de un creyente no tiene sentido, y un creyente que no ejercita su don espiritual es un siervo ineficiente.

¿Dones o talentos?

Es más, los dones del Espíritu no deben confundirse con los talentos naturales. Si bien todas las personas tienen algunas capacidades naturales, las que Dios usa en su servicio —dones espirituales— no son talentos en sí. Como señaló un comentarista, los creyentes dotados tienen "determinados poderes que no poseían previamente y que se debían a la influencia del Espíritu Santo".[15] Los dones espirituales son dones de gracia del Espíritu Santo. Entonces estos dones deben ser empleados bajo el control del Espíritu Santo. Como dijo un erudito: "El operador… siempre es Dios; cada uno de los dones en cada persona que los manifiesta… son investidos y puestos en marcha por él".[16] Pablo escribió tres capítulos (2 Co. 12-14) para dirigir el uso adecuado de los dones bajo el control del Espíritu Santo.

Una verdad maravillosa para darse cuenta

Todos los creyentes tienen por lo menos uno o más dones espirituales. Pablo dijo: "Pero a cada uno de nosotros fue dada la gracia conforme a la medida del don de Cristo" (Ef. 4:7). Alexander Hay explica:

> El Espíritu Santo los distribuye (los dones espirituales) a cada creyente. No hay excepciones: cada creyente tiene un don o dones que se le asignaron. Es decir, el Espíritu Santo se manifestaría a través de cada creyente al lograr alguna parte de la obra. Todo creyente es responsable de ejercer esos dones.[17]

Se nos dan esos dones para el desarrollo del ministerio. Como un autor enfatizó: "Es simplemente el Espíritu Santo obrando a través de nosotros de una manera dada, en un momento dado, él, el Espíritu, elige del ministerio al cual hemos sido designados de Dios".[18] De ese modo, el Espíritu Santo crea un cuerpo de Cristo que funciona bien, sano, y que sirve, y el reino avanza.

Por supuesto, ningún creyente único posee todos los dones; eso lo convertiría en toda la iglesia. Al mismo tiempo, decir que no tenemos un don de ministrar es lo mismo que decir que no estamos en el cuerpo de Cristo. ¿La conclusión? *Todos los verdaderos cristianos pueden —y deben— servir a Cristo.*

¿Cuán importante entonces es que conozcamos nuestros dones? ¿Podemos descubrirlos?

Descubrir su don

Tal vez las siguientes sugerencias ayuden. Podrían llamarse "Los diez mandamientos para descubrir sus dones espirituales".

1. Estudie las Escrituras, las respuestas están allí.
2. Pregunte: ¿Cómo me ha usado Dios, realmente usado, en el pasado. Esto puede darle algunas pistas.
3. Pregunte: ¿Qué dicen las personas espirituales? Ellos pueden brindar algún discernimiento. Los demás con frecuencia nos comprenden mejor que nosotros mismos.
4. Pregunte: ¿Qué me gusta hacer? Nos gusta hacer lo que hacemos bien, y siempre hacemos bien cuando ejercemos nuestro don de servicio.
5. Pregunte: ¿Qué necesidades me pesan y me desafían? Dios puede estar llamándolo a través de una preocupación.
6. Pregunte: ¿Qué puertas abiertas hay delante de mí? ¿Qué oportunidades se presentan? Puede que Dios esté en ello.
7. Haga algo, sígase moviendo, sea disciplinado.

8. Esté abierto al cambio.
9. Tenga confianza en que de hecho tiene un don y que Dios lo ayudará a descubrirlo.
10. Por sobre todo, ore para que se revele la voluntad de Dios.

Responsabilidad

Hace un tiempo, durante un estudio en el hogar sobre el tema de los dones espirituales, una de las señoras mayores del grupo de repente explotó feliz al darse cuenta: "¡Vaya, tengo el don de ayudar!". Luego rebasó, compartiendo todas las maneras maravillosas en que disfrutaba de ayudar a los demás en sus momentos de necesidad. Por primera vez en su vida cristiana, se había dado cuenta de que su servicio a Cristo era en realidad un don espiritual. Le llegó como una nueva revelación. Descubrir cuáles pueden ser nuestros dones espirituales puede ser revolucionario. Luego de que descubrimos estos dones, sin embargo, debemos asumir determinadas responsabilidades. Nuestros dones, por ejemplo, deben ser continuamente desarrollados, tal vez por medio del estudio y por cierto ejerciéndolos y practicándolos. Recibir dones no significa que no debe haber una mejora de ellos. Y lo más importante: debemos usar nuestros dones y servir a través de ellos.

Libertad

Descubrir cuáles son nuestros dones no solo motiva, sino que libera. Cuando nos damos cuenta de que hemos recibido una capacidad de Dios mismo, nos libera de sentimientos de falta de adecuación. Sabemos que podemos servir a Cristo con verdadero poder y efecto.

Cuando nos damos cuenta de que hemos recibido una capacidad de Dios mismo, nos libera de sentimientos de falta de adecuación. Sabemos que podemos servir a Cristo con verdadero poder y efecto.

Por supuesto, Dios utiliza también nuestros talentos naturales. Por ejemplo, algunas personas son buenas en la música, y Dios honrará esto. Sin embargo, hay muchos que sienten que porque no tienen talentos naturales, Dios no puede utilizarlos. Esto no es así. Todos tienen al menos un don espiritual. No hay excusa para no servir a Cristo. Y una vez que hemos descubierto nuestros dones y comenzamos a *desarrollarlos*, entonces podemos *desplegarlos*.

Desplegar los dones

La palabra *desplegar* significa ejercer nuestro don en la comunión de nuestra iglesia. Elizabeth O´Connor sirvió en una gran iglesia de Washington D.C. Esa iglesia estructuró su ministerio sobre el principio de usar los dones espirituales de la congregación. Cuando se descubría a gente con dones determinados, se creaban programas concernientes a ellos. A la inversa, no se desarrollaría un programa a no ser que se encontrara gente dotada para emprender la tarea. Esto tiene sentido porque, en análisis final, los programas no son tan importantes como las personas. Después de todo, Dios primeramente unge *personas*, no programas. Las personas son siempre centrales en la economía de Dios. Cada iglesia haría muy bien en copiar este enfoque para ministrar.

El ejemplo de Pablo

¿Cómo pudo Pablo ir a un campo de misión absolutamente pagano, pasar un tiempo relativamente corto ahí, y tener una iglesia nativa, que se sustentaba a ella misma, evangelizadora y creciente? Dicho simplemente, plantó una iglesia nueva y luego alentó a cada miembro a ejercer su don en su servicio. Pronto la iglesia pudo funcionar estuviera Pablo o no.

Un misionero profundo de Sudamérica descubrió que las grandes iglesias crecían del ejercicio de los dones espirituales y siguió el ejemplo de Pablo al pie de la letra. Iba a una comunidad, conducía a una cantidad de personas a Cristo, los ayudaba a descubrir sus dones, los dejaba establecidos en la iglesia, y luego los dejaba en las manos del Espíritu Santo y de la Palabra de Dios. Se iba a la siguiente comunidad y hacía lo mismo. Descubrió que Dios podía hacer en el siglo XX lo que hizo en el siglo I. Si aprovechamos los dones que nos da el Espíritu Santo podemos confiar en que el trabajo se hará.

Evangelismo

Cuando un creyente usa sus dones, el testimonio cobra un poder mayor.

El evangelismo fluye naturalmente de servir a la iglesia. Cuando un creyente usa sus dones, el testimonio cobra un poder mayor. Y no debemos olvidar, dar testimonio en sí mismo es un mandamiento, no un don. Cristo quiere que *todos* den testimonio. Recuerde, Jesús dijo: "Me seréis testigos" (Hch. 1:8).

Un ejemplo

Una gran iglesia que centró su vida en el ejercicio de los dones espirituales es la Iglesia Penninsula Bible en Palo Alto, California. El pastor, Ray Stedman, a quien Dios hace poco llamó ante su presencia, dijo en su excelente libro *Body Life* [Vida del cuerpo]:

> He tenido el privilegio de ser pastor en una iglesia durante veinte
> años. En todo ese tiempo nunca tuvimos una reunión evangelista
> en la iglesia, pero ha habido una corriente continua de nuevos
> conversos llegando a la iglesia para su instrucción y desarrollo
> en la vida cristiana. El evangelismo ha estado sucediendo dentro
> de los hogares de los miembros y en lugares públicos, aulas y
> donde fuera que se pudiera oír el evangelio. Pero cada reunión
> que se celebraba en el edificio de la iglesia ha sido apuntada a la
> instrucción, capacitación o adoración de los cristianos juntos.
> Toda nuestra escuela dominical está establecida para equipar a
> los santos, de todas las edades, a hacer la obra del ministerio.[19]

Otra advertencia

Siempre hay peligro en pensar que algunos dones, porque son más espectaculares, son más importantes que otros. ¡No es verdad! Todos los dones provienen del Espíritu Santo y todos son necesarios. Como escribe un autor: "Todos los dones del Espíritu son igualmente necesarios, igualmente honorables e igualmente importantes. Hay diferentes manifestaciones del mismo Espíritu y todas son esenciales para lograr el propósito de construir el Cuerpo" (1 Co. 12:20-24).[20] Ray Stedman puso su dedo en ello cuando dijo: "Ningún cristiano necesita ser rival de otro, hay lugar para todos en el cuerpo y nadie puede tomar el lugar de otro".[21] No hay lugar para la competencia y la superación propia en el cuerpo de Cristo. Dios quiere que su iglesia esté en equilibrio. Cuando cada creyente pacíficamente cumple con su función, la iglesia permanece sana. Recuerde que la "manera más excelente" (1 Co. 12:31) es el amor. Así la obra de Cristo avanza entre los siervos dotados, con mentalidad espiritual de nuestro Señor.

Conclusión

Es muy evidente, que Dios intenta que su gente sea sierva del Señor en y a través de su iglesia. El amor lo exige; Dios lo exige. ¿Sería usted una mujer espiritual que sirve, como Henrietta Mears? Entonces involúcrese en una iglesia. No mire hacia atrás. Confíe en que Dios le revelará su don, lo desarrollará, lo desplegará y fielmente exaltará al Señor Jesucristo en una vida de servicio. Esto, también, es espiritualidad.

Oración

Nuestro Padre en el cielo, oro porque se haga tu voluntad en la tierra como en el cielo. Sé qué significa que Yo te sirva, como lo hizo esa querida santa Henrietta Mears. Por favor permíteme descubrir mi don espiritual y usarlo en tu servicio. Ojalá que mi iglesia me ayude y que yo la ayude, para que podamos trabajar juntos como el verdadero cuerpo de Cristo, en cuyo nombre oro. Amén.

10 preguntas para estudio y debate

1. ¿Cómo da cuenta de la vida de servicio de Henrietta Mears?
2. ¿Qué principios de liderazgo empleó Henrietta?
3. ¿Por qué debemos servir a nuestro Señor, qué podría motivarnos?
4. ¿Cuál es la relación entre nuestro servicio y el reino de Dios?
5. ¿Cuál es la naturaleza de la iglesia?
6. ¿Por qué la iglesia es importante a los ojos de Dios?
7. ¿Qué papel juegan los dones espirituales en el servicio a la iglesia?
8. ¿Conoce su don o dones? De no conocerlos, ¿cómo puede saber cuáles son?
9. ¿Como pueden desarrollarse más sus dones?
10. ¿Está sirviendo a Cristo? De no ser así, ¿por qué no? ¿Cómo puede servirlo mejor?

La mujer espiritual testifica de Dios

Conozca a Vonette Bright: Una mujer que testifica de Dios

y me seréis testigos.
(Hch. 1:8)

$\mathcal{L}$os grandes ganadores de almas con frecuencia tienen antecedentes de todo tipo. No es necesario nacer en el seno de una familia rica o famosa para volverse un testigo de Cristo. Vonette llegó al mundo en el pequeño pueblo de Coweta, Oklahoma, y es improbable que sus padres sospecharan por un momento que algún día ayudaría a multitudes a llegar a Cristo. Vonette era la mayor de cuatro hijos nacidos de Mary Margaret y Roy E. Zachary. La familia tenía una vida modesta pero segura. Zachary era algo así como un empresario. Era vendedor de automóviles, trabajaba en bienes raíces y también era dueño de una gasolinera. Vonette dice que la gasolinera tal vez hizo que pudiera concurrir a la universidad.

La familia de Vonette vivía al lado de la iglesia metodista local, a la que asistían regularmente. El pastor metodista y su familia vivían cerca y los hijos del pastor pasaban mucho tiempo jugando con Vonette y sus hermanos. El hogar de los Zachary era el sitio de reunión para los muchos amigos de Vonette. Había reuniones de helado y sandía en el verano y juegos con heno en el otoño. La puerta siempre estaba abierta. Toda la familia Zachary trataba de ejemplificar la vida cristiana. No fue sorpresa cuando cada uno de los niños llegó a conocer a Cristo personalmente.

Las esperanzas de Vonette

No muy lejos de la casa rural de los Bright, donde Bill nació, todo era similar. Era un lugar en el que los jóvenes se reunían para descansar y divertirse y también era un sitio donde la comunidad se reunía para adorar, hacer estudios bíblicos y devociones.

Vonette recuerda haber pensado seriamente acerca de Bill mientras estaba todavía en séptimo grado y Bill en la escuela secundaria. Había sido elegido para dar una oración, y Vonette se sentó en el fondo del auditorio escuchando intensamente. En ese momento pensaba que Bill llegaría algún día a ser un gran hombre, y justo el tipo de hombre con quien ella querría casarse.

Las aventuras de Bill

Para el momento en que Vonette terminó su primer año de universidad, Bill se había mudado de la pequeña Coweta y había viajado al Oeste para establecer un negocio lucrativo en California —Bright´s California Confections— mercadeando alimentos y frutas de alta calidad. Al poco tiempo le estaba vendiendo a grandes establecimientos como Saks Fifth Avenue y Neiman Marcus. Un día, la hermana de Bill lo fue a visitar por su cumpleaños y fueron a cenar a un restaurante distinguido para celebrar. Allí Bill vio a una joven actriz, Diana Lynn, sentada en una mesa cercana. La hermosa mujer le hizo acordar a Vonette. Le preguntó a su hermana sobre "la pequeña Zachary" y en ese momento decidió escribirle una breve carta contándole lo que pensaba de ella y cómo se había acordado de Vonette. Vonette, por supuesto, se sintió halagada de recibir la carta, pero no la respondió por un lapso prolongado. Cuando finalmente le contestó con una carta de diez páginas le contó lo que le había estado pasando en su vida desde que se vieron por última vez. Bill respondió con una nota enviada por correo certificado, pidiéndole si podía llamarlo por teléfono. Vonette estuvo de acuerdo. Bill también le preguntó si podían seguir escribiéndose. Para Navidad Vonette recibió una carta de Bill todos los días de la semana.

El cortejo crece

Para ese momento, Vonette estaba inundada, no solo por las cartas diarias y los llamados telefónicos semanales, sino también de telegramas y flores de Bill. Como ella lo dijo: "Me hizo perder la cabeza".

El cortejo se aceleró por correo y por teléfono. Bill decidió regresar a Coweta para Navidad vía Denton, Texas, donde Vonette estaba asistiendo a la Universidad Estatal de Texas para Mujeres (posteriormente llamada Universidad de Texas para Mujeres). Él pensó que podía buscarla allí y que podían hacer juntos el resto del viaje a casa. Puesto que esta era una universidad femenina, Vonette tenía que obtener permiso de sus padres para viajar más de trescientos kilómetros en un automóvil con un joven. Resultó que, cuando llegó el momento, los negocios de Bill no le permitieron hacer el viaje. No fue hasta fines del mes de marzo en que finalmente llegó a Texas. Para ese momento, Vonette estaba inundada, no solo por las cartas diarias y los llamados telefónicos semanales, sino también por telegramas y flores de Bill. Como ella dijo: "Me hizo perder la cabeza".

Cuando Bill llegó a Denton ese mes de marzo, la pareja asistió a un baile en la universidad, uno de los más grandes eventos sociales del año. Allí, en su primera cita formal, Bill se le declaró a Vonette. Estaba convencido de que el Señor le había dicho que Vonette debía ser su esposa. Y con eso era suficiente. Antes del fin de semana, la pareja le escribió a los padres de Vonette y les hizo saber que Bill iba a ir a verlos para pedir la mano de Vonette. La Sra. Zachary recibió la carta en el Día de los Inocentes de abril, ¡y en realidad pensó que se trataba de una broma! Sin embargo, cuando Bill llegó al hogar de los Zachary, pronto resultó obvio que esto no era una broma. Todo el hogar estaba emocionado con la perspectiva. El Espíritu de Dios de seguro lo había planeado todo.

Pospuesto

Bill y Vonette estaban ansiosos por casarse de inmediato. Su plan era que Vonette dejara de asistir a la universidad en Dentos y estudiara para su graduación con un tutor privado. De esa manera la pareja podía viajar junta en el creciente negocio internacional de Bill. Sin embargo, los padres de Vonette estaban preocupados porque ella fuera demasiado joven para este tipo de vida; después de todo, Bill tenía seis o siete años más que Vonette. Y tenían muchos deseos de que su hija terminara la universidad. Finalmente convencieron a Bill, y entonces Vonette regresó a completar sus estudios. Ahora ella piensa que fue una decisión sabia.

Comienza un viaje espiritual

Vonette obtuvo su graduación en economía hogareña y en química. Sus cursos de ciencia le presentaban ciertos desafíos a su fe. Ella había crecido pensando en Dios y compartiendo oraciones familiares cuando el pastor venía de visita. Y sus padres por cierto le habían enseñado la moral adecuada. Aún la Biblia no jugaba ningún papel dinámico en su vida. Simplemente parecía algo para leer para una lección de la escuela dominical. Vonette había "aceptado a Cristo" siendo niña, pero la experiencia no le había dado un verdadero sentido de la presencia de Dios en su vida.

Bill no tenía esos problemas. Él había llegado a la fe en Cristo luego de mudarse a la Costa Oeste y era un miembro activo de la presbiteriana de Hollywood, la iglesia de Henrietta Mears. Fue solo después que se convirtió en cristiano que se enteró de que su madre lo había comprometido a Cristo antes de nacer. Durante su difícil embarazo, la Sra. Bright le había pedido a Dios que le permitiera llegar a término con su embarazo (había perdido anteriormente un hijo). Le dijo al Señor que le dedicaría su hijito a Él si le permitía que naciera en este mundo. Una vez que Bill recibió al Señor, se comprometió plena y completamente al servicio desde el mismo comienzo. Como dice Vonette: "Él nunca dudó. Tiene una mente resuelta".

Vonette lucha

Oraba pero sentía que sus oraciones llegaban "hasta el cielorraso" y allí se detenían. Parecía como que nadie la escuchaba. Cuando leía la Biblia, solo leía palabras en una página. No había realidad en ello.

La lucha espiritual de Vonette se profundizó. Oraba pero sentía que sus oraciones llegaban "hasta el cielorraso" y allí se detenían. Parecía como que nadie la escuchaba. Cuando leía la Biblia, solo leía palabras en una página. No había realidad en ello. Bill le escribía, resaltando determinados pasajes que pensaba que podrían ayudar. No importaba cuán duro ella tratara, no podía obtener la profundidad de significado de las Escrituras que obtenía Bill. Vonette comenzó a llegar a la conclusión de que Bill había caído bajo la influencia de los fanáticos. Ella lo amaba demasiado como para ceder. Decidió que era su deber demostrarle que todo estaba bien con ser cristiana pero que uno no tenía que "ir hasta el fondo", como ella lo expresó.

Un problema

Vonette y Bill planeaban casarse en el otoño de 1948, pero hacia el mes de junio, la pareja se dio cuenta de que tenía un problema. Estaban a kilómetros de distancia en sus actitudes respecto a Cristo. Creían que debían estar siempre de acuerdo, y si descubrían que no lo estaban, debían trabajar sobre eso hasta lograrlo. Así que se dedicaron al tema de la fe. Bill invitó a Vonette a una conferencia en California donde ella podía llegar a tener alguna idea de dónde estaba parado él. Ella fue, pero solo para pasar tiempo con Bill y, aún mejor, para convencerlo de que debía dejar sus ideas "fanáticas". Las cosas no sucedieron como esperaba Vonette. Cuando llegó a California conoció a personas maravillosas, personas que estaban caminando con Cristo. La forma en que estos nuevos amigos hablaban sobre la persona de Jesucristo era revolucionaria para Vonette. Su entusiasmo acerca de su fe, sus historias sobre oraciones respondidas, incluso la calidad de sus vidas la conmovieron e impresionaron profundamente.

Sin embargo, todavía tenía sus reservas. Aproximadamente tres días durante la conferencia, Vonette le dijo a Bill que ella era diferente de estos nuevos amigos. Acababan de encontrar a Cristo mientras que ella había crecido en la iglesia. "Ser cristiano no es tan emocionante ", dijo ella. "Esto pasará, ya lo he intentado. He recibido a Cristo muchas veces en mi vida, y me dura un poco, y eso es todo". Pero Bill no cejaría. Como lo dice Vonette: "Sé que soy lo que soy por quién él es". Finalmente, Bill le sugirió que fueran a hablar con Henrietta.

Henrietta gana otra persona

Henrietta amorosamente desafió a Vonette a ver que no tenía nada qué perder, sino todo en el mundo por ganar, al entregar todo a Cristo. El Espíritu Santo usó a Henrietta para tocar profundamente a la que buscaba.

A pedido de Bill, Henrietta había estado orando por Vonette durante meses. Puesto que Henrietta había sido maestra de química antes de llegar a la Iglesia Presbiteriana de Hollywood, podía responder a las dudas y los temores que había en la mente de Vonette. Todo argumento "científico" que presentaba Vonette recibía una convincente respuesta. Y luego Henrietta amorosamente desafió a Vonette a ver que no tenía nada qué perder, sino todo en el mundo por ganar, al entregar todo a Cristo. El Espíritu Santo usó a Henrietta para tocar profundamente a la que buscaba. Vonette apunta a ese momento cuando en verdad se volvió a Dios y vio su vida dramáticamente cambiada. A partir de entonces, se volvió emocionante orar y leer la Biblia. Por fin Vonette sentía una paz genuina y la realidad de Dios en su vida.

Vonette comenzó a hacer maravillosos descubrimientos en la Palabra de Dios, y los compartía con Bill. Estaba aprendiendo a aplicar los principios cristianos a su vida diaria y descubría que ahora podía tolerar cosas que antes parecían imposibles. Sentía a Dios cambiando profundamente su personalidad, dándole poder para soportar, y haciéndola una "persona mucho más razonable". Vonette y Bill comenzaron a planificar una boda para diciembre.

Una nueva vida y una mirada al futuro

Luego del casamiento de Vonette y Bill, el 30 de diciembre de 1948, Vonette comenzó a enseñar en una escuela secundaria que estaba bajo la Junta de Educación de Los Ángeles. Dictaba clases sobre varios temas además de economía doméstica. Desde ese momento Bill y Vonette habían sido bendecidos con dos hijos. El más grande, Zachary, se desempeña como ministro presbiteriano en Erwindale, California. Su iglesia es una iglesia española donde se habla inglés. El hijo menor se graduó en Wheaton en ciencias políticas y trabajó cinco años en Washington con el Senador Armstrong y el Comité del Congreso Nacional Republicano. Llegó a la conclusión de que el mundo nunca podía cambiar con la política, así que se unió al personal de la Cruzada Estudiantil para Cristo. Ahora dirige un ministerio llamado Pinnacle Form y se mudó a Scottsdale, Arizona, para trabajar con empresarios.

Los inicios de la Cruzada

Durante los primeros años, mientras Vonette enseñaba y trabajaba en su maestría en la Universidad del Sur de California, escribió un curso de estudio para varones llamado, *You, the High School Man* [Tú, el hombre de la escuela secundaria], sobre carácter y etiqueta. Se publicó un bosquejo del mismo en el *Los Angeles Examiner* como una columna de colaboración. Se escribieron ochocientas cartas en respuesta al artículo. Sin embargo, nuevas cosas en el horizonte tendrían precedencia. Era aproximadamente en el mismo momento en que Dios comenzaba a plantar en el corazón de Bill un trabajo que finalmente resultaría en la Cruzada Estudiantil para Cristo. El Espíritu Santo estaba desafiando a la pareja a llegar a estudiantes universitarios para Cristo y capacitarlos en evangelismo personal. Poco se había hecho en ese campo del ministerio a principios de la década de 1950. En particular la universidad UCLA parecía atractiva. Bill y Vonette no estaban seguros.

Comenzaron estableciendo una cadena de veinticuatro horas de oración para buscar la voluntad de Dios en sus planes. Ya se había hecho algún trabajo con asociaciones femeninas estudiantiles y fraternidades, que mayormente consistían en invitar a jóvenes a asistir a la Iglesia Presbiteriana de Hollywood. Pero sentían profundamente que debían hacer más.

El contrato

Firmaron un "contrato" que enumeraba lo que querían hacer con sus vidas, de qué manera deseaban contribuir y por sobre todo, cómo querían que Dios estuviera en pleno control. Resolvieron ser "esclavos de Jesucristo"

Bill y Vonette pasaron una tarde de domingo hablando sobre sus metas y cuán profundamente deseaban que sus vidas contaran para Cristo. Como resultado, firmaron un "contrato" que enumeraba lo que querían hacer con sus vidas, de qué manera deseaban contribuir y, por sobre todo, cómo querían que Dios estuviera en pleno control. Resolvieron ser "esclavos de Jesucristo". Poco después de esa tarde de entrega, el Espíritu Santo los llevó a darse cuenta de que tenían que mudarse a la universidad UCLA para trabajar allí.

Vonette se sentía un poco atemorizada ante el proyecto, pero se había comprometido a servir a su Señor a cualquier costo. Nada iba a detenerla. Y entonces los planes continuaron y nació la Cruzada Estudiantil para Cristo. Durante los seis años siguiente, los Bright también se involucraron en su muy exitoso negocio, pero era demasiado. Sabían, para ese entonces, que Dios tenía mejores planes. Y lo dejaron.

Varias otras organizaciones cristianas en la universidad tenían estudios bíblicos y actividades de discipulado, pero la Cruzada Estudiantil y Profesional para Cristo tomó una nueva línea. El plan era capacitar a alumnos cristianos para que fueran testigos eficientes de Cristo. Este nuevo enfoque prendió fuego.

La obra se despliega

Los Bright habían rentado una casa grande a una cuadra de la universidad de UCLA. Una noche Bill visitó una de las asociaciones estudiantiles femeninas, y vio una tremenda respuesta a Cristo. Treinta y cinco muchachas hacían fila para decirle a Bill que habían orado con él y que querían avanzar en su vida cristiana. Él anunció que quienes estuvieran interesadas se reunieran en su hogar. Cerca de 150 alumnos asistieron. Hacia fines del primer año de la Cruzada Estudiantil y Profesional para Cristo más de 250 alumnos habían comprometido sus vidas a Cristo. Los Bright enviaron a estos alumnos directamente a las asociaciones y fraternidades para compartir el evangelio. Con el transcurso del tiempo, comenzó a darse un ritmo semanal. Los lunes por la noche, tanto como dieciséis alumnos hablaban ante varias organizaciones de la universidad. Todos eran invitados a una "reunión abierta" en la casa de los Bright los martes a la noche. Luego se celebró un desayuno y un estudio bíblico de seguimiento los sábados por la mañana.

Enseñar una lección diferente

Vonette aún enseñaba en la escuela, pero pronto descubrió que le importaba mucho menos que el trabajo de la Cruzada Estudiantil y Profesional para Cristo. Para el segundo año, Vonette se había unido a Bill todo el tiempo. Las treinta y cinco muchachas a las que habló en la UCLA hicieron compromisos para Cristo. Vonette sabía que Dios la había colocado exactamente donde Él la quería.

No es un camino fácil

Las dificultades solo los hicieron confiar más en Dios. Oraban porque Dios resolviera cualquier problema que surgiera de un modo que lo honrara a Él únicamente.

Los Bright, como podría esperarse, encontraron muchas dificultades. Satanás era responsable de oponerse a que tantos encontraran a Cristo. Tenían que aprender a luchar batallas espirituales así como también a tratar con un ministerio de rápido crecimiento, con todos los detalles administrativos como implicaba un emprendimiento. Pero Vonette aprendió que las dificultades solo los hacían confiar más en Dios. Oraban porque Dios resolviera cualquier problema que surgiera de un modo que lo honrara a Él únicamente. Y Dios oyó sus oraciones. Él ha otorgado una victoria continua y un crecimiento fenomenal.

La obra hoy

Hoy día, luego de muchos años de ministerio fructífero, la Cruzada Estudiantil y Profesional para Cristo tiene un personal de más de doscientos mil trabajadores de tiempo completo y tiene voluntarios en 167 países.

Encima de esto está el éxito de la película "Jesús" Durante años Bill había soñado en crear una película que atrapara la atención de la gente. Finalmente los Bright fueron abordados por un hombre judío, John Hayman. Él había estado trabajando en planes para hacer una película sobre el libro de Lucas pero necesitaba algún apoyo de influencia. Los Brigth se dieron cuenta de que un film que combinara los intereses de Hayman y los de la Cruzada Estudiantil y Profesional para Cristo podría ser una poderosa herramienta evangelista. Finalmente, un Sr. Bunker Hunt se propuso como voluntario para orar por ello. John Hayman la hizo y la Cruzada Estudiantil y Profesional para Cristo la produjo. Y el resultado fue milagroso. La película fue vista por más de mil millones de personas en todo el mundo. Con una muestra promedio, la mitad del público comprometió sus vidas a Cristo.

Un nuevo centro

En 1962 la Cruzada Estudiantil y Profesional para Cristo compró el encantador Hotel Arrowhead Springs en el Sur de California. La compra en sí fue un milagro. La propiedad valía dos millones de dólares, y solo había disponibles quince mil dólares. Muchos, por supuesto, pensaron que los Bright estaban locos, pero ellos ingresaron a la operación con fe, y Dios proveyó. La gente se unió a ellos, y todos los pagos se realizaron a tiempo. Una persona les ofreció $250.000 si podían recaudar el saldo del capital en un cierto período. Dos minutos después de la medianoche del día del cierre de la oferta, ingresó todo el dinero. Esa experiencia, como lo expresó Vonette, se convirtió en un verdadero "constructor de fe". Arrowhead Springs ahora abarca un maravilloso centro de retiro, y muchos han sido ricamente bendecidos a través del ministerio que se lleva a cabo allí.

Un nuevo reto de oración

Bill había dicho de Vonette: "No conozco a nadie a quien Dios haya usado para llamar más gente a ayunar y orar que ella".

La oración siempre ha jugado un papel central en la vida espiritual de Vonette. Bill dijo de Vonette: "No conozco a nadie a quien Dios haya usado para llamar más gente a ayunar y orar que ella". El ayuno y la oración preceden a un poderoso evangelismo. Con esta verdad en su mente, Vonette se sintió llamada a lanzar un movimiento de oración para mujeres. Se acercó a otros grupos y juntos formaron una base de oración por la obra de Cristo en todo el mundo, a la que llamaron la Gran Cruzada de Comisión por la Oración. Dios ha honrado ese trabajo maravillosamente.

Nuevo reino

Otro logro de la Cruzada Estudiantil y Profesional para Cristo ha sido la pequeña obra de arte que desarrollaron hace algunos años.: *Las cuatro leyes espirituales.* Se imprimieron más de dos mil millones de copias de este librito y se ha leído y usado en todo el mundo. Y ahora la Cruzada Estudiantil y Profesional para Cristo está ingresando en un nuevo reino. Como lo dijo Bill Bright, él y Vonette están "haciendo de todo" para llevarle el evangelio a todas las personas del planeta al comenzar el nuevo milenio. Están creando la *International Leadership University*. Usando CD-ROM, planean capacitar a millones de personas para que den su testimonio para Cristo. Están estratégicamente preparados para influir en la cultura actual del mundo a través de la carretera de la información. Este enfoque de "alta tecnología" posibilitará que la gente aprenda sin tener que dejar de lado su trabajo y el tiempo de la familia. La información necesaria estará disponible en cualquier momento. la Cruzada Estudiantil y Profesional para Cristo tiene la meta de diez mil extensiones de capacitación en lugares de todo el mundo. ¡Vaya desafío!

Capacitación de discipulado

Todo el mundo conoce a la Cruzada Estudiantil y Profesional para Cristo como una organización evangelista, pero su programa de discipulado es igual de impactante. Vonette ha intentado continuamente capacitar a los cristianos en crecimiento espiritual, confiando que el Espíritu los hará más fuertes y testigos más poderosos en el mundo. Desde el inicio de su organización, Vonette y Bill han orado porque Dios los use como catalizadores para acelerar el discipulado maduro.

Aliento

Dios alienta continuamente a Vonette. Por ejemplo, habló en una conferencia en Oregon hace varios años y conoció a una mujer allí que asistía con su hija. Resultó ser que Vonette la había ganado para Cristo en 1952. La señora se acercó a agradecerle a Vonette por haberle cambiado la vida. Tales experiencias —innumerables— inspiran enormemente y dan aliento a esta mujer de Dios.

Dar a conocer el mensaje

Y entonces sigue la obra. Vonette es el epítome de un testigo para Cristo efectivo. Ella respondió con todo su corazón a las palabras de nuestro Señor cuando Él dijo (en un versículo que hemos citado muchas veces, pero que resume el corazón de todo). "Vosotros seréis mis testigos" (Hch. 1:8). Ella aprendió, como debemos hacerlo nosotros, que para crecer y madurar en el Espíritu debemos compartir el mensaje de Dios. Una mujer verdaderamente espiritual se vuelve testigo para Jesucristo. Nuestra fe cristiana encuentra su mayor expresión al presentar un mundo perdido y agonizante al Salvador que conocemos y amamos.

La misión de la iglesia

En años recientes muchas iglesias han escrito lo que se da en llamar un enunciado de misión. Este enunciado es por lo general una oración o dos breves pero punzantes que da los motivos racionales para la existencia de la congregación. Tal paso tiene sentido. Un enunciado de misión puede darle rumbo a una iglesia para desarrollar sus programas. Henrietta Mears lo hizo en su obra, ¿recuerda? También permite a cada miembro de la congregación tener una meta adecuada en mente. Este principio ha penetrado el mundo empresarial. Grandes corporaciones han estado escribiendo enunciados de misión durante años. Esto no significa que las iglesias estén empleando métodos mundanos. Es sabio para cualquier grupo que necesita empujar juntos con enfoque y dirección.

La misión de Dios

Tiene sentido que, cuando Dios creó este vasto universo,
Él tenía un propósito distinto y definido en mente, uno que
será cumplido.

Las iglesias y las empresas crean enunciados de misión. Con razón entonces que los eruditos de la Biblia reconocen que Dios mismo tiene un propósito para su creación. Los eruditos lo llaman la *missio Dei*, la misión de Dios. Tiene sentido que, cuando Dios creó este vasto universo, Él tenía un propósito distinto y definido en mente, uno que será cumplido. ¿Cuál es? ¿Qué significa para nosotros?

Dada la sabiduría infinita de Dios, las palabras nunca podrían agotar su propósito en la creación. Sin embargo nosotros, los seres humanos, podemos por lo menos entender nuestro papel en ella. Debemos traer su mundo díscolo al pie de la cruz. Debemos extender su reino hasta ese glorioso día en que toda la creación reconocerá a Jesucristo como el Rey de Reyes y el Señor de los Señores.

¿Cómo obra Dios?

Si el propósito de Dios es la redención del mundo a través del conocimiento de su Hijo, la evangelización es el principal medio para lograr la *missio Dei*. Como dice la Biblia: "El Señor ... es paciente... no queriendo que ninguno perezca, sino que todos procedan al arrepentimiento" (2 P. 3:9). Dios, con su gran amor y compasión, desea que toda la gente de todas partes llegue a una fe salvadora, redentora, en su Hijo. Si bien Él desea ver muchas cosas logradas en su creación, la evangelización de la creación perdida ocupa el primer lugar en su gran corazón. La enunciación de la misión de Dios toma la forma de una invitación gloriosa: "Venid a mí todos los que estáis trabajados y cargados, y yo os haré descansar" (Mt. 11:28).

El principal instrumento que Dios utiliza para traer a Cristo al mundo es la iglesia. Porque Él recluta a su gente para hacer avanzar su misión, somos afectados personalmente. Todos somos comisionados para ser testigos ante un mundo necesitado, como Vonette Bright aprendió tan bien.

Dios y su Palabra en obra

No se espera que los cristianos logren solos este cometido. El Espíritu Santo habla a través de nuestro testimonio humano, haciéndolo vibrante, dinámico y efectivo. Y el mensaje del evangelio contiene su propio poder. Hemos citado antes lo que Pablo dijo al respecto: "Porque no me avergüenzo del evangelio, porque es poder de Dios para salvación" (Ro. 1:16). Aún, es únicamente a través del trabajo de testimonio de los creyentes que el Espíritu Santo y el poder del evangelio llegan al mundo incrédulo y necesitado.

Pedro y Cornelio

La responsabilidad de compartir a Cristo pertenece a los creyentes… Es la gente de Dios la que debe cumplir su plan para la redención del mundo.

Un incidente en el libro de Hechos trae a colación claramente este principio. En Hechos 10 encontramos el relato intrigante de la conversión de Cornelio, el centurión romano. Cornelio era un hombre de oración. Un día, durante su momento de intercesión, se apareció un ángel y le dio un extraño mensaje, diciéndole que "Envía hombres a Jope, y haz venir a Simón, el que tiene por sobrenombre Pedro; él te hablará palabras por las cuales serás salvo tú, y toda tu casa" (Hch. 11:13-14). Lo que es tan peculiar acerca de este relato es que Cornelio necesitaba desesperadamente oír sobre Cristo, y el ángel por cierto conocía ese mensaje. Sin embargo el ángel no le dijo una palabra del evangelio. ¿Por qué? Le dijo a Cornelio que enviara por Simón Pedro para que Pedro pudiera decirle cómo podría ser salvo. Cornelio respondió, Pedro vino, y la salvación envolvió a la casa. Este es el punto. El evangelismo no es la tarea de los ángeles. La responsabilidad de compartir a Cristo pertenece a los creyentes. Es la gente de Dios la que debe cumplir su plan para la redención del mundo.

Uniéndolo todo, la misión de Dios se convierte en nuestra misión. Toda iglesia —y cada cristiano individual— debe adoptar un enunciado de misión con la evangelización en su corazón. Eso solo cumple con la *missio Dei*.

La belleza y la maravilla del testimonio personal

Nuestro Señor Jesucristo repitió su mandamiento de testimoniar muchas veces. Una de las experiencias más personales de la comisión de nuestro Señor está en el evangelio de Juan donde dijo: "Como me envió el Padre, así yo también os envío" (Jn. 20:21). La belleza y la maravilla de dar testimonio personal, es que se nos encarga la misma tarea que a nuestro Señor Jesucristo durante Sus días en la tierra. Esto significa varias cosas. En primer lugar, por cierto contaremos con su liderazgo. Segundo, Dios pondrá gente en nuestro camino que necesita oír el mensaje salvador de Cristo. Tercero, ayudaremos a Dios con la obra del reino, y ¡qué increíble privilegio es ese! Finalmente, lo complaceremos. Dar testimonio es el mandamiento de Cristo y nuestra obediencia *siempre* lo complace.

Compromiso

Puesto que sabemos que Dios nos ha comisionado a cada uno de nosotros en forma personal, debemos comprometernos a testimoniar por Él. Testimoniar no es tarea sencilla. Debemos aprender a enfrentar cada problema mientras surge y encontrar una solución, siempre sabiendo que el poder de Dios está obrando a través de nuestras vidas para atraer a otros a Cristo. Es más, nuestro propio compromiso y determinación nos ayudará a vencer el miedo y la renuencia.

Hace muchos años, un hombre de Dios profundamente espiritual, C. G. Trumbull, escribió un libro pequeño llamado *Taking Men Alive* [Tomando a los hombres vivos]. Hablaba de los principios y los desafíos del testimonio individual. El texto clave del libro eran las palabras de nuestro Señor registradas en Lucas 5:10: "No temas, desde ahora serás pescador de hombres". Trumbull enfatizó que es necesario un firme compromiso para "pescar" gente para Cristo. Él expresó una resolución, algo así como un enunciado de misión personal. Decía: "Cuando estoy justificado en elegir mi tema de conversación con otro, el tema de los temas tendrá prominencia sobre nosotros, para que yo pueda conocer su necesidad, y de ser posible, satisfacerla".[1] Trumbull cumplió con ese compromiso con una notable dedicación. Ganó incontables personas para el Señor Jesucristo. Todos deberíamos hacer una resolución de ese tipo. Cuando tomamos una decisión como esa, Dios nos da el poder de cumplirla.

Poder para la tarea

Él nos usa en esa gran obra. No debemos temer; el Espíritu de Dios impregna cada movimiento que hacemos para compartir el evangelio. ¡Vaya garantía!

Descanse asegurado, Dios faculta plenamente al testigo fiel. No estamos solos en la tarea, ¡de ninguna manera! El Espíritu de Dios está justo a nuestro lado en todo el encuentro del testimonio. Él obra preparando el corazón de la persona perdida para que reciba el mensaje. Luego toma nuestras simples palabras y las lleva al corazón. Toma al incrédulo de pecado y lo convence de la realidad del juicio (Jn. 16:7-11). Él revela a Jesucristo como la única esperanza de salvación. Luego el Espíritu Santo exhorta y conduce al alma perdida al verdadero arrepentimiento y a la fe. Finalmente, cuando esa persona necesitada genuinamente se vuelca a nuestro maravilloso Señor, el Espíritu lo regenera, convirtiéndolo en un hijo de Dios. Y lo hermoso de todo esto es que, Él nos usa en esa gran obra. No debemos temer; el Espíritu de Dios impregna cada movimiento que hacemos para compartir el evangelio. ¡Vaya garantía!

Dios no solo nos usa como Sus testigos, también garantiza victoria en la obra. Esto no significa que cualquiera con quien compartamos el mensaje de Cristo será salvado de inmediato. Vonette Bright y la Cruzada Estudiantil y Profesional para Cristo definen el testimonio exitoso como simplemente compartir el evangelio de Cristo en el poder del Espíritu Santo. Nuestro Señor gana el alma; nuestra parte es compartir. Por supuesto, si podemos realmente conducir a un alma hasta el punto de la decisión, nos regocijamos de tener ese honor. Pero en la vida de virtualmente toda persona que viene a la fe en Cristo, muchas semillas se han plantado, y mucho cultivo y regado emprendido por eficientes testigos antes del momento en que llega la cosecha. No debemos estar desalentados si parece que sembramos y rara vez cosechamos. Pablo dijo:

> Así que ni el que planta es algo, ni el que riega, sino Dios, que da el crecimiento. Y el que planta y el que riega son una misma cosa; aunque cada uno recibirá su recompensa conforme a su labor. Porque nosotros somos colaboradores de Dios. (1 Co. 3:7–9)

Allí reside el secreto de dar testimonio. Dios usa al testigo, pero es únicamente por su poder que la gente es salva. Qué hermosa y divina-humana puede ser la labor de dar testimonio. ¿Pero cómo podemos participar en la tarea con efecto?

El testigo eficiente

El evangelio, y solo el evangelio es la "espada cortante, de dos filos" que lleva a la gente cara a cara con Jesucristo.

El evangelio es el "poder de Dios para salvación" (Ro. 1:16). Si vamos a conducir a la gente a Cristo nosotros mismos debemos comprender la centralidad de las buenas nuevas. Cuán fácil es descarriarse en temas menos importantes. Podemos hablar de nuestro buen pastor y del personal de la iglesia, de la maravillosa comunión y programas de nuestra iglesia, pero eso no es lo que la gente necesita oír. Estas cosas son secundarias, puesto que no conducen a la gente a Cristo. El evangelio, y solo el evangelio es la "espada cortante, de dos filos", que lleva a la gente cara a cara con Jesucristo. El mensaje del evangelio fue bosquejado plenamente en el primer paso. Sin embargo es tan importante que sepamos las verdades adecuadas para compartir, que sería útil repetir nuevamente la esencia del primer sermón de Pedro:

1. Jesucristo vino como el Hijo de Dios encarnado; Jesús de Nazaret fue un hombre (Hch. 2:22).
2. Jesús vivió una vida ejemplar, milagrosa, sin pecado, reveladora y victoriosa. Pedro dijo que Jesús era un "varón aprobado por Dios entre vosotros con las maravillas, prodigios y señales que Dios hizo entre vosotros por medio de él, como vosotros mismos sabéis" (Hch. 2:22).
3. Jesús murió en la cruz por nuestros pecados; descrito como;" prendisteis y matasteis por manos de inicuos, crucificándole" (Hch. 2:23).
4. Dios elevó a Jesús de entre los muertos. Pedro enfatizó: "al cual Dios levantó, sueltos los dolores de la muerte, por cuanto era imposible que fuese retenido por ella" (Hch. 2:24).
5. Debemos arrepentirnos y creer en respuesta a todo lo que Jesús es e hizo para salvarnos de nuestros pecados. Como manifestó Pedro: "Arrepentíos, y bautícese cada uno de vosotros en el nombre de Jesucristo para perdón de los pecados; y recibiréis el don del Espíritu Santo" (Hch. 2:38).

Estas verdades son la esencia del evangelio. Cuando la gente oye sobre la encarnación, vida, muerte, resurrección y retorno prometido (Hch. 3:19-21) del Señor Jesucristo, junto con un llamado al arrepentimiento y a la fe, están verdaderamente enfrentados con la opción: vida eterna o muerte.

Una necesidad apremiante hoy día

Sin embargo, nos encontramos viviendo en una época donde ciertos aspectos del evangelio deben ser especialmente enfatizados. Esto puede deberse al hecho de que tienen escasa mención. La respuesta bíblica a Cristo y a Sus sacrificios exige *arrepentimiento y fe*. Nada menos que eso trae salvación.

El significado del arrepentimiento

El arrepentimiento significa varias cosas. Inicialmente, significa que la gente debe estar vívidamente conciente de su pecado y del juicio de Dios sobre ese pecado. Recuerde, el pecado nos separa de Dios y nos coloca bajo su juicio. Debemos vernos a nosotros mismos como perdidos, alejados de Dios, antes de esperar ser encontrados. De un corazón quebrado, una mente convicta y perturbada, nos arrepentimos del pecado y sinceramente enfrentamos a Dios. El arrepentimiento significa caer en una contrición completa a Sus pies y convertir a Jesucristo en nuestro Señor y Amo. Eso y solo eso es el verdadero arrepentimiento bíblico. Y como dicen las Escrituras: "Antes si no os arrepentís todos pereceréis igualmente" (Lc. 13:3). Esto realmente debe quedar claro para la gente. Decirles que le pidan a Jesús que entre en sus corazones o "meramente creer" no trae aparejada la ruptura real que el Espíritu de Dios necesita para que una persona esté sólidamente convertida. Debemos comprender las malas noticias de nuestra vida antes de poder verdaderamente abrazar las Buenas Nuevas de la vida en Cristo.

Verdadera fe

Es más, debemos ejercer la fe. Y advierta: Creer en el Señor Jesucristo significa mucho más que tener un conocimiento intelectual del evangelio. Los demonios lo saben "y tiemblan" (Stg. 2:19). Como se enfatizó anteriormente, la fe significa entregarnos por completo a la gracia y la misericordia de Dios, buscando perdón y *confiando personalmente* en el Señor Jesucristo para la salvación. En relación a Cristo, palabras como "descansar", "confiar", "comprometerse con", "apoyarse en" llegan al corazón de la creencia bíblica. Todo puede unirse en el conocido versículo de Pablo: "Porque todo aquel que invocare el nombre del Señor, será salvo" (Ro.10:13). Jesús dijo: "Si alguno quiere venir en pos de mí, niéguese a sí mismo, y tome su cruz y sígame. Porque todo el que quiera salvar su vida, la perderá; y todo el que pierda su vida por causa de mí, la hallará" (Mt. 16:24–25). Este es el corazón del mensaje del evangelio. Debemos comprenderlo por completo y luego debemos asegurarnos que ante quienes lo atestigüemos lo comprendan.

El enfoque sabio

A veces es difícil para el testigo saber cómo acercarse a la gente. Hay obstáculos que aclarar mientras intentamos llevar gente a Cristo. En un excelente libro sobre el testimonio personal, *How to Give Away Your Faith*, [Cómo testificar de su fe], Paul E. Little establece siete principios de acción para ganar a alguien que oiga:

1. **Contáctese con otros socialmente.** Jesús se contactaba con la gente en el "modelo de tráfico" de sus vidas. En nuestros encuentros cotidianos con la gente con frecuencia hay oportunidades para compartir a Cristo. A veces podemos plantar una semilla en un encuentro informal, pero es mejor entablar una relación primero con la gente, por lo menos lo máximo que podamos. Cuanto más conocemos a los demás, y cuanto mejor ellos nos conocen a nosotros, más eficaz puede ser nuestro testimonio. Debido a esto los cristianos tienen la obligación de entablar relaciones con gente perdida. Cuán fácil parece encerrarnos en un "gueto cristiano" rodeándonos con amigos cristianos, influencias cristianas y centrando nuestra vida social en la iglesia. Debemos romper con esa mentalidad y

hacernos amigos de los que nos necesitan más. Los perdidos están cerca de nosotros: en tiendas, en los negocios, en la escuela y en nuestro vecindario. Cuán importante es que aprovechemos cada encuentro para compartir a Cristo.

2. **Establecer un punto de partida común.** El punto de partida para dar testimonio nunca es fácil. ¿Cómo comenzamos una presentación del evangelio? Cuando empezamos a hablar con la gente, por lo general encontramos intereses mutuos. Estos temas seculares nos ayudan a entablar una conversación positiva. Jesús hizo esto en su encuentro con la mujer samaritana en el pozo. En Juan 4 leemos: "Vino una mujer de Samaria a sacar agua; y Jesús le dijo: Dame de beber" (Jn. 4:7). El interés común era el agua. La mujer fue a sacar algo de agua y Jesús tenía sed. El Señor la condujo de ese tema neutral a asuntos espirituales. De esa sencilla manera, la mujer llegó a reconocer quién era realmente Jesús y depositó su fe en Él como el Salvador mesiánico de Dios. Podemos seguir este curso de acción.

3. **Despertar interés.** Después de que Jesús habló sobre un tema común de interés con la mujer samaritana, Él despertó su curiosidad diciendo que si tomaba del agua que Él tenía para darle, nunca volvería a tener sed (Jn. 4:13-14). Eso llevó la conversación a cosas espirituales. Buena psicología. El mensaje de Cristo demuestra ser intrigante cuando se lo presenta en una manera buena, positiva y sensata. Después de todo, responde las preguntas y dificultades básicas de la vida.

4. **No ir demasiado lejos.** Debemos ser sensibles respecto de hasta dónde nos conducirá el Espíritu Santo en encuentros de testimonio particulares. Los psicólogos nos dicen que si una persona dice que no a una proposición dada varias veces se torna psicológicamente imposible que esa persona llegue alguna vez a decir que sí a esa proposición. Por supuesto, el Espíritu Santo puede quebrar toda resistencia, pero no queremos invadir a la gente hasta el punto en que se vuelvan antagonistas y construyan una pared de resistencia al mensaje de Cristo. Debemos saber justo hasta dónde llevar a la persona y no más lejos. Puede ser un paso, o pueden ser cinco pasos, o tal vez incluso llegar al punto de tomar una decisión. Descanse tranquilo, el Espíritu Santo nos guiará (Ro. 8:14).

5. **No condenar.** Nuestro Señor no condenó a la mujer del pozo, ni a la mujer atrapada en adulterio (Jn. 8:1-11). Se mantuvo abierto y listo para recibir, y para otorgar una nueva vida al corazón arrepentido. Desde una perspectiva práctica, esto puede significar comenzar por elogiar a la persona sobre algo que es verdaderamente elogiable. Charles Trumbull dijo que siempre podemos descubrir por lo menos una cosa para elogiar. Esto establece una relación positiva y con frecuencia abrirá la mente y finalmente el corazón de quien oye el mensaje. Esto no significa que

debamos dar brillo a la realidad del pecado y sus malditos efectos. Decimos la plena verdad. En el pozo de Samaria, Jesús señaló el pecado de la mujer y por ende su necesidad de perdón (Jn. 4:16-19). Pero no condenemos, nosotros también somos pecadores. Señalamos estas verdades serias *en amor*.

6. **Apegarse al tema principal.** Con frecuencia la gente tratará de sacarnos del tema cuando empezamos a compartir el evangelio. La mujer samaritana cambió el tema a lugares de adoración. Jesús trató ese tema brevemente y luego la trajo de vuelta al tema clave, es decir, su profunda necesidad. No debemos dejar distraernos. Esto no significa que no podamos contestar respuestas sinceras. Pero debemos poder discernir entre una pregunta sincera que merece una respuesta sincera y una que es simplemente una distracción. Apéguese al tema.

7. **Enfréntelo directamente:** No podemos escapar al hecho de que testimoniar eficientemente tiene que ver con una confrontación directa. Recuerde, estamos desafiando a la gente a tomar la decisión más importante de sus vidas. No debemos bailar alrededor de temas del pecado y la salvación. Los traemos cara a cara con su propia rebelión en contra de Dios. Muy naturalmente esto puede dar origen a una respuesta emocional. Las personas con frecuencia se irritan o se enojan. Por otra parte, pueden solo expresar indiferencia, falta de voluntad o apatía. Pero aún así presionamos con amor. Debemos llegar hasta dónde el Espíritu de Dios nos conduzca. Y recuerde, tenemos *buenas nuevas* para dar, nuevas de perdón y restauración. A veces lo mejor que podemos conseguir es un compromiso a orar en privado sobre el tema. No se equivoque, no enfrentamos a la gente y buscamos una decisión. Nunca es sencillo, pero se lo debe hacer.[2]

Estos siete principios para la acción no abarcan todas las situaciones que podríamos enfrentar al intentar compartir a Cristo. Sin embargo, presentan algunas pautas generales y pueden ayudarnos a sobrepasar los primeros obstáculos cuando nos convertimos en testigos eficientes para el Señor. En el análisis final, el dar testimonio es mucho más "atrapado" que "enseñado". Aprendemos haciendo. Esto nos lleva nuevamente a la premisa original que Dios, por su Espíritu, es el que gana. Todo lo que hemos presentado en este libro apunta al hecho de que las personas sensibles al Espíritu que conocen a Dios, moran en Cristo, viven la vida llena del Espíritu y dan el precioso fruto del espíritu, estarán abiertas a su liderazgo al compartir su fe. De ese modo, dar testimonio se torna verdaderamente eficiente porque participamos en la *missio Dei* con el propio Espíritu de Dios. A esto lo hemos llamado "gran empresa" y vaya que es grande.

Ministrar a toda la persona

Hasta ahora hemos observado la profunda y desesperada necesidad que tiene la gente por Cristo y su salvación. Sin embargo, las personas tienen necesidades físicas y emocionales así como espirituales. Debido a esto Dios quiere que su gente ministre a toda la persona. El amor lo exige. Bien puede significar que debamos alimentar el estómago hambriento antes de alimentar el alma hambrienta. Como dijo John R. W. Stott: "Un hombre hambriento no tiene oídos". A la gente también le resulta difícil oír el evangelio si tienen dificultades emocionales. Tal vez su matrimonio se esté derrumbando, o tal vez sus hijos sean una preocupación. Si podemos hacer algo para aliviar esas presiones, como cristianos debemos hacerlo. Debemos ingresar en las vidas necesitadas con una palabra de aliento y una mano tendida, llevándoles el ministerio de Cristo. Así es como hizo nuestro Señor su obra mientras estuvo en la tierra. Simplemente satisfizo las necesidades mientras las encontraba, todo tipo de ellas. Solo entonces, luego de haber satisfecho los requisitos más presionantes de la gente, podemos dedicarnos a ganarlos a Cristo.

Satisfacemos necesidades porque el amor de Cristo nos obliga a hacerlo. Pero luego…con frecuencia podemos eficazmente comunicarles sobre Cristo.

Dejemos esto bien claro. No ministramos a los deseos temporales de la gente como un medio o una jugarreta para ablandarlos para el evangelio. Satisfacer necesidades bien puede ser una avenida de comunicar el evangelio, pero el principio de amor cristiano exige que toquemos a la gente doliente tengamos o no la oportunidad de compartir a Cristo con ellos. Juan nos dijo en su primera epístola: "Pero el que tiene bienes de este mundo y ve a su hermano tener necesidad, y cierra contra él su corazón, ¿cómo mora el amor de Dios en él? "(1 Jn. 3:17). Satisfacemos necesidades porque el amor de Cristo nos obliga a hacerlo. Pero luego, si hemos tenido el derecho de servir el espíritu hacia la gente, motivados por nuestro propio amor por el Señor, con frecuencia podemos eficazmente comunicarles sobre Cristo. Cuando la gente tenía hambre, Jesús los alimentó; cuando estaban afligidos, Él los consoló; cuando necesitaron san, Él los tocó; cuando necesitaron su perdón y salvación, Él los redimió. Nosotros seguimos las huellas de nuestro Maestro. ¿Podemos hacer menos que eso?

Usar las palabras adecuadas

Una palabra más debe decirse en el contexto del testimonio efectivo, y tiene que ver con usar las palabras adecuadas. Hubo un momento cuando el así llamado "lenguaje de Sión" era entendido por la mayoría de la gente. Pero *arrepentimiento,* salvación, redención, nacido de nuevo, pecado, fe y otros términos similares significan poco en nuestro mundo posmoderno. Debemos ser como un diccionario espiritual para la sociedad contemporánea y secular. Debemos usar palabras que la gente comprenda, y cuando se deben emplear términos más bíblicos y teológicos, tenemos que acordarnos de explicarlos junto con los conceptos que hay detrás de ellos. Si no lo hacemos, la gente tomará decisiones falsas, poco profundas, sin una comprensión de salvación. Nuestro Señor Jesucristo hizo una seria advertencia. Él dijo:

> No todo el que me dice Señor, Señor, entrará en el reino de los cielos, sino el que hace la voluntad de mi Padre que está en los cielos. Muchos me dirán en aquél día: Señor, Señor, ¿no profetizamos en tu nombre, y en tu nombre echamos fuera demonios, y en tu nombre hicimos muchos milagros? Y entonces les declararé: Nunca os conocí; apartaos de mí, hacedores de maldad. (Mt. 7:21–23)

Es una tragedia cuando las personas tienen una comprensión superficial del evangelio y creen que son salvos pero no lo son. No lo olvide, este era el problema de Vonette hasta que genuinamente comprendió el evangelio y fue maravillosa y verdaderamente salvada. Cuando los "engañados" están frente a Dios, qué difícil despertar será. Pero ¿en manos de quién se encontrará su sangre? Ojalá Dios nos ayude a hacer que todo el evangelio sea comprensible y claro. Ojalá que nunca se nos encuentre culpable de no poder comunicar toda la verdad de Cristo de manera comprensible.

Buenos recursos

Probablemente puedan decirse muchas más cosas sobre el testimonio eficaz, pero los principios que hemos abarcado nos pondrán en movimiento. Hay una cantidad enorme de libros y programas disponibles para guiarnos. Con frecuencia las iglesias celebran cursos cortos. Es más, se han producido excelentes folletos sobre la manera de salvación de Dios para nuestro uso en la evangelización. Un buen ejemplo es *Las cuatro leyes espirituales* mencionado anteriormente y publicado por la Cruzada Estudiantil para Cristo. Si podemos hacer más al principio que entregarle a alguien un folleto o un tracto, por lo menos es un comienzo. Creceremos en eficacia. Tal vez lo más significativo sea dar un sencillo testimonio de nuestra propia conversión y de lo que significa Cristo para nosotros. En muchas ocasiones el apóstol Pablo compartió su fe. Él testificó constantemente, estuviera ante adoradores judíos en su sinagoga, ante reyes en sus palacios, o ante el mismo César. Cualquiera puede hacerlo, y el testimonio personal es una herramienta poderosa.

Esto nos conduce ahora a la consideración final de este paso, la necesidad de ayudar a quienes sí llegan a Cristo a emprender su viaje cristiano.

La necesidad de capacitación de discipulado.

Dice la Biblia que el nuevo converso "nace de nuevo" espiritualmente como un bebé. Cuán trágico es ver en una familia humana que se ignore a un hermoso bebé. Sin embargo esto sucede frecuentemente en la familia espiritual de Dios. La gente llega a la fe en Cristo pero no recibe cuidados ni nutrición, nunca se les muestra el camino a la madurez cristiana. El resultado es anemia espiritual. ¿Qué debemos hacer entonces para ayudar a la gente a tener un comienzo adecuado en sus vidas espirituales?

Hacer que comiencen

Una persona que comienza en su crecimiento espiritual primero debe tener garantía plena de salvación. Sin esto los nuevos conversos nunca madurarán en Cristo. Este es uno de los errores que el libro de Hebreos intenta corregir. El autor de Hebreos escribió:

> Por tanto, dejando ya los rudimentos de la doctrina de Cristo, vamos adelante a la perfección; no echando otra vez el fundamento del arrepentimiento de obras muertas, de la fe en Dios, de la doctrina de bautismos, de la imposición de manos, de la resurrección de los muertos y del juicio eterno. Y esto haremos, si Dios en verdad lo permite. (6:1–3)
>
> Pero en cuanto a vosotros, oh amados, estamos persuadidos de cosas mejores, y que pertenecen a la salvación, aunque hablamos así. (6:9)

Las personas comienzan a madurar en Cristo cuando saben que están en Él.

Cómo crecer

Si no se le enseña a la gente a estudiar la Biblia, a orar, a caminar en la plenitud del Espíritu, a lograr la victoria cristiana, a servir a Cristo y dar testimonio, nunca crecerán espiritualmente.

Los nuevos conversos deben aprender a crecer y madurar espiritualmente. Este es el punto focal de este libro. Si no se le enseña a la gente a estudiar la Biblia, a orar, a caminar en la plenitud del Espíritu, a lograr la victoria cristiana, a servir a Cristo y dar testimonio, nunca crecerán espiritualmente. Estas disciplinas no pueden ignorarse ni pasarse por alto. Nos mantienen a todos creciendo en Cristo.

Los nuevos conversos también deben involucrarse en la vida de una iglesia. Ninguna iglesia es perfecta, ni ningún pastor o líder es libre de pecado. Pero a pesar de los problemas, la iglesia es el cuerpo de Cristo. Los nuevos para Cristo deben participar en la comunión, adoración y alcance de una vibrante congregación.

Obras de Dios

Los que han llegado a la fe en Cristo necesitan adquirir una comprensión completa de lo que Dios espera de Sus hijos… Se los debe alentar, desde el principio, a compartir su fe con los demás.

Finalmente, los que han llegado a la fe en Cristo necesitan adquirir una comprensión completa de lo que Dios espera de Sus hijos. De eso se trata este paso. Se los debe alentar, desde el principio, a compartir su fe con los demás. En los primeros días la mayoría de sus amigos todavía estarán en el mundo y perdidos. Estos amigos los escucharán debido a su relación previa a la conversión. Los nuevos cristianos tienen una oportunidad única para una escucha receptiva que tal vez no tuvieron cuando se involucraron en la iglesia. Podemos pensar que los nuevos conversos no sabrán qué decir hasta que hayan sido capacitados. Esto no es cierto. El primer año después de haber sido convertido puede ser el año más fructífero para dar testimonio que tendrán en toda su vida.

Conclusión

La verdadera espiritualidad conduce a compartir nuestra fe con la gente perdida. Entonces oramos con David, el dulce salmista de Israel: "Vuélveme al gozo de tu salvación, y espíritu noble me sustente. Entonces enseñaré a los transgresores tus caminos, y los pecadores se convertirán a ti". (Sal. 51:12–13).

Oración

Dios, nuestro Padre y Salvador, te agradezco por salvarme a través de tu Hijo, el Señor Jesucristo. Permíteme acercarme tanto a ti, que encuentre el compromiso y el poder para compartir las buenas nuevas con los demás. Oro porque tú me hagas un testigo fiel, eficiente de tu gracia y salvación. Señor, condúceme a esa persona que te necesita. En Cristo te pido estas bendiciones. Amén.

10 preguntas para estudio y debate

1. ¿Cuán importante fue la influencia de Bill Bright en Vonette, y cuáles son las implicancias de eso para todas las relaciones?
2. ¿De qué manera la vida de Vonette ejemplifica la manera en que Dios nos conduce en el ministerio?
3. ¿Qué es la *missio Dei*, y qué significa para nosotros?
4. ¿Cómo nos involucramos en la misión de Dios?
5. ¿Por qué debemos dar testimonio de Cristo?
6. ¿Cuál es el mensaje que debemos compartir?
7. ¿Cómo vencemos los primeros obstáculos en una situación de testimonio?
8. ¿Es el testimonio nuestra única responsabilidad hacia los demás? ¿Qué otras tareas tenemos? ¿Qué estamos haciendo al respecto?
10. ¿Qué necesitamos para ayudar a los nuevos conversos a hacer para que puedan crecer espiritualmente?

La mujer espiritual ama a Dios

CONOZCA A ELISABETH ELLIOT GREN: UNA MUJER QUE AMA A DIOS

Y amarás al Señor tu Dios.
(Mr. 12:30)

$\mathcal{Y}$ ahora permanecen la fe, la esperanza y el amor, estos tres; pero el mayor de ellos es el amor" (1 Co. 13:13). El apóstol Pablo conocía tan bien esta verdad; Elisabeth Elliot Gren la vive tan bien. Si alguna vez una mujer de Dios ha amado a su Señor y ha ejemplificado ese amor, es ella. Su vida ha sido de fidelidad dedicada a través de muchas pruebas y dolores de corazón. Su amor por Jesús ha brillado como el sol en una hermosa mañana de primavera. A través de ella, Dios ha sido manifestado y glorificado.

Primeros años

Elisabeth Howard nació en Bruselas, Bélgica, justo unos pocos días antes de Navidad en 1926. La vida espiritual se había deteriorado mucho en Europa Occidental desde la época del Renacimiento Pietista del siglo XVII. En el momento de su nacimiento, los padres de Elisabeth se desempeñaban como misioneros.

Mientras Elisabeth era todavía un bebé la familia se volvió a mudar a Estados Unidos y su padre, Phillip, se convirtió en el editor de una revista cristiana semanal conocida como *The Sunday School.* Esta publicación era el único periódico cristiano no denominacional en los Estados Unidos en el momento. Era ampliamente leído durante muchas décadas, particularmente por sus lecciones de escuela dominical. El autor y evangelista conocido en todo el mundo, Dr. Charles Trumbull —a quien conocimos en el paso previo— había sido el editor en una época, e hizo mucho por establecer la obra de la publicación. Philip estaba siguiendo sus valiosos pasos.

Una herencia espiritual

Elisabeth siempre expresó gratitud por la bendición y la influencia de sus devotos padres. Las devociones familiares eran un hábito periódico en el hogar de los Howard. Dos veces al día, la familia se reunía para cantar viejos himnos de fe, para oír la Palabra de Dios y para orar. Elisabeth memo5rizó cientos de textos bíblicos durante estas épocas devocionales. Sus padres ejercían una disciplina firme pero amorosa. Se esperaba que los niños obedecieran de inmediato y que compartieran las tareas de la casa. Lavar los platos, cortar el césped, limpiar los muebles, barrer las alfombras y otras tareas de ese tipo eran una rutina diaria. Y, por supuesto, la familia mantenía un fiel compromiso con la iglesia. Todo esto plantó un sentido de la responsabilidad y sensibilidad espiritual en las vidas de los niños que dieron grandes dividendos más adelante.

$\mathcal{L}$os padres de Elisabeth le inculcaron un amor por la buena literatura a los hijos a temprana edad. Poco sabía la pequeña Elisabeth en ese momento que haría una

contribución significativa a la causa de Cristo a través de
sus escritos.

No solo la disciplina y la iglesia eran prioridades de la vida en el hogar de los Howard, la familia abordaba a la escuela de una manera seria, sana. Los niños hacían su tarea por completo y sinceramente. Aprendieron a usar un correcto inglés y por sobre todo, a apreciar los libros. Los padres de Elisabeth le inculcaron un amor por la buena literatura a los hijos a temprana edad. Poco sabía la pequeña Elisabeth en ese momento que haría una contribución significativa a la causa de Cristo a través de sus escritos.

Inspiración de misiones

Con frecuencia los misioneros eran bien recibidos en el hogar de los Howard, y debido a esto a los niños nunca les faltaron ejemplos de siervos de Cristo. Elisabeth dijo que mientras se reunían alrededor de la mesa para cenar toda la familia se emocionaba con las increíbles historias que contaban los misioneros de todo el mundo. Los niños también eran concientes de cuánto costaba servir a Cristo. John y Betty Stam fueron huéspedes en su hogar. Más tarde esta devota pareja sería asesinada por los comunistas chinos.

Elisabeth más tarde escribió un libro llamado *The Shaping of a Christian Family*, [La formación de una familia cristiana] donde contaba la historia de su vida de hogar. De los seis hijos de los Howard, cuatro se volvieron misioneros en el extranjero y los otros son fieles cristianos. Como padres, tuvieron muchos motivos para regocijarse.

Educar a una futura misionera

Luego de la escuela secundaria, Elisabeth fue a la Hampden DuBose Academy en Florida. Con el transcurso de los años esta maravillosa institución ha producido muchos buenos cristianos que han contribuido enormemente al reino de Dios alrededor del mundo. Elisabeth era una niña tímida, tremendamente tímida. Ella podía culparse a sí misma por cosas sobre las que no tenía control ni responsabilidad. Los siervos de Cristo no pueden ser orgullosos y arrogantes, pero tampoco pueden ser tan tímidos y retraídos que no puedan cumplir con el propósito de Dios para ellos en el ministerio. La Sra. DuBose, la directora, se interesaba personalmente en sus alumnos. Al igual que los padres de Elisabeth, ella era una disciplinante estricta con un corazón lleno de amor. Siempre estaba ansiosa por ver a sus alumnos llegar a su potencial y estaba resuelta a eliminar la timidez de Elisabeth.

Actividades en Florida

E hizo un trabajo excelente. Con el aliento de la Sra. DuBose Elisabeth intentó una variedad de actividades. Estudió canto y piano y le enseñaron tanta música como podía ser usada en la adoración y el evangelismo cristianos. Aprendió a caminar en una plataforma y a hablar de frente y convincentemente en el nombre de Cristo. Lo mejor de todo es que Hampden DuBose inspiró a Elisabeth a escribir.

La influencia de Amy Carmichael

La Sra. DuBose introdujo a Elisabeth al trabajo de Amy Carmichael. Elisabeth lo llama "un regalo que forma la vida". Amy había escrito más de cuarenta libros y también había sido una activa misionera en Japón, Ceilán (ahora Sri Lanka) y Dohnavur, en el Sur de India, donde atendía a niños necesitados. Elisabeth se vio muy influenciada por la vida de esta mujer de Dios y años más tarde escribió una hermosa biografía, *A Chance to Die. The Life and Legacy of Amy Carmichael*, [Una oportunidad de morir: la vida y el legado de Amy Carmichael], en tributo a ella. Comenzó a sentirse convocada al campo de la misión.

Wheaton

Ella estaba convencida de su llamado al campo de la misión, y también sentía que Dios la estaba conduciendo a una parte del mundo donde los nativos no tenían las Escrituras en su propio idioma.

En el otoño de 1944, Elisabeth viajó para asistir a la universidad de Wheaton. Este era un lugar ideal para ella. Wheaton siempre gozó de la reputación de ser una institución dedicada espiritualmente, que capacitaba a hombres y mujeres para una vida de servicio a Jesucristo. Está situada en un pequeño pueblo al oeste de Chicago, Illinois y gigantes espirituales como Billy Graham, Ruth Bell, Bob Evans, y muchos otros han sido formados en su vida por esta universidad, su personal y la administración. Junto con su fuerte énfasis espiritual, las normas escolásticas siempre se han mantenido al máximo nivel. Elisabeth se graduó en griego clásico. Para esa época ella estaba convencida de su llamado al campo de la misión, y también sentía que Dios la estaba conduciendo a una parte del mundo donde los nativos no tenían las Escrituras en su propio idioma. Resolvió trabajar en la traducción de la Biblia. Se sentía segura de que sus conocimientos de griego sería un buen comienzo al prepararse para ese campo del ministerio misionero.

Los traductores de la Biblia Wycliffe, una sociedad de misión de fe, dieron un curso de verano excelente en la universidad de Oklahoma para preparar a la gente para la traducción de la obra de la Biblia. Elisabeth se sintió tan comprometida con un ministerio de la traducción de la Biblia que tomó el curso en el verano de 1948. Se sumergió en el trabajo y tuvo grandes esperanzas de ser designada por un equipo de traductores del Instituto Lingüístico de Verano, pero esa designación nunca se materializó. Dios tenía otra ruta para que ella siguiera.

Una nueva aventura

Elisabeth nunca cejó en su sueño del trabajo de traducción de la Biblia, y finalmente encontró el lugar perfecto para hacerlo. En abril de 1952, Elisabeth viajó a Quito, Ecuador, donde se dispuso a estudiar español. Una vez que dominó el idioma, se la envió a la jungla del Oeste del Ecuador. Allí se unió a dos misioneras británicas que estaban viviendo con una tribu remota sudamericana llamada los indios de Colorado. "Colorado" por la denotación del color y porque la gente tenía la costumbre de pintar sus cuerpos de pie a cabeza en un brillante rojo.

Elisabeth sintió que había encontrado la obra de su vida entre los colorados. La tribu no contaba con lenguaje escrito, y mucho menos con una Biblia traducida. Transcribir un idioma no escrito es un trabajo muy arduo. Descubrió que su hogar y su tiempo en la Academia de Hampden DuBose la había preparado bien para la vida disciplinada y los desafíos hercúleos que ahora debía enfrentar.

Una tarea difícil

Elisabeth se radicó con sus compañeras en la comunidad de la jungla. Le fascinaba. En ocasiones ella y su compañera de cuarto, Dorothy, viajaban hasta San Miguel. Allí alquilaran un caballo (un caballo que se parecía más a un pony) por noventa centavos al día, le cargaban algunas cosas y se iban. Siempre era un hermoso viaje a través del bosque, con sus árboles gigantes, helechos, y plantas apilándose a los costados.

Sin embargo la vida era difícil. Más tarde Elisabeth describió aquellos días:

> La vida misionera, en mi mente antes de ir a Ecuador, comprendía una verde selva, casas de paja e indios. San Miguel encajaba bien en la imagen, pero lo que no había visto en mi imaginación fue lo que estaba involucrado en colocar esos elementos en algún tipo de relación laboral. Lo que estaba involucrado, descubrí, nos llevaba nueve décimos de nuestro tiempo.[1]

La sencilla vida hogareña no era una tarea fácil. Había víboras y escorpiones de los cuales cuidarse. El único suministro de agua era un río que quedaba bastante lejos. Los baños requerían una caminata mucho más larga por el río.

Obtener suficiente madera para usarlo como combustible era un problema. Había que planchar con una plancha a gasolina y cocinar en una olla a presión. Las tareas más pequeñas llevaban mucho tiempo y esfuerzo. Elisabeth contrajo sarna, no una enfermedad grave, pero muy ofensiva para los demás. Y siempre estaba el trabajo que Elisabeth había llegado para hacer: poner el lenguaje colorado en papel para que la gente pudiera leer la Palabra de Dios. Los días eran exigentes y con frecuencia frustrantes.

Más tarde escribió la historia en su inspirador libro, *These Strange Ashes*, [Estas extrañas cenizas]. Entre los colorados, Elisabeth se vio obligada a aprender algunas lecciones espirituales muy importantes, "asombrosas", como más tarde escribió. En lugar de ceder al desaliento y al temor, Elisabeth debió aprender a dejar que Dios obre en su vida. Ocasionalmente sentía esa inclinación para preocuparse y cargar pesos que Dios nunca intentó que tuviera. En esa época el Espíritu Santo le hablaba a su corazón y le decía: "Confía en mí". Aprendió a hacer justamente eso, y a hacerlo plenamente.

Una verdadera prueba

Elisabeth desarrolló lo que ella llamaba una "fe fuerte".
Esa fe la fortaleció para lo que ella enfrentaría en el futuro.

Elisabeth se había puesto a trabajar una noche, cuando alguien golpeó la puerta gritando: *Señorita, señorita.* Uno de los indios había venido en busca de ayuda; su esposa estaba por parir y las cosas no iban para nada bien. Mientras Elisabeth corría a la casa con el hombre, él seguía gritando: "¡Se está muriendo, se está muriendo!". Una mirada a la madre convenció a Elizabeth que la muerte era de hecho inevitable. Se inclinó sobre ella y oyó a la mujer débilmente decir: "Adiós, adiós a todos mis amigos. Adiós a mi familia, a la que he amado. Adiós a mi hijo recién nacido, mi hijo, mi pequeño. Este niño que Dios me ha dado y a quien le ha quitado la madre".[2] Luego se deslizó hacia la eternidad. Elisabeth volvió a casa muy conmovida. Era la primera vez que había visto morir a alguien, y había claramente visto la desesperación que trae la muerte a los que no tienen esperanzas en Jesucristo.

La muerte de la mujer pareció cerrarle la puerta al evangelio. De haber vivido, los indios habrían estado más abiertos a aceptar al Dios todopoderoso que Elisabeth presentaba. Como sucedieron las cosas, ellos desconfiaron de su mensaje. Trágicamente, el niño también murió. ¿Por qué no había ingresado Dios? Este fue uno de los momentos duros de Elisabeth, pero ella no sintió nada más que oscuridad y silencio. Incluso ella se preguntó si Dios había fallado.

Lecciones

Otra tragedia se produjo en el mes de enero de 1953. Elisabeth había estado leyendo *Daily Light* [Luz para cada día], un libro de versículos de las Escrituras reunidos para cada día. El pasaje para ese día en particular decía: "Amados, no os sorprendáis del fuego de prueba que os ha sobrevenido, como si alguna cosa extraña os aconteciese, sino gozaos por cuanto sois participantes de los padecimientos de Cristo" (1 P. 4:12-13). De repente ella escuchó disparos y el grito: "Han matado a Don Macario". Macario había sido el compañero y colega en quien Elisabeth más confiaba. Hablaba tanto español como el dialecto colorado con facilidad —la única persona que podía hacerlo— y era clave en los esfuerzos de Elizabeth por transcribir. Esta noche fatal, había entrado en una disputa con un hombre de otra tribu sobre los derechos de una tierra y le habían dado con un arma en la cabeza.

La obra se detuvo de repente. Elisabeth escribió a sus padres, describiéndolo como "el día de mayor pesadilla de mi vida". Lo interpretó como una prueba de su fracaso. Sintió remordimiento y responsabilidad. Elisabeth describiría dicha tragedia como la "primera lección" en la escuela de la fe. Las muertes de la madre india y su bebé fueron terribles en sí. Esta muerte también fue un grave impedimento para la obra de Dios. Parecía inexplicable. Pero orando, leyendo la Biblia, y recordando a quienes habían sufrido con valor, personas como John y Betty Stam, Elisabeth encontró el coraje y la fortaleza para continuar. Se acordó de lo que había escrito Amy Carmichael:

> ¿Por qué estas extrañas cenizas, Señor, esta nada,
> Este intimidante sentido de pérdida?
> Hijo, ¿fue la angustia de tu desnudez menor
> En la cruz de la tortura?

A través de estas experiencias Elisabeth llegó a darse cuenta de que no podía hacer nada más que entregarse por completo a la misericordia del Señor. Tuvieron tremendas consecuencias. Le enseñaron a aferrarse a Cristo. Y a través de todo, Elisabeth desarrolló lo que ella llamó una "fe fuerte". Esa fe la hizo fuerte para lo que iba a enfrentar en el futuro.

Comienza una nueva vida

Mientras estaba sirviendo en Sudamérica, Elisabeth había intercambiado cartas con Jim Elliot, un compañero de graduación de la universidad de Wheaton. Con el tiempo las cartas se habían vuelto más serias. Tres días después de la muerte de Macario, Elisabeth recibió un telegrama de Jim. Él la estaba esperando en Quito. Elisabeth realizó el difícil viaje a la gran ciudad del Ecuador, y allí fue donde él le pidió que fuera su esposa.

Parecía como si los días de trauma entre los colorados estuvieran llegando a un fin…Elisabeth veía ante sí una vida gozosa de servicio misionero en este nuevo lugar, con su amado Jim. ¡Cuán brillante parecía!

Elisabeth debió tomar una decisión difícil. Si se casaba debía abandonar su trabajo con los indios colorados. Amaba profundamente a Jim, pero amaba a Dios por sobre todo. ¿Qué quería Él de ella? Con el tiempo Dios le iba a hacer saber y le daría paz. Se sintió segura de que casarse con Jim era su voluntad para ella. Y así parecía como si los días de trauma entre los colorados estuvieran llegando a un fin. Jim era misionero en la misma agencia que Elisabeth. Su trabajo se centraba en Shandia, en las selvas del Este de Ecuador con los indios quechua. Elisabeth veía ante sí una vida gozosa de servicio misionero en este nuevo lugar, con su amado Jim. ¡Cuán brillante parecía! Extrañamente, justo cuando estaba por abandonar San Miguel de Los Colorados, alguien le robó su maleta que contenía toda la trabajosa traducción que había hecho mientras estaba allí. Fue un paso más para entender que las "cenizas extrañas "provienen de la voluntad de Dios.

Vida de casada

Cuando Jim pidió en matrimonio la mano de Elizabeth, le puso una condición desafiante: ella debía aprender el lenguaje quechua antes para poder ministrar esa tribu con él. Elisabeth lo dominó a tiempo para su boda, el 8 de octubre de 1953, el cumpleaños número veintiséis de Jim. En febrero de 1955, mientras trabajaban en Puyupungu, en el Este de Ecuador, nació su hija Valerie. Elisabeth enfrentaría la prueba más oscura de su vida.

A través de puertas de esplendor

El volumen clásico de Elisabeth, *Portales de esplendor* (publicado por Editorial Portavoz), narra la historia. Mientras Elisabeth y Jim se radicaban en su ministerio tenían la carga de la tremenda necesidad de los indios auca. Los aucas eran una tribu aislada, seminómada del Este de Ecuador. Nadie sabía mucho de ellos, pero a través de los años se había filtrado un poco de información de la selva. Eran un pueblo que tenía muchas supersticiones demoníacas. Jim y cuatro otros misioneros sintieron un llamado cada vez más fuerte de llegar a esa gente necesitada con el evangelio.

Todos eran concientes de que el primer misionario para los aucas, un sacerdote jesuita llamado Pedro Suárez, había sido muerto. Eso había pasado hace muchos años, pero no había indicios de que los aucas hubieran ablandado su actitud. Los hombres blancos rara vez se acercaban a su territorio, y los pocos que lo habían hecho, habían tratado de explotarlos. Había pocos motivos para que los aucas confiaran en otros recién llegados. Sin embargo, Jim y sus compañeros comenzaron a hacer planes para contactar la tribu. Pete Fleming, uno de los cinco, escribió en su diario:

> Ahora estoy ansiando llegar a los aucas si Dios me da el honor de proclamar el Nombre a ellos. Felíz daría mi vida si solo pudiera ver una reunión de esas personas orgullosas, inteligentes, astutas alrededor de una mesa para honrar al Hijo, ¡Feliz, feliz, feliz! ¿Qué más se le podría dar a una vida?[3]

Poco sabía Pete que él, Jim, Ed McCully, Roger Younderian y Nate Saint, el piloto misionero, pronto ocuparían ese lugar.

Planes cuidadosos

Los hombres habían llegado allí solo con un deseo, glorificar a Cristo y alcanzar a los indios con el evangelio.

Cuando se habían completado todas las preparaciones, abordaron el avión que los llevaría bien dentro del territorio auca. El piloto Nate Saint voló sobre la región y descubrió una playa de arena donde pensó que podía aterrizar el pequeño avión misionero. Cuidadosamente consideraron los siguientes pasos, cómo tomarían contacto con la gente y cómo establecer una cabecera de playa entre ellos.

Resultó que no encontraron dificultades iniciales. Los indios los recibieron amistosamente y parecieron aceptarlos. Los misioneros tomaron uno o dos de ellos para dar una vuelta en el avión, y las cosas parecían andar bien. Era una paz falsa. Los aucas enviaron a una de sus jóvenes mujeres, pensando que los misioneros querrían tener a una mujer para lo que cualquier cristiano consideraría inmoral. La oferta fue rechazada, y esto fue tomado como un insulto. Las cosas fueron de mal en peor. Los indios se convencieron de que estos cinco hombres eran en realidad peligrosos caníbales. Sin una palabra de advertencia, la tribu descendió sobre los misioneros, con lanzas en las manos y asesinaron a los cinco en cuestión de minutos.

Los hombres habían ido allí con un solo deseo: glorificar a Cristo y llevarles el evangelio a los indios. Lo que comenzó como una tarea noble terminó una tragedia, una tragedia a los ojos del mundo. Pero vaya sacrificio de amor.

La fe prevalece

Las familias comprendieron y tomaron la noticia terrible con gran fe. Incluso los niños pudieron colocarlo en perspectiva. Stevie McCully oyó acerca de la trágica muerte de su padre y dijo: "Sé que mi papá está con Jesús, pero lo extraño, y espero que pudiera bajar y jugar conmigo de vez en cuando". Varias semanas más tarde, de regreso en Estados Unidos, nació el hermanito de Stevie, Mathew. Un día el bebé estaba llorando y se oyó decir a Stevie: "No te preocupes, cuando llegue al cielo yo te mostraré quién es papá".

Dios poderosamente utilizó este hecho de prueba en muchas vidas. Por ejemplo, un joven de dieciocho años en Des Moines, Iowa, oró durante una semana en su habitación. Luego le anunció a sus padres: "Estoy volcando completamente mi vida al Señor. Quiero ocupar el lugar de uno de esos cinco". Los mártires misioneros permanecen como una inspiración en todo el mundo hasta este día.

Elisabeth había atravesado momentos traumáticos en Sudamérica antes de casarse con Jim. Y ahora ese hombre de Dios, junto con cuatro amigos cercanos, fue arrancado de su lado. De inmediato buscó al Señor. Escribió:

> Cuando los hombres fueron asesinados, yo había orado lo que parecía una oración improbable: "Señor, si hay algo que quieres que haga acerca de estos aucas, muéstramelo", sin suponer jamás que podía ocurrir algo como lo que sucedió. En el otoño de 1957 se me dio el privilegio de conocer a dos mujeres aucas que vinieron a vivir conmigo por aproximadamente un año. Por supuesto yo no sabía hablar una sílaba de su idioma, pero con el correr de los meses gradualmente comencé a comprender que me estaban invitando a ir a su hogar con ellas.

Un giro fantástico

¡Vaya giro fantástico de los hechos! Aquí estaban las mismas personas que habían matado a su esposo queriendo que fuera a su casa con ellas. La mayoría de los hombres y las mujeres hubieran sentido rechazo ante la sola idea. Pero no Elisabeth. Su amor por Cristo la impulsaba. En el otoño de 1958, con su pequeña hija Valerie, se mudó con las dos mujeres aucas en su tribu. Rachel Saint, la hermana del piloto Nate Saint, fue con ella. No fueron de visita. Fueron a establecer una estación de misión desde donde declarar a Cristo, allí, en medio de la misma tribu que había asesinado a sus seres queridos. Por gracia de Dios pronto dominaron el idioma auca y comenzaron a proclamar el evangelio en ese lugar.

Elisabeth estuvo un año compartiendo el amor de Cristo con los aucas. Conoció a hombres que habían participado en el asesinato de los misioneros, y ganó a varios de ellos a Cristo. Luego de un año de trabajo, regresó a su hogar, donde escribió otro de sus excelentes libros, *The Savage My Kinsman* [El salvaje, mi hermano]. Luego de un año de descanso volvió con los aucas con su hija.

Nuevamente se entregó a evangelizar a los aucas y vio a muchos más ir hacia el Señor. El indio que mató a su marido había llegado a una fe salvadora en Cristo y Dios lo utilizó poderosamente como un proclamador del evangelio. En uno de los hermosos giros de la gracia y providencia de Dios, cuando la hija de Elisabeth, Valerie, llegó a la salvación en el Señor, fue este hombre, el mismo hombre que había matado a su padre, el que la bautizó.

Qué maravillosa secuela de lo que parecía ser un evento tan trágico. No hay tragedias ni errores en la economía de Dios. La Biblia nos dice en el libro de Apocalipsis que una hueste de mártires por Jesús recibirán una corona de gloria especial que durará toda la eternidad (Ap. 6:9-11). Y recuerde que Pablo declaró: "Pues tengo por cierto que las aflicciones del tiempo presente no son comparables con la gloria venidera que en nosotros ha de manifestarse (Ro. 8:18).

Un nuevo ministerio... y angustia

Elisabeth continuó trabajando con los aucas hasta septiembre de 1963, cuando regresó para siempre a los Estados Unidos. Se radicó en Franconia, New Hampshire, para dedicarse a escribir. También comenzó un ministerio itinerante de disertaciones que continúa hasta el presente. En enero de 1969, se casó con un viudo, Addison H. Leitch. Se mudaron a Massachusetts, donde el Dr. Leitch era profesor de filosofía y teología en el seminario Gordon—Conwell en South Hamilton. Pero nuevamente Elisabeth debió enfrentar momentos de gran angustia. En 1973, cuatro años más tarde, Addison murió de cáncer. Elisabeth había aprendido desde mucho antes a amar a Dios y a dejar las cosas en sus manos.

El ministerio crece

En 1977, Elisabeth conoció y se casó con Lars Green, un lego dedicado. Lars había pasado los primeros diez años de su vida en Noruega y luego se había mudado a Mississippi y más tarde a Georgia. Si bien se había convertido en un exitoso empresario, más tarde se sintió llamado al ministerio. Asistió al seminario Gordon–Conwell y luego de graduarse, pasó a ser capellán del hospital. Mientras tanto el ministerio escrito y de disertación de Elisabeth se expandía hasta el punto de que llegó a necesitar ayuda. Lars comenzó a ocuparse del lado empresarial de su trabajo. Se encargaba de arreglos de viajes, de la venta de sus libros y cintas y de todo lo que tenía que ver con sus editores. Un hombre profundamente devoto y amante de Dios, Lars describió su papel como el ministerio que Dios le había dado. Todo esto liberaba a Elisabeth para hacer lo que ella hacía mejor para el Señor. Juntos, en papeles complementarios, llevaron adelante un servicio dinámico para Jesucristo.

Una vida feliz y un peregrinaje

Su vida es un poderoso testimonio al imperativo
espiritual de que debemos amar al Señor Dios con todo
nuestro corazón, alma, fuerza y mente (Mt. 22:37).

La vida de Elisabeth puede verse como un peregrinaje. En ella enfrentó las pruebas más severas y los sufrimientos más serios posibles, pero ella siempre mantuvo su espíritu dulce, amante a través de todo. Claramente, su vida es un poderoso testimonio al imperativo espiritual de que debemos amar al Señor Dios con todo nuestro corazón, alma, fuerza y mente (Mt. 22:37). En el análisis final, todo lo que se ha presentado en este libro culmina en eso. Este paso final en nuestra búsqueda para desarrollar la espiritualidad es un "paso de amor" y de muchas maneras es realmente una recapitulación y resumen de todo lo que hemos dicho antes.

La mujer espiritual no es materialista

La gente conducida por el Espíritu no es materialista. Esto no significa que los asuntos materiales no tengan significado, pero su papel siempre debe ser secundario. Para la mujer que ama a Dios, las realidades espirituales vienen primero. Hemos visto la sabiduría de colocar delante de nosotros un enunciado de misión predicado sobre el gran propósito de Dios en creación. Por lo tanto, la mujer espiritual debe fijarse una adecuada "meta de amor". Lo reconozcamos o no, todos tenemos metas. Estas metas rigen nuestras acciones y tomas de decisiones diarias. Para nosotros, como creyentes, hay un solo fin: amar sin reservas a nuestro Señor Jesucristo. Nuestra vida debe disponerse alrededor de Él, no al revés. Recordamos las palabras del apóstol Pablo cuando habló sobre su principal propósito en la vida: "Una cosa hago: olvidando ciertamente lo que queda atrás, y extendiéndome a lo que está delante, prosigo a la meta, al premio del supremo llamamiento de Dios en Cristo Jesús" (Fil. 3:13-14). Fijamos nuestros ojos en el Señor Jesucristo, y tomamos decisiones a la luz de nuestra relación con Él. Intentamos seguir "sus pasos" y esos "pasos" son el camino del amor. Como siguió diciendo el apóstol a los filipenses: "Porque para mí el vivir es Cristo" (Fil. 1:21). Eso es amor.

El principio que nos lleva a amar espiritualmente

Nos encanta tener modelos para imitar. Pero para el
creyente conducido por el Espíritu, hay un único Héroe de
quien podemos ejemplificar nuestras vidas. Sabemos bien
quién es Él: el Señor Jesucristo.

Vivimos en una época de adoración a héroes. Nos encanta tener modelos para imitar. Pero para el creyente conducido por el Espíritu, hay un único Héroe de quién podemos ejemplificar nuestras vidas. Sabemos bien quién es Él: el Señor Jesucristo. En todas las luchas de la vida, en todas las distracciones mundanas que nos rodean, permanecemos puros buscando solo la honra de nuestro Señor Jesús. Él únicamente es valioso. Pablo dijo: "Pero lejos está de mí gloriarme, sino en la cruz de nuestro Señor Jesucristo" (Gá. 6.14). Al buscar la vida espiritual nuestra confesión siempre debe ser "Jesucristo es el Señor" (Ro. 10:9). De nuestro amor por Cristo, *lo obedecemos*. Como lo expresó Elisabeth Elliot Gren: Puesto que uno que ha hecho la acción de gracias el hábito de su vida, la oración de la mañana será: Señor, ¿qué me darás hoy para que yo te ofrezca de nuevo?"[4] Y todo eso para glorificar a nuestro amado Señor.

Sacrificio

Dios nunca prometió que la vida espiritual sería fácil. Por el contrario, la vida de un cristiano dedicado probablemente estará llena de sacrificios, porque crece del compromiso y la entrega al señorío de Cristo. Esto significa cosas diferentes para personas diferentes. Puede significar dar algo que nos gusta mucho, una ambición tal vez que evita que sirvamos a Dios como nuestra meta primaria. Por lo menos significa entregar los hábitos mundanos y pecaminosos, las acciones y los deseos de ese tipo.

Tuvimos la oportunidad de trabajar en Europa Oriental antes de que cayera el Muro de Berlín. La gente de Dios de allí soportaba dificultades terribles en los años comunistas. Algunos de nuestros amigos fueron encarcelados, otros exilados, muchos cruelmente tratados. Todo decomisaba la "buena vida" por el bien de Cristo. Sin embargo no oímos ni una sola palabra de queja. La gente amaba a Dios y colocaba sus vidas en Sus manos. Para ellos el sacrificio era una expresión de este amor.

En una ocasión ministramos en una pequeña comunidad de la antigua Yugoslavia. La pequeña iglesia donde estábamos compartiendo el evangelio estaba llena hasta el tope de gente. La gente estaba de pie durante el servicio, en los pasillos, en el fondo y en el patio exterior. Se esforzaban por oír y participar en la adoración. Cuando se pronunció la bendición final y todos se dispersaron, nos dijeron que algunas de las personas habían caminado hasta veinte kilómetros simplemente para asistir al servicio, y luego habían caminado veinte kilómetros de regreso a sus casas. Se habían sacrificado para adorar a Dios. Debemos esperar hacer lo mismo. El autor del antiguo himno lo sabía bien cuando escribió:

> ¿Debo ser llevado al cielo
> En lechos de flores;
> Mientras otros luchaban para ganar el premio
> Y navegar a través de sangre y océanos?

Ningún precio es demasiado caro si es el precio que Dios exige. Para algunos incluso puede significar la muerte. Más cristianos sufrieron martirios en el siglo XX que en el resto de toda la historia de la iglesia junta. Todavía existen días oscuros. Se nos llama a una vida de sacrificio de un tipo u otro. Recuerde el testimonio de Pablo:

> Ahora, he aquí, ligado yo en espíritu, voy a Jerusalén, sin saber lo que allá me ha de acontecer; salvo que el Espíritu Santo por todas las ciudades me da testimonio, diciendo que me esperan prisiones y tribulaciones. Pero de ninguna cosa hago caso, ni estimo preciosa mi vida para mí mismo, con tal que acabe mi carrera con gozo, y el ministerio que recibí del Señor Jesús, para dar testimonio del evangelio de la gracia de Dios. (Hch. 20:22–24)

Jesucristo, en amor, nos entregó todo por nosotros. ¿Podemos amar menos? Ser un cristiano, vinculado al Cristo que mora en nosotros, significa dedicar nuestras vidas a complacerlo independientemente del costo.

Ese es el espíritu correcto del amor. Vemos en Pablo el deseo de sacrificarlo todo, incluyendo su vida, para lograr la voluntad y el propósito de Dios. Esa disposición a continuar indica una vida espiritual sana. Solo esa actitud llevará verdadera gloria a nuestro Señor. Podemos creer que tal sacrificio exige demasiado. No es así. Jesucristo, en amor, nos entregó todo por nosotros. ¿Podemos amar menos? Ser un cristiano, vinculado al Cristo que mora en nosotros, significa dedicar nuestras vidas a complacerlo independientemente del costo.

Puede resumirse en una frase simple. *Cristo está ante todas las cosas.* Esa es la sustancia de la espiritualidad. La espiritualidad es amar a Cristo; la espiritualidad es seguir a cristo; la espiritualidad es pagar cualquier precio para experimentar la comunión de Cristo; la espiritualidad es obediencia a Cristo; la espiritualidad es glorificar a Cristo. ¿Una exigencia grande? Pero cuán insondables son las recompensas.

La mujer conducida por el Espíritu es recompensada espiritualmente

Es imposible enumerar todas las maravillosas bendiciones de la vida espiritual. El toque de gracia de Dios y amor se mueve a través de todo vestigio de nuestro ser cuando nos dedicamos a Él. Somos impelidos al reino de la eternidad. ¡Solo para mencionar algunas de estas bendiciones nos agita! (2 P. 3:1).

Un caminar con Dios

Primero, tenemos el privilegio de caminar con Dios. Piense en lo bello de eso, sí, y la gloria de ello. Hemos intentado pintar un retrato de Dios de la mejor manera que podemos con nuestro limitado lenguaje humano. Nuestro Dios es infinitamente glorioso. Él es perfecto en poder e infinito en conocimiento. Él siempre está presente, siempre nos ama, siempre es santo. Sin embargo podemos caminar en comunión con Él. Recuerde las palabras de 1 Juan: "Lo que hemos visto y oído, eso os anunciamos, para que también vosotros tengáis comunión con nosotros; y nuestra comunión verdaderamente es con el Padre, y con su Hijo Jesucristo" (1:3). Puede decirse con corrección que nada supera este camino con Dios y el gozo que éste trae (1:4).

Una vida que cuenta

*Cuán tonto, por lo tanto, buscar logros temporales,
terrenales, que se desvanecen, cuando las recompensas
espirituales esperan al cristiano espiritual.*

En segundo lugar, podemos vivir vidas que cuentan. Nunca tenemos que temer que nuestros días no tengan sentido cuando vivimos en comunión espiritual con nuestro Señor. En las manos de Cristo tienen propósito más allá de nuestros sueños más remotos. Somos colaboradores de Dios, independientemente de nuestras circunstancias y de nuestras aparentes fallas (2 Co. 6:1). Dios recordará incluso nuestros más pequeños trabajos de amor. Nuestro Señor dijo a través del autor de Hebreos: "Porque Dios no es injusto para olvidar vuestra obra y el trabajo de amor que habéis mostrado hacia su nombre, habiendo servido a los santos y sirviéndoles aún" (He. 6:10). Sabemos que todos nuestros esfuerzos de amor serán rica y eternamente recompensados, incluso si lo que hemos hecho aquí en la tierra no es reconocido. Cuán tonto, por lo tanto, buscar logros temporales, terrenales, que se desvanecen, cuando las recompensas espirituales esperan al cristiano espiritual.

Tocamos a los demás

Y finalmente, tocamos a otras personas, infectándolos con el amor de Cristo. Hay una doble satisfacción en esto. No solo sabemos que estamos siendo usados por Cristo, sino que también podemos ayudar a los demás en el camino rocoso de la vida. Y mientras estos otros se acercan al Señor Jesucristo, ellos también descubrirán la paz y la satisfacción de servirlo. Cuán agradecidos debemos estar. Como dijo C. H. Spurgeon: "El corazón debe estar vivo con graciosa gratitud, o la hoja ya no podrá estar verde de santidad viviente".

Conclusión

Cuando amamos a Dios en tiempo y en eternidad estamos cumpliendo su propósito completo al habernos creado. Nuestro gran Dios merece toda la gloria que nosotros, su pueblo redimido, puede llevarle. Está llegando la hora en que Dios transformará todo el universo. Está llegando, y llegando pronto. El Señor no es descuidado respecto de su promesa (2 P. 3:9). Un día veremos al Rey en todo su esplendor y gloria, y estaremos de pie ante Él con aquellos que le han dado todo a Cristo, en profundo amor por Él.

Que Dios nos otorgue gracia para continuar el glorioso viaje de la vida espiritual hasta que llegue Jesús.

Oración

Padre amante, glorioso Jesucristo, presente Espíritu Santo, quiero amarte. Sí, Señor, quiero amarte con todo mi corazón, mente, fuerza y cuerpo y a mi prójimo como a mí mismo . Me entrego a ti. Cumple mi búsqueda. Hazme vivo para tu amor y conviérteme en un verdadero creyente espiritual, a través de Cristo nuestro Señor en cuyo nombre oro. Amén.

10 preguntas finales para estudio y debate

1. Elisabeth venció la timidez y los sentimientos de culpa. ¿Cómo podemos hacer lo mismo?
2. ¿Cómo Elisabeth encontró fuerzas para soportar las pruebas de su vida? ¿Qué nos dice eso?
3. ¿Por qué la voluntad permisiva de Dios parece tan difícil de comprender?
4. ¿El sacrificio nos ayuda realmente a nosotros y a los demás? ¿De qué manera?
5. ¿Qué significa caminar con Dios? ¿Cómo debemos comportarnos ante eso?
6. ¿Cuál es la correlación entre el amor y la obediencia?
7. ¿Cómo aprendemos a amar?
8. ¿Cómo mantenemos un estilo de vida obediente?
9. ¿Cuáles son las recompensas de la mujer espiritual?
10. ¿Qué pretende hacer acerca de todas las verdades que hemos compartido en este libro?

Epílogo

Durante la década de 1749 se produjo un tremendo movimiento del Espíritu Santo en Nueva Inglaterra. Se dio a conocer como el Primer Gran Despertar de Estados Unidos. A través del inspirado liderazgo de William y Gilbert Tennent, George Whitefield y por sobre todo, Jonathan Edwards, las primeras colonias estadounidenses fueron transformadas. Aquellos días nunca pueden olvidarse; fijan un patrón de la santidad personal que desesperadamente debe imitarse hoy día.

Jonathan Edwards compuso un pacto con el que los revividos cristianos de su iglesia estuvieron de acuerdo y firmaron. Una parte de ese pacto es particularmente pertinente a todo lo que hemos intentado decir en este libro. Es un adecuado epílogo a nuestro viaje juntos y dice lo siguiente:

> Aparecemos ahora frente a Dios, dependiendo de la Divina gracia como asistencia, solemnemente para dedicar todas nuestras vidas, para ser usados laboriosamente en el negocio de la religión, nuestro gran negocio, sin descarriarnos de esa forma de vida, sin hacer caso a las solicitudes de nuestra haraganería, y otras inclinaciones corruptas, o las tentaciones del mundo, que tienden a apartarnos de él; y particularmente que no abusaremos de una esperanza o de una opinión que cualquiera de nosotros podamos tener, de nuestro estar interesados en Cristo, de permitirnos la haraganería, o más fácilmente ceder a las solicitaciones de cualquier inclinación pecaminosa; pero correremos con perseverancia la carrera que está puesta ante nosotros y trabajaremos en nuestra salvación con temor y temblor.

Y porque somos sensatos al mantenimiento de estos votos solemnes de aquí en más, en muchos casos, muy contrarios a nuestras inclinaciones corruptas e intereses carnales, por lo tanto ahora aparecemos ante Dios para hacer una entrega de todo a él, y para hacer un sacrificio de cualquier inclinación e interés carnal, a la gran empresa de la religión y el interés de nuestras almas.

Y siendo sensatos de nuestra debilidad y del engaño de nuestros propios corazones, y nuestra tendencia a olvidar nuestros votos más solemnes y perder nuestra resolución, prometemos con frecuencia examinarnos estrictamente en cuanto a estas promesas, especialmente ante el sacramento de la cena del Señor, y rogamos a Dios que él, en nombre de Cristo, nos aleje de romper maliciosamente nuestros votos solemnes, y que el que busque nuestros corazones, y siga el camino de nuestros pies, de vez en cuando, nos ayude a probarnos a nosotros mismos por este pacto, y nos ayude a mantener el pacto con él.

Las palabras de Edwards nos hablan desde los siglos. El reto final de este libro es pedirle a usted en sinceridad, humildad, y honestidad que lo firme para la gloria de Dios, que selle su camino espiritual con nuestro bendito Salvador, el Señor Jesucristo.

Firmado_____

Notas

Primer paso

1. Jill Briscoe, *There's a Snake in My Garden* [Hay una serpiente en mi jardín] (Wheaton, Ill.: Harold Shaw, 1975), 13.
2. *Ibíd.*
3. *Ibíd.*, 14.
4. *Ibíd.*, 15.
5. *Ibíd.*, 17.
6. *Ibíd.*
7. *Ibíd.*, 20.
8. *Ibíd.*
9. *Ibíd.*, 22.
10. Andrew Murray, *The Holiest of All* [El más santo de todos] (comp. rep., Springdale, Pa.: Whitaker House, 1996), 41.
11. *Ibíd.*, 25.
12. *Moody Magazine*, enero de 1998.
13. *Discipleship Magazine*, 3 de octubre de 1994.
14. *Ibíd.*
15. *Ibíd.*
16. Briscoe, *There's a Snake in My Garden* [Hay una serpiente en mi jardín], 37.
17. *Ibíd.*, 38.
18. *Ibíd.*, 39.
19. *Ibíd.*, 68.
20. *Ibíd.*, 151–52.
21. *Ibíd.*, 192–93.
22. Stuart y Jill Briscoe, *Marriage Matters!* [Asuntos de casados] (Wheaton, Ill.: Harold Shaw, 1994), 218–20.
23. *Ibíd.*, 87.
24. *Ibíd.*, 89–90.
25. *Ibíd.*, 145.

26. J. I. Packer, *Knowing God* [Hacia el conocimiento de Dios] (Downers Grove, Ill.: InterVarsity, 1993), 20.

27. Watchman Nee, *Christ the Sum of All Spiritual Things* [Cristo la suma de toda cosa espiritual] (Nueva York: Christian Fellowship, s.f.).

28. Edgar Young Mullins, *The Christian Religion in Its Doctrinal Expression* [La fe cristiana en su expresión doctrinal] (Valley Forge, Pa.: Judson, 1917), 239.

29. Augustus Hopkins Strong, *Systematic Theology* [Teología sistemática] (Filadelfia: Judson, 1907), 248.

30. Andrew Murray, *The Holiest of All* [El más santo de todos] (comp. rep. Springdale, Pa.: Whitaker House, 1996), 461.

31. Nee, *Christ the Sum of All Spiritual Things* [Cristo la suma de toda cosa espiritual]

32. Murray, *The Holiest of All* [El más santo de todos], 42.

Segundo paso

1. Amanda Smith, *The King's Daughter* [La hija del Rey] (Yanceyville, N.C.: Harvey & Tait, 1977), 7.
2. *Ibíd.*, 14.
3. *Ibíd.*, 15.
4. *Ibíd.*, 16.
5. *Ibíd.*, 16–17.
6. *Ibíd.*, 24.
7. *Ibíd.*, 25.
8. *Ibíd.*
9. *Ibíd.*, 26.
10. *Ibíd.*, 27–28.
11. *Ibíd.*, 140–43.
12. Helmut Thielicke, *How the World Began* [Cómo comenzó el mundo] (Filadelfia: Fortress, 1961), 13–14.
13. *Ibíd.*, 72.
14. Martín Lutero, *Luther's Commentary on Genesis* [Comentario de Lutero sobre Génesis] (Grand Rapids: Zondervan, 1958), 28.
15. J. I. Packer, *Knowing God* [Hacia el conocimiento de Dios] (Downer's Grove, Ill.: InterVarsity, 1973), 17–18.
16. Andrew Murray, *The Holiest of All* [El más santo de todos] (comp. rep, Springdale, Pa.: Whitaker House, 1996), 469.
17. *Ibíd.*, 387.

Tercer paso

1. *Ladies Home Journal* 115, no. 4 (Abril 1998), 42.
2. Billy Graham, *Just As I Am* [Tal como soy] (San Francisco: Harper Collins / Zondervan 1997), 576.

3. Michael Green, *I Believe in the Holy Spirit* [Creo en el Espíritu Santo] (Grand Rapids: Eerdmans, 1975), 153.
4. Andrew Murray, *The Holiest of All* [El más santo de todos] (comp. rep, Springdale, Pa.: Whitaker House, 1996), 190.
5. *Ibíd.*, 138.
6. Jonathan Edwards, *An Humble Attempt* [Un intento humilde] de "The Works of Jonathan Edwards" [Las obras de Jonathan Edwards], vol. 2 (Carlisle, Pa.: Banner of Truth Trust), 290.

Cuarto paso
1. J. C. Metcalfe, *Molded by the Cross* [Moldeado por la cruz] (Fort Washington, Pa.: Christian Literature Crusade, 1997), 141.
2. *Ibíd.*, 9.
3. *Ibíd.*, 14–15.
4. *Ibíd.*, 18–19.
5. *Ibíd.*, 28.
6. *Ibíd.*, 33.
7. *Ibíd.*, 39.
8. *Ibíd.*, 40–41.
9. Reginald Wallis, "What Is the Deeper Meaning of the Cross?" [¿Cuál es el significado más profundo de la cruz?] en *The New Life* (Londres: Pickering & Inglis, n.d.), 45.
10. Stephen Olford, *Not I, but Christ* [No yo, sino Cristo] (Wheaton, Ill.: Crossway, 1995), 49–51.
11. Metcalfe, *Molded by the Cross* [Moldeado por la cruz], 45.
12. *Ibíd.*, 60.
13. *Ibíd.*, 63.
14. *Ibíd.*, 66.
15. *Ibíd.*, 73.
16. *Ibíd.*, 87.
17. *Ibíd.*, 104.
18. Joseph Henry Thayer, *A Greek-English Lexicon of the New Testament* [Léxico griego-inglés del Nuevo Testamento] (Nueva York: American Book, 1886), 352.
19. Steven Barabas, *So Great Salvation* [Esa grande salvación] (Nueva York: Revell, n.d.), 88–89.
20. Olford, *Not I, but Christ* [No yo, sino Cristo], 50–51.
21. Allister Smith, *Revival Before Our Lord's Return* [Avivamiento antes del regreso del Señor] (Londres: Keswick Week, Marshall, Morgan, and Scott, 1947).
22. Andrew Murray, *The Holiest of All* [El más santo de todos] (comp.rep., Springdale, Pa.: Whitaker House, 1996), 112.

Quinto paso

1. J. Donald McManus, *Martha Franks: One Link in God's Chain* [Martha Franks: Un eslabón en la cadena de Dios] (Wake Forest, N.C.: Stevens Book, 1990), 22.
2. *Ibíd.*, 27.
3. *Ibíd.*, 33.
4. *Ibíd.*, 57.
5. *Ibíd.*, 95.
6. *Ibíd.*, 123.
7. *Ibíd.*, 169–70.
8. *Ibíd.*, 221–22.
9. *Ibíd.*, 225.
10. Andrew Murray, *The Holiest of All* [El más santo de todos] (repr. ed., Springdale, Pa.: Whitaker House, 1996), 92.
11. R. C. L. Lenski, *The Interpretation of St. John's Gospel* [La interpretación del Evangelio de Juan] (Minneapolis: Augsburg, 1963), 960.
12. *Ibíd.*, 48.
13. Murray, *The Holiest of All* [El más santo de todos], 488.
14. F. B. Meyer, *Peace, Perfect Peace* [Paz, perfecta paz] (Nueva York: Revell, 1897), 7–8.
15. Murray, *The Holiest of All* [El más santo de todos], 394.
16. Miles Stanford, *Principles of Spiritual Growth* [Principios de crecimiento espiritual] (Lincoln, Neb.: Back to the Bible, 1969), 62–63.

Sexto paso

1. Walter B. Knight, *Three Thousand Illustrations for Christian Service* [Tres mil ilustraciones para el servicio cristiano] (Grand Rapids: Eerdmans, 1952), 43.
2. *Ibíd.*, 42.
3. *Ibíd.*
4. *Ibíd.*
5. Henrietta C. Mears, *What the Bible Is All About* [De qué trata la Biblia] (Worldwide, 1953), 1.
6. William Temple, en J. I. Packer, *God Has Spoken* (Downers Grove, Ill.: InterVarsity, 1979), 77.
7. La siguiente es una adaptación de *The Word of the Cross* [El mensaje de la cruz] por Lewis A. Drummond.
8. Packer, *God Has Spoken* [Dios ha hablado], 52. Gran parte de la argumentación se encuentra en la discusión de Packer sobre estos temas. Su obra es muy útil y debe leerse por completo.
9. *Ibíd.*, 158.

10. *Ibíd.*, 351.
11. Dewey M. Beegle, *Scripture, Tradition, and Infallibility* [Escrituras, tradición e infalibilidad] (Grand Rapids: Eerdmans, 1973).
12. Mears, prólogo, en *What the Bible Is All About* [De qué trata la Biblia].
13. David S. Dockery, *The Doctrine of the Bible* [La doctrina de la Biblia] (Nashville: Convention Press, 1991), 81.
14. Beegle, *Scripture, Tradition, and Infallibility* [Escrituras, tradición e infalibilidad], 301–302.
15. *Ibíd.*, 66–67.
16. J. I. Packer, *Keep in Step with the Spirit* [Ande en el Espíritu] (Old Tappan, N.J.: Revell, 1984), 238.
17. Andrew Murray, *The Holiest of All* [El más santo de todos] (comp. rep., Springdale, Pa.: Whitaker House, 1996), 50.
18. *Ibíd.*, 49.

Séptimo paso
1. Evelyn Christenson, *What Happens When Women Pray* [Qué sucede cuando las mujeres oran] (Wheaton, Ill.: Victor, 1975), 113.
2. Andrew Murray, *The Prayer-Life* [La vida de oración] (Chicago: Moody), 17.
3. Walter B. Knight, *Three Thousand Illustrations for Christian Service* [Tres mil ilustraciones para el servicio cristiano] (Grand Rapids: Eerdmans, 1952), 506.
4. *Ibíd.*, 128.
5. Samuel Chadwick citado por Leonard Ravenhill, *Revival Praying* [Avivamiento de oración] (Minneapolis: Bethany Fellowship, 1962), 440.
6. Andrew Murray, *In Christ in the School of Prayer* [Con Cristo en la escuela de la oración] (Chicago: M. A. Donohue & Co.), 12–13.
7. O. Hallesby, *Prayer* [Oración] (Minneapolis: Augsburg, 1931), 89.
8. *Ibíd.*, 29-30.
9. *Ibíd.*, 86.

Octavo paso
1. Earl O. Roe, comp., introducción, en *Dream Big: The Henrietta Mears Story* [El gran sueño: La historia de Henrietta Mears] (Ventura, Calif.: Regal, 1990).
2. Barbara Hudson Powers, *The Henrietta Mears Story* [La historia de Henrietta Mears] (Old Tappan, N.J.: Revell, 1957), 82.
3. Roe, 72.
4. *Ibíd.*, 74.
5. *Ibíd.*, 81.

6. *Ibíd.*, 89.
7. *Ibíd.*, 115.
8. *Ibíd.*, 133.
9. *Ibíd.*, 149.
10. *Ibíd.*, 152.
11. *Ibíd.*, 250.
12. Elisabeth O'Connor, *The Eighth Day of Creation* [El octavo día de la creación] (Waco, Tex.: Word, 1971), 13.
13. John R. W. Stott, *One People* [Un solo pueblo] (Londres: Falcon, 1969), 24.
14. *Ibíd.*, 186.
15. Marcus Dods, *The First Epistle to the Corinthians, The Expositor's Bible* [La primera epístola a los corintios] (Londres: Hodder and Stoughton, 1891), 276.
16. Archibald Robertson y Alfred Plummer, *A Critical and Exegetical Commentary on the First Epistle of St. Paul to the Corinthians, The International Critical Commentary* [Un comentario crítico y exegético de la Primera Epístola de San Pablo a los Corintios, El comentario crítico international] (Edinburgh: T & T Clark, 1953), 264.
17. Alexander Rattray Hay, *The New Testament Order for Church and Missionary* [Guía neotestamentaria para la iglesia y las misiones] (New Testament Missionary Union, 1947), 177.
18. *Ibíd.*
19. Ray C. Stedman, *Body Life* [Vida en el cuerpo] (Glendale, Calif.: Regal, 1972), 86.
20. Hay, *New Testament Order* [Guía neotestamentaria], 178.
21. Stedman, *Body Life* [Vida en el cuerpo], 57.

Noveno paso

1. Charles Gallaudet Trumbull, *Taking Men Alive* [Cómo avivar a los hombres] (Nueva York: Revell, 1938), 69.
2. Paul E. Little, *How to Give Away Your Faith* [Cómo dar a conocer su fe] (Downers Grove, Ill.: InterVarsity, 1966), 26–45 *passim.*

Décimo paso

1. Elisabeth Elliot, *These Strange Ashes* [Esas extrañas cenizas] (San Francisco: Harper and Row 1979), 39.
2. *Ibíd.*, 81–82.
3. Elisabeth Elliot, *Through Gates of Splendor* [Portales de esplendor] (Nueva York: Harper and Brothers, 1957), 26.
4. Citado en "Love Has a Price Tag" [El amor tiene su precio] , *Decision Magazine*, 1997.

Elizabeth George, autora de éxitos de librería, explica los principios bíblicos de gran relevancia para las necesidades de una mujer tales como el hogar, el matrimonio y la vida personal.

ISBN: 0-8254-1265-X / rústica   **Categoría:** Mujeres / vida cristiana

Elizabeth George explica el secreto de la felicidad conyugal, el diseño de Dios
para que una esposa ame a su esposo, aunque tenga defectos. Este libro
proporciona valiosas ideas en importantes aspectos del matrimonio. Entre otros
explica qué significa ser la ayuda idónea del esposo, y qué es y qué no es la
sumisión.

ISBN: 0-8254-1264-1 / rústica   **Categoría:** Mujeres / vida cristiana

Otros libros de
PORTAVOZ

La autora relata la historia de su matrimonio arruinado y cómo fue restaurado al seguir los pasos bíblicos para recuperar la intimidad. Disponible en inglés de Kregel Publications.

ISBN: 0-8254-1365-6 / rústica   **Categoría:** Mujeres / vida cristiana

un *nuevo comienzo*
para la *madre sola*

S Y L V I A   G Ó M E Z

Una madre soltera de mucha experiencia, explica los pasos que dio para vencer el dolor y la soledad y comenzar de nuevo. Contiene consejos basados en lo que la autora experimentó y cómo, con la ayuda de Dios, superó los temores y frustaciones de una madre soltera criando a tres niños.

ISBN: 0-8254-1277-3 / rústica   **Categoría:** Mujeres / vida cristiana

Cada capitulo destaca una mujer de la Biblia e incluye preguntas. Un formato excelente para estudio biblico individual o en grupo

ISBN: 0-8254-1387-7 / rústica   **Categoría:** Mujeres / vida cristiana

Jim George trata acerca de doce áreas de la vida del esposo, proporcionando aplicaciones prácticas para que un esposo sea conforme al corazón de Dios. El esposo descubrirá cómo ganar el corazón de su esposa y cómo desarollar un hogar feliz mediate el liderazgo cristiano.

ISBN: 0-8254-1269-2 / rústica   **Categoría:** Mujeres / vida cristiana

Los principios sobre los cuales este capítulo se fundamenta son pertinentes para toda mujer cristiana. Este libro es un estudio bíblico del pasaje.

ISBN: 0-8254-1366-4 / rústica　　　　　**Categoría:** Mujeres / vida cristiana

Principios bíblicos para ayudar a los jóvenes a comportarse de una manera pura que conduzca a un matrimonio feliz.

ISBN: 0-8254-1227-7 / rústica **Categoría:** Matrimonio

Un libro franco acerca de las relaciones íntimas en la pareja. Escrito por un médico ginecólogo cristiano.

ISBN: 0-8254-1145-1 / rústica   **Categoría:** Matrimonio

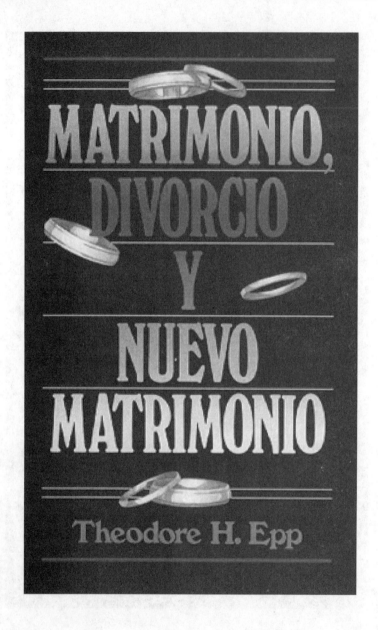

Analiza las Escrituras para encontrar las respuestas de Dios a las preguntas sobre el matrimonio, el divorcio y el nuevo casamiento.

ISBN: 0-8254-1208-0 / rústica   **Categoría:** Matrimonio